José Luis Corral, Premio de las Letras Aragonesas 2017, Aragonés del Año 2015 y medalla de plata en el XXXIV Festival Internacional de Cine y TV de Nueva York, ha dirigido programas de radio y televisión y ha sido asesor histórico de Ridley Scott en la película *1492. La conquista del paraíso.*

Catedrático de Historia medieval, es autor de treinta y seis ensayos como *Historia contada de Aragón*; *Breve historia de la Orden del Temple*; *Una historia de España*; *El enigma de las catedrales*; *La Corona de Aragón. Manipulación, mito e historia*; *Misterios, secretos y enigmas de la Edad Media*, o *Covadonga, la batalla que nunca fue* (en Penguin Random House).

Está considerado como el maestro de la novela histórica española contemporánea, por novelas como *El amuleto de bronce*, *El Cid*, *El amor y la muerte*, *El médico hereje*, *Los Austrias* (3 vols.) o *Batallador* (con Alejandro Corral). En Penguin Random House ha publicado las novelas *El Conquistador*, *El número de Dios* (reedición), la novela gráfica *El Cid* (con Alberto Valero), *El Salón Dorado* (reedición), la bilogía *Matar al rey* y *Corona de sangre*, y *El reino y el trono* (con Antonio Piñero).

Papel certificado por el Forest Stewardship Council®

MIXTO
Papel | Apoyando la silvicultura responsable
FSC® C117695

Penguin Random House Grupo Editorial

Primera edición en B de Bolsillo: septiembre de 2025

Printed in Spain – Impreso en España

ISBN: 978-84-1314-893-9
Depósito legal: B-12.026-2025

Compuesto en Llibresimes
Impreso en Black Print CPI Ibérica
Sant Andreu de la Barca (Barcelona)

BB 4 8 9 3 A

Covadonga, la batalla que nunca fue
Hispania 700-756

JOSÉ LUIS CORRAL

Los pueblos sometidos a un régimen opresivo caen en la degradación.

Ibn Jaldún,
Introducción a la historia universal

Sumario

1

Revisar el pasado

1.1. La manipulación del pasado

Antes de que surgiera el logos, el mito monopolizaba la concepción e interpretación del mundo y de su historia. En la teogonía de la Grecia preclásica Urano era el dios primigenio, el mismo Cielo, que unido a su madre y a la vez esposa, la diosa Gea, la Tierra, gestó una raza de titanes entre los que se encontraba Cronos, que castraría a su padre para sucederlo en el trono de los dioses. Cronos, el Tiempo, se casó con su hermana Rea; ambos gobernaron el universo en la Edad Dorada y gestaron varios hijos. Todo fue bien hasta que Cronos decidió devorarlos, creyendo que uno de ellos lo destronaría, como él mismo había hecho con su padre. Uno de esos hijos, Zeus, se salvó de la matanza, destronó a Cronos y ocupó el lugar principal del Olimpo. Zeus se casó con su hermana Hera y tuvieron varios hijos, pero Zeus también mantuvo relaciones con su tía, la titánide Mnemosine, diosa de la memoria, con la que engendró nueve hijas, las nueve musas; una de ella fue Clío, la musa de la Historia.

En la antigua Grecia así contaban los orígenes del mundo en los primeros relatos conocidos, que se transmitieron por vía oral hasta que se inventó la escritura y pudieron fijarse por escrito. La transferencia de estas «historias» varió según distintas versiones, porque no se podía fijar la memoria, ya que el relato oral dependía del agente que lo transmitía.

Al ponerse en un texto surgió la Historia como remedio y fármaco para la memoria. Tucídides escribía en el siglo v en su obra *Guerra del Peloponeso* que «la mayor parte de lo que cuentan en sus historias, por no estribar en argumentos e indicios verdaderos, andando el tiempo viene a ser reputado por fabuloso e incierto. Lo que arriba he dicho está tan averiguado y con tan buenos indicios y argumentos que se tendrá por verdadero». La Historia fijaba así la memoria, como insistía su contemporáneo Eurípides, quien en su inconclusa obra *El drama de Palámedes*, el sabio al que se le atribuía el invento del alfabeto griego, afirmaba que «las letras son el remedio contra el olvido». Medio siglo más tarde, Platón escribía el diálogo *Fedón*, en el que su maestro Sócrates debate con Simmias, otro de sus discípulos, sobre la conveniencia de la escritura para conservar en los libros la sabiduría que pudiera perderse atendiendo sólo a la memoria.

Desde que aparecieron los primeros relatos escritos, y probablemente mucho antes en los relatos orales, el recuerdo del pasado y su transmisión, que desde los textos de Heródoto llamamos «Historia», ha constituido un arma ideológica formidable. Justificar el presente a partir de su proyección en el pasado, eso es el «presentismo», se ha convertido en práctica habitual de todas las sociedades y, sobre todo, en la manera oficial de narrar la «historia». Diferencio la misma palabra escrita con mayúscula para referirme a la disciplina académica y con minúscula para los hechos del pasado.

Durante siglos, los cronistas y los poetas épicos fueron los instrumentos que el poder utilizó para justificarse y legitimarse. Así se escribieron las grandes Historias de las naciones, de los pueblos y de los hombres más relevantes; a la mujer, salvo casos excepcionales, se la orilló a un oscuro rincón de la memoria. Así, durante más de cuatro milenios, la Historia se convirtió en patrimonio exclusivo de las clases dirigentes, que controlaban y reglaban el relato en su favor.

Durante todos esos milenios no se cuestionó la importancia de la Historia, pues en su uso y su exhibición públicos se justificaba el papel de los grandes personajes, únicos protagonistas de un devenir colectivo, y materia ejemplarizante para las gentes anónimas, que no tenían otra voz que la de sus amos y señores.

Hubo un momento, a mediados del siglo XIX, en el que algunas voces reclamaron que la Historia debía ser un patrimonio de todos, un instrumento para denunciar la explotación de unos seres humanos por otros, un altavoz para destapar las injusticias y un recurso intelectual para luchar contra las desigualdades. Fue entonces, al tomar conciencia de la trascendencia social del conocimiento del pasado desde otra perspectiva, cuando los olvidados alzaron su voz hasta entonces acallada, lograron hacerse un hueco en los anaqueles de la memoria y consiguieron que sus voces comenzaran a escucharse con nitidez en las galerías del tiempo.

Desde ese momento ya nada fue igual. Al perder el monopolio del relato histórico, los poderes tradicionales rechazaron una Historia abierta, combativa y crítica, y alegaron que el estudio científico del pasado era una inutilidad que un mundo abocado a la santificación de la producción y del consumo no podía permitirse. A finales del siglo XX esos poderes conservadores apenas se atrevían a pregonarlo de una manera tan grosera y abierta, pero en las dos primeras décadas del siglo XXI han brotado con fuerza y con notable apoyo en numerosos medios voces rancias que proclaman que investigar, pensar y reflexionar sobre el pasado es un ejercicio vano que no debería hacerse, y que las cosas deben quedarse como siempre estuvieron.

Quizá por esto continúa habiendo historiadores, aficionados a la historia y autores de novelas históricas que practican la manipulación, la monopolización y la visión única del pasado con verdadero entusiasmo partidista, rancio sectarismo, nula investigación y absoluta carencia de crítica textual. Aunque ellos no lo sepan, están ratificando las tesis de John Locke, el filósofo inglés que en 1670 escribió en su obra *Ensayo sobre el entendimiento humano* que «Todo historiador es un mentiroso». Siguiendo esa estela, como viene haciendo desde su fundación con pocos cambios, una institución tan atrabiliaria como la Real Academia de la Lengua Española mantiene la definición de «historia» en las séptima, octava y novena acepciones de su *Diccionario* como «narración inventada», «mentira o pretexto» y «cuento, chisme, enredo»; claro que la RAE lo que hace en ocasiones, aunque con cierto retraso, es justificar que incorpora a su diccionario un elenco de palabras y acepciones que ya se han consolidado en el habla popular.

No obstante, la mayoría de los historiadores suele afanarse en «alcanzar la verdad», confrontando una dicotomía que persigue a la disciplina histórica desde su nacimiento: la verdad frente a la manipulación, la veracidad frente a la falsedad.

«Verdad» significa «conformidad de las cosas con el concepto que de ellas forma la mente», también «conformidad de lo que se dice con lo que se siente o se piensa» y «propiedad que tiene una cosa de mantenerse siempre la misma sin mutación alguna»; frente a «manipular», que significa «invertir con medios hábiles y a veces arteros en la política, en la sociedad, en el mercado, etc., con frecuencia para servir los intereses propios o ajenos». Así, verdad y manipulación son conceptos antitéticos y, por tanto, contradictorios; aparentemente al menos.

El historiador se encuentra a cada momento con fuentes escritas que han sido manipuladas desde su origen, y esa circunstancia ha de tenerla muy en cuenta. Los historiadores escriben Historia a partir de documentos escritos, unos pocos incorporan los arqueológicos y los orales, que presentan muchos problemas; y es que no siempre ayudan a discernir lo verdadero de lo falso, incluso en ocasiones contribuyen a aumentar la confusión y la duda.

Los relatos escritos suelen reflejar aquellos episodios que más han impresionado a quienes los han redactado. A veces, un acontecimiento poco relevante suele ser magnificado por razones políticas o personales, mientras que aspectos imprescindibles de la vida cotidiana suelen ser obviados de manera recurrente. Además, la memoria es selectiva y cada ser humano utiliza su propio criterio de selección y de rechazo, y lo aplica de manera diferente; no todo el mundo recuerda la misma acción de un modo similar, y cuando esa acción se cuenta o se escribe tiempo después, se manipula a partir del recuerdo o en función de las circunstancias del momento presente.

Los hechos históricos no quedan exentos de ser manipulados por los cronistas, convertidos con harta frecuencia en relatores interesados del pasado. Cifras, fechas, personas, acciones o situaciones son alteradas en connivencia con intereses y criterios políticos, nacionales, religiosos, sociales, personales o económicos. En numerosas ocasiones los cronistas no se limitan a «contar los hechos como fueron», tal cual predicaba la historiografía positivista, sino que los alteran a su conveniencia, a veces de manera tan exagerada que se rompen todos los visos de credibilidad.

La Historia no es una ciencia exacta, en mi opinión ni siquiera es una ciencia, aunque los historiadores suelen utilizar, al menos los más serios y rigurosos, métodos científicos y técnicas de investigación que requieren de conocimientos y habilidades propias del oficio. Incluso en no pocas ocasiones necesitan de la ayuda de otros profesionales, sobre todo en los análisis arqueológicos, genéticos o de otro tipo.

La Historia es lo que se ha contado, y en la manera de contarlo ha intervenido, y sigue interviniendo, el resultado de un sinfín de circunstancias, de desencuentros y de enfrentamientos seculares que han propiciado la destrucción de unas civilizaciones por otras. En no pocas ocasiones los vencedores en esos conflictos han aludido como justificación a que de su parte estaban la voluntad de Dios, la fuerza de la razón y el progreso, que primaban sobre las sombras de la barbarie y del atraso de sus oponentes derrotados. De este modo, la Historia cuenta la historia, sobre todo desde la perspectiva eurocéntrica, como un proceso de avances y logros, en un camino de triunfos de la civilización sobre el salvajismo.

En este aserto tan generalizado, los cronistas fueron los

relatores encargados de desarrollar la narración del orden natural de las cosas y, evidentemente, de la justificación del devenir lógico de la historia como producto derivado de la voluntad divina.

Demasiado a menudo la humanidad ha protagonizado tremendos encontronazos entre culturas y civilizaciones; cuando se han producido entre «culturas del mito» y «culturas de la historia», el resultado ha sido la destrucción de una de ellas, como ocurrió con la expansión de Roma por las riberas del Mediterráneo entre los siglos III a. C. y II, la conquista del islam por el norte de África, Oriente Medio y Asia central entre las centurias VII y X, la conquista y colonización española en América en el siglo XVI, la destrucción de las tribus indígenas norteamericanas por los estadounidenses en los siglos XVIII y XIX o la colonización de África por las potencias europeas en los siglos XIX y XX. En todos esos casos, los conquistadores aludieron al derecho de su razón civilizada sobre la barbarie de sus salvajes oponentes, a los que incluso se negaba su condición de seres humanos, como se puede leer en numerosos textos supremacistas de políticos y etnólogos ingleses del siglo XIX.

A partir de aquí, la Historia era cuestión de los hombres civilizados, y los historiadores los encargados de desarrollar la narración del orden natural de las cosas y de la justificación del devenir lógico de la historia.

Esa ha sido, tal vez, la premisa fundamental de la manipulación de la Historia: la perversión de que las culturas de la razón, el *logos* griego, eran superiores a los modos de vida de los pueblos del mito, el *mythos* griego, y, en consecuencia, los Estados «civilizados» estaban autorizados y legitimados para apropiarse del monopolio de la concepción del mundo, que pasaba por llevar, e imponer, la civilización y la evangelización, islamización o chinización en su caso, a los pueblos salvajes y atrasados.

La primera gran manipulación quedó establecida y confirmada: el hombre civilizado occidental había alcanzado un elevado desarrollo que había que implantar e imponer en el resto del mundo. En su día, el *politikós* griego y el *cives* romano frente al bárbaro o extranjero, el creyente musulmán frente al ignorante de la *yahiliya* (la edad del desconocimiento), o el demócrata capitalista occidental frente al atrasado tercermundista.

Desde el siglo XIX, Occidente y sus democracias burguesas establecieron que su sistema político tenía que ser el modelo a seguir e imitar por todos los demás, y sus valores, derechos y libertades, asentados en la pomposa *Declaración universal de los derechos del hombre*, los que debían regir en toda la Tierra; y así fue como la Historia se hizo eurocéntrica y se erigió como una disciplina científica más, sustentada en una base teórica supremacista.

La segunda gran manipulación tiene su origen en la obsesión de los gobiernos por justificar sus acciones a partir de la propia Historia, falsificando cuanto sea necesario para ello: «En los regímenes con fuerte carga nacionalista, la historia ha sido manipulada haciéndola coincidir con los intereses de aquellas ideologías que se desean inculcar a las poblaciones de un determinado territorio. Esta desvirtuación llega a su culminación en los regímenes dictatoriales: cuando el poder es absoluto, la manipulación tiende a ser absoluta. Por el contrario, debido a la libertad de expresión, en las sociedades democráticas la Historia es menos susceptible de ser distorsionada, y cuando se da algún caso, termina por quedar desprestigiada»[1].

Marc Bloch, el célebre historiador francés fusilado por los nazis en 1944, escribió que «ninguna ciencia puede eximirse de la abstracción, tampoco de la imaginación»[2]. Desconozco si en el momento de redactar esas líneas el profesor Bloch tenía en su cabeza el conocido aforismo del filósofo alemán Friedrich Nietzsche, que a comienzos de 1887 escribió en uno de sus cuadernos, luego editado en *Fragmentos póstumos*, «no existen los hechos, sino la interpretación».

Porque la Historia no es cuestión del pasado, sino del presente. Son las acciones del presente las que suelen justificarse, y para ratificarlas, todo vale, y si se encuentran razones para ello en el pasado, pues mucho mejor.

1.2. El nacionalismo irredento

El territorio de la península ibérica siempre se ha definido como un macrotopónimo de referencia geográfica, habitualmente otorgado por foráneos. Shapán (que según algunos significa «tierra de conejos») la llamaron los fenicios, Iberia (por el río Iber, el Ebro) los griegos, Hispania (topónimo de compleja explicación) los romanos y Spania los bizantinos, pero estos nombres jamás se identificaron con un espacio político, sino con una precisa delimitación territorial.

Frente a estas denominaciones «físicas» basadas en la evidencia geográfica peninsular, hubo otras de carácter cultural, como la mitológica Hésperis, una diosa menor que encarnaba la hora del atardecer, con el sol en Poniente, lo que marcaba la dirección a Iberia, la tierra más occidental del mundo antiguo, o Sefarad, nombre hebreo para toda la Península que desde hace quinientos años sólo se aplica a España. El nombre de al-Andalus únicamente define el territorio peninsular ibérico bajo dominio político musulmán, un espacio cambiante, por tanto, entre principios del siglo VIII y finales del XV.

Los indígenas iberos, celtíberos o astures, entre otros muchos pueblos que resistieron la invasión y conquista de Roma, no eran «españoles», como tampoco lo eran los visigodos, los árabes o los bereberes andalusíes, ni los cristianos leoneses, castellanos, navarros, aragoneses y catalanes del Medievo; y, en cambio, hasta 1975, eran españoles los saharauis, que desde entonces ya no son considerados como tales por el Gobierno español, a pesar de tener su correspondiente tarjeta de identidad española, pero sí pueden serlo desde 2015 los judíos que acrediten sus raíces medievales sefardíes.

Ni siquiera lo fueron entre los siglos XVI y XVII, pues cuando algún extranjero hablaba de «los españoles» no se refería a los ciudadanos de un Estado concreto, sino a los súbditos de la monarquía hispánica procedentes de la península ibérica.

España, así, en singular, es el nombre del Estado unificado bajo unas mismas leyes a comienzos del siglo XVIII por la dinastía de los Borbones, en la que quedará al margen Portugal, que formó parte de la monarquía hispánica de la Casa de Austria entre 1580 y 1640, en la que se incluían territorios americanos como Cuba y Puerto Rico, asiáticos como Filipinas, africanos como Canarias, Guinea «española», Ifni, el Sáhara Occidental (hasta febrero de 1976), Ceuta y Melilla, o mediterráneos como las Baleares. España es un espacio político que ha cambiado de superficie varias veces en los últimos dos siglos.

Pese a la evidencia, se puso un extraordinario empeño en identificar un nombre, el de España, con un territorio; por ello se mezcló, en una confusa mimetización, y se tradujo una definición geográfica latina como Hispania, con una política como España; y la interesada confusión continuó al menos hasta la Constitución de 1978.

En esa ceremonia del desbarajuste se han instalado interesados fabuladores, afanados en convertir al semilegendario caudillo tartesio Argantonio, a los tres emperadores romanos de origen hispano, a Recaredo y al resto de reyes visigodos o al caudillo don Pelayo en unos «monarcas españoles», en tanto se referían al califa pelirrojo de ojos claros Abdarrahman III como un monarca extranjero. El imaginario colectivo, bombardeado durante siglos con falsedades y tergiversaciones, ha identificado tradicionalmente lo español auténtico con una confusa amalgama de lo ibero, lo hispanorromano, lo visigodo, lo católico, lo castellano y lo medieval, dejando al margen, cuando no tildado de antiespañolismo, todo lo demás, provocando una «profunda y continuada distorsión de la memoria de los españoles»[3].

Desde luego, el solar hispano constituye una gran unidad física pero, a la vez, está estructurado en un variado y complejo conjunto de espacios muy diferentes, lo que ha desencadenado una constante pugna entre fuerzas centrífugas, encarnadas en el último siglo por los nacionalismos, y centrípetas, representadas por las derechas españolistas.

Algunos nacionalistas, sean de viejo o de nuevo cuño, no dudaron en inventarse historias de algo que nunca fue con la única intención de cambiar la percepción del pasado para determinar la comprensión del presente. Un paso esencial en esta interesada confusión de la historia de España se ha basado en la identificación del territorio y de sus gentes con la religión cristiana católica. Por extensión, el continente europeo se consideró un continente de «raíces cristianas», y dentro de él, España era la nación que guardaba las esencias más profundas y legítimas, con permiso de Francia, «la hija predilecta» de la Iglesia romana. Excluido el «diferente», España sólo podía ser «nacional» en lo político y católica en lo religioso, es decir, el verdadero reino de Cristo en la Tierra, y «uniforme» en lo cultural, con una sola lengua, la del Imperio, el castellano, y una sola idea germinal, la de la «patria común e indivisible» de todos los españoles.

Todos los nacionalismos, sin excepción, han configurado espacios ideales primigenios con vocación de eternidad, no pocas veces imaginarios, como ha ocurrido, y se sigue percutiendo en ello, en Cataluña, Aragón, Navarra, el País Vasco, Galicia e, incluso, en la propia Castilla, donde se radicó una historiografía falsaria que consiguió que se identificara una parte, Castilla, por el todo, España; no en vano, alguno de estos historiadores ultranacionalistas llegó a afirmar que «Castilla ha hecho a España»; aunque, en contraposición Blas Infante, «padre de la patria andaluza», llegó a hablar de la invasión del año 711 como de «una liberación nacional»[4].

Las dos últimas décadas del siglo XX han visto brotar las comunidades autónomas como las nuevas formas de organización política y administrativa en el Estado español, lo que ha posibilitado la recuperación de viejos enfoques en los que la Edad Media se ha convertido en protagonista absoluta, pues era la época en la que se generaron las bases culturales y territoriales, a veces imaginarias, de algunas de las modernas autonomías. Con ello, la Edad Media se prestigió, y de ser un tiempo denostado por haber sido el de la fractura de la «unidad de España», se convirtió en una época a reivindicar, pues en esos siglos atávicos y legendarios nació la referencia de algunas de esas comunidades, y desde luego sus nombres (Aragón, Castilla, Cataluña, Andalucía, Extremadura...) y sus instituciones privativas (generalidades, cortes, justicias, comunidades, concejos, ayuntamientos o juntas).

La manipulación de la Historia suele alcanzar su paroxismo en los mitos nacionales, con relatos rebosantes de argumentos de autojustificación, trufados de frases y guiños para contentar a un público que espera que le cuenten las cosas tal y como las quiere escuchar. Por ejemplo, durante los cuatro años, de 2005 a 2009, de gobierno de coalición entre el Partido Socialista y el Bloque Nacionalista Gallego, el vicepresidente de la Xunta de Galicia, miembro del Bloque, patrocinaba una especie de juego de rol de recreación histórica en el cual se «recreaba» la revuelta de los *irmandinhos*; en esta representación, los *irmandinhos* (los verdaderos y genuinos gallegos), se presentaban como los buenos, campesinos honorables y honrados, patriotas dispuestos a defender su tierra ante las perversas pretensiones de los foráneos (españoles, castellano-leoneses), que eran unos malhechores que venían a Galicia para arrebatarles la tierra y la libertad.

En cierto modo era una respuesta a más de un siglo de predominio de la historiografía panespañolista, desde los ilustrados liberales del siglo XIX a los conservadores del siglo XX, como Claudio Sánchez-Albornoz, para el cual el origen de la nación española tenía sus raíces en la Reconquista y había nacido con Pelayo en Covadonga[5].

La Historia de España ha sido y sigue siendo utilizada como un arma intelectual e ideológica, casi siempre con la intención de justificar el orden establecido y de mantener los privilegios de sus dirigentes, sobre todo de la monarquía. Buena parte de la historiografía españolista ha instrumentalizado el estudio del pasado para certificar posiciones ideológicas e intereses en los que la mayoría de los ciudadanos siguen relegados a la marginalidad de su propia historia; y cuando esos ciudadanos han demandado «veracidad» y «conocer lo que realmente pasó», se han encontrado con un muro infranqueable que los deriva hacia otras formas de expresión narrativa como la novela o el cine.

La historiografía del franquismo, y es evidente que buena parte de sus falacias no sólo no han desaparecido sino que incluso se han implementado en la segunda y la tercera décadas del siglo XXI, presentó a España, «la nación española», como una unidad eterna e indisoluble, una nación atemporal en la que las épocas de desunión se asimilaban a las de decadencia y debilidad, y las de unidad a las de progreso y grandeza. Así, los valores esenciales del franquismo se proyectaban tanto hacia el futuro como hacia el pasado, siguiendo aquella memez joseantoniana de que «España es una unidad de destino en lo universal», rara expresión que debe de ser tan profunda que nadie ha sido capaz de discernir.

En esa paranoia, la Edad Media aparecía como una época nefasta, pues durante el Medievo la España esencial y cristiana de los visigodos, heredera de la España cristiana tardorromana, esencia original patria al parecer de algunos «españoles de pura cepa», había sido invadida por «extranjeros», los árabes, casi siempre se olvidan de los silenciados bereberes, que habían impuesto una cultura ajena a lo español, y fragmentada en diversos reinos, lo que había abocado a la ruptura de la unidad ideal lograda en tiempo de los visigodos.

El culmen de semejantes dislates lo alcanzó José María Aznar López, presidente del Gobierno español entre 1996 y 2004, en una muy difundida conferencia que pronunció el 21 de septiembre de 2004 en la universidad jesuita de Georgetown, en Washington, titulada *Siete tesis en el terrorismo de hoy*. Este político, convertido en improvisado «historiador» (quizá aquí sí valga el significado de «narrador de ficciones», «mentiroso»), llegó a proclamar, sin el menor rubor, lo siguiente: «El problema que España tiene con al-Qaeda y con el terrorismo islámico no tiene su origen en la crisis de Irak. De hecho, no fue a causa de las decisiones del Gobierno. Habría que remontarse mil trescientos años atrás, hasta el siglo VIII, cuando España acababa de ser invadida por los moros para ser convertida en una pieza más del mundo islámico, y así comenzó una larga batalla para recuperar la identidad. El proceso de la Reconquista fue muy largo, alrededor de ochocientos años. Afortunadamente, terminó con éxito. Algunos de los más radicales islámicos quieren continuar aquella lucha contra Occidente. Osama bin Laden es uno de ellos. En sus primeras declaraciones después del 11 de Septiembre, repito, del 11 de Septiembre, no se refirió a Nueva York o Irak. Sus primeras palabras fueron sobre la pérdida de al-Andalus, la España medieval musulmana, y la comparó con la ocupación de Jerusalén por los israelíes»[6].

Aznar no era original con esos postulados, en absoluto;

seguía la pauta de algunos pseudohistoriadores, que han manipulado la historia de España con argumentos propios del más rancio y burdo presentismo, para los cuales la llamada Reconquista fue «la lucha de un pueblo, el español, para recuperar su libertad perdida a causa de la cruenta conquista y despótico gobierno de los musulmanes». El propio Aznar insistió en ello en unas declaraciones en septiembre de 2006, tal vez ambicionando convertirse en guardián de las esencias eternas de la patria española: «A mí nadie me ha pedido perdón por ochocientos años de dominio islámico en España».

Argumentos falsos como estos fueron utilizados por el señor Aznar para justificar toda su política antiterrorista, aunque para ello hubiera que manipular, tergiversar y transformar la propia historia de España utilizando los errores y simplezas del presentismo, el maximalismo y el reduccionismo. Probablemente este político estaba siendo asesorado o inspirado por aficionados a la Historia que siguen sosteniendo las mismas tesis que la más oscura historiografía franquista. Los postulados de Aznar fueron el estrambote de las posturas sostenidas antaño por José María Pemán y Justo Pérez de Urbel, y más recientemente por pseudohistoriadores como César Vidal, Federico Jiménez Losantos o Pío Moa[7].

Apoyados en una formidable presencia mediática, día a día y sin cejar en el empeño, algunos propagandistas siguen en defensa de semejante causa: «España era una nación situada a la cabeza de la cultura occidental. Esta situación iba a verse, sin embargo, quebrada por la culpa de la invasión islámica de inicios del siglo VIII», «la resistencia planteada por los cristianos fue encarnizada», «aquellos vencidos que habían osado resistir a los invasores se vieron sometidos», «en el peor de los casos se tradujo en la ejecución de los varones y la esclavitud de mujeres y niños», «cuando ese mismo año concluyó la Reconquista, a pesar de ese enorme sufrimiento de siglos derivados del islam, las condiciones otorgadas a los musulmanes granadinos fueron extraordinariamente generosas»; así se expresaba, tal cual y sin el menor rubor, César Vidal, uno de estos propagandistas o al asentar, en compañía de Federico Jiménez Losantos cuando eran colegas y amigos, que «el moro ha sido enemigo de la nación española»[8]; es un notable ejemplo de la rutinaria reiteración de los más rancios estereotipos decimonónicos y la islamofobia[9].

Estos planteamientos no son sino groseros retazos, herederos de la más conservadora historiografía panespañolista, en algún caso surgidos de la pluma de entusiastas servidores de la propaganda franquista, como José María Pemán, quien escribió que «la primera medida que los Reyes tomaron para limpiar y asegurar el reino conquistado fue el firmar, en el año mismo de la entrada en Granada, un decreto echando de España a todos los judíos que no se hubiesen convertido. Los enemigos de España han atacado mucho a los Reyes Católicos por esta medida, acusándoles de fanáticos e intolerantes. Los que esto dicen se olvidan de que los judíos eran en España los verdaderos espías y conspiradores políticos: que vivían en la secreta amistad con los moros y en la callada esperanza de los turcos»[10]; es decir, judíos y moros unidos en un pacto clandestino y conspirativo para la causa común de destruir España.

El franquismo incrementó este tipo de propaganda en esa misma línea, hasta su final, e incluso más allá de su liquidación política, que no ideológica, continuando su adoctrinamiento en las aulas universitarias en plena etapa democrática: «El 2 de enero de 1492 Fernando e Isabel tomaron posesión de la Alhambra... Era el fin de la Reconquista, al cumplirse setecientos ochenta años, como recordaban Fernando e Isabel en una carta a la ciudad de Sevilla. Ahora el matrimonio de los Reyes Católicos aparecía como una culminación para la heroica empresa que permitía restaurar la España "perdida" del siglo VIII»[11].

A ese coro de fervorosos nacionalistas panespañolistas, secuaces del tardofranquismo, no le ha faltado el entusiasta acompañamiento de algunas voces procedentes de la cúpula de la Iglesia española, como el cardenal Antonio Cañizares, arzobispo de Toledo y de Valencia, miembro además de la anquilosada Real Academia de la Historia, quien afirmó tajante en 2008, cual dogma de fe, que «el cristianismo, la fe católica, se profese o no por las personas y se quiera o no, constituye el alma de España».

Incluso algún afamado lingüista como A. D. Deyermond, experto en historia de la Literatura española, quizá un tanto despistado en este asunto y trufado del antiislamismo dominante hace medio siglo, llegó a afirmar que «el proselitismo agresivo por naturaleza del islam se vio templado en España por el realismo económico», aunque no entiendo, supongo que él tampoco, qué quería decir con esta afirmación[12].

Planteamientos y aseveraciones mendaces como éstos, muy habituales en la historiografía panespañolista, se basan en asentar como veraz e histórica la ficción instalada en algunas crónicas escritas entre los siglos IX y XV, en las que se magnificaron o se inventaron determinados hechos protagonizados por los reyes cristianos de los reinos hispánicos medievales.

Como muestra basten tres citas:

«Refugiados en las ásperas montañas del Norte, un puñado de antiguos españoles, huyendo de la irrupción sarracena que, como torrente sin dique, se hizo dueña en breve tiempo de la desarmada y envilecida península ibérica, formaron una pequeña hueste de héroes, que, bajo el mando de Pelayo, se atrevieron a disputar el paso a las victoriosas tropas del caudillo agareno Alahor, en los desfiladeros de Auseba, dando en Covadonga el patriótico grito de independencia, cuyo triunfante eco resonó por todos los ámbitos del territorio hispano».

«Estos valientes montañeses al ver tantos desmanes de los moros dicen para sí: Nosotros no queremos obedecer a esos africanos, enemigos de la Ley y de Dios. ¡Qué valiente y atrevido es don Pelayo! Él, con unos cuantos cristianos, atreverse a luchar contra tantos moros, que han ganado tantas batallas...; pero don Pelayo confía en Dios y en la Santísima Virgen, y ¿quién puede contra Dios y la Virgen, aunque sea el rey moro más poderoso del mundo? Los cristianos caen sobre los moros y los arrollan y arrastran como pelotas hasta el fondo del valle».

Incluso alguna de un reconocido medievalista, con palabras y estilo más propios de un poema épico que de un análisis historiográfico: «Siglos, largos siglos de conquistas, de lentas y porfiadas conquistas, de avances hacia el sur, de una fe, de una sociedad, de unas concepciones políticas... La Reconquista, prefigurando la ambiciosa y magnífica aventura americana y preparando el ánima española para hacer de España la espada de Dios sobre la tierra»[13].

La idea de España ha sido tratada por historiadores solventes, que han vertido opiniones diversas pero basadas en argumentos serios y no en meras proclamas pasionales y propagandísticas. Así, según Julio Valdeón, «la imagen que se ha transmitido en diversas ocasiones, según la cual la España medieval fue un ejemplo de convivencia cristiana-musulmana-judaica no es admisible. A lo sumo puede hablarse de coexistencia de los creyentes de esas religiones»[14].

Algunos autores han incurrido en contradicciones en una misma obra, como hace Antonio Domínguez Ortiz cuando escribe: «Sólo puede hablarse de una historia de España cuando los diversos pueblos que la forman comienzan a ser percibidos desde el exterior como una unidad. Mucho después llegará la asunción de ese mismo sentido de unidad por los propios hispanos... La unidad de España, prefigurada ya en la diócesis romana de Hispania, se realizó, aunque fuera en condiciones precarias, en el reino visigodo»; para aseverar unas decenas de páginas más adelante: «Al morir Isabel la Católica se produjo una grave crisis institucional, puesto que entre Castilla y Aragón no existía más que una unión personal»[15].

¿Unidad nacional o unión personal? ¿Con qué nos quedamos?

En este maremágnum de imprecisiones, al-Andalus ha sido el periodo de nuestra historia más manipulado, aunque historiadores como Antonio Ubieto ya denunciaron esta intencionada tergiversación en su día: «Durante la Edad Media una mayoría de la población peninsular practicó la religión musulmana. Por ello, es absurdo que consideremos a los moros medievales como algo ajeno a nosotros: con toda seguridad podemos afirmar que el abuelo número veinte de cada español tenía más probabilidades de que fuera musulmán que cristiano... El antagonismo con que se quiere presentar la Edad Media entre musulmanes y cristianos, hasta el punto de identificar a los españoles de hoy con los cristianos, y los musulmanes con los antiespañoles medievales, es absurdo y se originó en el siglo XVI cuando los problemas religiosos y políticos europeos identificaron la Cristiandad con España, y el peligro turco con lo musulmán»[16].

Más reciente ha sido la atinada y precisa reflexión de Eduardo Manzano: «Frente a esta visión idealizada de al-Andalus, en los últimos tiempos está surgiendo una incalificable reacción conservadora que apunta contra este ámbito considerándolo como un mero accidente histórico, un capítulo marginal de la "historia de España", felizmente acabado gracias a la labor de los "reconquistadores"... Estos ideólogos de la nueva barbarie saltan sobre los siglos con una ligereza pasmosa, que haría sonreír por lo que tiene de ignorancia si no fuera por el hecho de que el mensaje que transmiten hiela la sangre... El pensamiento reaccionario lleva generaciones enteras insistiendo en que el "árabe", el moro o el infiel ha sido enemigo de la nación española desde los tiempos de la conquista. Sus promotores son historiadores publicistas y amargos políticos»[17].

En esa línea de rigor ha insistido Alejandro García Sanjuán, que ha denunciado el discurso historiográfico panespañolista: «El mejor exponente académico de la reorientación experimentada o el discurso españolista durante los últimos años es el arabista Serafín Fanjul, recientemente elegido miembro de la Real Academia de la Historia. En sintonía con los planteamientos de la historiografía más tradicional, de la que dicha institución es una de las principales portavoces actuales, el propósito principal de su discurso se centra en demostrar la ilegitimidad de la presencia musulmana en la Península, a partir de su propio origen»[18].

El triunfo de las tesis sostenidas por la Iglesia cristiana hispana supuso la erradicación física de las otras dos grandes religiones, el islam y el judaísmo, y la forzada unificación religiosa del territorio hispano entre 1492 y 1614, mediante la conversión y el bautismo obligatorios, so pena de muerte o condena al exilio.

Hasta ese largo siglo, «esta tierra fue a la vez lugar de convivencia y de desencuentro, de espacios compartidos y de odios religiosos. Una más de las enormes contradicciones que han poblado la historia de la Península. Esa misma posición que la convirtió en destino de numerosas gentes hasta finales del siglo xv es la que la proyectó hacia el Atlántico y propició la posibilidad de crear un gran imperio mundial, debido a la política de uniones matrimoniales tejida por los Reyes Católicos y a la continuación en América de las motivaciones que habían impulsado la llamada Reconquista: el afán de riquezas, la consecución de fama y la ambición de fortuna»[19].

1.3. Hispania, al-Andalus y España

La Historia no es asunto del pasado, sino del presente. Son las acciones del presente las que suelen justificarse y, para ratificarlas, todo vale; y si se encuentran razones para ello en el pasado, pues mucho mejor. Frente a al-Andalus como sociedad modélica en las relaciones multiculturales en la Península, defendida por algunos idealistas de la historia islámica, la corriente conservadora cristiana considera la presencia musulmana en el Medievo hispano como un mero accidente histórico, una larga anomalía, los manidos ocho siglos, y un capítulo marginal en la historia de la España eterna, un intento de ruptura fracasada al fin gracias a la «Reconquista» de la «verdadera esencia histórica» de España, la cristiana católica, claro.

Recuerdo que, siendo yo muy pequeño, ojeé una enciclopedia editada en 1947 en la que me llamó la atención un grabado en el que, sobre el epígrafe «La pérdida de España», unos terribles guerreros árabes, montados sobre feroces corceles y armados con enormes cimitarras, degollaban a unos indefensos cristianos que sufrían el martirio con las manos enlazadas y los rostros devotos mirando al cielo, rogando a Dios por sus almas. Se presentaba así una imagen de la Historia de España tan falsa y manipulada como los textos en los que se sostenía. En esa misma línea, el Cid se representaba como el perfecto caballero cristiano, el paladín de la «Reconquista» y el héroe «español» que «echó de España a los moros». Aquel dibujo estaba acompañado con una explicación tan simplista como inexacta, pero fue suficiente como para dejar grabada la idea y la imagen de que los musulmanes habían entrado en España, que por supuesto ya existía como concepto moderno, arrasando con cuanto encontraron a su paso de sur a norte hasta que don Pelayo les hizo frente en Covadonga, los detuvo y comenzó la «Reconquista».

La vieja idea de contraponer «lo español» a «lo moro», como definiciones e identidades opuestas e irreconciliables, tuvo éxito, y a ello contribuyeron los relatos y los grabados de viajeros románticos del siglo XIX, como el escritor norteamericano Washington Irving con su visión idealizada y legendaria del pasado granadino que plasmó en su obra *Cuentos de la Alhambra*. A partir de ahí se fue creando un al-Andalus de ensoñaciones fabulosas, de castillos y palacios de ensueño y de sensualidades desbordadas y rotundas en donde se mezclaban sin discriminación alguna ficción y realidad. Esta visión folclórica se mantuvo en el imaginario colectivo, incrementada por el arte, el cine y la literatura durante buena parte del siglo xx.

En el convulso siglo xix español, que se inicia con la victoria en la guerra de la Independencia y se acaba con la derrota en la guerra de Cuba y el desastre del 98, comenzó a plantearse la nueva idea de España y su esencia histórica. Estas cuestiones despertaron interminables debates y agudas polémicas, que siguen presentes dos siglos después y que tal vez nunca acaben.

Entre ellas destacó la que enfrentó en el segundo tercio del siglo xx a Américo Castro y a Claudio Sánchez-Albornoz, dos de los más prestigiosos intelectuales españoles de la primera mitad del siglo xx, ambos republicanos y exiliados tras la Guerra Civil.

En 1948 Américo Castro publicó su obra *España en su Historia: cristianos, moros y judíos*, revisada y reeditada en 1954 bajo el nuevo título de *La realidad histórica de España*. La tesis de Castro se resume en la idea de que la historia de España ha sido el resultado de las aportaciones de las tres grandes culturas y religiones monoteístas que la habitaron en la Edad Media: judíos, musulmanes y cristianos; de manera que el «ser español» no fue otra cosa que el fruto de un mestizaje secular. Este planteamiento fue replicado con contundencia, y en ocasiones con cierta virulencia verbal, por Claudio Sánchez-Albornoz en su obra *España, un enigma histórico*, editada en 1956; en ella se plantea la idea de una continuidad en la historia de España desde lo ibérico a lo cristiano medieval, con notables aportaciones romanas y visigodas, en donde lo musulmán aparece como una especie de anomalía tangencial ajena al «ser español», cuya esencia constituye un factor atávico, enraizado con la tierra peninsular desde los tiempos más remotos, enriquecida y abonada por el triunfo del cristianismo en el Bajo Imperio romano, hasta la «unidad» con los Reyes Católicos.

A partir de aquí, las perspectivas historiográficas sobre el pasado medieval de España no han dejado de estar enmarcadas por la controversia.

En el centro de esa polémica radica la historia de al-Andalus, cuya mitificación creció al rebufo del proyecto de la alianza de civilizaciones y de las nuevas ideas de acercamiento entre el islam y Occidente, desde las propuestas de integración de la emigración de musulmanes a Europa a la exaltación de los movimientos de la llamada «primavera árabe». En este planteamiento unidireccional, al-Andalus se llegó a presentar como una especie de paraíso perdido, un tiempo dichoso en el que musulmanes, cristianos y judíos convivieron en una nueva Arcadia feliz, un periodo luminoso de paz, progreso y coexistencia intercultural. Numerosos hispanistas, sobre todo británicos y franceses, pero también norteamericanos y alemanes, contribuyeron a mantener este paisaje histórico de tolerancia donde florecieron el lujo, la sensualidad y el exotismo, en tanto para otros constituía una «anomalía» histórica que «los españoles» tardaron ocho siglos en solventar.

La idea del «paraíso perdido» andalusí ganó fuerza en 1992, con motivo de las tres grandes conmemoraciones que ese año se festejaron en España, si bien con muy distinta proyección pública y mediática: el V Centenario del Descubrimiento de América, la Expulsión de los judíos y la Conquista de Granada.

Una década más tarde, y a raíz del intento de trazar nuevos puentes entre el islam y Occidente tras los criminales atentados islamistas del 11 de septiembre de 2001 en Estados Unidos y en los años siguientes en varias ciudades de Europa, la idea de que hubo una vez un tiempo en el que fue posible la convivencia pacífica, e incluso el encuentro amistoso, de las gentes de las tres religiones en al-Andalus, se intensificó.

A ello contribuyeron destacadas personalidades de la cultura internacional como el director de orquesta Zubin Mehta, de origen judío y defensor de una paz perdurable entre el Estado de Israel y los palestinos, que defendía que «habría que volver los ojos a aquella ciudad histórica de Córdoba en la que supieron convivir en paz judíos, musulmanes y cristianos»; el hispanista Ian Gibson hablaba de al-Andalus en los siguientes términos: «En el año 1000, el 75 por ciento de este país era musulmán. Vivían dentro de una armonía considerable, tres religiones, tres culturas. Hubo altibajos... pero el balance final fue extraordinariamente positivo»; y el destacado historiador musulmán Mahmud Alí Makki concluía: «Durante los cuatro primeros siglos de la hegemonía (islámica) en la Península, al-Andalus se erigió como uno de los mejores modelos de tolerancia y convivencia entre los tres credos»[20].

El historiador británico Gabriel Jackson, en su síntesis sobre la historia de España, ponía ejemplos concretos de esta convivencia: «Los judíos eran padrinos y testigos de bautismo de sus socios cristianos, mientras los cristianos hacían lo mismo en las circuncisiones y matrimonios judaicos».

El mismísimo Barak Obama, presidente de Estados Unidos, llegó a afirmar en El Cairo en el verano del año 2009 y en el curso de una visita a Egipto y a otros países de Oriente

Medio que había que imitar los logros de la Córdoba andalusí como «crisol de las tres culturas» y puso a Andalucía, confundiéndola con al-Andalus, y a la ciudad de Córdoba como ejemplos de «convivencia y tolerancia entre cristianos, judíos y musulmanes», aunque cometió un notable desliz histórico al añadir que esto ocurrió «durante la época de la Inquisición». Buena parte de los pseudohistoriadores revisionistas se lanzaron sobre Obama acusándolo de «falsificar la historia», de ser un «ignorante» y de poco menos que de ser un agente infiltrado del islamismo radical.

Sin embargo, el tiempo del candor pasó pronto, y en los inicios del siglo XXI, quién sabe si a causa del rechazo y la oposición conservadores a la propuesta de la ya olvidada alianza de civilizaciones, se desató una orquestada vorágine de reacciones ultraconservadoras que continuaban con tintes de presunta modernidad la tradición historiográfica, representada en la segunda mitad del siglo XX por historiadores como fray Justo Pérez de Urbel, Luis Suárez Fernández o Miguel Ángel Ladero Quesada, que sostuvieron sin el menor rubor que al-Andalus fue un mero accidente, un capítulo marginal en la historia de España, que supuso un intento para interrumpir, sin lograrlo, «la trayectoria histórica esencial y eterna de España»; tal cual.

La catarata de opiniones de estos nuevos cruzados metidos a redentores de la pureza patria con tintes pseudocientíficos mezclaba, sin reparo intelectual alguno, la historia de al-Andalus con la situación de la España contemporánea, empleando en algún caso expresiones del más rabioso presentismo como «los españoles echamos de España a los moros», cual si ellos hubieran estado presentes hace quinientos años ahí mismo.

El arabista Felipe Maíllo afirmaba que «la actualidad es la gran era de la mitología histórica», para acabar definiendo a una España mítica como «la comunidad nacional más antigua de Europa desde los suevos» y aseverando que «la única civilización mundial es la llamada occidental», rematando su diatriba eurocéntrica y conservadora con un ataque brutal a la idea de la alianza de civilizaciones, para concluir que «para cualquier español de bien, y con cierto caletre, poner fin al Estado taifal de las Autonomías sería una gran noticia»[21]; el renuente centralismo secular hispano salía de nuevo a escena, nada nuevo.

Otro arabista, Serafín Fanjul, escribía: «La imagen edulcorada de un al-Andalus idílico (se suele apostillar con la palabra paraíso), donde convivían en estado de gracia perenne los fieles de "las tres culturas" y las tres religiones, es insostenible e inencontrable, apenas comenzamos a leer los textos originales escritos por los protagonistas en esos siglos. No fue peor ni mejor —en cuanto a categoría moral— que el resto del mundo musulmán coetáneo o que la Europa de entonces. Disfrutó de etapas brillantes en algunas artes, en arquitectura o en asimilación de ciertas técnicas y supo transmitir —y no es poco— el legado helenístico recibido de los grandes centros culturales de Oriente (Nisapur, Bagdad, El Cairo, Rayy, etc.). Y fue, antes que nada, un país islámico, con todas las consecuencias que en la época eso significaba. Pero su carácter periférico constituía una dificultad insalvable para ser tomado como eje de nada por los muslimes del tiempo. Bien es verdad que, una vez desaparecido, se convirtió en ese paraíso perdido del que hablan los árabes, lacrimógena fuente perpetua de nostalgias y viajes imaginarios por la nada, de escasa o nula relación con la España real que, desde la Edad Media, se había ido construyendo en pugna constante con el islam peninsular. Esa es la historia»[22]; por lo leído, la Alhambra de Granada, la mezquita de Córdoba o la larga historia de al-Andalus son «la nada», frente a la «España real».

Ante semejantes postulados, donde el presentismo simplista, el maximalismo grosero, el dogma existencial, el sectarismo ideológico, la visceralidad política y el nacionalismo excluyente priman sobre el análisis sosegado y la crítica historiográfica, otros medievalistas han reaccionado con rotundidad y, teniendo en cuenta que la historia de España no puede entenderse sin comprender y asimilar un pasado tan convulso como diverso, han criticado este tipo de esquema simplón por su sesgo «tendencioso y maniqueo», «manipulador», tildándolo de «rutinaria reiteración de los más rancios estereotipos decimonónicos y de la islamofobia»[23].

María Jesús Viguera, prestigiosa historiadora arabista, ha ofrecido una visión equilibrada, ponderada y clarificadora, analizando la participación de las tres culturas en la Historia Medieval hispana, sobre todo en los primeros cuatro siglos de la época andalusí: «Al-Andalus de las tres religiones lo fue realmente en los cuatro primeros siglos»[24], todo un alivio intelectual.

La cuestión central de este asunto radica en si en la parte de la península ibérica bajo dominio político musulmán en la Edad Media, es decir, en el territorio llamado al-Andalus (Alandalús escriben ahora algunos arabistas siguiendo la acertada propuesta del gran maestro Federico Corriente), hubo o no tolerancia y convivencia entre los miembros de las tres grandes religiones monoteístas.

Esta polémica se suele enfocar con tanta visceralidad y desde posiciones tan enfrentadas que no ha sido posible emprender un debate sosegado y clarificador. La tendencia más conservadora, encabezada por opinadores tendenciosos, sostienen que «España» se convirtió poco menos que en un infierno cuando llegaron los musulmanes y entraron a sangre y fuego, y así se pasaron los días, los años y los siglos quemando iglesias, violando a doncellas y crucificando a beatíficos varones cristianos. En consecuencia, a los pobres cristianos, cultos, nobles y pacíficos (los judíos quedan un tanto al margen), no les quedó otro remedio que refugiarse en las montañas de Asturias para salvar sus vidas, encomendarse a la Virgen y a todos los santos, entre los cuales Santiago el Mayor cumplió con creces su papel de auxiliar excelso de los ejércitos de la verdadera fe, y lanzarse con ímpetu renovado a la «Reconquista» de España. Todo eso es una falsedad absoluta.

Probablemente, la respuesta más acertada, que no la única, se encuentre en la diferente actitud que presentaban los gobernantes musulmanes y los cristianos del Medievo hispano al afrontar el futuro. Desde mediados del siglo VIII, cuando se detuvo la expansión del islam ante la guerra entre bereberes y árabes en al-Andalus y la guerra entre omeyas y abasíes que concluyó con la desaparición del califato omeya de Damasco y se alcanzó la independencia de la provincia de al-Andalus, los andalusíes ya sólo pretendieron mantener sus fronteras y conservar su territorio, en tanto los cristianos, desde la segunda mitad de esa misma centuria, ambicionaron conquistar más territorio para incorporarlo a sus dominios feudales.

El rey Abd Allah de Granada, último soberano de los ziríes granadinos, fue depuesto por los bereberes almorávides, musulmanes como él, en el año 1090. Tuvo que exiliarse al norte de África tras perder su reino. Así lo explicaba él mismo, para autojustificar sus acciones de gobierno, en sus *Memorias*: «Sosegada la situación y consolidado mi reino, merced a la paz hecha con Al-Mutamid y al pacto de tregua estipulado con el rey cristiano, que me dio cierta tranquilidad mediante el pago de un tributo anual, dediqué mi atención a arreglar los asuntos de mi territorio, a enterarme de cómo les iba a mis súbditos y a investigar la conducta de los gobernadores de mis distritos, para ver si eran honrados o no. En cuanto mis cortesanos y las gentes que tenían entrada en mi consejo advirtieron mi propósito, rivalizaron todos en informarme de lo que cada cual sabía y ponerme al tanto de las cosas que se me habían escapado durante el periodo de guerra; pero yo no aceptaba lo que cada uno me decía del otro sino tras maduro examen, no buscando más que la verdad, por miedo a que les moviese a hablar la envidia mutua o un deseo de venganza nada compatible con el verdadero temor de Dios».

Musulmanes de ascendencia árabe, o así se consideraban, pugnando contra musulmanes de origen bereber por el dominio de la tierra, y cristianos contra cristianos guerreando por el control del territorio; musulmanes aliados con cristianos contra musulmanes, o contra cristianos; y viceversa. Así de complejo fue durante muchos siglos el escenario histórico peninsular, y no del modo tan maniqueo y simple como lo han contado algunos.

La Europa medieval se forjó cristiana a la fuerza, y el islam se impuso a la fuerza hasta donde pudo llevarlo su impulso y su poder.

En la Edad Media el término latino *Hispania* se transcribió y tradujo en los nuevos idiomas romances por el término «España», que acabó mimetizando un concepto geográfico con un ideal político. Marcelino Menéndez Pelayo, en dos de sus más relevantes obras, *Historia de los heterodoxos españoles* e *Historia de las ideas estéticas en España*, resucitó la idea y reimpulsó el ideal romántico de que España era toda la península ibérica, y para justificarlo atribuyó al poeta portugués Luis de Camöens esta apócrifa frase harto repetida sin citar la referencia expresa: «Hablad de portugueses y castellanos, porque españoles somos todos». El autor de la epopeya *Os Lusíadas*, poema épico sobre las hazañas de los portugueses en el que se refiere a *Espanha* en su concepción geográfica, que no política, lo más aproximado que escribe a esa frase apócrifa son estos versos de *Os Lusíadas* (V.9), que traduzco sin rima: «La que mejor al caso nos pareció es la que toma el nombre de Santiago, el que tanto ayudó a los españoles para hacer estragos entre los moros».

En términos históricos, Hispania fue un término geográfico de origen romano referido tan sólo a la península ibérica; España fue la transcripción medieval de Hispania, que siguió siendo una acepción territorial y geográfica para irse mimetizando desde el siglo XV en adelante con un concepto político, que entre el siglo XVI y comienzos del XIX incluyó las conquistas de la monarquía de los Austrias hispanos en América, desde Tierra de Fuego hasta la costa del Pacífico del actual Estados Unidos, a fines del XIX Filipinas y otras islas del Pacífico, Cuba y Puerto Rico, y durante buena parte del siglo XX los territorios africanos bajo soberanía y administración del Gobierno español, como Guinea, Fernando Poo, Ifni y el Sáhara Occidental; en tanto al-Andalus fue el territorio peninsular y occitano bajo dominio político musulmán, es decir, toda la península ibérica y buena parte del sur de la actual Francia durante la segunda década del siglo VIII, casi toda la Península y un tercio del sur de Francia hasta el año 756, y sólo el reino nazarí de Granada entre 1237 y 1492.

El islam, al menos en la propuesta inicial de Mahoma, otra cosa son las numerosas acciones que se han producido a lo largo de la historia, protege a los que en el Corán se denominan los *dimmíes*, o «gentes del Libro», es decir, judíos, cristianos y maniqueos, a los que garantiza la libertad de culto, pero a los que exige sumisión: «¡Combatid a quienes no creen en Dios..., a quienes no practican la religión de la verdad entre aquellos a quienes les fue dado el Libro! ¡Combatidlos hasta que paguen la capitación por su propia mano y ellos estén humillados», dice el Corán (9, 29), palabras que, como ocurre en tantos textos sagrados, admiten diversas interpretaciones. Para los musulmanes, Mahoma fue el Paráclito, cuya llegada ya anunciaran el evangelista san Juan (15, 26) y el propio Jesús de Nazaret.

En todas las religiones los profetas son considerados los mensajeros de Dios, pero sus revelaciones, en ocasiones crípticas y difusas, han sido interpretadas a conveniencia de los poderes de cada época. El islam se anunció como una religión universal y en esa monopolización de las conciencias y de la verdad chocaba frontalmente con el cristianismo católico. Por eso, la Iglesia respondió en la Alta Edad Media a la expansión del islam asentando que el cristianismo era la auténtica fe y la única religión verdadera, y así propició el odio al musulmán, a la vez que mantenía otras fobias hacia los «diferentes» (judíos, herejes, heterodoxos, pobres, marginados, extranjeros, foráneos, mujeres, homosexuales...).

En esa pugna, la Iglesia presentó a los musulmanes como

seres inhumanos y sangrientos, e identificó a los cristianos como víctimas inocentes de los malvados invasores. Se describió la conquista islámica cual terrible alteración de la historia, que era necesario vengar, y se sentaron las bases de lo que más tarde la historiografía conservadora y reaccionaria denominará como «la pérdida de España».

A remolque de ello, esa misma historiografía alterará hechos y situaciones históricas manipulando causas y efectos para presentar a un islam demoledor frente a una cristiandad en busca de la justicia histórica y de la reparación de una tropelía.

2

El derrumbe del reino de los visigodos

2.1. La crisis del Estado visigodo: 680-709

Tras la muerte del emperador Teodosio en el año 395 y la partición en dos del Imperio romano, resurgieron las debilidades que se habían desencadenado durante la crisis del siglo III, en el que se alteró el modelo urbano imperial, entraron en decadencia muchas ciudades y casi desapareció la gran actividad minera[1]. Durante los reinados de Diocleciano y Constantino se aminoraron los efectos de la crisis de la tercera centuria, pero ya nada volvió a ser igual.

El día de fin de año del 406, aprovechando que el río Rin estaba helado y que el ejército romano del limes no pudo impedirlo, varias tribus bárbaras penetraron en tierras imperiales, atravesaron la Galia de norte a sur y tres años después llegaron a Hispania. De las tres tribus que realizaron la incursión, dos eran germanas, los suevos y los vándalos, y una asiática, los alanos. No se trataba de una expedición de saqueo en busca de botín; llegaron con la intención de quedarse.

En el año 410, mientras esos pueblos se asentaban en Hispania, los visigodos, tribu germana escindida del tronco común godo, tras saquear Roma, se dirigieron hacia occidente y se instalaron en el centro y sur de la actual Francia, recibiendo tierras a cambio de paz. Lo hicieron como tropas federadas del Imperio, e incluso llegaron a defenderlo contra otras tribus bárbaras, como ocurrió a partir del año 427, cuando intervinieron a favor de Roma en la provincia de Hispania, combatiendo contra suevos, vándalos y alanos, con su caudillo Teodorico I al frente; y de nuevo lo hicieron en el 453, en la batalla de los Campos Cataláunicos, cerca de la ciudad francesa de Poitiers, donde combatieron aliados con el ejército romano contra los hunos y otras tribus confederadas lideradas por Atila.

A comienzos del siglo v la autoridad romana en la provincia de Hispania carecía de poder real, de efectivos militares y de medios materiales para rechazar a los intrusos, que se asentaron sin apenas resistencia en el territorio peninsular. El empobrecimiento de Hispania parece general a comienzos del siglo v; las estructuras territoriales estaban desarticuladas y el poder romano era incapaz de imponerse, pues no hay noticias de que la legión VII Gémina, acantonada desde hacía siglos en León, estuviera operativa[2].

Aprovechando el vacío de poder, los vándalos ocuparon las tierras de la Bética, pero fueron desalojados muy pronto del sur de Hispania, tras el saqueo de la región del Estrecho, que se saldó con el abandono de algunos centros urbanos y villas y el fin de la actividad de la mayoría de las factorías de salazones hacia el año 425[3]. En su camino de pillaje, pasaron al norte de África y se instalaron en Túnez, donde crearon el primer reino germánico, que duró hasta que fueron derrotados y sometidos por los bizantinos en la primera mitad del siglo VI; su huella fue tan endeble como efímera.

Los alanos, el grupo menos numeroso, se difuminaron pronto entre la población hispana, sin dejar otra huella que su recuerdo en las crónicas.

Sólo los suevos lograron ocupar un territorio estable en Galicia y norte de Portugal, creando muy pronto en torno a lo que quedaba de la ciudad romana de *Bracara Augusta* un reino privativo que duró hasta finales del siglo VI. Los monarcas suevos fueron capaces de construir por más de un siglo una unidad política que se sustentó en la unidad religiosa en torno al cristianismo, consiguiendo la identificación de la Iglesia y el Estado. Así lo demuestra el éxito de la proliferación de sedes episcopales, con al menos 12 obispados, algunos herederos de la época bajoimperial pero muchos de nueva fundación, como Iria Flavia, Tuy, Coimbra, Idanha, Viseu, Lamego, Lugo, Orense o Astorga, organizados alrededor de la sede metropolitana de Braga[4].

Los suevos encontraron la región del noroeste hispano sumida en una verdadera confusión y desvertebración territorial, con unas ciudades en franca decadencia como *Asturica Augusta* (Astorga), otras que sobrevivían a la crisis del siglo V, como *Lucus Augusti* (Lugo) y León, y un tercer grupo de compleja situación, como el caso de Gijón, que, aunque sigue la controversia entre especialistas al respecto, sobre si fue una ciudad romana de cierta relevancia y con capacidad para regir el territorio circundante, en el que existían suntuosas villas de grandes propietarios entre los siglos I y IV, pero que a mediados del siglo V mostraba signos de evidente decadencia, con el abandono de las termas construidas en la península de Santa Catalina y la ruina de la factoría de salazones, o la Civitas Valdinia, de incierta localización[5]. A la vez, la región pasaba por unas profundas transformaciones que supusieron grandes cambios que se extendieron hasta los siglos VII y VIII, pues los visigodos sufrieron serias dificultades para imponer su dominio debido a la acción de poderes locales muy fragmentados que construyeron nuevos castillos en zonas elevadas con función residencial, como las fortalezas de Curiel, Bergido y Castro Ventosa, ocupado en época posromana y hasta el siglo IX y dotado de murallas imponentes[6].

La llamada cultura castreña acabó en Galicia en el siglo II, y no fue sustituida, como en otras partes de la Península, por la de las villas señoriales. Las ciudades romanas como Braga, León, Astorga o Lugo mantuvieron su papel como centros de la articulación del poder, y reforzaron sus murallas a fines del siglo III y comienzos del IV, levantando otras fortificaciones en el siglo V tras la llegada de los suevos[7], aunque a partir de ese momento se evidencian algunos cambios en las aldeas, que no serán drásticos ni siquiera en el siglo VIII con la invasión de los musulmanes[8].

Conforme el poder romano se desvanecía en Hispania y en la Galia, los visigodos, tras saquear Roma en el año 410, se asentaron en el sur de Francia, donde fundaron un verdadero Estado con centro en la ciudad de Tolosa (Toulouse), como federados del Imperio, y desde el año 454 comenzaron a ubicarse en algunos asentamientos estables en Hispania.

La llegada de los alanos, de los vándalos y, sobre todo, de los suevos, la acelerada decadencia de Roma y la presencia cada vez más acentuada de los visigodos a lo largo de la segunda mitad del siglo V provocaron a lo largo de esa centuria el colapso del modelo de producción y de propiedad tardorromana, que desencadenó el abandono generalizado de las grandes villas hispanorromanas como residencias señoriales y centros de la gran producción señorial, algunas de las cuales habían sido monumentalizadas apenas medio siglo antes, en un proceso que implicó la reestructuración de las ciudades en la cuenca del Duero a mediados del siglo v, la proliferación de nuevos asentamientos fortificados en altura en la meseta norte y la eclosión de una nueva aristocracia con la atomización del poder político y económico[9].

La desarticulación del modelo de grandes villas, arrastrado por la desaparición de las estructuras del Estado romano y de su sistema fiscal, propició el colapso de las aristocracias tradicionales, que se achaca a un empobrecimiento por la desestructuración de la administración central y, en consecuencia, proliferaron las aristocracias locales, que se hicieron cargo del control del territorio y de la fiscalidad que antes realizaba el desaparecido Estado romano[10]; a estos problemas se unieron los conflictos entre suevos, vascones y visigodos, más las incursiones y saqueos de los grupos de bandidos organizados denominados bagaudas, especialmente intensos y virulentos en la Hispania de mediados del siglo v[11].

Pese a ello, la ausencia de un poder central en Hispania no impidió que se siguieran produciendo algunas reformas urbanas, como las que se realizaron en las murallas y puertas de la ciudad de León, quizá las últimas manifestaciones de actividad de lo que quedaba de la VII Gémina, acantonada en esta ciudad en su misión secular de vigilar a los tradicionalmente levantiscos pueblos del norte[12], y en las ciudades de Astorga y Gijón entre fines del siglo v y mediados del vi, quizá debido a la continuidad habitacional con presencia de las aristocracias locales que a mediados del siglo VI se vincularán al poder central del Estado visigodo[13].

Desde mediados del siglo V a la primera mitad del VI, Hispania quedó desvertebrada, con el reino suevo ocupando el cuadrante noroeste y el resto de la Península sumido en una vorágine de poderes locales en el sur y en el centro, en tanto los visigodos, primero como auxiliares de Roma y desde la caída del Imperio de Occidente en el 476 ya por su cuenta, intentaban controlar la actual Cataluña, los valles del Ebro y del alto y medio Duero y la meseta sur.

Esa desvertebración política del siglo V produjo la redimensión del espacio en algunas viejas ciudades que aguantaron la crisis y lograron sobrevivir sin ser abandonadas, la proliferación de pequeñas aldeas y granjas en el centro de la Península, un cierto declive demográfico, la simplificación de procesos constructivos y la construcción de asentamientos mucho más sencillos y efímeros que indican un modo de vida seminómada, o al menos con alta movilidad espacial, el colapso de las grandes villas señoriales y la fractura del sistema social en zonas del norte, sobre todo en la inestable región oriental del Cantábrico entre los siglos III y VI[14].

Las grandes villas señoriales construidas o reconstruidas en el siglo IV, en una centuria de cierta prosperidad y estabilidad en Hispania, estuvieron vigentes como centros de producción hasta fines del siglo V y comienzos del VI, aunque algunas pocas perduraron residualmente hasta principios del siglo VII. La nobleza visigoda se instaló en las ciudades que mantenían una cierta vida urbana a comienzos del siglo VI y en las vegas más feraces, que propició una mayor vinculación de la tierra con el poder, lo que parece una contracción dado el declive de las villas señoriales[15].

Entre el 466 y el 470 la antigua provincia hispana de la Tarraconense ya era una parte del reino de Tolosa, y contingentes visigodos se asentaron en las localidades más importantes como Barcelona, Tarrasa, Tarragona, Zaragoza o Toledo, y en zonas rurales dedicadas a la agricultura extensiva, como áreas rurales de Burgos, Soria y Palencia. En esas fechas los visigodos ya se habían identificado con el territorio que ocupaban militarmente a ambos lados de los Pirineos y se dotaron de leyes adaptadas a su nueva situación sedentaria. El rey Teodorico II promulgó en el 463 la *Lex Romana Wisigothorum*, que los convertía de hecho en un verdadero Estado, con su propia estructura política y jurídica dentro del ya casi fenecido Imperio romano de Occidente.

Su sucesor, el rey Eurico, asentó la autoridad visigoda en los territorios ubicados entre los ríos Loira y Ebro, y fue reconocido como soberano legítimo de esas tierras por el emperador bizantino Zenón cuando Odoacro, caudillo de la pequeña tribu de los hérulos, depuso en el 476 al joven Rómulo Augústulo, el último emperador romano de Occidente, que apenas rondaba los diez años de edad. Eurico dotó además a su pueblo de un nuevo código legal en el 479, sólo parcialmente conocido, que constituía una recopilación de las viejas leyes y costumbres consuetudinarias germánicas.

Con estos pasos, los visigodos lograron mantener sus señas de identidad diferenciadas con respecto a la inmensa mayoría de la población indígena galorromana e hispanorromana sobre la que ejercieron el control político ante la desaparición de las estructuras del poder imperial. Para ello se exaltó el sentimiento nacional godo, aplicaron su propio código legal, se mantuvieron fieles seguidores de la obediencia religiosa a la herejía arriana y se prohibieron los matrimonios mixtos entre visigodos y romanos.

Frente a esta actitud de aislamiento social y genético de los visigodos con respecto a la sociedad hispanorromana, la amalgama de tribus que configuraba el pueblo de los francos, que se había establecido a fines del siglo v en el norte de la Galia, había puesto en marcha una política bien diferente. Su rey Clodoveo I, fundador de la dinastía merovingia, propició enseguida el abandono del arrianismo y la unificación con el pueblo galorromano al convertirse al catolicismo en el año 496.

Ante esta diferente disposición, los obispos católicos del sur de la Galia tramaron una conspiración contra el reino arriano visigodo de Tolosa, y maniobraron para acabar con el poder godo, que imponía el arrianismo como credo religioso, para acercarse a los católicos francos. El sucesor de Eurico, el rey Alarico II, intentó reaccionar promulgando una nueva ley en el 506, contenida en el *Breviario de Aniano*, también llamada *Lex Romana Wisigothorum*. Este texto legal incluía una serie de normas del derecho romano que venían a llenar el vacío que en algunos aspectos jurídicos presentaban las leyes germánicas, además de convertirse en un gesto de acercamiento a la mayoría indígena católica, que no cuajó.

Desaparecido cualquier atisbo del poder romano en el año 476, las únicas autoridades que permanecieron en occidente fueron los reyes germanos, los obispos católicos y arrianos y los grandes terratenientes y aristócratas que habían sobrevivido a la debacle del siglo v.

Los francos, que se encontraban en plena expansión en

torno al año 500, aliados con los católicos del sur de la Galia, atacaron a los visigodos y los derrotaron en la batalla de Vouillé, a poco más de 10 kilómetros al noroeste de Poitiers, en el año 507. La derrota del ejército visigodo fue estrepitosa: Alarico II pereció en el combate con lo mejor de su ejército y los visigodos perdieron casi todas sus posesiones en la Galia. Gracias a la ayuda de sus «primos» los ostrogodos, que se habían instalado en Italia, consiguieron mantener la provincia de la Septimania, la Galia visigoda, una franja costera entre los Pirineos y la Costa Azul francesa con Narbona como principal centro urbano. La pérdida de la mayor parte del sur de la Galia empujó a los visigodos a entrar en masa en Hispania, a partir de ese año 507.

El cambio de dominio en el territorio del sur de Francia no impidió, incluso puede que se acrecentaran, los intercambios de todo tipo a ambos lados de los Pirineos, en tanto la región de Vasconia, el espacio geográfico entre los pueblos cántabros de la Navarra norte, se fue organizando como una región fronteriza entre merovingios y visigodos; ambos reinos procuraron a lo largo del siglo VI someter a los vascones, con mayor influencia de los francos a comienzos de esta centuria y mayor presencia visigoda a partir del reinado de Leovigildo en la segunda mitad[16].

El análisis del pasado vascón tiene mucho que ver con la ideología política, que «ha condicionado la mirada al pasado de la historia de Vasconia»[17]. Desde hace tiempo, historiadores y antropólogos vascos han recalcado el hecho diferencial de estos pueblos, y en un ejercicio de paradigmático presentismo han tratado de ajustar la historia al mito. Lo hizo Caro Baroja en su obra *Los pueblos del norte*, en donde dibujó una sociedad matriarcal cuajada de elementos culturales propios y exclusivos. En realidad, los pueblos que habitaban esta región central del norte de la península ibérica antes de la llegada del islam eran una heterogénea amalgama de grupos tribales que los romanos diferenciaron asignándoles varios nombres: astures, cántabros, caristios, autrigones, bárdulos (estos tres últimos en el centro y oeste del actual País Vasco) y vascones (en el norte de la actual Navarra)[18].

Los recientes hallazgos arqueológicos han puesto de manifiesto que la romanización fue muchísimo más intensa y de mayor impacto que la que habían señalado tradicionalmente la mayoría de los vasquistas, pues la red de calzadas imperiales era bastante buena, así como los restos materiales y de infraestructuras, en tanto en Asturias y Cantabria proliferaron las villas entre los siglos III y V y al sur de la cordillera cantábrica perduraron centros urbanos como *Legio* (León) y *Asturica Augusta* (Astorga)[19].

La confusión, manipulación histórico-política aparte, radica en la inestabilidad de este territorio a partir del final del dominio romano, sumido en un tiempo de bandolerismo endémico, que parece ratificarse por la abundancia de armas, muy superior al resto de la Península, aparecidas en necrópolis del ámbito vascón entre los siglos VI y VIII[20].

En la primera mitad del siglo VI la situación del poblamiento era una heterogénea variedad de sitios fortificados que las fuentes escritas clasifican con los distintos términos latinos de *civitates*, *oppida*, *castra*, *castella*, *turres* y *clausurae*, sobre todo en el sistema central, en el valle del Duero, alto valle del Ebro y la frontera con los suevos en los montes del noreste del actual Portugal[21].

Tras la derrota de Vouillé los visigodos eligieron rey al noble Gesalerico, que había demostrado gran valor en la batalla, pero en el 511 subió al trono el pequeño Amalarico, hijo de Alarico II y nieto de Teodorico el Grande, rey de los ostrogodos, que ejerció como tutor del niño. La mayoría del pueblo godo entró en Hispania, instalándose en las zonas ya controladas del centro y del noreste.

Tras unos años de dudas, en los que el rey Teudis gobernó el reino de los visigodos desde Barcelona, Atanagildo acabó instalando su capital hispana en la antigua ciudad romana de Toledo, que ya era la sede de la corte en el año 546[22], aunque la capitalidad de derecho la fijará Leovigildo en el 568. Entre tanto, los suevos seguían instalados en su reino del noroeste y la provincia de la Bética mantenía las viejas estructuras señoriales y la resistencia a someterse al poder visigodo; su rey Carriarico, se convirtió al catolicismo hacia el año 550[23].

Pese a la tempestuosa sucesión de varios monarcas a la muerte de Teudis, los visigodos lograron asentarse en el centro y este de la Península, a la vez que mantenían la antigua provincia gala de la Septimania, el único territorio que lograron conservar al norte de los Pirineos tras la derrota de Vouillé.

Es muy difícil calcular la población que a mediados del siglo VI tenía la Península; las cifras que han dado diversos autores, meramente especulativas, se mueven en una horquilla muy amplia, si bien la mayoría se decanta por unos 3 millones de habitantes, o poco más. El pueblo visigodo estaba integrado por unos 100.000, es decir, en torno al 3 % del total. Entre ellos, el número de individuos con capacidad militar plena no excedería de 20.000[24], suficientes para controlar algunos territorios y ciudades, pero escasos para someter a un férreo dominio a toda la Península.

En el año 552, en pleno proceso de restauración del Imperio romano de Oriente por el emperador Justiniano, un ejército bizantino mandado por el general Liberio desembarcó en las costas de Hispania, quizá en Cartagena, y comenzó su intento de conquista, creando la nueva provincia de Spania. Habían sido llamados, o al menos así lo relatan algunas crónicas, por el rey Atanagildo, que disputó y ganó el trono a su rival Agila I tras una guerra civil[25].

La presencia bizantina en la península ibérica es todavía bastante desconocida, aunque las excavaciones arqueológicas realizadas en diversos yacimientos en las dos últimas décadas están arrojando nuevas luces y aportando numerosos datos hasta ahora inéditos. Apenas existen fuentes orientales y las crónicas visigodas sólo hablan esporádicamente de esa presencia bizantina en la *Historia de los godos* de Isidoro de Sevilla y en la *Crónica* de Juan de Bíclaro. Tal vez llegaron a dominar durante más de medio siglo una franja costera desde Denia hasta la costa de Cádiz, incluidas las ciudades de Iulia Traducta, actual Algeciras, y Carteia[26].

A la espera de nuevas aportaciones que proporcione la arqueología, es probable que en los primeros decenios, entre los años 552 y 580, el dominio bizantino se extendiera a lo largo de una franja costera de entre cincuenta y cien kilómetros de anchura hacia el interior, desde el golfo de Cádiz a la actual ciudad de Alicante, incluyendo una notable influencia, aunque probablemente no un dominio efectivo, sobre el valle del Guadalquivir, quizá hasta la misma ciudad de Córdoba. La aristocracia de origen hispanorromano de la Bética no admitía el dominio godo y es probable que prefiriera la tutela de los bizantinos, que no dejaban de ser, aunque de cultura griega, los herederos del viejo Imperio romano. Bizancio estableció la capital de su nueva provincia de Spania en Cartagena, la antaño gran base naval de cartagineses y romanos.

Durante el reinado de Leovigildo, asociado a su hermano y rey Liuva I hasta la muerte de éste en el 572, la frontera entre visigodos y bizantinos se estabilizó en la franja costera. Los visigodos lograron controlar Córdoba y Sevilla, quizá ya con Atanagildo, y fundaron la ciudad de Eio, a la que elevaron a sede episcopal y centro político para la defensa del limes en la zona oriental de la actual provincia de Albacete[27], en tanto los bizantinos fortificaban Cartagena, a la que dotaron de nuevas defensas[28]. Hay dudas sobre la existencia de un verdadero limes fronterizo fortificado entre ambos territorios[29], pero sí se asentó esa frontera o al menos esa zona de dominio segregado entre bizantinos y visigodos.

Entre tanto, el poder visigodo se afianzó en Toledo con Leovigildo, que fue decisivo para asentar el reino godo. Este monarca fue el primero en plantear un dominio total de la Península y para ello puso en marcha varias campañas militares a lo largo de las cuales logró ciertos éxitos, si bien las fuentes conocidas ofrecen no poca tendenciosidad al respecto. Ocupó la Orospeda, las tierras de Albacete, Jaén y Granada, y el norte y el oeste de la Bética a los bizantinos, acabó con la rebelión de su hijo Hermenegildo en el 580, reprimió la revuelta de cántabros, astures y vascones, a los que venció en Amaya, aunque seguirán en constantes disputas y guerras hasta el año 711, y acabó con el reino de los suevos al tomar Galaecia en el 585, donde destruyó algunos asentamientos suevos y certificó el fin de este reino[30]. La arqueología certifica el final del periodo suevo en el noroeste, documentando en esa región una evidente ruptura y la presencia de asentamientos mucho más estables a partir de la segunda mitad del siglo VI, gracias a los acuerdos de las aristocracias locales que pactaron con el poder central godo como antes lo habían hecho con el suevo[31]. Controló a cántabros y vascones con la fundación de la ciudad de Vitoriacum, actual Vitoria, sobre la antigua localidad de Veleya, y levantó fortificaciones como Tejeda para mantener a raya a los merovingios, que desde Francia seguían apeteciendo influir en el norte hispano, realizó incursiones guerreras en territorios hostiles dominados por tribus como los rucones y asentó una frontera estable y fortificada frente a los territorios bajo control del Imperio bizantino en el este peninsular, frenando sus intenciones de expansión hacia el centro y el oeste con varias fortificaciones, la fundación de la ciudad episcopal de Eio, cerca de Hellín, y el establecimiento de una base naval en Valencia[32].

Leovigildo pretendía unificar toda Hispana bajo su dominio, de ahí las campañas militares que relatan con poca precisión Juan de Bíclaro e Isidoro de León. Desde luego los rebeldes cundían por todas partes, pues el propio monarca tuvo que intervenir junto a su hijo Recaredo en las antiguas regiones de la Orospeda y la Bastetania, en el sureste peninsular, y en Amaya, que ocupó en el 574[33].

Recaredo, hijo y sucesor de Leovigildo, dio un paso decisivo al renunciar al arrianismo como religión «oficial» del pueblo visigodo y unificar en torno al catolicismo a todos los visigodos e hispanorromanos en el III Concilio de Toledo del año 589, pero no logró someter por completo a los levantiscos pueblos del norte, y tuvo que realizar nuevas campañas militares en el año 590[34].

Desaparecida la Iglesia arriana, y con la Iglesia católica convertida en la oficial del Estado godo, los reyes se erigieron en depositarios y garantes de la que proclamaron como la fe única y verdadera, y en representantes del gobierno que Dios había decidido para los hombres. Los monarcas godos se titularon «reyes por la gracia de Dios», cuya misión última consistía en hacer cumplir el plan divino; y todo ello en el marco de un conflicto territorial jamás resuelto entre la tendencia a la disgregación del Estado frente a la defensa de una unidad nunca del todo conseguida.

Desde la segunda mitad del siglo VI, con los godos ya asentados en Toledo y en expansión, la estructura política se apoyó en las ciudades episcopales[35], que constituyeron la red de poder y de articulación del Estado, sobre todo en torno a Sevilla, Córdoba, Mérida, Toledo, Zaragoza y Barcelona, las ciudades más destacadas, que se revitalizaron. Algunos poblados fortificados como Auca se erigieron en sedes episcopales, en tanto se abandonaban las pocas grandes villas que todavía quedaban de época romana, a la vez que se fundaban algunos poblados en altura, que se mantuvieron con la llegada de los musulmanes, y se levantaron iglesias como la de Quintanilla de las Viñas[36].

Centro de la corte y del poder, la ciudad de Toledo se reconstruyó y se expandió, ocupando la zona de la Vega, donde se ejecutó un nuevo urbanismo, sin duda como imagen de propaganda del poder real godo[37] y tal vez para paliar la crisis de autoridad que se atisbaba. Así se amplió un conjunto palatino en el entorno de la iglesia de los Santos Apóstoles, en donde se realizaron los ritos relacionados con la monarquía, como las unciones de Wamba en el 672, Égica en el 687 y Vitiza, y las ceremonias de salida y regreso de ejército en las campañas militares.

En la segunda mitad del siglo VI se fundaron nuevas ciudades como Recópolis, con influencias constructivas bizantinas, actual despoblado cerca de Zorita de los Canes en el sur de la provincia de Guadalajara, en 578[38], Eio, en el despoblado romano del Tolmo de Minateda cerca de Hellín; fue en estas ciudades, tanto en las de tradición romana como en las nuevas fundaciones visigodas, donde se instalaron las elites de la aristocracia y de la Iglesia[39], sin duda arrastradas por el sentido propagandístico que se dio a estas fundaciones desde el poder central.

En el Tolmo de Minateda, un punto estratégico en las comunicaciones desde la meseta sur hacia Levante, los visigodos instauraron sobre el decadente municipio romano de Ilunum, casi despoblado, una ciudad de nueva planta llamada Eio, a la que dotaron de una sede episcopal a finales del siglo VI, además de convertirla en eje de la defensa de la frontera oriental visigoda ante los dominios bizantinos en la costa mediterránea en la zona próxima a Cartagena.

En Eio y en la región de Hellín se registra un poblamiento de antiguas aristocracias de estirpe hispanorromana, que consumieron productos traídos de muy lejos, sólo al alcance de los más privilegiados, que conservaron sus propiedades aunque con cambios en el modelo de hábitat, con una organización territorial menos centralizada y más autónoma. Eio mantuvo la población tras la conquista islámica y, como en el caso de Recópolis, no se abandonó hasta el siglo IX[40].

Los cambios fueron muy notables: el proceso de ruralización y de fragmentación del poder local provocó que se establecieran nuevos asentamientos en la cuenca del Duero, sin que ello redundara en el aumento de la densidad de pobladores, sobre todo en el noroeste; surgió una densa red de aldeas en ambas mesetas; se reestructuró el espacio agrícola, y se amplió la superficie para la siembra, como se constata con el aumento de cultivos en terrazas y el retroceso del bosque a causa de la roturación mediante incendios para conseguir tierras de pastos y nuevos cultivos, aunque también se abandonaron algunos lugares en la cuenca del Duero debido a la integración en el Estado visigodo[41].

Las transformaciones en el espacio y en el paisaje a lo largo de la segunda mitad del siglo VI fueron evidentes. Algunas ciudades se revitalizaron, otras se fundaron ex novo, los poblados fortificados en altura proliferaron en algunas zonas y se levantaron torres y castros para la ubicación de la aristocracia, que abandonó definitivamente las escasas antiguas villas señoriales que todavía permanecían habitadas, en tanto la población se trasladaba a pequeños establecimientos en altura[42]. Mientras todo esto ocurría en la mayor parte de la Península, en el territorio astur, aunque también cambió la red territorial, se mantuvieron las funciones jerárquicas propias de épocas anteriores[43], de lo que se deduce que los godos no lograron imponer su modelo político en Asturias y Cantabria, donde se mantuvieron vivas las mismas aristocracias hasta el siglo VIII.

Estas transformaciones fueron posibles merced a la consolidación del sistema fiscal del Estado visigodo, lo que unido al desarrollo económico y productivo hizo posible una intensa actividad edilicia de la Iglesia católica en la zona de Burgos, con abundancia de construcciones como Santa María de Mijangos en Cuesta Urria, Asunción de San Vicente del Valle o Quintanilla de las Viñas, aunque algunos proponen revisar la cronología de estas fundaciones, probablemente levantadas con el mecenazgo de la aristocracia goda, lo que certificaría un notable aumento de las rentas señoriales y eclesiásticas[44].

El ejercicio del poder, y sobre todo mantenerlo, no fue nada fácil. Inmersos en permanentes conflictos dinásticos y querellas por el trono, los reyes visigodos gobernaron rodeados de traiciones, conjuras y asesinatos. Durante la primera mitad del siglo VI la anarquía política fue norma habitual. Sólo el ascenso al trono de Leovigildo dio comienzo a un periodo de calma interna, aunque cuajado de guerras de expansión y de dominio para el sometimiento de los pueblos hispanos periféricos, que no acababan de acatar al soberano de Toledo.

A fines del siglo VI los reyes visigodos dominaban buena parte de la península ibérica y la Septimania, aunque se enfrentaban a focos rebeldes en las zonas montañosas del norte y en algunas regiones periféricas, además de combatir a los bizantinos en una amplia franja en la costa mediterránea.

Durante el reinado de Sisebuto los visigodos seguían sin controlar amplias zonas de la Península. Hacia el año 620 este monarca dirigió a Isidoro de Sevilla una carta redactada en forma de poema, lo cual sugiere que contiene un profundo sesgo literario, en la que le dice al arzobispo hispalense que se está enfrentando al «nevado vascón» y al «horrendo cántabro»[45]. Y no sólo volvían a estar en pie de guerra estos pueblos, también lo estaban los rucones, en el litoral cantábrico, contra los cuales encabezó una campaña militar para someterlos en el año 613[46].

Los pueblos del norte fueron un constante dolor de cabeza para los visigodos, que intentaron dominarlos mediante la fuerza, pero también reorganizando el territorio en una especie de delimitación provincial, más ficticia que real. En los siglos VI y VII se construyeron importantes fortificaciones en Asturias, como el castillo Ganzón o Peñaferruz, se reformaron otras antiguas y se levantaron fortificaciones lineales en la cordillera cantábrica por parte de una aristocracia local que se consolidó como elite y que algunos consideran el embrión de la futura monarquía asturiana[47].

Quizá para contrarrestar a esa elite local, los visigodos crearon el *Ducatus asturicensis* con centro político en la vieja ciudad romana de *Asturica Augusta* (Astorga) para vigilar a los astures, el *Ducatus Cantabriae*, gobernado por un *dux*, con centro en Amaya para controlar a los cántabros, y el *Comitatus Vasconiae*, quizá ubicado en Vitoriacum, para dominar a los berones, autrigones y vascones; se constituyó la diócesis de Pamplona en el 589, y se consolidaron Amaya y Alesanco[48]; también se reorganizó el territorio de la antigua Celtiberia, donde se instituyeron y restauraron las diócesis de Oca y Osma en el 597, además de potenciar Segovia[49].

El sistema de explotación basado en las villas romanas, en una región mucho más romanizada de lo que se suponía y ocupada teóricamente por los suevos durante un siglo, fue sustituido en el siglo VI por príncipes locales que constituyeron la base de la aristocracia astur, que se ubicó entre el Cantábrico y el Duero, sobre todo en los valles de la cornisa cantábrica, quedando al margen del Estado visigodo, que hizo en varias ocasiones uso de la fuerza para someter a los poderes locales[50], pero que fue incapaz de asentar sus estructuras estatales más al norte del río Duero, a diferencia de las tierras sobre su curso y al sur, como Salamanca, Ávila o Valladolid, donde los documentos escritos sobre pizarra parecen indicar la existencia de grandes propiedades señoriales[51].

Estas elites locales aprovecharon su oportunidad y fueron la base social de la formación política del reino de Asturias[52], sobre todo en la zona de Oviedo y Cangas de Onís, donde se desarrolló en los siglos VI y VII un tipo de poblamiento ligado a unos poderes aristocráticos, como denota algún mausoleo[53], que dieron lugar al reino de Asturias.

Unos sostienen que es muy escasa la huella y presencia de asentamientos visigodos en estas regiones, que nunca se integraron en el reino de Toledo, que fueron grupos autóctonos los que crearon las nuevas aldeas tras la desaparición de las villas romanas y la desarticulación del poder imperial en todo el noroeste, y que en la región central de Asturias pervivieron formas aristocráticas de propiedad, en tanto se producía una mayor dispersión al sur, en la zona de páramos y mesetas entre el Duero y las montañas[54]. Otros han sostenido la tesis contraria, que los astures y los visigodos chocaron con violencia pero que llegaron al fin a un acuerdo que implicó que nobles locales se integraran en la estructura de poder del reino de Toledo[55]; éstos consideran que Cantabria tenía cierta entidad administrativa dentro del reino de Toledo, y como prueba presentan la buena red de calzadas con miliarios, aunque varios son del siglo III, y la existencia de yacimientos romanos como la ciudad de *Iuliobriga*, pese a que fue abandonada a comienzos del siglo IV, además de la colaboración que se presume que acordaron los reyes Wamba y Ervigio con la aristocracia militar cántabra, que se mantendría con los musulmanes a la llegada de éstos a la zona en el año 713[56].

La controversia y confusión es de tal calibre que un mismo autor afirmó en 2010 que las regiones del norte tuvieron una «clara integración en el Estado romano y visigodo», con importantes cambios, reparaciones de murallas, reformas de antiguos edificios, construcción de iglesias y monasterios, asentamientos en altura, castillos y torres de vigilancia, grandes transformaciones a partir del siglo VII con pérdidas funcionales de centros urbanos clásicos y fin de las villas, pero en 2016 se decantó por precisar que «la integración de Asturias en el Estado visigodo no resulta tan evidente como en el periodo romano», debido a la existencia de elites locales que dispusieron una densa red de caminos con torres en lo alto de cerros rocosos[57]; pero en cuanto a confusión se trata léase este párrafo: «El estudio del cuadrante noroccidental de la península ibérica en los siglos posromanos y altomedievales continúa siendo una labor compleja, debido a la escasez de evidencia empírica de la que disponemos. Este hándicap ha sido contrarrestado con una abundancia de acercamientos de carácter holístico en los que predomina la teoría social sobre el análisis del magro conjunto de informaciones existentes. Esta opción tiene la virtud de obligar al investigador a ir más allá del dato concreto, pero en general se enfrenta a la inadecuación entre las interpretaciones y la evidencia. Si a ello se suma la disparidad de planteamientos teóricos, el resultado es un debate historiográfico que ha sido en ocasiones muy vivo. Los investigadores nos hemos enredado en esa madeja historiográfica y sólo en los últimos años comenzamos a superar esquemas teóricos excesivamente rígidos para prestar más atención a la evidencia empírica»[58]; yo tampoco he entendido nada.

Algunas fuentes visigodas presentan a Cantabria y Asturias como territorios bajo dominio de los reyes de Toledo, pero bien pudiera ocurrir en este caso como en el de la Marca Hispánica en la zona oriental, de la que las fuentes hablan como si fuera un territorio carolingio perfectamente consolidado, cuando nunca llegó a ponerse en práctica.

Asturias fue una región propensa a la rebelión contra los godos, encabezada por elites locales poco conocidas hasta su emergencia en la monarquía astur[59]. La arqueología constata que en esta región se ocuparon espacios en altura en los siglos VI, VII y VIII, con torres de vigilancia como la de Santa Marina, la construcción de asentamientos como el Conventón y Valderrible, fechados a finales del siglo VII y comienzos del VIII, y un aumento demográfico entre los siglos VI y VIII[60].

En la región de Vasconia la desestructuración del Imperio romano a fines del siglo V provocó la sustitución del poder central por el dinamismo de elites locales, que al menos en Vizcaya, Álava y Navarra constituyeron sociedades jerarquizadas en los siglos VI y VII[61].

La consolidación definitiva del reino godo con Sisebuto a comienzos del siglo VII se ratificó con la conquista, o al menos el sometimiento, de Cantabria, hasta entonces bajo control de clanes locales, y de todo el sur de la antigua provincia romana de la Bética[62]. Su sucesor, Suintila (621-631), guerreó contra los vascones, quizá bajo el dominio nominal de un conde franco hasta entonces[63], además de realizar varias campañas militares con algunas destrucciones en la zona bizantina, aprovechando la debilidad del Imperio tras ser atacado por los persas sasánidas y la necesidad del emperador Heraclio de concentrar todas sus tropas en la frontera oriental para recuperar las provincias perdidas. Según las escasas noticias documentales, Málaga fue el último lugar en ser abandonado por los bizantinos en el año 625, aunque en alguna crónica se cita la desconocida plaza de *Mesopoptaminoi*, para unos Algeciras, para otros Cartagena, como la postrera posesión bizantina en la Península[64].

La lucha por el control del litoral mediterráneo hispano, que se alargó durante más de medio siglo, se resolvió cuando el ejército visigodo rebasó la línea de la sierra de Segura, ocupó la ciudad de Begastri en el 610 y obligó a retroceder a los bizantinos hasta la costa. El rey Suintila consiguió apoderarse de las últimas posesiones bizantinas, además de vencer, según las fuentes, a los vascones, en cuyo territorio meridional fundó la ciudad de *Ologicus*, identificada, aunque con dudas, con la actual Olite[65].

Cartagena había sido el principal centro del dominio bizantino en la Península, y allí radicó el centro del gobernador, como parece testificar una inscripción del año 589 que indica que el patricio Comenciolo fue enviado por el emperador Mauricio «contra los bárbaros»[66]. La arqueología ha constatado una fase de destrucción violenta en Cartagena hacia el año 610, quizá la prueba material de la caída de la ciudad en manos godas. Los bizantinos, fuera ya de la península ibérica, lograron mantener una base en Ceuta hasta bien avanzada la segunda mitad del siglo VII[67] o incluso hasta comienzos del VIII.

Las campañas de los reyes visigodos contra los pueblos de las montañas del norte arreciaron y se hicieron más frecuentes a lo largo del siglo VII. El rey Gundemaro ya lo había hecho en el año 610, encabezando una razia contra los vascones, y los reyes Sisebuto y Suintila acentuaron las incursiones del ejército real visigodo en el norte[68]. Según san Isidoro, Sisebuto «sometió» a los astures y a los rucones o lugones, un pueblo rebelde en la costa que ya había combatido contra los suevos tres decenios antes, en la época del rey Miro I[69], y su hijo Suintila derrotó a los vascones y fundó en su territorio la ciudad de *Ologicus*[70], además de potenciar la ciudad de Elbora, una sede episcopal que acuñó moneda, ubicada en la zona de Talavera o en esta misma localidad[71].

La corte real de Toledo se organizó a modo de una pequeña corte imperial, pero sus soberanos y la nobleza nunca se identificaron con la mayoría de la población hispanorromana a la que gobernaban. El poder político fue monopolizado por el estamento nobiliario godo, que aumentó sus privilegios, mientras que la mayoría hispanorromana quedó sometida y marginada y la minoría judía sufrió persecuciones y desprecios que provocaron su animadversión hacia la clase dirigente visigoda, en tanto la población campesina permaneció invisible a las fuentes escritas[72].

En esa situación, la Iglesia se convirtió, sobre todo tras el III Concilio de Toledo del 589, en una institución fundamental, vivero de los intelectuales más notables de la época como el obispo san Braulio de Zaragoza, san Leandro, el obispo Tajón o san Isidoro de Sevilla, la figura cumbre de la Iglesia hispanogoda.

Integrado por varias decenas de miles de individuos, ante una población hispanorromana de unos tres millones, el pueblo visigodo configuró una minoría dominante en lo político y lo militar, en la que unas mil quinientas familias constituían una elite aristocrática y guerrera integrada por una nobleza de sangre a la que se sumó otra de servicio. Esta nobleza monopolizó el gobierno del Estado visigodo y la propiedad de la tierra, junto con una casta de terratenientes de origen hispanorromano. Las tensiones entre la nobleza visigoda fueron permanentes, debido al carácter electivo de sus reyes, que en cuanto se asentaban en el trono procuraban convertirlo en hereditario. Esta cuestión pareció resolverse en el IV Concilio de Toledo del año 633, en el que la asamblea de obispos acordó que el rey sería electo[73], pero fue un acuerdo vano, porque se siguieron sucediendo los mismos problemas en los decenios siguientes.

Visigodos e indígenas no se mezclaron, y esa situación de aislamiento provocó un rechazo mutuo, o al menos un desinterés. Además, los hispanorromanos eran mayoritariamente católicos, en tanto los visigodos profesaban la herejía arriana, lo que en el siglo VI ahondó las diferencias entre ambos grupos.

La conversión del rey Recaredo al catolicismo en el 589, y con él muchos nobles visigodos, contribuyó a mitigar esta segregación religiosa, pero visigodos e hispanorromanos continuaron sin mezclarse. En el 660 se promulgó la *Lex Romana Wisigothorum*, o *Libro de los Juicios*, que equiparó en algunas cuestiones a visigodos e indígenas; pero, situados al margen de la mayoría de la población, los visigodos mantuvieron el monopolio del poder en el Estado.

Los problemas del reino de Toledo a fines del siglo VI y comienzos del VII no sólo afectaron a sus tensas relaciones con los bizantinos, con los pueblos rebeldes del norte y con las aristocracias de la Bética, también se produjeron enfrentamientos habituales entre los diversos grupos y familias nobiliarias de la elite goda para hacerse con el poder, nunca asegurado del todo en un grupo concreto, dado, entre otras cosas, el carácter electivo de los monarcas, aunque en la práctica los reyes trataban de solventar este inconveniente asociando a uno de sus hijos o a un familiar cercano al trono.

La asociación no siempre tenía aceptación. Liuva I ya tuvo que pugnar duro y durante varios meses en el año 567 por la sucesión de su hermano Atanagildo, en disputa con varios nobles que aspiraban al trono, y logró asentarse en el poder asociando a su también hermano Leovigildo. El propio Suintila, a quien Isidoro tilda de «buen juez y buen gobernante», fue descalificado unas semanas después de su muerte en el 633 por su iniquidad y por los crímenes cometidos durante su reinado[74].

Una conjura nobiliaria se tramó para derrocar a Tulga, que había sucedido a fines del 639 a su padre el rey Suintila. Parte de la nobleza consideró que se había conculcado el derecho electivo a la sucesión, tradicional entre los godos, por el hereditario, y varios magnates se aliaron para deponer al débil Tulga.

El noble Chindasvinto, a pesar de contar ya con setenta y nueve años de edad, se apoderó del trono y logró que todos los nobles visigodos lo aceptaran como rey, hasta tal punto que hacia el año 650 todos los territorios de la península ibérica lo reconocían como soberano, a excepción de los vascos y los cántabros[75]. Incluso las elites de Asturias salieron reforzadas gracias a su conexión con el poder toledano, y algunos *castella* perdieron su función jerarquizadora y se abandonaron[76].

Recesvinto, enseguida asociado al trono por su anciano padre Chindasvinto, tuvo un cómodo y pacífico acceso al poder, pero se vio empujado a seguir batallando con cántabros, vascones y también de nuevo con los astures, a los que combatió[77], además de contemplar cómo se rebelaba contra él un noble llamado Froya, quien se alió con los vascones para saquear las provincias del norte del reino godo.

Muerto en el 672 en la localidad de Gérticos, cerca de Valladolid y hoy llamada Wamba, sin haber nombrado sucesor ni haber asociado a un familiar al trono, y dada la difícil situación del reino, una parte de la nobleza se apresuró a proclamar rey al noble Wamba, pese a que éste no mostró demasiado interés por acceder al trono[78], aunque esta cuestión parece muy condicionada por los cronistas contrarios a este rey.

Para entonces ya se manifestaban los síntomas de la grave crisis que se cernía sobre el reino de Toledo, con algunas ciudades en recesión, si bien unas pocas se mantenían gracias a coyunturas locales, el cese de las grandes actividades y construcciones urbanísticas, el empeoramiento de las técnicas constructivas, la regresión económica[79] y el malestar social. La futilidad de la estructura económica del Estado godo queda patente con la multipolarización de los lugares de acuñación de moneda, pues llegó a haber más de un centenar de cecas visigodas en la segunda mitad del siglo VII, casi un centenar en Galaecia frente a seis en la Cartaginense, incluida Toledo. Un par de reyes godos, Iudila y Suniefredo, sólo son conocidos porque acuñaron moneda[80].

Las fuentes escritas apuntan a un incremento de los enfrentamientos entre los visigodos y los pueblos del norte de la Península a lo largo del siglo VII, y las arqueológicas ponen de manifiesto que los reyes visigodos, pese a lo que dicen los textos escritos, distaban mucho de tener la situación bajo control. La fortaleza del poder de los reyes se quiere presentar en algunas crónicas como firme y sólida, pero la situación en el norte estaba cada vez más fragmentada y los visigodos, ante el aumento de la tensión, se vieron obligados a construir castillos y fortalezas en el siglo VII para el control de las regiones al norte del Ebro y del Duero, siguiendo modelos constructivos bizantinos[81]. Así lo ratifican con la construcción de fortalezas visigodas en los pasos de los Pirineos y en la región de vascones, astures y cántabros, y el levantamiento de muros de cierre por parte de los astures y cántabros, las llamadas «clausuras», así como los hallazgos de esqueletos datados en el siglo VII que presentan grandes tajaduras, resultado evidente de acciones de lucha muy violentas, como los aparecidos en la localidad riojana de Viguera[82], una región que ya era visigoda a mediados del siglo VII tras no pocos enfrentamientos[83].

Siguiendo algunas fuentes «oficiales» del reino de Toledo, se ha llegado a afirmar que a mediados del siglo VII se había logrado la implantación del Estado visigodo en la península ibérica y la unificación del territorio[84]. No parece así. En la segunda mitad del siglo VII los problemas militares continuaron, lo que provocó el colapso del sistema político en el norte peninsular y la desaparición de las estructuras del Estado visigodo[85], en tanto la economía empeoraba, al menos así lo indica la devaluación y depreciación de la moneda, en especial el tremis de oro, que fue perdiendo porcentaje de este metal precioso a partir del año 680 hasta convertirse hacia el año 700 en poco menos que una moneda de plata con un ligero baño de oro. La crisis económica que se anunciaba se acentuó a raíz de los vaivenes políticos, que siempre aparecieron en épocas de inestabilidad; no hay que olvidar que la moneda visigoda fue uno de los principales instrumentos de regulación política entre el rey y los nobles[86].

La arqueología vuelve a aportar materiales que desmienten a las fuentes escritas. Entre los siglos VI y VIII las villas desaparecieron y surgieron numerosas fundaciones eclesiásticas, con multiplicación de los asentamientos con iglesias y villas de nuevo cuño[87], hábitats variados, proliferación de pequeñas aldeas de tipo campesino que sustituyeron a las residencias aristocráticas[88], aunque las controversias y las contradicciones siguen latentes en esta cuestión[89].

Durante el convulso reinado de Wamba (672-680) la situación política y económica se deterioró notablemente, señalando el principio de la gran crisis del Estado visigodo, que culminaría treinta años después con su fulminante desaparición. Las nuevas técnicas de análisis del paleoclima han detectado que hubo severas sequías entre los años 695 y 725[90], además de plagas de langostas, epidemias de peste, hambrunas generalizadas y abandonos de algunas zonas de hábitat, que acuciaron la crisis del Estado y el malestar social.

Wamba, según relata en su *Historia* Julián de Toledo, tuvo que hacer frente a nuevas revueltas en Galicia en el 673 y en el litoral del País Vasco en el 677, y a la sublevación del *dux* Paulo, quizá gobernador visigodo en Narbona, al cual apoyaron los vascones y Lupo, duque de Aquitania[91].

El noble Ilderico, conde de Nimes, en el extremo oriental de la Galia visigoda, se rebeló en el 673, aprovechando que el rey andaba en campaña por la sierra de Cantabria, ubicada al norte de La Rioja, con la misión de sofocar la enésima rebelión de los vascones[92]. Wamba ordenó a Paulo, *dux* de la Narbonense, la provincia visigoda al norte de los Pirineos, que acudiera con sus tropas a someter a Ilderico, pero lo que hizo Paulo fue traicionarlo, proclamarse soberano de la Galia visigoda, arrastrar a su revuelta a Ranosildo, *dux* de la Tarraconense, y a Hildigiso, uno de los gardingos o guerreros más notables, y a un tal Witimiro, quizá uno de los nobles más influyentes en la corte de Toledo; Paulo se postulaba para gobernar la Galia y la Tarraconense como soberano y dejar a Wamba el control del resto del Estado visigodo[93].

La traición de Paulo constituía una rebelión en toda regla, y la única manera de atajar esa conjura era mediante la intervención personal del propio monarca. Wamba abandonó la campaña de Cantabria y se dirigió de inmediato con su ejército a la Tarraconense; sometió Barcelona y Gerona y capturó los campamentos militares de Caucoliber, Vulteraria y Castrum Libiae, ubicados en los Pirineos, además de la ciudadela de Clausuras, logrando un gran botín en plata y oro. Con los pasos de las montañas pirenaicas asegurados, descendió a la Galia, sometió a Narbona y a otras ciudades y acabó con el intento de secesión gracias a la ayuda del *dux* Wandemiro[94].

Wamba había logrado sofocar la revuelta, pero los problemas no habían hecho más que empezar. En los últimos veinticinco años del siglo VII y los primeros diez del VIII, la crisis se convirtió en estructural, y las sequías, plagas de langostas, guerras y pestes que se sucedieron no hicieron sino agravarla. Entre el año 680 y el 686 fueron especialmente graves las hambrunas y la mortandad provocadas por las plagas y los brotes de peste. La crisis constructiva de la década anterior se acentuó y hubo que recurrir al autoconsumo para paliar la paralización de los circuitos comerciales; se produjeron abandonos de establecimientos y una fragmentación a escala local[95].

A su regreso de la Galia, Wamba tuvo que acudir de nuevo a sofocar los levantamientos de astures, cántabros y vascones, que seguían rechazando someterse al dominio visigodo, proclamaban el mantenimiento de su independencia y se negaban a pagar tributos[96].

En algunos de los pasos más escabrosos de los puertos montañosos entre la cuenca del Duero, Cantabria y Asturias se han encontrado líneas de fortificaciones, las llamadas *clausurae*, que son murallas levantadas en las cumbres de los puertos para impedir, o al menos dificultar, la travesía por esos pasos hacia el interior de esas dos regiones. Algunos de ellos, a partir de la cronología proporcionada por diversos métodos de datación, se han identificado como muros levantados por los indígenas para frenar las acometidas del ejército visigodo hacia el interior de Asturias y Cantabria, aunque también sirvieron para detener el avance de los musulmanes tres o cuatro decenios después[97].

Sumido en tantas dificultades, Wamba perdió el trono en el otoño del año 680, en muy extrañas circunstancias. La leyenda narra que fue tonsurado mientas dormía, al estilo de Sansón, y que una vez perdida su cabellera ya no podía ejercer la realeza[98]. Fuera como fuese, los nobles y obispos reunidos en el XII Concilio de Toledo certificaron la destitución de Wamba y la elección, al viejo estilo tradicional, del noble Ervigio como rey[99].

Ervigio (680-687), un conde muy poderoso, fue elegido nuevo soberano por los conspiradores triunfantes. Wamba desapareció de la escena política, y su destino sigue marcado por la controversia, pues según unas fuentes fue envenenado por orden de Ervigio, en tanto otras indican que fue Wamba quien lo designó antes de abandonar el trono ante la presión ejercida por un grupo de nobles que no admitían el poder centralista que pretendía ejercer este monarca, y todavía unas terceras señalan que sobrevivió retirado en un cenobio durante varios años, que todavía vivía en el 683 y que incluso años más tarde asesoró al propio Égica para que repudiara a su esposa Cixilo; en cualquier caso, parece evidente que las familias de Wamba y de Ervigio encabezaban dos bandos nobiliarios antagónicos y enfrentados por una manifiesta enemistad secular[100].

La experiencia de los reinados de los monarcas visigodos, al menos desde la segunda mitad del siglo VI, dejaba claro que la manera menos traumática de sucesión al trono era la de la asociación en vida del rey de uno de sus hijos, como había ocurrido con Leovigildo y Recaredo, Sisebuto y Suintila o Chindasvinto y Recesvinto; las demás sucesiones se habían producido de forma violenta, mediante luchas entre familias y facciones enfrentadas por conseguir el acceso a la realeza.

Ervigio era descendiente de la familia real de Recesvinto por vía femenina. Su madre, de nombre desconocido, estaba emparentada con Chindasvinto, pues según unas fuentes era su sobrina o bien según otras una concubina real a la que habían casado con Ardabastro, un sorprendente personaje de origen bizantino, quizá un noble griego que se había convertido en colaborador de los visigodos al final del dominio imperial o que había tenido que exiliarse de Constantinopla por razones políticas buscando refugio en Hispania.

Consciente de los problemas que acarreaba la sucesión, al poco de llegar al trono dictó en el 681 un *Código* legal por el cual el rey disfrutaba de la sanción divina, de la que procedía directamente su autoridad, de modo que era el mismo Dios el que concedía al monarca el reino[101]. Y no sólo eso; según la nueva ley, el Estado visigodo pasaba de un sistema fiscal basado en los impuestos directos, de raíces antiguas «a lo romano», a otro asentado en la posesión de la tierra[102], de tipo protofeudal, lo que refuerza la tesis de que se estaba implementando la regresión de la actividad comercial y, por tanto, del desarrollo de la ciudad, a la vez que aumentaba el poder de los dueños de la tierra, sobre todo de las más poderosas familias de la aristocracia goda y de los descendientes de los señores terratenientes hispanorromanos que habían sobrevivido a la caída del Imperio occidental y habían sabido adaptarse a los nuevos tiempos.

Ervigio estaba casado con Liuvigoto, quizá miembro de una noble familia goda, aunque de filiación desconocida. El matrimonio tenía varios hijos, probablemente demasiado pequeños para ser asociados al trono en el año 687, porque sintiéndose morir, Ervigio designó como rey a su yerno Égica, un noble emparentado con la familia de Wamba, que lo había casado con su hija Cixilo, una joven viuda que antes había estado casada con el noble Suniefredo, para así estrechar alianzas con los familiares de Wamba, sus rivales en la disputa por el trono.

El rey Ervigio murió en noviembre del 687, pero antes reclamó de Égica que jurara que no atentaría contra su familia; parece que se refería a sus hijos pequeños, a los que no habría podido asociar al trono. La respuesta del nuevo monarca resultó bien distinta a su juramento. La reina viuda Liuvigoto fue acusada de adulterio, era la excusa perfecta para deslegitimar a sus hijos e impedir que aspiraran al trono cuando alcanzaran la mayoría de edad, y quedó recluida en un convento.

El 24 de noviembre del 687, pocos días después del fallecimiento de Ervigio, Égica (687-702) fue ungido como nuevo rey en la iglesia de los Santos Apóstoles de Toledo[103]. Una vez en el trono, se comportó como muchos de sus antecesores, aunque la *Crónica rotense*, que lo califica de «tirano», lo presente a la vez como un monarca «paciente y sabio»[104]. Al convertirse en rey ya tenía un hijo llamado Vitiza, cuya fecha de nacimiento es desconocida y que tal vez no había sido engendrado por su esposa Cixilo, sino que había nacido de un desconocido matrimonio anterior de Égica, como algunos han supuesto[105]. Vitiza fue asociado al trono por su padre a finales del 694 o comienzos del 695 y le encargó el gobierno de Galicia[106].

Las decisiones de Égica, las acusaciones de comportarse con crueldad, el incumplimiento de su promesa a Ervigio, la persecución a los partidarios y familiares de su antecesor y las purgas entre la nobleza rival, llegando a cegar a Teodofredo, supuesto sobrino nieto de Chindasvinto y padre de Rodrigo[107], desencadenaron gravísimos conflictos durante su reinado. Quizá el más grave, o al menos el más conocido dada su magnitud y relevancia, fue el intento de acabar con la vida de Siseberto, prelado de Toledo[108], a cuya rebelión, desencadenada en el 691, se había unido la reina viuda Liuvigoto, represaliada y condenada junto con otros conjurados en el año 693 en el XVI Concilio de Toledo. Nada de eso hizo retroceder a Égica, que el 15 de noviembre del año 700 ungió como rey a su hijo Vitiza[109].

Vitiza (702-710) se convirtió en rey único a la muerte de su padre a fines del 702, aunque algunos la retrasan hasta comienzos del 703, en medio de una crisis desatada y un verdadero caos político, en el cual Vitiza llegó a matar al noble Favila con sus propias manos[110]. La *Crónica rotense* lo culpa de disolver los concilios, es decir, de gobernar despóticamente sin atender a los consejos de los obispos, y de estar lleno de concupiscencia, al haber tomado muchas mujeres y rodearse de concubinas.

Lejos de intentar paliar la sangría del reino con medidas pacificadoras, Vitiza incrementó la persecución a los judíos, ya muy virulenta desde el reinado de su padre, y puso en marcha acciones tan duras contra ellos que muchos incluso huyeron de Hispania y pidieron ayuda a los árabes, que en esos años de principios del siglo VIII habían logrado rendir la resistencia bereber y estaban firmemente asentados en el norte de África[111].

La grave crisis que se desató en la segunda mitad del siglo VII provocó la búsqueda de un chivo expiatorio, y los judíos, que constituían una pequeña porción, aunque destacada, de la población peninsular, fueron los que más sufrieron la represión y la ira de los jerarcas visigodos. En los últimos treinta años del reino godo las disposiciones legales contra los judíos fueron terribles, lo que propició un estado de ánimo en las juderías contrario a los godos y muy favorable a cualquier rival que acabara con su dominio, como ocurrió con la llegada de los musulmanes.

El conflicto religioso en la península ibérica no era ninguna novedad. Ya en los últimos dos siglos de la Hispania romana se produjeron enfrentamientos entre la ortodoxia católica y las herejías surgidas en torno a religiosos heterodoxos, sobre todo con la relevante e influyente figura de Prisciliano, y se intensificó, si cabe, con la pugna entre arrianos y católicos en el siglo VI, sólo resuelta tras el III Concilio de Toledo del 589, con la proclamación del catolicismo como credo oficial de la monarquía y la persecución a los judíos en los últimos años de la monarquía toledana, como resaltan unas actas conciliares del año 694: «En el nombre del Señor, el rey Flavio Égica, a los Santísimos Padres reunidos en este santo concilio... acerca de los malvados judíos que viven dentro de las fronteras de nuestro reino, ordenamos lo que no podemos declarar no sin pequeño dolor; los cuales, engañados desde un principio por el error de sus propios ritos, negaron con increíble maldad el nombre de Cristo y se burlaron hasta aquí con criminales argumentos de los mismos seguidores de la verdadera fe»[112].

A finales del siglo VII la cristianización de la Península era muy intensa en los dos tercios meridionales, pero no tanto en el tercio norte. Existen pocas evidencias arqueológicas cristianas de época tardoantigua en Cantabria, aunque van aumentando desde fines del siglo VI y a lo largo del VII, con la construcción de templos cristianos de factura muy modesta, y apenas se aprecian ritos de inhumación controlados por la Iglesia[113].

Ante la catástrofe que se avecinaba con tantas tensiones, Vitiza reaccionó y repuso en la corte a algunos de los nobles miembros de la facción que había apoyado a Ervigio, varios de ellos represaliados por Égica[114]; pero los destrozos y la fractura provocados en la sociedad visigoda y la división entre su clase dirigente eran ya demasiado grandes como para ser reparados sin venganza.

Vitiza se mostró incapaz de solucionar los problemas inmediatos que acuciaban al reino, y no pudo garantizar ni el orden ni la estabilidad del sistema social; miles de esclavos y siervos huidos de los dominios de sus señores pululaban por todo el territorio, sin que hubiera autoridad alguna capaz de acabar con aquella anarquía[115]. Además, la degradación económica era ya imparable. Algunos autores cuestionan la mala situación de la sociedad visigoda a fines del siglo y comienzos del VIII, pero la mayoría de los historiadores sostiene que la crisis era «cada vez más fuerte»[116].

La proliferación de cecas y las acuñaciones de los diez últimos años del reino visigodo reflejan la situación caótica en que se sumió el sistema monetario, que se derrumbó a la muerte de Vitiza hacia principios del 710[117]. La moneda, fiel indicador de la salud financiera del Estado, se devaluó hasta límites insospechados; en apenas un tercio de siglo se pasó de un porcentaje en torno al 75 % de oro en la moneda a apenas un 30 % a comienzos de la octava centuria, en un proceso de devaluación imparable[118].

Nuevas hambrunas, plagas y pestes endémicas se cebaron en una población ya muy debilitada. La prohibición del ejercicio del comercio a los judíos, las persecuciones y su reducción, al menos teórica, a la esclavitud acabó con el único sector de la población que podría haber desarrollado mejoras económicas[119]. El sistema estatal de recaudación de tributos se debilitó con el proceso creciente de la protofeudalización, empeorado al mantener el gravamen sobre la tierra como impuesto de carácter estatal[120]. La situación de los campesinos era dramática, tanto que algunos huyeron de sus aldeas para escapar de la hambruna y de la servidumbre. En las ciudades la situación no era mejor, debido a la ralentización de las actividades comerciales y a la regresión económica que conllevaba.

Pese a los síntomas de crisis, incrementados en el ámbito político con la rebelión del noble Suniefredo, que llegó a usurpar el trono de Toledo entre el 691 y el 693[121], el Estado visigodo aún mantenía un importante poderío militar. Entre los años 700 y 702 el conde Teodomiro, quizá cuñado de Égica y *dux* de la Cartaginense[122] y que un decenio más tarde pactó con los árabes, logró derrotar y rechazar a una incursión de los bizantinos, que habían vuelto a merodear por las costas levantinas tras perder el norte de África a manos de los árabes en el 698, tal vez en busca de una nueva base naval que supliera la pérdida de Cartago[123]; así acabó definitivamente la presencia del Imperio de Oriente en el Mediterráneo occidental, aunque se ha supuesto que quizá volvieran a ocupar algunas zonas costeras entre el 700 y el 701, tal vez la ciudad de Algeciras[124].

A mediados del año 710 la desvertebración del Estado visigodo se manifestaba en la ruptura de la unidad de la monarquía. Los últimos treinta años habían sido devastadores, en una sucesión dramática de acontecimientos traumáticos: deposición de Wamba en el 680, conspiración contra Égica en el 693 y luchas entre los hijos de Vitiza y el usurpador Rodrigo[125]. El colapso político era generalizado, a la vez que la crisis económica y política se cebaba en el cese de la construcción monumental y en la pérdida del comercio a larga distancia. La inestabilidad política se refleja en la ocultación de tesoros de monedas de comienzos del siglo VIII, como el encontrado en Abusejo, Salamanca[126], y tal vez el de Guarrazar, Toledo, donde se escondieron extraordinarias coronas votivas de algunos reyes visigodos y numerosas piezas de oro, esmaltes y piedras preciosas.

La pérdida de control del Estado visigodo sobre amplias zonas de la Península se hizo evidente en las dos últimas décadas del siglo VII. Los territorios del norte volvieron, una vez más, a la rebelión contra el poder real establecido en Toledo. Las transformaciones profundas en el paisaje humanizado y en el hábitat del actual País Vasco se constatan desde fines del siglo VII, con diversidad de modelos de poblamiento y la aparición de estructuras domésticas en la meseta, que muestran un sistema de hábitat novedoso con respecto a la época anterior, con cambios en las tipologías y técnicas constructivas, lo que se ha interpretado como obra de elites dotadas de una importante capacidad de inversión[127]. Se ha documentado la ausencia de vida urbana relevante entre los siglos v y x en el alto Ebro, el fracaso en los intentos de vertebrar el territorio y el surgimiento de pequeñas aldeas nuevas[128], a la vez que un aumento considerable de las fortificaciones godas en el norte cántabro y astur, con la construcción de clausuras en la cordillera cantábrica, como el muro de la Cariza, de 500 metros de longitud, y el de la Mesa, de más de 100, en el puerto del Escudo y en los Pirineos[129], fechadas en el reinado de Wamba, anteriores por tanto a la presencia islámica en la zona; las muestras de carbono-14 han dado una horquilla de fechas demasiado amplia, entre fines del siglo vi y mediados del viii, con preferencia hacia el 640[130].

Sólo hacía falta un leve empujón para que el reino de Toledo se viniera estrepitosamente abajo. El antiguo reino en expansión de Leovigildo y Recaredo del último tercio del siglo vi e incluso de las tres primeras décadas del siglo vii ya no era sino un edificio tambaleante a punto del derrumbe, esperando una mano que le asestara el golpe de gracia para convertirlo en un montón de escombros; y esa mano estaba a punto de asomar desde el otro lado del estrecho de Gibraltar. No en vano, los últimos reyes se basaron en modelos bizantinos para destacar su figura, tanto en las monedas como en los usos rituales de corte, pero se olvidaron de asentar los pilares de «un reino a la deriva»[131].

2.2. El final del reino visigodo de Toledo: 710-711

Tras dos siglos de existencia del reino visigodo, la huella de este grupo seguía siendo escasa. El esfuerzo de Leovigildo y Recaredo para fundar ciudades e instaurar diócesis en la segunda mitad del siglo VI no había servido para identificar a lo visigodo con lo hispano, y en la segunda mitad del siglo VII la desestructuración del Estado y de la mayoría de las ciudades era manifiesta[132].

Los problemas sucesorios, nunca bien resueltos, en la monarquía y la lucha por el poder entre las facciones nobiliarias agravaron notablemente la situación, como se manifestó con la sucesión de Vitiza.

La muerte de Vitiza sigue siendo un misterio. Desde luego, a mediados del año 710 ya había muerto, pero se desconoce la fecha concreta y las circunstancias en que se produjo. Ni siquiera se sabe la edad a la que falleció, se ha supuesto que tendría en torno a los treinta años, ni su filiación materna. Era hijo de Égica, pero su madre bien pudo ser la reina Cixilo, en cuyo caso Vitiza hubiera muerto con unos veinticinco años de edad, o bien de una esposa de un matrimonio anterior del rey.

En los últimos años de su vida tuvo que lidiar con diversas conjuras que tramaron sus enemigos para derrocarlo, entre otros los nobles Suniefredo, Aquila, Teodomiro y Opas, el obispo Sisberto y el gardingo Rodrigo. Algunos han supuesto que este último se enfrentó a Vitiza, quizá tras pactar con los enviados del califa Al-Walid en el 710, de ahí las pinturas del palacio de Qusayr Hamra en Jordania en las que aparece Rodrigo junto al califa omeya; así, el usurpador Rodrigo habría sido el ejecutor de Vitiza[133]. En cualquier caso, las crónicas son tan contradictorias, interesadas y confusas que se prestan a muy diversas interpretaciones.

Todas ellas coinciden en que Vitiza dejó varios hijos, cuyo número y nombres varían según las diversas fuentes. En unas eran tres varones, a los que llaman Olmundo, Aquila y Ardobastro; en otras se los denomina Alamundo, Artubas y Rumuluh; varias sólo citan a dos, de nombres Sisberto y Opas, que en alguna ocasión son calificados como hermanos. Las contradicciones, los equívocos y las confusiones a la hora de denominar a los hijos de Vitiza son enormes, y no hay manera de aclararlo dada la imprecisión, tergiversación y dudosa veracidad de esas fuentes. Lo más probable es que al morir el rey Vitiza sus herederos fueran menores de edad sin capacidad, por tanto, para ejercer el poder por ellos mismos[134].

Las noticias que se han transmitido sobre los linajes y las filiaciones familiares de los reyes godos, sobre todo en las crónicas escritas a partir del siglo VIII, han sido cuestionadas por muchos historiadores; una mayoría afirma que «no son ciertas», pues quien las escribió «recurrió a la desinformación, mezclando, según le placía, elementos de la verdad, la mentira y la deliberada interpretación de los hechos históricos»[135]; por eso es casi imposible dilucidar los orígenes y el verdadero parentesco que ofrecen esas interesadas crónicas, tanto las cristianas como las árabes.

Fuera como fuese, ante semejante maremágnum de nombres y de relaciones de parentesco, y una vez cotejadas todas las fuentes, se deduce que Vitiza falleció en circunstancias extrañas y por causas desconocidas entre finales del 709 y primeros meses del 710, dejando al menos a dos hijos, probablemente Sisberto y Opas, o quizá a tres con Aquila, todos menores de edad pues no pudieron hacerse cargo del gobierno del reino[136].

En la crónica árabe *Ajbar Majmua* se relata que a la muerte de Vitiza, al que se denomina «rey de Sbania» (Hispania, en árabe), quedaron como herederos sus hijos Opas y Sisberto, «a los que el pueblo de los godos no aceptó como sucesores». Estallaron entonces alteraciones y un grupo de nobles eligió como soberano «a un infiel» llamado Rodrigo, «hombre de carácter firme y de fortaleza de ánimo pero que no pertenecía al linaje real, pues su condición era la de hombre de armas y caballero». Según esta versión, los sarracenos fueron llamados por los hijos de Vitiza para que los ayudaran a recuperar el trono perdido a manos de Rodrigo[137].

Durante la primera mitad del año 710 la situación fue caótica[138]; el trono de Toledo estuvo vacante, o al menos nadie lo ocupó con plena autoridad y firmeza y, desde luego, sin el menor consenso entre los nobles y los obispos. Las dos facciones enfrentadas desde los tiempos de Wamba, como poco, pugnaron por hacerse con el poder. Un tal Suniefredo, para unos miembro de un linaje aristocrático y para otros uno de los hijos de Vitiza, se proclamó rey en Toledo y acuñó moneda propia, aunque su aventura fue breve; y también acuñó moneda como rey un tal Iudila, quizá un general de Suintila, del que no existe una sola referencia documental. El fiasco es monumental; nombres y parentescos se citan en las crónicas de manera confusa y contradictoria, probablemente a causa de los errores en la transcripción en las crónicas de los nombres del árabe al latín y del latín al árabe; y así, aparecen personajes como Sancho, otro supuesto hijo de Vitiza, y un segundo Sancho como sobrino de Rodrigo[139].

Los partidarios de Vitiza no se resignaban a perder el poder y propiciaron que se proclamara rey Agila, uno de sus hijos o tal vez pariente de Vitiza; por otra parte, estaban los que se negaban a que gobernara un miembro del linaje de Égica y Vitiza, que apostaban por retomar la elección del nuevo rey por los magnates del reino, según la costumbre tradicional.

Algunas crónicas se limitan a suscribir de manera lacónica que «fue el pueblo» quien se negó a que subiera al trono uno de los hijos de Vitiza, de manera que «una parte de los godos eligió rey a un tal Rodrigo, que no era de estirpe real, sino caudillo y caballero»[140].

No se han transmitido noticias concretas de cómo ocurrió, pero, a la vista de las fuentes conservadas, da la impresión de que un grupo de nobles, quizá miembros de la facción que había apoyado a Ervigio y que había sido represaliado por Égica, y contando con el apoyo de los descendientes del linaje de Chindasvinto, que en su día habían apoyado a Wamba, eligió como rey en Córdoba a Rodrigo, que en algunas fuentes se le supone *dux* de la Bética, el cual se habría rebelado contra los hijos de Vitiza en venganza por la afrenta causada por este monarca a su padre Teodofredo, o Gaudefredo, lo que provocó la reacción de los partidarios de Égica y Vitiza, entre los que estarían Opas, tal vez hijo o hermano, u otro tipo de parentesco, de Vitiza, a saber, y Agila[141].

El origen de Rodrigo es aún más controvertido si cabe y presenta todavía más contradicciones en las diversas fuentes. Según una crónica árabe, este nuevo monarca visigodo no era miembro de una familia de sangre real, sino un guerrero gardingo que usurpó el poder por la fuerza y que se habría alzado en la ciudad de Córdoba a comienzos del 710 mientras permanecían en Toledo los jóvenes hijos de Vitiza al cuidado de la reina viuda, de nombre desconocido[142]. Rodrigo estaba casado con Egilo, una dama de la familia real de Égica, que una vez viuda de Rodrigo se casó con el gobernador musulmán Abd al-Aziz. Desde luego pudo ser uno de los damnificados por Égica, junto con Teodomiro. Se le ha supuesto hijo de Teodofredo, *dux* de la provincia de la Bética, con sede en Córdoba[143].

En la *Crónica rotense*, donde se intenta legitimar a la monarquía asturiana como heredera directa del linaje de los reyes godos, Rodrigo se presenta como hijo de Teodofredo, hijo a su vez del rey Chindasvinto. El relato de la ascendencia de Rodrigo se fabula en esta crónica añadiendo que Égica ordenó apresar a Teodofredo y mandó que le sacaran los ojos y que lo enviaran a Córdoba, pues como hijo de Chindasvinto y hermano de Recesvinto, podía aspirar a ocupar el trono. Una vez instalado en Córdoba, Teodofredo se habría casado con Ricilona o Regilona, una mujer de estirpe noble, y de ese enlace habría nacido Rodrigo «en un palacio cordobés»[144].

¿Quién era Rodrigo? Las fuentes vuelven a dar varias alternativas: un gardingo de Vitiza que gobernaba en Córdoba o el líder de un poderoso clan de la nobleza visigoda[145] o un ambicioso soldado que se rebeló contra Vitiza, tomó Sevilla y mató a Recesindo o un antiguo tutor del hijo de Vitiza o el *dux* de la Bética, cargo que heredó de su padre[146]. En cualquier caso, Rodrigo ya ocupaba el trono del reino visigodo en el mes de julio del 710. Para conseguirlo contó con el apoyo de un importante sector de la alta nobleza, que había legalizado su posición «a instancias del Senado», quizá en referencia al grupo de nobles que lo auparon[147]. Lo habían hecho en contra de las pretensiones del otro grupo nobiliario, el que apoyaba a

Agila. Además, apareció otro pretendiente de nombre Suniefredo, de modo que en la segunda mitad del año 710 eran al menos tres los personajes que se disputaban el trono visigodo: Rodrigo, Agila y Suniefredo.

Rodrigo se hizo con el control total de la Bética, la provincia más rica y poblada, tras derrotar a Suniefredo, un personaje que acuñó moneda en Toledo, o al menos lo hizo con el cuño de esa ceca, con el título de rey[148]. Rodrigo, sintiéndose vencedor, se presentó en Toledo a mediados del 710. Su triunfal llegada a la sede real toledana provocó la huida de la familia de Vitiza, que no se resignó a perder el poder y apostó como rey por Agila, que para algunos pudo ser incluso el mismo Opas[149]. Éste estableció su propio reino en la zona nororiental de la Península y sur de Francia, y allí reinaba como soberano independiente en la primavera del 711; según el *Laterculus regum visigothorum*, Agila sucedió a Vitiza; en esta fuente ni siquiera se cita a Rodrigo[150].

En medio de tantas conjuras palaciegas, intrigas familiares y luchas por el poder, los visigodos seguían siendo incapaces de someter por completo a los montañeses del norte hispano[151]. Reinado tras reinado, desde los tiempos de Leovigildo allá por la segunda mitad del siglo VI, rara era la primavera en la que el ejército visigodo no realizaba una incursión por las tierras montañosas del norte de la Península para recordarles a los pueblos de la región que debían pagar impuestos y someterse a la monarquía de Toledo.

En la primavera del 711 esos pueblos lo debían de haber vuelto a olvidar, porque Rodrigo, pese a los graves problemas que lo acuciaban para hacerse con el control de todo el reino visigodo ante la resistencia y oposición de los vitizianos, encabezó una campaña militar por tierras de Pamplona. Por allí andaba tratando de someter a los vascones cuando recibió la noticia de que aquellas gentes extrañas procedentes de oriente, con las que según algunos había pactado en el 710 para deponer a Vitiza, habían conquistado todo el norte de África y habían desembarcado con un nutrido ejército y con intenciones nada amistosas en la bahía de Algeciras.

Una corriente rancia y pseudohistórica, en la que militan con fervor aficionados a escribir Historia sin rigor, con la lectura de apenas media docena de textos parciales y sesgados y un par de tópicos, considera a los monarcas visigodos como los «primeros reyes de España» y «los fundadores de la nación española». Sin embargo, los reyes visigodos lo fueron de un pueblo y no de una nación. *Rex wisigothorum*, «rey de los visigodos», es como se intitularon habitualmente estos soberanos, que no se identificaron con un territorio, sino con el *regnum*. Las crónicas y actas de los concilios se refieren a ellos con los calificativos de *rex*, *princeps*, *senior* e incluso en algún caso, como el de Recesvinto, gloriosísimo señor e *imperator*[152]. En sus monedas de oro, los tremises, objeto fundamental para la imagen del soberano, aparecen grabados sus nombres (Leovigildo, Recaredo, Suintila, Wamba...), la ceca de acuñación (Tarragona, Híspalis, Mérida, Córdoba, Toledo...), su titulación *rex* (rey) y alguna palabra en alusión a su condición, como *flavius* (del Flavio imperial romano), *pius* (piadoso), *iustus* (justo), *invictus* (invicto), *felix* (feliz), *incliti* (ínclito), *victo*r (victorioso), o sus hazañas como *Corduba bis obtinuit* («conquistó Córdoba por dos veces», Leovigildo) o su designación divina (*I.D.NMN*, «en el nombre de Dios»)[153].

No reinaron sobre toda la antigua provincia romana de

Hispania, sino sobre parte de ella, que fue cambiando con el tiempo, y además también lo hicieron sobre la provincia romana de Septimania, el sureste de la Galia. Hispania nunca fue un concepto político, sino un espacio geográfico: la península ibérica.

Las fronteras del reino visigodo no estaban sujetas a ningún «acuerdo internacional» ni se fijaron en un tratado. Sus dominios alcanzaban hasta donde lo permitía el poder de sus ejércitos, y fueron cambiantes; jamás coincidió el reino de los visigodos con la península ibérica ni con un territorio concreto dentro de la misma.

El Estado visigodo nunca se definió como un territorio, sino como los dominios que gobernaba su rey. No existía «España», o Hispania, como unidad política en los siglos VI y VII, sino un pueblo, el visigodo, que a partir de mediados del siglo VI será gobernado por un rey desde Toledo. Sólo Sisenando se denominó como *rex Hispaniae et Gallaecia* en las actas del IV Concilio de Toledo en el año 633, quizá en referencia indirecta a la conquista del reino suevo y su incorporación al *regnum* visigodo, en tanto que Rodrigo se proclamó *rex Toletus et Egitania*[154].

Hispania, o Spania como la llama Isidoro de Toledo, siguió siendo un concepto geográfico, en tanto el espacio gobernado por la monarquía goda de Toledo fue el *Regnum gothorum* (el «reino de los godos»).

Desde su súbita desaparición, el reino de los visigodos ha generado una gran controversia. La historiografía españolista más conservadora, representada por Sánchez-Albornoz o Pérez de Urbel, señaló a los visigodos como poco menos que los fundadores de los cimientos de España, a partir de la recuperación tras la conquista musulmana en forma de reino de Asturias: «Al crear el reino de los godos, los visigodos crearon Hispania», escribió Ramón de Abadal, llegando a considerar que la Hispania goda fue más avanzada que la Hispania carolingia, consiguiendo incluso «la unidad política de Hispania»[155]. Por el contrario, nacionalistas vasquistas y catalanistas no dudan en hacer un juicio peyorativo de la época visigoda[156], al igual que algunos historiadores que estiman que ésa «no fue una época brillante»[157].

3

Las fuentes documentales

3.1. Los problemas de las fuentes escritas

No es necesario insistir en la inconsistencia, parcialidad, tendenciosidad y manipulación que presentan las fuentes escritas para la historia de la península ibérica en la Alta Edad Media, tan escasas además. Para el siglo VIII se dispone de muy pocos documentos, y son mayoría los que contienen interpolaciones tardías o son directamente falsos. Así, cuando se contrastan, lo que se ha hecho muy pocas veces, con las fuentes arqueológicas, las fuentes escritas apenas aportan datos sobre la cultura material de los conquistadores musulmanes[1], y los datos arqueológicos demuestran que las crónicas «no son válidas»[2], afirmación un tanto maximalista pero no demasiado alejada de la realidad.

Todas las fuentes escritas son obra humana y, por tanto, están literalmente manipuladas desde su origen. El caso de las crónicas, tanto cristianas como árabes, sobre la conquista musulmana de la península ibérica es paradigmático. Las crónicas y la historiografía cristiana consideraron a los reyes godos como «españoles» y a los soberanos omeyas como «extranjeros», usurpadores de una tierra que no les pertenecía. A partir de esas consideraciones, que comienzan a generalizarse a lo largo del siglo IX, lo «español» se redujo tan sólo a lo «cristiano», en tanto lo andalusí se consideró como una especie de accidente, una extraña anomalía y un largo paréntesis en la historia de España. Aquí habían permanecido los musulmanes durante ocho siglos como una especie de «okupas» medievales, viviendo en una tierra que no les correspondía.

La historiografía tradicionalista hispanocristiana forjó una imagen del pasado adaptada a la ideología cristiana. Así lo contaron sus cronistas e historiadores, pero tanto en las fuentes cristianas como en las árabes las noticias que se relatan sobre la conquista son «incompletas, contradictorias y desfiguradas por intereses personales y colectivos»[3].

Desde la Edad Media, los cristianos creyeron sus propias crónicas casi en su literalidad, con excepción de algunas obvias exageraciones numéricas, que se matizaban en la forma aunque sin poner en duda el fondo; hace ya algún tiempo que estas crónicas han sido cuestionadas[4] cuando no ampliamente descartadas como fuentes fidedignas.

Llama la atención la brevedad, el carácter legendario y la fabulación en los relatos que tratan sobre la conquista musulmana de la península ibérica, tanto en las crónicas cristianas como en las árabes. Probablemente se debe a que se produjo una interrupción de toda la actividad e información textual[5]. La escasez de datos, la contradicción entre los pocos existentes y la tendenciosidad de las crónicas han propiciado que los historiadores hayan tenido que especular sobre lo sucedido.

El siglo VIII es el peor documentado y sobre el que se dispone de menos información de toda la historia medieval de España[6], con una documentación tan escasa que para toda esa centuria sólo se conserva un diploma fiable, una carta del rey Silo, fechada el 23 de agosto del 775, que contiene la concesión de un *cellarium*, tal vez un almacén para grano, y dos castillos que el monarca poseía en un lugar llamado Lucis, para la fundación de un monasterio, cerca de la ciudad de Lugo; y ni tan siquiera es un original, sino una copia contenida en un manuscrito del siglo x[7].

Existen algunos diplomas más, pero se trata de falsificaciones generadas en los siglos siguientes, sobre todo con el objetivo de la Iglesia de hacerse con propiedades que no le pertenecían[8]. Los diplomas originales anteriores al año 900 son escasísimos y varios de ellos resultan «radicalmente falsos»; se ha calculado que de 180.000 documentos para la península ibérica en la Edad Media sólo 51 datan del siglo VIII[9], y no son originales, sino copias tardías; por ejemplo, los documentos reales originales del reino astur apenas llegan a la media docena[10], y ninguno data del siglo VIII. El más antiguo es una donación de tierras que Fakilo, abuela de Hermesinda, nombre que coincide con el de la hija de Pelayo pero que no parecen ser la misma persona dada la cronología, realizó al monasterio de Santa María de Libardón en el año 803, y ni tampoco es el original, sino una copia en letra visigótica cursiva de fines del siglo IX[11].

En el lado musulmán el panorama documental es igual de desalentador; apenas han llegado documentos contemporáneos del tiempo de la conquista, y se han perdido numerosas fuentes de los siglos X y XI. Tanto las fuentes cristinas como las musulmanas de primera generación «son muy problemáticas», las colecciones diplomáticas monacales carecen de fiabilidad, las crónicas están mitificadas y casi no existen originales[12].

Por si la escasez documental fuera poca, los textos conservados resultan muy confusos y contradictorios entre ellos, de manera que la visión de la conquista musulmana y la de todo el siglo VIII que en cada momento se ha dado ha dependido en extremo de las crónicas que los historiadores han utilizado a lo largo del tiempo; semejantes contradicciones han propiciado que sea prácticamente imposible «armonizar unos materiales tan diversos, desiguales y contradictorios»[13].

Además, la historiografía ha usado de modo discriminatorio, y no pocas veces acrítico, unas determinadas fuentes, a las que se ha atado en exceso[14]. De manera temeraria, se han tomado como asertos inamovibles textos condicionados por factores políticos, religiosos, ideológicos y nacionales, como es el caso, por ejemplo, de las crónicas castellanas de los siglos XII y XIII, en las que sólo ha importado destacar y exagerar el papel de Castilla en la historia peninsular de la Alta Edad Media[15].

En la mayoría de los relatos sobre la conquista musulmana, los hechos que se presentan como históricos son sencillamente increíbles; y esa percepción no es nueva, pues ya en el siglo XIX el historiador Dozy, al analizar algunas de esas fuentes escritas en su *Historia de los musulmanes de España*, percibió que muchas de esas narraciones eran «tan legendarias como los cuentos de las *Mil y una noches*», sólo que trufadas de tradiciones e interpolaciones bíblicas de marcado carácter apocalíptico[16].

3.2. Las fuentes cristianas

Uno de los errores de base, que se viene arrastrando desde hace un siglo, es que Sánchez-Albornoz, en su *Origen de la nación española*, creyó, e hizo creer a muchos, en la veracidad de lo relatado en las crónicas y en los diplomas, arrastrando en esta visión acrítica a historiadores españoles como Ruiz de la Peña, y a extranjeros como Bronisch y Deswark, que no tuvieron en cuenta algo esencial: que esas crónicas estaban cargadas de una intención ideológica en la que primaba la difusión y justificación de un providencialismo religioso y de una evidente tendenciosidad política[17].

Los diplomas son escasísimos y muy dudosos, no hay antes del 711, apenas ciento cincuenta anteriores al año 900, la mayoría son falsos y sólo ocho de ellos proceden de Asturias[18]. La escasez de fuentes cristianas se agrava además por la enorme tendenciosidad que destilan, pues únicamente responden a la obsesión de colocar la historia al servicio del poder y de la propaganda de los reyes de Asturias y León[19]; y no sólo son poquísimos los textos, es que, además, la mayoría de los que están fechados en los siglos VIII y IX o son falsos o presentan numerosas interpolaciones de los siglos X al XIII[20].

De todo el siglo VIII sólo se conservan cinco crónicas y el ya citado diploma del rey Silo.

La *Crónica arábigo-bizantina*, o *Continuatio isidoriana hispana*, escrita entre el 740 y el 741[21], narra hechos acontecidos entre los años 601 y el 721, destacando la victoria de Eudo de Aquitania sobre los árabes. Siguiendo la literatura apocalíptica cristiana de oriente, cuenta que los árabes fueron enviados por Dios para castigar la relajación moral y los pecados de los malos cristianos. En el relato que corresponde a la conquista de la península ibérica, los musulmanes someten al reino de los godos, imponen impuestos, y continúan avanzando por el sur de Francia, hasta Toulouse, que cercan con máquinas de asedio. Se ha atribuido su autoría a un cristiano, tal vez un converso musulmán[22]. No cita la legendaria batalla de Covadonga.

La *Crónica mozárabe del 754* se atribuye a un mozárabe anónimo, tal vez un refugiado entre los astures tras huir de la dominación islámica, aunque hay muchas dudas sobre la autoría y algunos no la consideran fiable[23]. El tono de esta crónica es apocalíptico y ofrece pocos datos concretos, aunque algunos autores, ignoro con qué criterio historiográfico, la consideran como «la mejor fuente de información para la primera mitad del siglo VIII»[24], pero ha sido calificada como «elegíaca, fundamentalista y muy subjetiva»[25]. Compara el derrumbe godo del 711 con las caídas de Troya, Jerusalén, Roma y Babilonia; explica el colapso del reino visigodo por una guerra civil, que aprovechan los musulmanes para «devastar Hispania»[26] y justifica la capitulación de nobles como Teodomiro, alegando que luchó antes de someterse[27]. Aunque alude a un descalabro sufrido por el gobernador Abd al-Malik en las montañas del norte, que bien pudiera ser una interpolación posterior a la primera redacción[28]; tampoco cita la batalla de Covadonga.

Estas dos crónicas ofrecen una visión muy negativa del breve reinado de Rodrigo, a la vez que elogian los gobiernos de Wamba, Égica y Vitiza. Hispania se identifica con el reino de los visigodos, y califican el dominio de los musulmanes como «una desgracia para *Spania*» de la que la viuda de Rodrigo es la soberana y donde reinan los gobernadores árabes. Estas primeras crónicas del siglo VIII resaltan que el reino de los godos ha desaparecido con la llegada de los árabes, que los han sucedido en el gobierno de Hispania[29].

El *Cronicón Moissiacense* todavía es más inconcreto. Denomina a un musulmán llamado Abdarrahman, al menos hay tres gobernadores con este nombre en al-Andalus entre el 721 y el 749, como *rex Spanie*, al que presenta de campaña militar por tierras de Pamplona y atravesando los Pirineos[30]. Nada de Covadonga.

Ordo annorum mundi es una crónica breve que tal vez sirvió de inspiración al autor de la *Crónica albeldense*, actualizada en el 883[31]; muy poco relevante. Nada de Covadonga.

Los *Anales portugueses* ofrecen un texto poco elaborado; lo más destacado es la lista regia que incluye desde Pelayo hasta Alfonso II en el 790, y señalan el interesante pero inexacto dato de que «los musulmanes gobernaron España cinco años antes que Pelayo»[32]. Nada de Covadonga.

Para buena parte del siglo IX el silencio todavía es mayor que en la centuria anterior. Se ha supuesto, sin más argumentos que la especulación, que en el reinado de Alfonso II el Casto se redactó una magna crónica de la que beberían sus fuentes las crónicas del reinado de Alfonso III a fines de esa centuria[33], pero no se conoce ninguna crónica durante más de un siglo, desde el último tercio del siglo VIII a finales del IX, hasta que en el reinado de Alfonso III se elaboró un ambicioso proyecto para redactar una gran crónica que se ha transmitido en varias variantes[34], lo que implicó un cambio ideológico con respecto a las crónicas del siglo VIII, al incorporar la tesis neogoticista[35], según la cual el reino de los godos no había desaparecido en el año 711, sino que se había trasladado a Asturias[36], asentando así un claro propósito: la «continuidad entre el reino de Toledo y el primitivo reino astur», lo que no deja de ser una ficción con evidente carácter e intención propagandísticos[37].

Las versiones de las crónicas del ciclo de Alfonso III son claros instrumentos al servicio del poder. Se trata de varias crónicas sobre las que se han vertido numerosas y a veces contradictorias tesis y sobre las que cada vez son más numerosas las opiniones de que ofrecen «escasa fiabilidad». Escritas entre los años 883 y 890 se han transmitido a través de copias posteriores, y se desconoce su «estado original»; en las crónicas del ciclo de Alfonso III predomina la fantasía[38].

Las crónicas de Alfonso III se conocen en dos versiones, la *Crónica rotense* y la *Crónica ad Sebastianum* u *Ovetense*. Ambas son variantes de un mismo texto de fines del siglo IX, pero hay divergencias entre los historiadores sobre cuál de ellas es la más antigua, e incluso hay quien sostiene que la *Ad Sebastianum* es una adaptación de la *Rotense*, redactada por Sebastián, sobrino del Alfonso III y obispo de Salamanca. Las dos presentan la tesis de que el reino de los godos no desapareció, sino que se redujo en extensión por la invasión musulmana y se desplazó a Asturias[39].

La *Crónica rotense* se redactó a fines del siglo IX en la corte de Alfonso III. Ha sido una de las más influyentes en las crónicas posteriores[40]. Narra los acontecimientos de la conquista musulmana como si se tratara de una novela, introduciendo elementos literarios como el refugio de Pelayo en Córdoba y el enamoramiento del gobernador árabe Munuza de su hermana[41].

La *Crónica ovetense* o *Ad Sebastianum* toma su nombre del obispo Sebastián, quizá el prelado de Orense de ese mismo nombre hasta el 881 y luego de Salamanca, hay cierta confusión al respecto, que además era sobrino o pariente del rey Alfonso III[42]; ha sido calificada como «asturiana y monárquica»[43]. En la propia crónica se asegura que se comenzó a escribir «en tiempos de Wamba, rey de los visigodos», y que se recopiló en época del rey García I, hijo del rey Alfonso III. Pelayo se presenta como el monarca elegido por los astures, por ser hijo del duque Favila[44].

La *Crónica albeldense*, basada en el *Cronicón* de Isidoro de Sevilla[45], se escribió entre los años 881 y 890 probablemente por encargo del rey Alfonso III, aunque el ejemplar más antiguo que se conoce se copió en el monasterio riojano de San Millán de la Cogolla en el año 951[46]; según esta crónica, el ejército de Musa ibn Nusayr llegó hasta Toledo y estableció pactos con los hispanos.

La *Crónica profética*, escrita poco antes del año 880, 169 años después de la batalla del 711[47], no se conserva como tal; forma parte de la *Crónica albeldense*, pero se redactó una especie de versión «oficial» a comienzos del siglo XII, y contiene numerosos elementos milenaristas. Profetiza que el triunfo de Alfonso III sobre los musulmanes, que en la crónica se citan como «sarracenos» y no como «caldeos», se producirá a los 170 años de la conquista musulmana, es decir, en el año 881, y que el final de la dominación árabe llegará el día 11 de noviembre del año 884, aludiendo a una equívoca referencia del profeta Ezequiel; utiliza a los pueblos bíblicos de Gog y Magog como metáfora: el de Gog sería el pueblo de los godos, vencidos y sometidos por Magog, el pueblo árabe, hasta que los astures venguen esa derrota y devuelvan la tierra de Hispania al dominio cristiano. Las crónicas de Alfonso III incorporaron frases de la *Crónica profética* y la idea de que los últimos reyes godos habían sido los culpables, por sus muchos y graves pecados, de la conquista musulmana[48].

Las crónicas de la corte de Alfonso III pretenden ser una continuación de las *Historias* de Isidoro de Sevilla, con cierta sofisticación en el relato, mucho artificio literario y dudosísima verosimilitud[49], que, desde luego, se redactaron como un instrumento de propagada al servicio del poder asturiano recién trasladado a León. La lectura de las crónicas de Alfonso III provoca extrañeza, suspicacia y falta de credibilidad. Lo que pretenden es legitimar el linaje de los reyes de Asturias por la sangre real; así, se niega la legitimidad del rey visigodo Ervigio, que aparece como asesino de Wamba al envenenarlo, y se vuelca sobre Vitiza toda una catarata de improperios, comisión de pecados, perversiones y vicios[50], para buscar la legitimidad de la sangre real en la estirpe de Chindasvinto y Recesvinto a través de la descendencia directa de Pelayo, al que se glorifica.

Siguiendo la estela de la *Crónica del 754*, los cronistas de la corte leonesa de Alfonso III (866-910) dieron un paso más y maquinaron la idea de que los cristianos tenían el derecho y el deber de la «recuperación» de *Yspaniam*, cuyos propietarios legítimos eran los reyes de Asturias y de León. Este soberano, inspirado por algunos mozárabes cordobeses como Dulcidio, continuador de las posiciones de los mártires cordobeses de mediados del siglo IX, fue quien puso en marcha la reivindicación histórica de la «recuperación de la Hispania cristiana de los godos», proclamándose heredero de su legado y de su tradición. En esa pretendida herencia se basaron los llamados derechos históricos de Alfonso III y del reino de León a la conquista de las tierras del antiguo reino godo de Toledo y a conseguir la derrota del islam, con la magnificación por los cronistas de la figura de Alfonso III como el elegido para esa proeza[51].

Asentada la conquista por los musulmanes, establecido y consolidado el reino de Asturias, desde fines del siglo IX el de León en el noroeste de la Península, las crónicas de Alfonso III trataron de explicar lo sucedido, y para ello el factor religioso y mesiánico era fundamental. Se identificó a los reyes godos como los «auténticos españoles», reclamando la propiedad de al-Andalus como legítimos sucesores de los reyes visigodos[52].

Fue en las crónicas de Alfonso III a partir del año 883, cuando se elaboró el relato mitificado de la legendaria batalla de Covadonga[53], que en las crónicas e historias de los siglos siguientes se asentó como un aserto histórico incontrovertible, colocando un mayor énfasis si cabe en esta batalla milagrosa como el origen necesario de la resistencia contra el islam de al-Andalus. En realidad, los cronistas de Alfonso III no hicieron otra cosa que continuar las historias de san Isidoro y copiar párrafos enteros de la Biblia, adaptando algunos de sus relatos al tiempo de los orígenes del reino de Asturias.

Este sencillo esquema, fijado a fines del siglo IX, se precisó y complementó en los siglos X, XI y XII. Así, la expedición de Alfonso III contra el territorio de los vascones y del norte de Castilla, tal cual se narra en la *Crónica de Sampiro*, parece un remedo de las campañas del rey Suintila y su victoria sobre los mismos vascones, tal cual las relata Isidoro de Sevilla en su *Historia de los godos*[54]. Lo mismo ocurrió con otras, como la *Crónica adversus paganos*, de Paulo Orosio, la *Crónica silense*, el *Códice emilianense*, la *Nómina real* leonesa, los *Anales castellanos primeros*, la *Crónica del obispo don Pelayo*, la *Historia compostelana*, el *Liber Sancti Iacobi*, la *Primera crónica anónima de Sahagún* y la *Crónica del emperador Alfonso VII*[55].

En la decimotercera centuria, primera edad dorada de la historiografía castellana, continuaron con la misma tónica la *Crónica latina de los reyes de Castilla*, el *Chronicon Mundi* de Lucas de Tuy, *De Rebus Hispaniae* de Rodrigo Jiménez de Rada, *De Preconiis Hispaniae* de Juan Gil de Zamora y, sobre todo, la *Gran y General Historia* y la *Historia de España*, de Alfonso X el Sabio. En estas crónicas del siglo XIII se recogieron y magnificaron todos los elementos de ficción de las crónicas de Alfonso III, como la filiación de Pelayo con los reyes godos, la legitimidad dinástica del propio Fernando III el Santo como heredero de ese linaje común, el providencialismo para declarar la guerra santa contra los musulmanes y la regeneración de toda España por y desde Castilla[56].

Más de lo mismo ocurrió en las crónicas de los siglos XIV y XV. La *Crónica* de don Juan Manuel recoge la noticia de que 270 naves llegaron a Hispania en el año noveno del reinado de Wamba, que fue envenenado por el rey Ervigio, o que el rey Égica expulsó de su tierra al duque Favila, que era el padre de Pelayo, o que la batalla del 711 pudo librarse en la región de Murcia; la *Crónica general del 1344*, la *Crónica* de Jofré de Loaysa, la *Crónica de cuatro reyes*, la *Crónica* de fray García de Eugui, la *Crónica de los reyes de Castilla y León* de Pero López de Ayala y todas las crónicas castellanas del siglo xv hasta la época de los Reyes Católicos culminaron la gran falsificación y tergiversación iniciada a fines del siglo IX con la incorporación de la justificación de la dinastía bastarda de los Trastámara, a la que pertenecían tanto Fernando II de Aragón como Isabel I de Castilla y León.

3.3. Las fuentes árabes

Sin duda, los dos aspectos más llamativos de las crónicas árabes sobre la invasión de al-Andalus son lo tardío de su redacción, pues las más antiguas conocidas no se escribieron hasta siglo y medio después de la conquista, más tarde que las primeras cristianas, y la inexistencia de relatos contemporáneos a los primeros años de presencia islámica en Hispania, lo que no deja de sorprender a los historiadores. Además, es muy probable que la euforia de las noticias de conquistas en occidente arrastrara a los cronistas árabes de oriente a ofrecer una visión triunfalista y a creer que medió una intervención divina en la conquista de Hispania[57].

Las más antiguas ni siquiera se redactaron en al-Andalus, sino en Arabia y Egipto, y ofrecen, por tanto, una visión muy lejana y secundaria de lo ocurrido en Hispania, con visiones muy diferentes entre ellas y siempre de segunda mano[58].

Las primeras conocidas son *El libro de la historia y las campañas*, de Al-Wapití de Medina, escrita a comienzos del siglo IX, y el *Kitab al-Tarij*, o *Libro de la historia*, de Abd al-Malik Ibn Habib de mediados del siglo IX[59], además de *Kitab Futuh al-Buldan* (*Libro de las conquistas de las tierras*) de Al-Baladhuri, *Al-Imana wa-l-Siyasa* de Ibn Qutayba y de las crónicas de Al-Tabari, Ibn Abi Riqa y Tariq Abu Zara, autores egipcios de mediados del siglo IX, que contienen relatos legendarios y la idea general de que al-Andalus se conquistó por las armas[60].

Hacia el 860 escribió Ibn Abd al-Hakam la *Conquista de África del Norte y España*, quizá la primera y más importante fuente árabe, que cita al conde Julián, a su hija y la batalla del 711 en Sidonia; también lo hizo Abd al-Malik ibn Habib, jurista con Abdarrahman II y Muhammad I, que recopiló algunas noticias sobre la conquista árabe de Hispania, indicando, como sus colegas de oriente, que se realizó «a la fuerza»[61], pero su enfoque es más el de un propagandista que el de un historiador; además de Ibn Qutayba con *Al-Imana wa-l-Siyasa*, Al-Baladhuri escribió *Kitab Futuh al-Buldan* o «Libro de las conquistas de las tierras», e Ibn Abi Riqa *Conquista de España por los árabes*[62].

Al-Razi, considerado el fundador de la historiografía andalusí, escribió *Ajbar muluk al-Andalus*, que se ha perdido, pero hay partes en Ibn Hayyan y Al-Maqqari[63]. En la segunda mitad del siglo X, en época del califa cordobés Al-Hakam II, y no se trata de originales sino de compilaciones, aparecen algunas obras historiográficas basadas en fuentes desconocidas, sobre las que además falta un análisis crítico[64]; se escribieron en el año 977 las obras del cordobés Ibn Qutiyya, que escribió una historia de la conquista de al-Andalus (*Tarij iftitah al-Andalus*), de Arib ibn Sad, Ibn al-Raqiq, autor de *Tarij Ifriquiya wa-l-Magrib*, y el propio Al-Razi[65].

El siglo XI vio surgir varias recopilaciones de textos, algunos de ellos perdidos, como *Fath al-Andalus*, de autor anónimo, o la obra de Abu Ubayd al-Bakri, pero en los que tampoco se ofrecen datos concluyentes de cómo se produjo la conquista[66]. La crónica árabe más difundida y conocida fue el *Ajbar Majmua*, una colección de relatos de un autor o autores anónimos que recoge a modo de miscelánea histórica diversas fuentes de los siglos VIII al X, entre ellas la obra de Ibn Abd al-Hakam de la segunda mitad del siglo IX. En esta crónica se mezclan sin discriminación alguna episodios históricos con legendarios, e incluso con relatos propios de la fantasía literaria[67].

A partir del siglo XII las crónicas de la conquista se limitan a recoger noticias ya conocidas, donde de nuevo la leyenda y la historia se confunden, como en el *Libro de lo suficiente acerca de las noticias de los califas*, de Ibn al-Kardabus, en el cual se insertan algunas de las profecías sobre el destino de Hispania y la llegada de los árabes, o las obras de Abu Jafar, *El libro de las suficiencias sobre la historia de los califas* y la de Ibn al-Atir, *Al-Kamil fi l-Tarij*.

En el siglo XIII siguieron apareciendo crónicas y recopilaciones como las de Ibn al-Sabbat, que contiene un relato de la conquista de al-Andalus, y las obras de Idrisi y Al-Marrakussi.

Ya en el siglo XIV aparece la monumental *Al-Muqqadima*, o *Introducción a la historia universal*, de Ibn Jaldún, autor tunecino que visitó el reino musulmán de Granada, en la que se analiza la conquista de al-Andalus, presentándola como un efecto demoledor del «huracán islámico» del primer siglo de la expansión.

La resistencia de Granada ante la presión de Castilla en los siglos XIV y XV renovó el interés por la historia de al-Andalus y de la expansión del islam entre los propios musulmanes andalusíes, tanto en crónicas, anales e historias como en obras de carácter geográfico y enciclopédico. Las principales crónicas escritas en el siglo XIV fueron el *Kitab al-Rawd al-Mitar* de Al-Himyari, la *Conquista del África septentrional por los musulmanes* de Al-Nawayri, las *Noticias de las conquistas del Magreb* de Al-Halim, *Rawd al-Qirtar* de Alí ibn Abi Zar y las obras de contenido geográfico como la *Geografía* de Abu al-Fida, *Geografía* y *descripción de al-Andalus* de autor anónimo, y ya en el siglo XV la obra de Al-Qalqasandi.

Por fin, Al-Maqqari realizó una recopilación de las noticias sobre la conquista en el siglo XVII, donde se recogen numerosas noticias tanto del lado musulmán como del cristiano.

Las crónicas árabes siempre se refieren a la irrupción de los musulmanes en Hispania con el término «conquista»[68], en reacción a las crónicas de Alfonso III[69], que los empujó a ofrecer a partir de finales del siglo IX una visión triunfalista de la expansión musulmana y de la conquista de al-Andalus[70]; pero las fuentes árabes no sólo son tardías, sino también profundamente contradictorias. Algunas hablan de una conquista a la fuerza, incluso con episodios de violencia, pero otras presentan la incursión de los musulmanes como una expansión pacífica y el sometimiento voluntario de los hispanogodos mediante acuerdos y capitulación. Las contradicciones suelen encontrarse dentro de una misma fuente, de manera que el historiador puede encontrar lo que quiera buscar[71].

Pero entre tantas contradicciones, en ninguna de las fuentes árabes aparece la batalla de Covadonga.

3.4. Las fuentes arqueológicas

Hasta hace cuarenta años la arqueología apenas se había preocupado de los yacimientos medievales. Sólo interesaban aquellos restos que por su valor artístico y patrimonial tenían relevancia, como ocurrió con el tesoro de Guarrazar, un impresionante hallazgo casual que sacó a la luz en 1858 la mayor colección de joyas conocida de época visigoda, que bien estudiado hubiera aportado datos muy significativos sobre el final de periodo godo en Hispania.

Pese a la escasez, parcialidad y tendenciosidad de las fuentes escritas, los historiadores medievalistas ignoraban las fuentes arqueológicas, y los documentalistas despreciaban los restos arqueológicos y a los arqueólogos, a los que consideraban como «meros técnicos de registro notarial»[72].

Desde la última década del siglo XX las prospecciones y excavaciones arqueológicas en yacimientos de los siglos VII al IX se han multiplicado exponencialmente, y sus resultados han significado una renovación profunda de la historiografía, especialmente notoria en el noroeste y centro peninsular, lo que ha supuesto un cambio sustancial en el conocimiento que se tenía hasta hace treinta años de la conquista y los asentamientos islámicos[73].

La irrupción a raudales de los descubrimientos arqueológicos ha sido de tal calibre y magnitud que ya no es posible entender y conocer el proceso de conquista sin la arqueología[74]. Así lo entendieron algunos historiadores documentalistas a comienzos del siglo XXI, pero, desafortunadamente, tras unos años en los que parecía que los descubrimientos y aportaciones de la arqueología se iban a incorporar a la historiografía de los documentalistas, se está produciendo una marcha atrás, y de nuevo se está reduciendo a la arqueología a la condición de «mera artesanía técnica»[75].

Pero, aunque se intenten orillar, las aportaciones de la arqueología al conocimiento del proceso de islamización de la península ibérica son trascendentales, tanto que no sólo han puesto «en tela de juicio algunos de los principales paradigmas historiográficos» tradicionales, sino que han provocado, pese a que numerosos historiadores meramente documentalistas sigan sin querer verlo, un auténtico cambio en el conocimiento de la historia de la Alta Edad Media en España[76].

El registro arqueológico de los últimos treinta años ha provocado un cambio radical en la manera de entender la historia de la primera mitad del siglo VIII; el estudio de las fortificaciones levantadas en algunos pasos de la cordillera cantábrica en torno al año 700, como el Homón de Faro o la Carisa, las excavaciones en ciudades despobladas como Recópolis (Zorita de los Canes, Guadalajara) o Eio (el Tolmo de Minateda, en Hellín, Albacete), las excavaciones en cascos urbanos de ciudades que han perdurado desde la Antigüedad, como Zaragoza, Córdoba, Mérida, Toledo o Sevilla, el descubrimiento de numerosas aldeas de los siglos VI al IX, hasta ahora invisibles en el registro escrito, y de las fortificaciones de esa misma época, o los estudios numismáticos y de los precintos de bronce han revolucionado y dado un giro radical a los planteamientos que se consideraban asertos inamovibles[77].

Ante la desesperante escasez, tendenciosidad, contradicciones y manipulaciones de los textos escritos, las arqueológicas se presentan como las fuentes más fiables y están resolviendo algunas de las tergiversaciones de las crónicas; por ejemplo, algunas relatan que Sidonia fue destruida y su población aniquilada, lo que contrasta con la existencia de precintos de plomo que indican que se produjo una capitulación, como también ocurrió en Écija, Sevilla, Fuentes de Cantos, Mérida, Pamplona, Huesca, Lisboa, Oporto o Pamplona[78].

Los resultados ya son sorprendentes, y eso a pesar de que muchas de las excavaciones han sido realizadas mediante el procedimiento de urgencia, lo que significa que no hay planificación y que los espacios excavados son parciales y, además, algunos trabajos se han visto condicionados por las fuentes escritas, lo que ha supuesto una simplificación de la enorme complejidad del registro material[79].

Queda mucho por hacer, pero el que no existan estratos de destrucciones violentas ni en los yacimientos abandonados entre los siglos VIII y IX, ni en las ciudades habitadas hasta hoy, y que se constate la continuidad de hábitats y modos de vida durante el primer siglo y medio de dominio musulmán son pruebas harto significativas del alto grado de fabulación que se introdujo en algunas crónicas, aludiendo a una conquista y una destrucción violentísimas, y que los documentalistas apenas han cuestionado; espero que hasta hoy.

En los últimos veinte años, aunque buena parte de la historiografía del medievalismo español lo sigue ignorando, los avances en la arqueología de los siglos VII y VIII han sido extraordinarios, así como las técnicas de análisis en la secuencia de ocupación de los yacimientos y modos de poblamiento desde fines del Imperio romano hasta el siglo XI[80].

Ha quedado claro de manera constatada que se produjo un abandono generalizado de las villas entre fines del siglo IV y comienzos del VI, que algunas ciudades romanas se revitalizaron parcialmente en el siglo VII para volverse a despoblar durante el siglo IX[81], que no hubo despoblamiento del valle del Duero en el siglo VIII[82], que la romanización e incluso la cristianización de Vasconia eran más intensas de lo que se creía, que, por el contrario, hubo serias dificultades para cristianizar Cantabria[83], que Alfonso II creó en el siglo IX un conjunto palaciego en la colina de Oviedo, ya ocupada por una comunidad eclesiástica desde mediados del siglo VIII, que la aristocracia astur construyó un tipo de arquitectura que indica el mantenimiento de un estatus nobiliario desde la Antigüedad tardía[84], que existía en Asturias una aristocracia previa a los monarcas astures, o que algunas iglesias fechadas en época visigoda, como Santa María de Melque o Tábanoz, se levantaron durante el siglo VIII[85].

Especialmente significativas han sido las excavaciones sistemáticas llevadas a cabo en el yacimiento del Tolmo de Minateda, en Hellín, en la ciudad de Recópolis, en Zorita de los Canes, en el yacimiento de Guarrazar en Guadamur o en el poblado del Bobalar, cerca de Lérida.

A pesar de las dificultades inherentes a la arqueología altomedieval en España, como son la escasez de niveles arqueológicos fiables en Asturias, la indefinición de algunos materiales o los problemas de datación, la perspectiva del siglo VIII ha cambiado por completo, y conforme van avanzando las excavaciones y los análisis de materiales se comienza a dibujar un panorama esclarecedor[86].

4

La invasión de Hispania por los musulmanes

4.1. Los precedentes de la invasión

El avance territorial del islam fue rápido en el tiempo y colosal en la extensión. Napoleón Bonaparte exageró al escribir que «el islam conquista la mitad del globo en diez años, mientras el cristianismo necesitó trescientos años», pero es cierto que entre el 634 y el 645 la mitad oriental y meridional del Imperio bizantino y el Imperio persa cayeron del lado musulmán, y que apenas cien años después de la muerte del Profeta los caballos de sus seguidores cabalgaban por las verdes llanuras del Loira, en el centro de Francia.

Buena parte del éxito de la expansión del islam se debió a la debilidad de los países conquistados. Los musulmanes apenas tuvieron problemas para incorporar a sus dominios las provincias monofisitas bizantinas, y pese a los intentos reiterados nada pudieron hacer para conquistar el resto de Bizancio, que resistió hasta 1453; pero les costó medio siglo someter a las rebeldes tribus bereberes norteafricanas, pese a que constituían unos grupos diversos y a veces incluso enfrentados entre sí; y, en cambio, en cuatro años sometieron al reino de los visigodos, que se había mantenido durante dos siglos y medio como la potencia dominante en casi toda la península ibérica.

La fulgurante y asombrosa expansión del islam, protagonizada por un pueblo no muy numeroso y absolutamente desvertebrado hasta el primer tercio del siglo VII de comerciantes de las ciudades caravaneras de los oasis, agricultores de los fértiles valles del Yemen y beduinos nómadas de los desiertos de Arabia, sigue despertando la atención, el análisis y cierto asombro de los historiadores.

Iniciado tras la muerte de Mahoma en el año 632, el avance de las tribus y clanes árabes fuera de Arabia fue rapidísimo, y ello a pesar de los enfrentamientos, las fracturas, las disputas políticas, las pugnas por el poder, los asesinatos de tres de los cuatro primeros califas y las guerras civiles dentro del propio islam, como ocurrió durante un siglo, desde los conflictos entre jariyíes, chiítas y sunitas entre los años 656 y 661 hasta el golpe de Estado que derribó a los omeyas en el 750.

Nadie podía imaginar que un pueblo dividido en diversos clanes y tribus, enfrentado en conflictos clánicos seculares y al margen de la historia universal hasta el primer tercio del siglo VII fuera capaz de derrotar a los Imperios bizantino y persa, conquistar la mitad de Bizancio y la totalidad de Persia en apenas un tercio de siglo, apoderarse de ciudades tan populosas como Damasco o Alejandría, fundar otras tan importantes como Kufa y El Cairo y presentarse noventa años después de la muerte de Mahoma en el centro de la actual Francia, habiendo conquistado unos quince millones de kilómetros cuadrados, treinta veces la superficie de España.

Las razones de semejante éxito radicaron en la fuerza y el impulso del primitivo islam y, sobre todo, en el desgaste secular de bizantinos y persas, que llevaban varios siglos destrozándose mutuamente en eternos enfrentamientos fronterizos.

A comienzos del siglo VII Bizancio y el Imperio sasánida libraron una cruentísima guerra, otra más, que comenzó en el año 602, y que en la primera década de esa centuria supuso la derrota griega, pero que acabó con el contraataque y la victoria bizantina en la batalla de Nínive en el 627. Durante el primer cuarto de este siglo, las dos grandes potencias, que pugnaban entre ellas desde la llegada de los romanos a Oriente Medio cinco siglos atrás, se desangraron en una violenta contienda saldada con el triunfo de Bizancio, pero a costa de un desgaste enorme.

El Imperio bizantino había realizado un esfuerzo hercúleo desde mediados del siglo VI, para equipar a su ejército e intentar recuperar parte del desaparecido Imperio romano de Occidente, del que lograron ocupar buena parte de Italia, las costas de las actuales Túnez y Argelia, algunas ciudades del norte del actual Marruecos y una estrecha franja costera en Hispania, desde Alicante hasta Cádiz, además de las islas Baleares. Los problemas en oriente, con la guerra contra los persas sasánidas en plena efervescencia, provocaron que los bizantinos abandonaran la provincia a la que llamaron Spania.

Tras unificar la península arábiga durante los mandatos de Mahoma y Abu Bakr, los árabes se lanzaron en el 634 a la conquista de las provincias meridionales del Imperio bizantino; entre los años 636 y 645, Siria y Egipto pasaron a formar parte del nuevo Imperio islámico, que en el 661, ya con la dinastía omeya al frente del nuevo califato de Damasco, continuaron avanzando por Libia y Túnez, de donde expulsaron a los bizantinos. La fundación de la ciudad de Cairuán en el 670 supuso un símbolo de la expansión y de los deseos de los musulmanes de llevar sus conquistas hasta el más lejano rincón de la tierra, siguiendo así la idea de Mahoma de extender el islam a todo el mundo.

Es cierto que buena parte del éxito de la expansión islámica se debió a la debilidad política y a los conflictos internos y externos que se encontraron en los países conquistados, pero hubo un factor ideológico que influyó, y mucho. El islam apenas tuvo problemas serios para incorporar a sus dominios las provincias bizantinas de obediencia religiosa monofisita, como eran Siria y Egipto, pero, pese a los intentos reiterados durante varias décadas, nada pudo hacer para conquistar el resto de Bizancio; además, tardó varias décadas de cruentas guerras en someter a las rebeldes tribus bereberes norteafricanas, pese a que constituían unos grupos diversos y a veces incluso enfrentados entre sí.

El avance por el territorio occidental del norte de África se hizo muy difícil debido a la férrea resistencia que ofrecieron esas tribus bereberes, los amazigh, que aguantaron durante toda una generación el empuje del islam. La defensa de su tierra fue de tal calibre que se forjó una leyenda en la que se contaba que los bereberes eran descendientes de un pueblo originario de Palestina, que había emigrado al norte de África cuando su caudillo Goliat fue abatido y muerto por el joven David, que luego sería rey de los judíos, y una vez asentados allí se habían dispersado en varias tribus.

El califa omeya Abd al-Malik concedió el mando del ejército de África a Hassan ibn al-Numan en el 73 de la hégira, año 692-693, con la orden de poner fin a la resistencia bereber. Parece legendario el episodio en el que una mujer llamada Kahina, obviamente dotada de una gran belleza, lo derrotó. En cualquier caso, Hassan se rehízo y tras duras batallas logró varias victorias y un gran botín, entre el cual se encontraban doscientas esclavas bereberes también muy hermosas, que envió a su califa a Damasco como parte del trofeo de guerra, según Ibn al-Hakam.

La fundación de Cairuán en el 670, la conquista de Cartago en el 698 y la sumisión de los últimos reductos bizantinos supuso el dominio islámico de casi todo el norte de África. Bizancio perdía su puerto más estratégico en el centro del Mediterráneo y se veía abocado a dejar en manos de los musulmanes toda la región. Es probable que para entonces el ejército omeya, que se había apoderado de las naves bizantinas fondeadas en los puertos del Líbano y de Egipto y había construido sus nuevas naves siguiendo esos modelos, ya hubiera realizado algunas incursiones en la costa mediterránea de Hispania en tiempos del rey visigodo Wamba, allá por el año 680, quizá en forma de piratería o de expediciones de observación previas a una futura conquista, aunque en las crónicas visigodas no existe ninguna mención directa al islam[1].

Tras la conquista de Cartago, el califa Abd al-Malik volvió a retomar la toma de Constantinopla y acabó con la mitad norte del Imperio bizantino. Es probable que en el nuevo plan, y ante los reiterados fracasos de conquistar Constantinopla desde el mar, pretendiera atrapar a la capital bizantina con una especie de tenaza, desde el este y el oeste. Así, planeaba llegar a Constantinopla siguiendo la ruta terrestre desde Europa occidental, para cogerla en medio de una pinza, aunque en algunas fuentes se insinúa la posibilidad de ocupar Hispania una vez conquistada esa ciudad, siguiendo la ruta que marcaron los godos en los siglos IV y V.

Con la costa norteafricana en su poder, con las rutas hacia el desierto del Sáhara aseguradas tras la fundación de Cairuán y con la mayor parte de las tribus bereberes sometidas, los árabes fueron capaces de construir en el año 703 un gran astillero en el puerto de la nueva ciudad de Túnez, erigida junto a las ruinas de Cartago, y armar una flota para proseguir sus conquistas hacia el occidente mediterráneo.

La pérdida de Cartago fue un enorme contratiempo para Bizancio que, además, hacía casi un siglo que había sido desalojado de Hispania por los visigodos, perdiendo con ello el puerto de Cartagena, su segunda gran base naval en el Mediterráneo occidental. Conscientes del peligro que se les venía encima, los bizantinos enviaron una flota para intentar recuperar Cartagena o bien buscando refugio tras la toma de Cartago por el islam, en una fecha imprecisa entre el año 698 y el 705[2], pero sin Cartago, sus bases navales quedaban ya muy lejos y fracasaron en su empeño.

Con la flota bizantina ausente del Mediterráneo occidental desde comienzos del siglo VIII, los árabes no tenían enfrente ninguna potencia naval capaz de frenar su expansión hasta llegar al estrecho de Gibraltar.

El 9 de octubre del 705 falleció el califa omeya Abd al-Malik ibn Marwan, al que sucedió su hijo Al-Walid, que culminó la conquista del norte de África. Para llevar a cabo sus planes, nombró, o tal vez ratificó un nombramiento anterior, a Musa ibn Nusayr como gobernador de la provincia de Ifriquiya en el 88 de la hégira, quizá a finales del 706 o comienzos del 707[3].

Con las naves construidas pocos años antes y las capturadas a los bizantinos, los musulmanes realizaron una incursión en las islas Baleares en el año 98 de la hégira, en primavera del 708[4]. Desde Cartago, Musa organizó las nuevas campañas de conquista y envió a sus hijos a combatir a los bereberes que todavía resistían en algunos puntos del norte de Argelia y de Marruecos.

En los años siguientes a la retirada bizantina, el ejército omeya, reforzado con nuevos contingentes llegados de Siria y de Persia, donde la población se estaba convirtiendo en masa al islam pese a no ser de raza árabe, el ejército dirigido por Musa ibn Nusayr llegó a la costa atlántica norteafricana.

Las dos ciudades más importantes de la zona, Tánger y Ceuta, fueron conquistadas en los años 708 y 709[5], acabando así con la ocupación de todo el norte de África. Con el Atlántico al oeste y la cordillera del Atlas y el desierto del Sáhara al sur, el siguiente objetivo de los musulmanes en su plan de conquista del mundo eran las tierras que se alzaban en el lado norte del Estrecho, una lengua marina de sólo 14 kilómetros que permitía ver con claridad una orilla desde la otra.

Ceuta era la puerta de salida del Mediterráneo al Atlántico, de modo que su dominio resultaba fundamental para el control del paso de África a Europa.

A mediados del 709 todo el norte de África estaba ya bajo control musulmán. Ceuta fue la última ciudad en caer. Las defensas de Ceuta y su posición en una península con un angosto istmo de apenas cien metros de anchura hacían de esta ciudad una plaza con formidables fortificaciones, puerto seguro y de dificilísima conquista. En el año 708 y de nuevo en el 709 los musulmanes ya habían tratado de ganarla sin éxito[6], de modo que el gobernador Musa buscó otra forma de someterla.

En ese año 709 es probable que fuera gobernador o conde de Ceuta un cristiano llamado Julián, o Urbano, sobre cuya filiación existen serias dudas. En algunos textos se considera un gobernador bizantino que al abandonar Bizancio esta zona se pasó al islam en el 698, tras la caída de Cartago[7]. Unas fuentes colocan a Julián-Urbano casado con una mujer noble de estirpe goda, de la facción que apoyaba al rey Égica, importante señora de la región entre Cádiz y Algeciras[8]; otras lo consideran un importante comerciante con base en Tánger; e incluso de origen persa o armenio[9].

Julián y Urbano son nombres latinos. Algunas fuentes lo califican con el título de conde, el de más alto rango de la nobleza visigoda, y le suponen un espatario afecto al rey godo Vitiza, pero también como un gobernador nombrado, o al menos confirmado, por el propio rey Rodrigo[10].

En la biografía y en los hechos protagonizados por Julián-Urbano se mezclan tal cantidad de asuntos legendarios y literarios que es imposible dirimir la verdadera filiación de este individuo.

En la leyenda, recopilada entre otros por Ibn Abd al-Hakam, se relata que en tiempos de los godos era costumbre que los nobles del reino enviaran a sus hijos e hijas a educarse a la corte palatina de Toledo, no tanto para recibir determinadas enseñanzas sino para convertirse en rehenes del monarca correspondiente, y así asegurarse la fidelidad de los padres. El rey, al mantener bajo su custodia a los hijos de los principales y más poderosos miembros de la nobleza, se garantizaba la fidelidad de los nobles, que además se reservaba el derecho a casar a sus hijos con quien más conviniera a sus intereses y alianzas.

El relato legendario continúa señalando que el conde Julián-Urbano, gobernador de Ceuta, envió a su hija llamada Florinda —el nombre de por sí ya tiene connotaciones literarias— para que se educara en Toledo en la corte del rey Rodrigo, y que éste, al contemplar la hermosura de la joven, se quedó prendado de ella, la violó y la dejó embarazada. El padre, informado de la villanía cometida por su rey, montó en cólera, y el cronista pone estas palabras en sus labios: «Por la religión del Mesías, que tengo la intención de quebrantar su reino y de abrir un abismo bajo sus pies», mascullando así su venganza por el deshonor que le había causado Rodrigo. El drama literario estaba servido.

Con la excusa de que su esposa estaba muy enferma y quería ver a su hija por última vez antes de morir, Julián-Urbano se presentó en Toledo ante Rodrigo. El rey le dijo que le enviara algunos halcones, a lo que el gobernador de Ceuta le respondió con una frase en forma de juego de palabras que no dejan de ser un presagio de lo que se le avecinaba: «Por la fe del Mesías, ¡oh rey!, que si vivo he de traerte unos halcones como jamás los hayas visto». Julián regresó a Ceuta y decidió llamar al general musulmán Tariq para culminar su venganza, según relata el *Ajbar Majmua*.

Julián, o Urbano, no encontró mejor modo de vengarse de la afrenta a su honor que enviar unos emisarios a presencia del gobernador musulmán Musa ibn Nusayr, para ofrecerle su sumisión al califa de Damasco y su ayuda para conquistar el reino de los visigodos. Como gobernador de Ceuta, y quizá también de Algeciras, tenía en sus manos el control del paso del Estrecho, y se ha supuesto que incitó a Musa a la conquista de Hispania[11].

Según el cronista anónimo del *Aljbar Majmua*, estos acontecimientos habrían tenido lugar a finales del año 90 de la hégira, que corresponde desde finales del mes de octubre a los primeros días de noviembre del año 709. Es obvio que el autor de este relato no tenía muy clara la cronología, en esas fechas Rodrigo todavía no era rey en Toledo, pues seguía siendo Vitiza.

Este relato añade que, una vez admitida su embajada, Julián acudió a entrevistarse en persona con Musa, al que le ofreció la entrega de las ciudades que gobernaba, acordando un pacto que se estimaba muy beneficioso para ambas partes, entre las cuales también se encontraban los aliados de Julián, que no se citan expresamente pero que se supone que eran los miembros del bando vitiziano. Rezan algunas crónicas que Julián-Urbano le hizo a Musa una detallada descripción de Hispania y lo animó a conquistarla. Esto ocurría a fines del año 90 de la hégira, noviembre del 709.

Fuera cierta o no la violación de su hija por Rodrigo, o por Vitiza, que todo sigue siendo muy confuso, y su correspondiente ira como padre afrentado, Urbano decidió vengarse y animó a los musulmanes a la conquista de España, según el *Ajbar Majmua* y *Al-Qalqasandi*; regresó a Ceuta y decidió llamar a Tariq, el lugarteniente de Musa, para culminar su venganza, pero éste no se fio y le pidió rehenes. Urbano le envió entonces a dos de sus hijas. Tariq fue a Ceuta a entrevistarse con él, y allí ambos acordaron la invasión de al-Andalus.

Algunas crónicas árabes, como la de Ibn Abd al-Hakam, presentan a Tariq en Ceuta adulando a Urbano, que a su vez habría reconocido como soberano legítimo a Rodrigo; más confusión y más noticias contradictorias no caben.

En la primavera del año 710 Rodrigo había sido proclamado rey de los visigodos por una facción de nobles contrarios a que alguno de los hijos de Vitiza heredara el trono.

Según una tradición asumida como cierta por algunos historiadores, Urbano había sido el exarca o gobernador bizantino de Ceuta, pero según otra, era el gobernador bizantino de Ceuta al servicio del nuevo rey Rodrigo.

En cualquier caso, fuera Urbano un bizantino que había quedado aislado ante la conquista islámica o el gobernador godo de Algeciras y Ceuta o, incluso, un bereber al servicio de los vitizianos, como también se ha supuesto[12], tenía en sus manos la llave del control del Estrecho.

Desde luego, todo este episodio es un artificioso relato cargado de recursos literarios, aunque la mayoría de las crónicas lo recogen como verídico.

Con la conquista de Tánger, que Ibn al-Hakam atribuye a Marwan, uno de los hijos de Tariq, y la entrega de Ceuta a Musa por Julián, el Estrecho quedaba abierto a una incursión de los musulmanes, que ya en la primavera del 710 controlaban toda su orilla meridional.

Mediada esa misma primavera, y aprovechando los meses de confusión tras la muerte de Vitiza y la pugna por el poder desencadenada por los distintos grupos nobiliarios visigodos, los musulmanes prepararon una primera travesía del Estrecho, aunque hay autores que aseguran que ya había habido algunas algaradas protagonizadas por avanzadillas musulmanas en territorio peninsular, en concreto en la zona de la bahía de Algeciras, en el otoño del 709, quizá comandadas por un tal Abu

Zara, al que algunas fuentes atribuyen una incursión al mando de unos mil hombres[13].

Desde luego, antes del año 709 la geografía del occidente mediterráneo parece que era poco conocida para los árabes, que no tenían más remedio que recurrir a la *Geografía* de Ptolomeo y a los textos de Isidoro de Sevilla. Si hacemos caso a sus crónicas, no tenían una idea demasiado concreta de la Península; hasta entonces habían identificado al territorio del reino visigodo con el de una isla llamada al-Andalus. El desconocimiento geográfico del occidente mediterráneo era tal en Damasco que cuando Musa escribió al califa pidiéndole permiso para inspeccionar la península ibérica, éste le dijo que no expusiera a los musulmanes «a un mar de embravecidas olas»[14], por lo que Musa volvió a escribirle para explicarle que no era un mar sino un estrecho tan angosto que desde una orilla se veía claramente la otra. Este relato parece pura ficción, pues la angostura del estrecho de Gibraltar se conocía en oriente desde las expediciones de los fenicios a comienzos del primer milenio a. C.

Según algunas crónicas, obviamente interesadas, los árabes no estaban entusiasmados con lo que se habían ido encontrando por el norte de África: tierras poco fértiles y áridas, con excepción de algunas fincas en el norte de Túnez, hostilidad de los bereberes, que aunque se convirtieron al poco de su derrota al islam mantenían una clara enemistad con los conquistadores árabes, y pocas riquezas.

Sin embargo, y según esas mismas crónicas, todo cambió al descubrir Hispania. Todas las noticias coincidían en que en aquella tierra que se vislumbraba desde el lado meridional del Estrecho, y que eran claramente visibles desde los promontorios de los alrededores de Ceuta y de Tánger, guardaba riquezas extraordinarias.

Desde luego, antes de la llegada de los musulmanes, la península ibérica no configuraba una unidad bajo el reino visigodo, aunque sí es cierto que desde el reinado de Leovigildo, en la segunda mitad del siglo VI, se habían dado pasos muy importantes hacia la unificación, como la conquista del reino suevo o la recuperación de la provincia bizantina de Spania.

Aquel año de 710 las cosas cambiaron sustancialmente. Ese mismo verano, en el mes de julio, que ese año coincidía con el mes islámico de ramadán del año 91 de la hégira, un comandante militar musulmán llamado Tarif, que en alguna ocasión se ha confundido con Tariq[15], tal vez el primer gobernador de Tánger y de probable origen bereber, incluso se ha supuesto que era un moro islamizado cliente de Musa que había apoyado la proclamación de Rodrigo, comandó una expedición a la Península al mando de varios centenares de hombres. Este comandante militar, de orígenes desconocidos, encabezó un contingente que algunas crónicas cifran entre los 300 y los 3.000 soldados, aunque las más aceptadas señalan que estaba integrado por 100 caballeros y 400 peones[16], que hicieron la travesía del mar en 4 barcos desde Ceuta a la isla de al-Andalus, hoy unida al continente, en la localidad que desde entonces se llamará precisamente Tarifa, por Tarif.

Se trataba de una especie de fuerza expedicionaria enviada para recoger información y datos de cara a una posterior invasión; poca improvisación, por tanto.

Tarif Abu Sura recorrió la comarca desde Tarifa a Yazirat, la actual Algeciras[17], llamada en época romana Iulia Traducta.

Obtuvo un buen botín, «como jamás se había visto», apresó a muchos cautivos y recabó la información que buscaba, regresando al lado sur del Estrecho, para informar al gobernador Musa ibn Nusayr y al califa Al-Walid de cuanto había observado. El desembarco de Tarif, cuya historicidad está generalmente aceptada aunque algún historiador la califica de «supuesta», no se cita en las primeras crónicas árabes sobre la invasión de Hispania escritas en Egipto a partir de mediados del siglo IX, pero sí en las andalusíes del siglo X[18]; más confusión, si cabe.

Según algunos autores, como Gloria Lora[19], Tarif fracasó en su campaña militar de comienzos del verano del 710, tras ser derrotado por Rodrigo, que entonces todavía era duque visigodo de la Bética, aunque algunos documentos ya lo colocan como rey en julio del 710, y tuvo que retirarse a África en el mes de ramadán del año 91 de la hégira, julio del 710, de ahí que cayera en desgracia, lo que explicaría el que desaparezca drásticamente desde entonces.

La expedición de Tarif fue suficiente para que los musulmanes comprobaran, probablemente ya lo sabían por las informaciones proporcionadas por Julián-Urbano, que el reino de los visigodos estaba dividido en al menos dos facciones nobiliarias, que venían pugnando por el poder desde la muerte de Égica. Su hijo Vitiza había logrado sucederlo, pero a su muerte, sus enemigos se habían negado a reconocer como rey a uno de sus hijos, quizá menor de edad.

Algunas crónicas señalan que «el pueblo», sin más detalle, rechazó a los hijos de Vitiza, y una parte de la nobleza proclamó rey a Rodrigo, «que no era de estirpe real sino caudillo y caballero».

Así, a comienzos del verano del 710 había tres monarcas

que se consideraban reyes de los visigodos: aquel tal Suniefredo, autoproclamado en Toledo, demasiado efímero pero que aún tuvo tiempo para acuñar moneda con su nombre, Pelayo, proclamado rey en la Bética por el sector de la nobleza contrario a Vitiza, y el vitiziano Agila, que dominaba la zona nororiental, desde Zaragoza a Narbona.

Con el reino visigodo dividido y tras los informes recibidos de Tarif, el gobernador Musa ibn Nusayr, sin duda con el beneplácito del califa de Damasco, se dispuso a preparar la conquista de la península ibérica, un paso más en el dominio del mundo que había ordenado Mahoma, para que todos los hombres quedaran sometidos a la voluntad de Dios, al islam.

A fines del verano del 710 Musa nombró gobernador de la importante plaza de Tánger a Tariq ibn Amr[20], fiel siervo suyo, en sustitución de Tarif, al parecer caído en desgracia. Las fuentes otorgan a Tariq ibn Ziryad distintos orígenes; en unas es un bereber cautivo que se ha convertido al islam y ha sido liberado por el propio gobernador Musa, en otras es un persa de la ciudad de Hamadán que había llegado al norte de África con los conquistadores árabes e incluso un árabe miembro de la tribu de Sadif.

Desde luego, la confianza de Musa en Tariq fue plena en un primer momento, pues lo puso al mando del ejército que se preparó durante todo el invierno para la invasión de Hispania, integrado por un contingente que las fuentes cifran en 12.000 hombres, nada menos, en su práctica totalidad soldados bereberes; esta cifra parece exagerada.

La logística que era necesaria para mantener a un ejército de ese porte, al que habría que añadir los familiares de los soldados y otras gentes que siempre pululaban alrededor de un ejército tan numeroso, sería impresionante: caballos, carretas, acémilas, comida para hombres y bestias, armamento y demás impedimenta requerían de una ajustada preparación.

Los árabes tenían sobrada experiencia en la organización de este tipo de campañas militares, pues lo venían haciendo, casi siempre con éxito y de manera ininterrumpida, desde hacía noventa años.

En este caso se añadía una seria dificultad: la travesía del Estrecho. Los árabes habían fallado en sus intentos de conquistar Constantinopla, pues sabían que no acabarían con el Imperio bizantino si antes no tomaban su fabulosa capital. No obstante, las expediciones por el Egeo hasta Constantinopla y, en especial, el asedio total a que la sometieron entre los años 674 a 678, aunque saldado con un fracaso, les había dado mucha experiencia y, además, disponían de la flota construida en Cartago a comienzos del siglo VIII. Algunas fuentes aluden a que fue el gobernador de Ceuta quien proporcionó a los árabes los barcos necesarios, aunque tal vez no les hicieran falta. En todo caso, dado lo tardío, inconsecuente, parcial, manipulado y confuso de las fuentes escritas conservadas, los historiadores se han referido a estos acontecimientos con expresiones difusas, como «probablemente, quizá, es probable, pudo suceder, hay que imaginar, hay que pensar...».

Lo que está claro es que los conquistadores árabes conocían perfectamente las rutas a seguir y sabían muy bien cómo llevar a cabo la invasión de la Península, que entre los años 709 y 711 se produjo un cambio radical en los patrones de asentamiento a ambos lados del Estrecho con la fundación o fortificación de Tarifa y la remodelación de Ceuta[21] y que los invasores bereberes se comunicaban mejor en latín que en árabe, como indican los feluses bilingües, probablemente acuñados en Tánger, o quizá en el 710 con la inscripción «Sueldo acuñado en Hispania, año 91»[22].

Tariq pasó a Hispania con 7.000 musulmanes, la mayor parte bereberes y libertos, pues apenas había árabes entre aquéllos, en el año 92 de la hégira, del 29 de octubre del 710 al 18 de octubre del 711, a bordo de los cuatro barcos, los únicos que poseían. Fueron y vinieron con las tropas de la infantería y la caballería, que se concentraron en un monte muy destacado, ubicado a orillas del mar, hasta que estuvo completo todo el ejército.

4.2. El año decisivo: 711

La expedición del año 710, se produjera como señalan las fuentes o en cualquier otra forma, fue suficiente como para que los árabes se dieran cuenta de la división que existía en la sociedad visigoda y del enfrentamiento entre las diversas familias nobiliarias.

Los musulmanes se encontraron en la Península con los visigodos divididos en tres facciones: la de Rodrigo, la de Agila II y la de Suniefredo[23], con un reino en profunda crisis política y con varias zonas de la periferia, sobre todo en las montañas del norte, en secular pugna contra el Estado visigodo. Una vez más, como les ocurriera en las campañas de Siria y Egipto contra los bizantinos y en la de Irak y Persia contra los sasánidas, el viento del destino soplaba a su favor.

Todas las fuentes coinciden, con pequeñas variantes de tiempo y forma, que en la primavera del 711 se produjo un segundo desembarco en el sur de la Península, en la bahía de Algeciras. La expedición del año anterior había sido de tanteo, quizá para comprobar sobre el terreno las informaciones que Julián-Urbano les había transmitido en Ceuta, pero ésta ya era una campaña organizada para la conquista del reino visigodo.

Desde luego, tras ocho décadas de expansión militar y millones de kilómetros cuadrados conquistados, los árabes estaban perfectamente preparados y tenían experiencia sobrada para organizar y armar un ejército con la envergadura suficiente como para planificar semejante despliegue de tropas y plantear la conquista de un nuevo reino que añadir a su ya extensísimo Imperio; no en vano Ibn Jaldún hablaba en el siglo XIV de «huracán islámico»[24].

Contaban además, y eran conscientes de ello, con dos factores que sumaban en su favor: de un lado la división interna del reino visigodo en dos grandes grupos de nobles, y quizá alguna facción más, que hacía un tercio de siglo que pugnaban entre sí por hacerse con el trono de Toledo, y la existencia de focos de rebeldía hispana en las montañas del norte peninsular, y de otro la incorporación al ejército islámico de las belicosas tribus bereberes, que, tras décadas de guerras y una vez derrotadas, se habían convertido mayoritariamente al islam y habían asumido muy deprisa los postulados religiosos y el espíritu expansionista islámicos, aunque quizá no todos, pues Collins asegura que no eran musulmanes todos los bereberes que participaron en el asedio de Mérida[25].

El paso del Estrecho no es demasiado complicado, sobre todo en los meses de primavera y verano, pero para que se produzca con éxito y sin peligro de naufragio es necesario conocer las corrientes, los vientos dominantes y las condiciones de navegación para trazar la ruta que lleve a puerto seguro.

El hecho de que en el 710 desembarcaran en Tarifa y al año siguiente lo hicieran en Gibraltar, en la bahía de Algeciras, indica que conocían bien la ruta a seguir, primero para una incursión de mera inspección y después para un asentamiento definitivo.

La mayoría de las fuentes árabes, como el *Ajbar Majmua*, señalan que los primeros contingentes cruzaron el estrecho de Gibraltar a finales de abril del 711; algunas incluso precisan que fue el jueves 5 del mes de *rajab*, el 27 de abril, y que fue la noche de esa jornada cuando Tariq, el general que mandaba las tropas expedicionarias, puso sus pies en el peñón de Gibraltar, que desde entonces y según la tradición se llamó así en su honor: *yabal Tariq*, «el monte de Tariq» en árabe. Esta primera oleada estaba integrada por 7.000 hombres, que desplegaron la bandera blanca de los califas omeyas[26]. El cronista Ibn Qutiyya retrasa el desembarco al mes de ramadán, fines de junio del 711[27], quizá en referencia a la segunda oleada, que se cifra en 5.000 hombres más, que llegó dos meses más tarde tras solicitar Tariq ayuda y refuerzos a su jefe directo, el gobernador Musa.

La fecha de finales de abril parece la más probable para el paso del primer contingente de 7.000 hombres, si bien hay que tomar todas estas cifras con muchísimos reparos; basta calcular el campamento que haría falta para ubicar a esos miles de soldados, que con los 5.000 del segundo grupo llegarían a 12.000, cifra que considero exagerada, aunque no hay forma de averiguar cuántos fueron en realidad.

La cifra es considerable, y si se toma al pie de la letra, habría supuesto la puesta en marcha de un operativo enorme. Las mismas fuentes precisan que la travesía se hizo en los cuatro barcos que el conde Julián-Urbano tenía en Ceuta y que puso a disposición de los conquistadores; eran los mismos cuatro que se habían utilizado en el paso del año 710. Los barcos para transporte de tropas en el siglo VIII en el Mediterráneo eran del tipo de los dromones bizantinos, una especie de galera de entre 30 y 50 metros de eslora por entre 5 y 7 de manga, de vela triangular latina y remos, capaces de embarcar a unos 150 hombres, incluida la tripulación.

En el mejor de los casos, incluyendo caballos —aunque las crónicas se refieren a que la mayoría del ejército musulmán estaba compuesto por infantes—, acémilas, provisiones e impedimenta, cada uno de estos barcos no sería capaz de transportar en cada trayecto más allá de un centenar de soldados, quizá algunos menos. Cuatro naves de esas características necesitarían hacer no menos de entre treinta y cuarenta viajes de ida y vuelta cada una de ellas, de manera que en dos meses sí se podrían haber transportado esos 12.000 que indican las fuentes.

En mi opinión, y puesto que todos los soldados de este ejército eran bereberes, y tal y como se sucedieron los hechos, Tariq era un norteafricano, bien un aristócrata heredero de viejos linajes romanos que perduraban en esa zona tras la caída del Imperio romano[28] o bien un caudillo bereber de familia conversa. Ibn Talib significa «el hijo del estudiante», quizá en referencia a una conversión al islam de su padre. Tariq era además un «liberto», un esclavo capturado en las guerras de conquista de los árabes contra los bereberes, del gobernador Musa.

Durante dos meses del 711, desde fines de abril a finales de junio, el ejército expedicionario bereber tuvo tiempo para establecer un campamento fortificado al pie del peñón de Gibraltar y recorrer la comarca de la bahía de Algeciras en busca de botín y de más información.

En esos meses, el reino de los visigodos ya estaba dividido en dos: Rodrigo gobernaba desde Toledo las tierras de la antigua provincia de la Hispania Ulterior, desde las sierras celtibéricas hasta el Atlántico, con las ciudades de Sevilla, Córdoba, Mérida, Málaga, Lisboa y la propia Toledo como centros destacados; en tanto su rival Agila II, que también se había proclamado rey, controlaba la Hispania Citerior y la Galia visigoda, con Zaragoza, Valencia, Barcelona y Narbona como enclaves más notables.

En la primavera, como casi todos los años, el ejército real visigodo se concentraba en Toledo y salía en campaña militar con la misión de sofocar revueltas de tribus, clanes y señores rebeldes que no querían pagar los tributos que les demandaba el Estado.

Aquella primavera del 711, en su primer año de mandato, el rey Rodrigo había salido en campaña militar hacia las tierras de Vasconia, por la región de Pamplona, cuyos habitantes eran considerados «enemigos natos» por los visigodos (Díaz y Díaz, 1988, 447). Parece obvio que en esos momentos era desconocedor de la expedición que estaba atravesando el Estrecho; quizá a la vez que el monarca visigodo salía con su ejército hacia el norte, Tariq cruzaba desde África a Hispania.

Las noticias de la invasión llegaron a Rodrigo con cierta rapidez, pues desde la Antigüedad está constatada en la península ibérica la existencia de una red de atalayas ubicadas en puntos estratégicos elevados, mediante las cuales, y a partir de un sistema de señales de fuego y de humo, podía transmitirse un mensaje de punta a punta de Hispania en poco tiempo.

Dadas las fechas en las que transcurren los acontecimientos, es probable que Rodrigo se enterara del desembarco de Tariq a mediados de mayo, como tarde, que abandonara Vasconia, diera media vuelta y se dirigiera hacia el sur, recabando cuanta ayuda pudiera sumar, tanto de los nobles partidarios de su reino como de la facción que había apoyado a los partidarios de Vitiza. No hay que descartar que los vitizianos le tendieran una trampa.

Obviamente, Tariq también recibió información de los movimientos de Rodrigo, y de ahí que demandara más tropas a Musa, que le envió el contingente de 5.000 soldados bereberes —o los que fueran— que señalan las crónicas, hasta completar el número de 12.000, según el *Ajbar Majmua*.

En cualquier caso, y fuera como fuera que se enterara, Rodrigo reaccionó deprisa, abandonó la campaña contra los vascones y se dirigió con sus tropas hacia el sur, a la vez que demandaba ayuda a los vitizianos. Una versión presenta a los hijos de Vitiza (Alamundo, Rómulo y Artubas) yendo a Córdoba donde los esperaba Rodrigo para partir juntos a la batalla[29].

Un ejército avanzaba en ese tiempo a una media de treinta kilómetros diarios, por lo que, teniendo en cuenta otras circunstancias, quizá acudir a Toledo para concentrar allí a todas las tropas posibles, el de Rodrigo necesitó más de un mes para recorrer los mil kilómetros que separan Pamplona de Algeciras y acudir al encuentro con los invasores.

Los tres meses que discurrieron entre el primer desembarco y la batalla decisiva sirvieron a los musulmanes para organizarse y prepararse convenientemente para el combate, esperando bien pertrechados a que llegara el ejército real visigodo.

Rodrigo apareció al frente de sus tropas cerca de Algeciras a mediados del mes de julio, siguiendo alguna de las viejas calzadas romanas entre Pamplona, Toledo, Mérida y Sevilla, que todavía estaban en uso a comienzos del siglo VIII, como han demostrado recientes estudios arqueológicos.

Los dos ejércitos se encontraron en un lugar del sur de la actual provincia de Cádiz, cuya ubicación exacta sigue siendo objeto de controversia, pero que todavía no está localizado[30].

Tradicionalmente se ha ubicado en el río Guadalete, debido a una deficiente identificación del topónimo *wadi lakka*, «el río del lago», que se cita en algunas crónicas árabes, y así pasó a las traducciones de los cronistas de la época de Alfonso X el Sabio en la segunda mitad del siglo XIII. Claudio Sánchez-Albornoz identificó este topónimo, por mera paronimia, con el río Guadalete, y de este modo se incorporó a la historiografía española[31]. El Guadalete nace en la sierra de Grazalema y discurre durante 157 kilómetros hasta su estuario en El Puerto de Santa María, frente a la ciudad de Cádiz. En mi opinión, está demasiado lejos, a unos dos días de camino en su curso medio, de la bahía de Algeciras como para que allí se librara la batalla.

Se han barajado varias ubicaciones, todas ellas dentro de un radio de unos 50 kilómetros desde la bahía de Algeciras: el río Barbate, de tan sólo 80 kilómetros de longitud y a un día de distancia de Gibraltar[32]; la laguna de la Janda[33], en su día alimentada por el río Barbate y actualmente seca; Medina Sidonia, la Asido Cesarina romana[34]; los *Transductine Promon-*

torios, es decir, las montañas transductinas[35]; el río Guadarranque, *wadi* al-Rinq o «río de Rodrigo», cerca de Gibraltar[36]; el río *Umm Hakim* en Sidonia; el arroyo Laca, una laguna en la campiña en Jerez[37]; cerca de la localidad de Laca[38]; o el río Guadarranque[39].

Incluso se ha supuesto que el desembarco de los bereberes no fue en el sur peninsular, sino en la mismísima bahía de Cartagena, y la batalla posterior con los visigodos en el *wadi lakka* se habría librado a orillas del *wadi Lantin*, el río Sangonera, afluente del Segura en la región de Murcia[40]; esta ubicación quizá se deba a que se ha confundido el topónimo Qaratayana, una alquería cerca de Córdoba que ocupó Tariq[41], con Cartagena, debido a su similitud fonética.

En mi opinión, el lugar más probable donde se pudo librar la batalla definitiva fue en algún lugar propicio al pie de los montes que rodean por el norte y el oeste la bahía de Algeciras, tal cual ha investigado recientemente José Soto Chica[42]. Esas elevaciones son conocidas como las montañas transductinas, por la cercanía de la ciudad romana de *Iulia Traducta*, actual Algeciras, el lugar donde la ubica la *Crónica mozárabe del 754*, la fuente cronológicamente más cercana a la fecha de la batalla.

Un reciente análisis de las fuentes escritas, unido a un estudio detallado del terreno y de la geoestrategia de la región que ha investigado Soto Chica, parecen indicar que la batalla se produjo entre la laguna de la Janda y Tarifa, muy cerca de donde siglos más tarde tuvo lugar la batalla del Salado, en la que Alfonso XI de Castilla y León venció a los benimerines, repitiendo en 1340 lo ocurrido en el 711, pero con resultado bien distinto.

Pese a ser una de las batallas más decisivas de la historia de Europa, apenas hay datos de su desarrollo. Las crónicas son muy tardías, y en los relatos que en ellas se contienen se mezclan de tal manera las tradiciones orales y la propaganda política con los aspectos legendarios y literarios que el decurso del tiempo apenas permite hacerse una idea del desarrollo del combate[43].

Algunas investigaciones proponen que pudo haber dos batallas en el 711: la primera cerca de la localidad de Carteya, en la misma bahía de Algeciras, donde habrían combatido los 7.000 hombres llegados en la primera oleada en abril, que habrían resultado vencedores y habrían ocupado Algeciras y Gibraltar[44], o bien una en los montes transductinos el domingo 19 de julio[45], y otra varios días después en la laguna de la Janda.

Oros autores, de manera minoritaria, sitúan la fecha de la batalla en los mismos montes transductinos, a orillas del arroyo Guadilaca o Guadibeca, pero entre el 19 de junio y el 6 de julio[46].

Ahmed Tahiri, que califica a Rodrigo como «usurpador» y de no ser de estirpe regia, también acepta la existencia de dos batallas, pero prácticamente seguidas, una en Barbate el domingo 19 de julio y otra en Guadalete el domingo 26 de julio[47]; en tanto Eduardo Manzano, en sintonía con la mayor parte de los historiadores, asegura que hubo una sola batalla en julio[48].

En cualquier caso, la batalla decisiva a la que se refieren todas las fuentes tuvo lugar a finales de julio en el *wadi lakka*, seguramente al pie de las montañas transductinas y cerca ya de la costa. En algunas crónicas se precisa que no duró un solo día, como solía ser lo habitual en los combates entre dos ejércitos en campo abierto, sino que se extendió durante tres jornadas[49] y en el *Ajbar Majmua* se extiende hasta ocho días, desde el 28 de ramadán, del año 92 de la hégira, el 19 de julio del 711, hasta inicios de *sawwal*, el 26 de julio, de domingo a domingo[50], quizá un recurso literario para dar mayor dramatismo y relevancia a la pelea, en un paraje llamado *al-buhayra*, es decir, «la albufera», que podría identificarse con una zona antaño pantanosa en la costa a un par de kilómetros al norte de Tarifa, donde desembocan varios riachuelos, entre ellos el río Salado.

Sobre el número de contingentes que integraban los dos bandos se dan diversas cifras en las crónicas, todas exageradas, sobre todo las que ofrecen los cronistas árabes sobre el número de tropas visigodas. Lo más probable es que los dos bandos estuvieran equilibrados en cuanto a efectivos, porque ambos se prepararon para la batalla en campo abierto, lo que es un síntoma de que existía un cierto equilibrio de fuerzas.

Los combatientes en julio del 711 debieron de ser dos ejércitos parejos en número de soldados, acostumbrados a la guerra y a las campañas militares, fueran los árabes en el norte de África o los visigodos en las montañas del norte de Hispania.

Según algunas crónicas árabes, Rodrigo se presentó al combate al frente de entre 70.000 y 600.000 hombres, en ambos casos una cifra notablemente aumentada[51]. Esas mismas crónicas dicen que Tariq lo esperaba con los 12.000 soldados desembarcados entre abril y junio. Semejante desproporción de fuerzas no tiene otro sentido que magnificar por parte de los cronistas árabes el triunfo de los musulmanes ante un enemigo notablemente superior en número; por supuesto que cualquiera de estos números es ficticio; nada nuevo en esto.

Los historiadores contemporáneos han tratado de aplicar criterios lógicos y razonables para establecer un número aproximado y verosímil de combatientes, que se han cifrado entre 7.000 y 8.000 para los visigodos[52] y de 6.000 a 7.000 para los musulmanes[53]. Aunque, creo que de manera acertada, algunos han estimado que la batalla del 711 no debió de ser de gran envergadura, que «las fuerzas de Tariq eran poco numerosas y que Rodrigo no llevaba muchas tropas»[54].

Del desarrollo del combate se conoce muy poco, en la línea de oscurantismo y confusión que lo rodea. No hubo ningún cronista que fuera testigo presencial de la batalla y la contara, de manera que todos los relatos, muy escasos, parciales e interesados, se construyeron a posteriori, y en el caso de las crónicas árabes siglo y medio después.

Eduardo Manzano ha intentado reconstruir el desarrollo de la batalla sólo con las fuentes escritas disponibles[55], pero sin atender a las técnicas de la arqueología espacial; la de campo es por el momento inexistente, en espera de lo que lleve adelante el equipo de Soto Chica. Reuniendo las escasas noticias al respecto, los cronistas presentan al ejército visigodo en una formación clásica, desplegado en tres cuerpos, con el rey Rodrigo ocupando el centro, mientras el ala derecha la mandaba Sisberto y la izquierda Opas, ambos identificados como hijos de Vitiza; en otra de las versiones, los hijos de Vitiza se llaman Alamundo, Rómulo y Artubas, y habían acudido a Córdoba para encontrarse allí con Rodrigo en su viaje desde Pamplona para acudir juntos a la batalla. En el camino hacia Algeciras, los hijos de Vitiza envían espías a Tariq y le piden la paz y las posesiones de su padre a cambio de la traición. El ejército bereber dirigido por Tariq tenía la gran desventaja de carecer de caballería, lo que me parece harto difícil de creer; además se dice que «la caballería musulmana» estaba dirigida en la batalla por Muguit al-Rumi, un cristiano bizantino capturado en Siria que servía a los árabes[56].

Cuando comenzó la batalla, el ala de caballería al mando de uno de los hijos de Vitiza, que según algunas versiones dirigía Agila, otro de los candidatos a ser hijo de Vitiza, se abrió a un lado, traicionando a Rodrigo[57]. El cronista Ibn Qutiyya y la *Crónica mozárabe del 754*, una fuente arabomusulmana y otra latinocristiana[58] coinciden al revelar que el grupo de traidores estaba encabezado por los partidarios de los hijos de Vitiza, que habían pactado con Tariq la paz y la traición a Rodrigo en el combate a cambio de recibir sus posesiones[59].

Las circunstancias de la traición, tal cual se han contado, son bastante rocambolescas. Los partidarios de los hijos de Vitiza, desencantados con la proclamación de Rodrigo como rey, habrían llamado a los musulmanes para que les ayudaran a derrocar al «tirano y usurpador», al cual no consideran con legitimidad para ostentar el trono.

Rodrigo, a pesar de estar enemistado con los hijos de Vitiza, les habría pedido ayuda al enterarse del desembarco de Tariq en Gibraltar[60]. El maquiavélico plan de los vitizianos habría funcionado y Rodrigo habría caído en la trampa. En medio del fragor del combate, todavía por decidir de qué lado se decantaba la victoria, los vitizianos, cumpliendo el acuerdo secreto firmado con Tariq, habrían vuelto sus armas contra los partidarios de Rodrigo, se habrían pasado al bando musulmán y habrían inclinado el resultado de la batalla a favor de los invasores. Es extraño que ambos príncipes, desplazados del trono por Rodrigo un año antes, estuvieran a sus órdenes y más todavía que el rey se fiara de ellos; y además, debían de ser menores de edad.

El combate se saldó con una aplastante victoria de los bereberes, ayudados quizá por esa facción de los visigodos contraria a Rodrigo, que se mudó de bando sobre el mismo campo de batalla. Nada se sabe de lo que ocurrió con los vencidos, porque no hay nombres ni de nobles ni de obispos que se puedan cotejar antes y después del envite. Lo único cierto es que el rey Rodrigo desapareció para siempre, leyendas aparte, del escenario político. Ibn Qutiyya señala que su cadáver cayó al *wadi lakka* y se perdieron sus restos, e Ibn A-Kardabus añade que «se ahogó en una charca».

Tiempo después algunos romances fabularon que Rodrigo no había muerto en la batalla, sino que había logrado salvarse y vagó desalentado por sus tierras hasta que murió y fue enterrado en la ciudad portuguesa de Viseu; en su sepulcro se colocó una placa que rezaba *Hic requiescite Rudericus rex gothorum*, «Aquí descansa Rodrigo, rey de los godos»; otra leyenda ubica la tumba de Rodrigo en la ermita de Santa María de España, en la localidad onubense de Sotiel Coronada[61].

Es asombroso que nadie reconociera el cadáver del rey tras la batalla, lo que implica suponer que no tenía ningún elemento significativo o diferencial en su equipamiento militar o en su vestimenta y abalorio, aunque el *Ajbar Majmua* relata que Rodrigo «desapareció» y los musulmanes sólo encontraron «su caballo blanco, con su silla de oro engastada con rubíes y esmeraldas y un manto tejido con hilo de oro y engarzado con perlas y rubíes». El caballo se había atascado en un barrizal y el rey cristiano se había atorado con él al intentar sacar el pie clavado en el lodo. Desaparecido el cadáver de Rodrigo, a nadie le interesó recuperarlo, quizá para evitar que se convirtiera en una especie de reliquia y su tumba en un lugar de peregrinación, como ha ocurrido tantas veces a lo largo de la historia con derrotados ilustres en el campo de batalla.

Del resto de caídos en el combate, sólo la arqueología dará respuesta conveniente si en algún momento se consigue encontrar el lugar de la batalla y los enterramientos de los muertos; entre tanto, todo se limita a especulaciones más o menos razonadas.

La crónica árabe *Ajbar Majmua* narra así lo sucedido en la batalla: «Rodrigo se presentó al frente de lo más granado de la nobleza de Hispania y de los hijos de sus reyes, los cuales, al contemplar el número y disposición de los musulmanes, celebraron una reunión secreta en la que algunos dijeron: "Este hijo de la mala mujer se ha apoderado de nuestro reino sin pertenecer a la estirpe real, siendo además inferior a nosotros. Esas gentes no pretenden quedarse en nuestra tierra; lo único que desean es apoderarse de algo de botín y, una vez conseguido, se marcharán y nos dejarán en paz. Cuando llegue el momento del combate, emprenderemos la huida, y así el hijo de la mala mujer será derrotado". De esta manera lo acordaron».

La *Crónica mozárabe del 754* es mucho más escueta: «En esa época, año 749 de la era [año 711], cuarto de su ascenso al gobierno y quinto desde que Al-Walid asumiera el cetro califal, Rodrigo ganó el trono mediante una revuelta que respondía a una petición del Senado. Reinó durante un año y logró reunir a un gran número de tropas para luchar contra los árabes y los moros dirigidos por Musa, por Tariq ibn Ziryad el Conquistador y por otros caudillos. Hacía ya algún tiempo que todos estos hacían incursiones en las provincias que estaban atacando, y habían provocado la destrucción de numerosas ciudades. Rodrigo se puso en marcha hacia las montañas transductinas con la intención de enfrentarse a los invasores; pero encontró la muerte en el transcurso de la batalla, en la desbandada del ejército godo, que había seguido a Rodrigo movido por la ambición y el engaño».

Acabada la batalla al pie de los montes transductinos, en *wadi lakka*, el reino de los visigodos estaba liquidado, aunque los partidarios del linaje de Vitiza, quizá confiando en el posible pacto firmado con los conquistadores, procuraron mantener el título real en aquellas zonas donde ejercían influencia.

A partir del mes de agosto del año 711 dos historias parecen discurrir en paralelo: de una parte la de los invasores musulmanes, que son conscientes de que han venido a ocupar Hispania, hacerse con el reino de los visigodos y continuar el mandato de Mahoma de llevar el mensaje del islam hasta el último rincón de la tierra, y de otro el de los dirigentes visigodos de la facción vitiziana, que probablemente creyeron que los musulmanes se retirarían al norte de África una vez liquidado el rey Rodrigo y sus seguidores.

La facción visigoda superviviente al desastre de la batalla se enrocó en sus ideas preconcebidas. El usurpador Suniefredo se había desvanecido, pero el noble Agila, fuera o no uno de los hijos de Vitiza, se ratificó como rey y se estableció como soberano en la zona nororiental de la Península y suroeste de Francia, como había hecho meses antes incluso de la llegada de los musulmanes, en clara disputa del trono con Rodrigo, y con él estaban sus hermanos o parientes Olmundo y Ardabastro[62].

Algunas fuentes señalan que, al conocer la derrota de Rodrigo, Agila se presentó en Toledo, con la intención de hacerse con todo el reino, y allí permaneció los últimos meses del 711 y los primeros del 712, hasta que comprobó que los musulmanes habían llegado para quedarse.

Entre tanto, el principal culpable de la traición, el conde Julián-Urbano, desapareció de las fuentes. Ninguna lo sitúa en el lugar de la batalla de julio del 711, de modo que debió de quedarse en Algeciras en espera de acontecimientos, o tal vez en Ceuta protegiendo el paso del Estrecho.

La batalla de *wadi lakka* se convirtió con el tiempo en una de las más decisivas e importantes de la historia de España. En verdad lo fue, porque el resultado de la misma provocó la estrepitosa caída del reino visigodo de Toledo y supuso un giro fundamental en el devenir de la península ibérica. Las crónicas hablan de la batalla como una gran derrota para los visigodos, por eso extraña mucho que no haya quedado en la zona un vestigio claro del lugar preciso de su ubicación, que las fuentes sean tan tardías y tan confusas y que se desconozca casi todo sobre lo ocurrido aquel o aquellos días de julio del año 711[63]; aunque lo más probable es que la derrota de Rodrigo haya sido magnificada por toda la historiografía posterior[64].

¿Cómo pudo sucumbir de una forma tan estrepitosa y en tan poco tiempo un Estado bicentenario como el de los visigodos? Esta pregunta se viene haciendo desde hace siglos.

La explicación mesiánica de las gentes de aquella época fue que los visigodos perecieron por sus pecados[65]. Tradicionalmente se ha aducido que el triunfo de los árabes se debió a la debilidad de los visigodos, que lo que se produjo en el 711 fue un golpe de gracia a un reino ya desmoralizado y en vías de desintegración[66] y que la fácil entrada de los musulmanes sólo puede entenderse por la debilidad interna del Estado visigodo[67]. La facción fiel a Vitiza no se resignó a perder el poder y a dejarlo en manos del bando que encumbró a Rodrigo, y designó como rey a Agila II, además de ayudar a los musulmanes en la conquista.

Esta tesis tradicional se ha cuestionado recientemente, para concluir que la caída de Rodrigo no se debió a una crisis interna, sino a «un fallo de estrategia»[68], y que, además, buena parte de la Iglesia había abandonado o estaba en conflicto con el rey Rodrigo[69], un motivo más para la desestabilización del reino. «Guadalete fue fruto de la guerra civil entre los nobles partidarios de elegir al hijo de Vitiza y los de Rodrigo, *dux* de la Bética. Vencieron los primeros con el apoyo de unos varios miles de bereberes. El vacío de poder fue aprovechado por Musa para ocupar Toledo ante la indiferencia del pueblo diezmado por las hambrunas... Más que de una conquista se trató de una ocupación del vacío de poder creado por la caída de la monarquía visigoda»[70].

La explicación tradicional sobre la llegada de los musulmanes en el 711 es demasiado simple, y es preciso señalar que los cambios políticos fueron más rápidos que los socioeconómicos, que tardaron en producirse[71]. La conquista del 711 constituyó el origen de un nuevo espacio llamado al-Andalus, generado a partir de un proceso de arabización y de un cambio político que implantó una nueva sociedad basada en «premisas ideológicas, religiosas, culturales y lingüísticas»[72].

Se ha dicho que el reino de Toledo estaba en crisis, «cada vez más fuerte en el 711»[73] y que el triunfo de los árabes se debió menos a su propia fuerza que a la debilidad de los visigodos, que en el 711 recibieron un golpe de gracia para un reino desmoralizado y en vías de desintegración[74]; pero también se ha dicho que hay que revisar la teoría tradicional de la debilidad del Estado visigodo y que la caída de Rodrigo no fue por la crisis sino por «un fallo de estrategia»[75].

Débil o fuerte, el reino de Toledo disponía de un conjunto de fortificaciones amplio y variado, pero que se demostró absolutamente inoperante e ineficaz ante la invasión musulmana[76].

5

La conquista de Hispania: 712-719

No era la primera vez en la historia de la humanidad en que se arruinaba un reino o un imperio por una sola batalla. A los mismos visigodos ya les había ocurrido en el año 507, cuando perdieron todo su reino de Tolosa en el sur de la Galia, salvo la franja costera del golfo de León, la antigua Septimania romana, tras ser derrotados en Vouillé por los francos.

Con la derrota del 711, el derrumbe visigodo fue total, hasta tal punto que desapareció el reino de Toledo, aunque algunos visigodos mantuvieron un reino propio en la zona nororiental de la Península y en el suroeste de Francia, en las tierras que no habían reconocido a Rodrigo, unos años más.

Ni siquiera la pérdida de la mayor parte de los dominios de los visigodos acabó con sus reyertas internas. La muerte de Rodrigo fue vista por los pretendientes al trono de Toledo como una oportunidad para hacerse con él. El propio Agila se dirigió a esa ciudad para ocupar el vacío de poder, y allí permaneció varios meses a fines del 711 y comienzos del 712. Opas, presunto hijo de Égica y hermano de Vitiza, o quizá hijo suyo[1], y también aspirante al trono, aparece en alguna crónica refugiado en Toledo, en donde debió de autoproclamarse, o lo proclamaron los nobles vitizianos, obispo a mediados del 712, tras la huida a Roma de su titular Sinderedo, que había sido elevado a obispo por Rodrigo a mediados del 710[2].

Agila II, otro de los presuntos hijos de Vitiza y tal vez *dux* de la Tarraconense[3], siguió gobernando los territorios del noreste peninsular, ahora como soberano, como venía haciendo desde unos meses antes del desembarco de los musulmanes en Gibraltar, sin que, en principio, temiera por la llegada del ejército bereber de Tariq, lo que refrendaría las noticias de que el bando de Agila, contrario a Rodrigo, había cerrado con los musulmanes un tratado político y militar.

Los personajes que aspiraban a quedarse con el reino de Rodrigo tras su muerte calcularon mal, o al menos así se deduce de las fuentes que tratan los acontecimientos que median desde fines de julio del 711 a fines de primavera del 712. Una vez asentados en Hispania, los musulmanes no demostraron la menor intención de retirarse de la Península; más bien parecía que estaban dispuestos a quedarse con todo; y así fue.

Agila II, que según Ubieto fue proclamado rey en el campo de batalla tras la muerte de Rodrigo[4], reinó más de tres años en la Hispania Citerior, al menos nominalmente en las actuales regiones de Aragón y Cataluña, y con notable influencia en la zona de Levante. Desde mediados del 710 hasta principios del 714 acuñó moneda con su nombre en las ciudades de Zaragoza, Narbona, Gerona y Tarragona[5]; en esos años hay documentada una sola expedición de los conquistadores a los dominios de Agila, bien una acción aislada y fuera de contexto de Tariq a Tarragona[6], que, además, parece una interpolación, una mala interpretación del copista o un error en la fecha, de manera que parece que sí hubo un acuerdo entre musulmanes y vitizianos y que, en líneas generales, se respetó hasta comienzos del 714.

Sostiene Ubieto que Agila II y sus hermanos se trasladaron a Damasco en el año 714 y que allí vendieron sus derechos a la corona visigoda al califa Al-Walid I[7].

En el 714, un oscuro personaje llamado Ardo o Ardón, quizá el Ardabasto de otras crónicas, heredó o se proclamó heredero del trono del reino visigodo de Agila II, desaparecido en ese mismo año[8]. Ardo mantuvo cierto poder, al menos nominal y simbólico, hasta desaparecer en el año 720, tras quizá enfrentarse a los árabes[9] cuando estos ya habían atravesado los Pirineos y estaban comenzando la conquista del sur de la actual Francia.

Es sintomático que ni la *Crónica mozárabe del 754* ni las crónicas escritas en el siglo IX mencionen a Agila II ni a Ardo. Estos dos reyes visigodos apenas aparecen en las varias versiones manuscritas del *Laterculus regnus visigothorum*, que algunos autores llaman *Chronica regum visigothorum*, como en la copia realizada en el siglo XII denominada *Continuatio codicis C Paricis 4667*, donde al que se ignora es a Rodrigo y se dice que a Vitiza lo sucedió Agila II, que reinó tres años, y luego Ardo, que reinó siete años más.

La cuestión de los hijos de Vitiza es confusa y controvertida, sobre todo el caso de Opas, que ocupó un papel protagonista en el legendario episodio de Covadonga, como obispo de Toledo; se puso del lado de los musulmanes y murió en Galicia[10], aunque también es citado como hijo de Égica y hermano de Vitiza, al que condena a muerte Musa[11], e incluso está documentado otro Opas que en el XIII Concilio de Toledo del 683 aparece como obispo de Tuy[12], que dadas las fechas no parecen el mismo.

Todas estas noticias ratifican que el Estado de los visigodos estaba completamente desestabilizado desde finales del 709 o comienzos del 710 al menos, y sumido en una guerra civil con varios aspirantes a hacerse con el reino tras la sombría muerte de Vitiza, con enfrentamientos entre Rodrigo, Agila II y otros pretendientes como Opas[13].

Tras la gran victoria en la batalla de julio del 711, los musulmanes no se retiraron de vuelta a África, como los enemigos de Rodrigo debieron de suponer que harían una vez derrotado y muerto el rey, pues para esa misión los habían llamado «los hijos de Vitiza»[14].

La especulación es lo único que se puede aportar sobre las motivaciones de los actores del drama que se desarrolló tras la batalla. La mayor parte de las crónicas deja claro que las intenciones de Tariq eran ocupar el reino de Toledo, bien fuera porque ya estaba planeado antes del desembarco o bien porque este general percibió que la desarticulación del reino visigodo era de tal calibre que no tendría demasiados problemas en hacerse con él, más aún con el ejército real aplastado, con la mitad de la nobleza de su parte, la otra mitad sumida en disputas y querellas irresolubles, los judíos completamente favorables a la llegada del islam y la inmensa mayoría de la población totalmente indiferente y desafecta al destino de los soberanos visigodos.

Librada con gran éxito la batalla de julio del 711 y con las rutas a seguir perfectamente estudiadas, los invasores bereberes se dirigieron hacia el norte divididos en tres columnas: la primera, con Tariq y el estratega Mugit al-Rumi al frente, se encaminó hacia Córdoba, que junto con Sevilla era la ciudad más poblada e importante de todo el sur peninsular, y donde radicaba la mayor parte de la nobleza de la región; la segunda partió hacia Málaga, quizá por la costa; y la tercera lo hizo hacia Elvira, la antigua ciudad romana cercana a la actual Granada[15].

Las facilidades con las que los bereberes se encontraron en las ciudades que ocuparon en los últimos meses del año 711 debieron de sorprenderlos sobremanera. Las fuentes escritas, salvo la exagerada y tendenciosa *Crónica del 754*, apenas dan noticias de enfrentamientos con la población autóctona y la arqueología no ha encontrado en la zona un solo nivel de destrucción o de violencia datado en las primeras décadas del siglo VIII.

En las crónicas se documenta un combate cerca de Écija, que se ha supuesto que fue un enfrentamiento entre los que quedaron vivos de los fieles a Rodrigo en la batalla de julio, alcanzados por los bereberes cuando los godos sobrevivientes huyeron del desastre, y que allí mismo se firmó un tratado de paz que implicó el pago del tributo de la *chizia*. El *Ajbar Majmua* narra así este episodio de Écija: «Tariq avanzó de inmediato hacia el desfiladero de Algeciras y después hasta la ciudad de Écija. Allí, sus habitantes, acompañados de los fugitivos del gran ejército, le salieron al encuentro y se libró un tenaz combate en el que muchos musulmanes resultaron muertos y heridos; pero Dios les otorgó su ayuda y los politeístas fueron derrotados sin que los musulmanes volviesen a encontrar tan fuerte resistencia. Tariq acampó junto a una fuente que se encuentra a cuatro millas de Écija, a orillas de su río, y que tomó por ello el nombre de fuente de Tariq».

Las crónicas relatan un extraño episodio de resistencia en Córdoba. Cuentan que los musulmanes llegaron a las puertas de esta ciudad y se posicionaron ante sus murallas, ya que los cordobeses se negaron a entregarse. Las poderosas murallas eran tan imponentes que los bereberes carecían de sistemas de ataque capaces de rendirlas. En esa disyuntiva estaban los sitiadores cuando apareció un pastor que les indicó que en una zona del muro había una hendidura que estaba oculta por una higuera. Aquella misma noche el general Mugit escaló la muralla por esa hendidura, utilizando para ello su turbante desplegado a modo de escala y facilitó la entrada a sus compañeros. Una vez en el interior de la ciudad, los musulmanes cometieron un acto abominable. Varios cristianos se habían refugiado en una de las iglesias, y mantenían como rehén a un musulmán de raza negra llamado Rabah, al cual habían capturado en la reyerta. Los cordobeses estaban sorprendidos por el color de la piel de Rabah, pues nunca habían visto a un hombre de estas características. Creyendo que se trataba de un tinte, intentaron borrar su color lavándolo con agua y frotándole la piel. El musulmán logró escapar aprovechando un descuido de sus captores y entonces los musulmanes prendieron fuego a la iglesia y quemaron vivos a todos los cristianos que estaban dentro. El cronista Al-Razi recoge este episodio añadiendo que eran 400 los cristianos refugiados en la iglesia y que Mugit ordenó que les cortaran la cabeza. En una versión fueron quemados y en otra decapitados; en algunas otras, los cristianos se refugian en la iglesia, pero tras pactar con los musulmanes, salen de ella de manera pacífica y sin sufrir ninguna represalia[16].

Estas dos peculiares historias se repiten en otros lugares,

tanto la entrada de noche en la ciudad aprovechando el chivatazo de un espía como el incendio de un templo para ejecutar a todos los que están dentro y se resisten a entregarse.

En éste, como en muchos de los relatos de la conquista de Hispania escritos en el oriente islámico dos y tres siglos después de los hechos, hay un marcado componente literario. Lo que hicieron algunos cronistas, a falta de datos de primera mano, fue copiar y adaptar antiguos relatos que se contaban sobre la conquista de Siria en tiempos del califa Umar, vencedor de los bizantinos en Yarmuk en el 636 y de los persas en Nehavend en el 642, confundiendo así, y sin duda a propósito, hechos reales sobre los que apenas había noticias con leyendas y relatos literarios fabricados en Damasco, Alejandría o Bagdad[17], influencia de la rica cuentística oriental que se compiló en Bagdad a comienzos del siglo IX en colecciones literarias como *Las mil y una noches*. De hecho, el episodio de la conquista de Córdoba se relata igual que la conquista de Damasco casi un siglo antes[18].

Se desconocen las órdenes que tenía Tariq una vez que se librara la batalla contra Rodrigo, pero da la impresión de que, visto el resultado y el posterior enfado de Musa, decidió obrar por su cuenta. Los bereberes estaban sometidos a los árabes desde hacía dos décadas, de manera que su actuación en la Península era meramente de cuerpo de choque militar. No podían aspirar a hacerse con el reino visigodo, pero sí podían conseguir un importante botín, que fue su gran objetivo y quizá la razón primera de la ira del gobernador Musa ibn Nusayr hacia su subordinado[19]. Consciente de su error y con el fin de apaciguarlo, Tariq envió a Musa parte del botín logrado en los primeros meses de la invasión, pero siguió adelante con la ocupación del territorio que hasta julio del 711 había gobernado Rodrigo.

Varias fuentes coinciden en señalar que Tariq realizó en el año 93 de la hégira, del 19 de octubre del 711 al 7 de octubre del 712, una incursión hasta las ciudades de Amaya en Vasconia y de Astorga en Galaecia, donde encontró «alhajas y riquezas», ciudades a las que habría sometido a la fuerza antes de volver a Toledo[20].

Si esta expedición de Tariq tan al norte fue cierta, tuvo que ser una campaña relámpago, aunque quizá esa fecha esté equivocada en las crónicas, y se refiera a otra campaña que se realizó en el verano del 712, ya con Musa en la Península. Una transmisión tan tardía de las fuentes puede caer en este tipo de errores, tan frecuentes por otra parte.

En cualquier caso, a finales del 711, y con ni siquiera medio año de presencia islámica en Hispania, los musulmanes ya dominaban toda la actual Andalucía. En estas primeras conquistas hay algunas noticias tremendamente contradictorias según qué crónicas las relaten, desde episodios de conquista con violencia extrema, destrucción de edificios, quema de campos, huida de la población y asesinatos masivos, como se cita que ocurrió en Sidonia (donde se incendian los campos y se pasa a cuchillo a la población), en Rayya-Málaga (donde los habitantes huyen a refugiarse en los montes ante la llegada de los musulmanes), o en Córdoba (donde se sitúa el terrible relato del asesinato de los refugiados en la iglesia), a otras crónicas que refieren que el avance musulmán se produjo de forma pacífica, que no hubo violencia y que la población aceptó a los nuevos señores entre la indiferencia y el alivio, sobre todo por parte de la minoría judía, que entendió la llegada del islam como una liberación tras décadas de haber sido duramente perseguidos y reprimidos por los visigodos. Desde luego, y la arqueología no miente, las excavaciones realizadas en los cascos históricos de estas ciudades siguen sin constatar la presencia de un estrato de destrucción en torno al 711, sino que presentan una continuidad en la vida cotidiana. Los arqueólogos han demostrado que «el 711 no significa demasiado en la cultura material»[21], como queda de manifiesto en la continuidad del hábitat y usos cotidianos que se han detectado en las excavaciones del yacimiento de la Cabilda, en la Comunidad de Madrid, estudiados por Miguel Ángel López Marcos.

Tariq tomó decisiones por su cuenta y es probable, como señalan algunas fuentes, que tras someter Córdoba se dirigiera a Toledo[22], donde esperaba conseguir el mejor botín, al ser la sede real y principal centro religioso del Estado. La capital de los visigodos era la ciudad más rica y poblada de todo el reino. Allí radicaban las iglesias y los monasterios más opulentos y el tesoro real, que según la leyenda era fabuloso, pues guardaba las riquezas que el rey Alarico se había llevado de la ciudad de Roma tras saquearla en agosto del 410, que los visigodos habían trasladado a Toulouse y luego a Toledo. Los conquistadores musulmanes trataban de cumplir el mandato de Mahoma de llevar el mensaje del islam a todos los rincones del mundo, pero durante la expansión militar el objetivo fundamental era la obtención de tierras y de botín, cuyas cuatro quintas partes correspondía a los conquistadores y un quinto al tesoro del Estado califal omeya.

Algunas fuentes señalan que Tariq llegó a Toledo en noviembre del 711, acompañado por el general Mugit al-Rumi, y que ambos pasaron allí el invierno. Aconsejado por colaboradores hispanos, sin duda, la ruta seguida era la más adecuada para un primer control del territorio conquistado: de Carteia y Algeciras a Écija, Córdoba y Toledo[23]. Por eso, en un plan tan detallado y preciso, no creo que se atrevieran a acudir hasta el norte dejando atrás vastas regiones sin dominar.

La ciudad de Toledo había sido abandonada por los nobles afectos a Rodrigo, entre ellos el obispo Sinderedo, que buscó refugio en Roma. Alguna crónica añade que la capital se despobló por completo, lo que no se ha constatado arqueológicamente, y que los judíos colaboraron de manera entusiasta con los conquistadores, pero también que capituló sin resistencia[24]. Las altas dignidades eclesiásticas y los nobles se llevaron de la capital cuantas riquezas pudieron, aunque quizá las prisas les obligaron a ocultar parte de estos tesoros.

Los nobles contrarios a la invasión y los altos eclesiásticos debieron de recoger todas las riquezas que pudieron y marcharse con ellas; aunque en algunos casos o no les dio tiempo o pensaron ocultarlas para volver a por ellas una vez pasado el peligro. Los hallazgos de extraordinarios tesoros de época visigoda han sido identificados por los arqueólogos como ocultaciones ante la inminente llegada de los conquistadores musulmanes. Son fabulosos los tesoros de Guarrazar, en la localidad de Guadamur, a 11 kilómetros de Toledo, y de Torredonjimeno, a 17 kilómetros de Jaén[25].

Las excavaciones realizadas en Guarrazar en 2013 y 2014 no han dejado claro si la ocultación del tesoro responde a la inmediatez de la invasión islámica o a las revueltas sociales de época tardovisigoda. En ese lugar se ha descubierto un gran complejo de más de mil metros cuadrados, la tumba del presbítero Crispinus del año 693, una basílica, un posible hospital para peregrinos, un monasterio y un recinto palaciego de planta rectangular, lo que ha llevado a los arqueólogos a pensar que se trata de una residencia veraniega de los reyes de Toledo junto a un posible manantial sagrado, en cuyo caso, las joyas no provendrían de Toledo. El tejado de este edificio colapsó y se derrumbó, pero no fue destruido de manera intencionada ni expoliado. Se han encontrado los restos de las últimas comidas, cerrojos y una cruz. El tesoro estaba escondido en dos nichos junto al camino de Toledo[26]. En mi opinión, y a la vista de estos datos, la ocultación del tesoro se produjo antes de la invasión islámica del 711, probablemente con motivo de las convulsiones sociales y políticas que anunciaban el estallido de la guerra civil que se presagiaba a la muerte de Vitiza.

Las noticias que llegaban al gobernador Musa ibn Nusayr desde la Península no debieron de agradarle; quizá Tariq tomó decisiones por su cuenta que no estaban previstas, y ni siquiera las riquezas que le envió lograron apaciguar a su superior.

Desconfiado, Musa organizó un poderoso ejército que el *Ajbar Majmua* cifra en 18.000 hombres —me siguen pareciendo cifras exageradas—, en el que todos eran árabes[27], y, además, la mayoría eran jinetes. Esta diferencia entre el ejército bereber y el árabe es significativa. Las crónicas destacan que los árabes iban a caballo, en tanto los bereberes marchaban a pie, un elemento más de la diferenciación de la categoría social de ambos colectivos.

Este ejército árabe cruzó el Estrecho y desembarcó en la Península entre finales de junio y comienzos de julio del 712. Desde la base de operaciones establecida en la bahía de Algeciras, Musa se dirigió directamente a Sidonia y Sevilla[28]. De nuevo surgen enormes contradicciones entre las crónicas; en unas, Sevilla capituló sin combatir, y se impuso la paz mediante un acuerdo; en otras se cuenta que, pese a que Musa anunció que no venía a destruir Sevilla, se produjo una revuelta de la población cristiana, que mató a treinta musulmanes, y sus compañeros, como represalia, llevaron a cabo «una gran matanza» entre los sevillanos[29].

Igual que Tariq en el 711, Musa conocía perfectamente qué hacer y qué plan seguir. Tras someter a Sevilla, que «quedó bajo la custodia de los judíos», se dirigió hacia el norte, sin duda por la Vía de la Plata, hasta Mérida, uno de los centros visigodos importantes. El camino hasta esa ciudad fue rápido y triunfal; las crónicas señalan que no hubo resistencia hasta llegar a Mérida.

Una vez ante los muros emeritenses, los árabes se encontraron con que la ciudad, así lo relatan las fuentes, no capituló, y se aprestó para la defensa. La antigua colonia estaba protegida por fuertes murallas desde época romana, y contaba además con dos fosos naturales, el río Guadiana y el arroyo Albarregas. Debió de librarse un combate a las puertas de la ciudad y los defensores se encastillaron en la alcazaba donde resistieron por algún tiempo, hasta varios meses según algunos textos. En el asedio, los musulmanes realizaron una zapa en un torreón de la muralla, que se derrumbó matando a varios de los zapadores[30]. Al final, la ciudad cayó el día de *alfitra*, la pascua del final de ramadán del año 93, que corresponde al 14 de julio del 712[31]. Es verosímil que parte de la nobleza visigoda derrotada en julio del 711 se refugiara en Mérida, y de ahí la resistencia, quién sabe.

En este episodio surgen de nuevo contradicciones entre las diversas crónicas, y, en ocasiones, dentro de una misma fuente. En algunos casos no concuerdan las fechas de desembarco con las de las campañas en Sevilla y en Mérida. Lo verosímil es que Musa se dirigiera desde la bahía de Algeciras a Sevilla y luego a Mérida, y que la resistencia, si la hubo, fuera mínima. El episodio de la toma de Mérida, tal y como se narra en algunos textos, parece copiado de fuentes antiguas, como muchos otros relatos de la conquista de Hispania. En alguna crónica se detalla que los musulmanes usaron máquinas de asedio para tomar esta ciudad, lo que es improbable, pues no hay constancia de que el ejército musulmán llevara consigo este tipo de artefactos para atacar fortalezas. Más bien suena a una interpolación de un cronista del siglo XI, cuando comenzaron a utilizarse con frecuencia las máquinas de asedio.

Mediado el verano del 712 dos ejércitos musulmanes estaban desplegados en el territorio del reino que había sido de Rodrigo. El mandado por Tariq se había dividido en tres cuerpos, que habían controlado toda la actual Andalucía central y oriental, y las tierras de la Mancha hasta el Guadiana, en tanto el de Musa se había dirigido directamente a Sevilla, y una vez controlada esta ciudad, a Mérida.

Recientes excavaciones arqueológicas han descubierto lo que se ha llamado «un corredor defensivo» de unos 200 metros de longitud en una zona de las murallas de Mérida, que se ha atribuido al asedio de Musa a comienzos del 713[32]. Varias casas anexas a la muralla se abandonaron para crear ese espacio defensivo, pero ninguna vivienda sufrió un incendio o una destrucción intencionada. Mérida sostuvo varios asedios y ataques en época emiral, en los siglos VIII y IX, cuando la aristocracia de la ciudad se rebeló contra el poder de los emires omeyas cordobeses, de manera que esas obras bien pudieran corresponder a esos episodios más tardíos.

No se constata ninguna destrucción violenta en la ciudad de Mérida en torno a los años 712 y 713; es más, los templos de época tardoantigua que seguían en uso para el culto cristiano a comienzos del siglo VIII no sufrieron daño alguno, y se mantenían en buen estado a mediados del siglo IX, ciento cincuenta años después de la conquista islámica.

La estrategia que usaron los musulmanes para el control de la mitad sur de la Península en apenas año y medio estaba diseñada a la perfección. Sabían, desde luego antes del gran desembarco del 711, que tenían que establecer una «cabeza de puente» en Gibraltar, para desde allí controlar las vías de Algeciras a Córdoba, y de Córdoba a Málaga, a Granada y a Toledo, y en el segundo desembarco, el del 712, dominar Sevilla y desde allí someter Mérida[33]. Un destacamento del ejército, dirigido por Abd al-Aziz, hijo de Musa, se dirigió a Elvira, Rayya y Málaga, y una vez sometidas estas regiones avanzó por Guadix y Baza hacia la costa mediterránea levantina, donde se encontró en los primeros meses del 713 con Teodomiro, jefe político de la actual región de Murcia[34].

El plan resultó todo un éxito. Liquidada la monarquía de Rodrigo en julio del 711, eliminados o sometidos los nobles que lo apoyaban, acordados pactos de sumisión con la facción de nobles afecta a los hijos de Vitiza, con el apoyo incondicional y entusiasta de los judíos, con la indiferencia de la mayoría de la población y con la aquiescencia de los obispos hispanogodos, que eran los únicos con cierta autoridad y capacidad de interlocución que quedaban tras el desastre, la conquista de toda Hispania se presentaba demasiado fácil.

Las fuentes sobre las rutas seguidas por los conquistadores difieren, pero contrastadas todas ellas, considero que Tariq salió de Gibraltar y Carteia, fue directamente a Córdoba, tras librar una escaramuza en Écija, y llegó en noviembre del 711 a Toledo, creo que sin ir antes a Astorga y a Amaya, como refiere alguna crónica[35]; por su parte, Musa se dirigió al año siguiente a Sidonia, Sevilla y Mérida, para encontrarse en Toledo con Tariq a principios del 713. Ya juntos, y sometida la mitad sur de la Península, se dirigieron al norte, llegando a Astorga, y desde allí a Galicia y Asturias a mediados del 713[36]. La conquista de la región al norte del Duero debió de darse por ultimada en el verano del 713, cuando el general Mugit tomó Lugo.

Entre tanto toda la antigua Hispania Ulterior se sometía al islam, Agila II mantenía el dominio, al menos teórico, de su reino visigodo en la zona nororiental peninsular, la antigua Hispania Citerior, el tercio peninsular al este de las sierras celtibéricas que se extienden desde el altiplano soriano hasta las montañas de Alcoy, al este del sistema ibérico, y seguía acuñando moneda en las cecas de Zaragoza, Tarragona y Narbona, a título de *rex*; aunque hay que tener en cuenta que la autenticidad de algunas de estas monedas está en entredicho, pues bien pudieran ser falsificaciones de épocas posteriores.

Las noticias de la invasión árabe se conocieron enseguida en todos los rincones de Hispania, que desde época prerromana disponía de un sistema de comunicaciones basado en una red de abundantes torres y atalayas de señales[37], y las noticias que se transmitían no debían de ser nada amenazadoras, aunque la inmensa mayoría de la población asistía indiferente a lo que estaba sucediendo. Quizá con la presencia física de Tariq y Musa o mediante sus enviados, todas las ciudades del noreste que formaban parte del reino de Agila II acordaron pactar con los recién llegados y entregarse sin ofrecer resistencia, y también lo hicieron los nobles de la región noroeste, que los árabes llamaron Yilliqiya, y con ellos los aristócratas y terratenientes del medio Ebro, como el célebre conde Casius[38], aunque se ha llegado a dudar sobre la historicidad de este personaje[39]. Semejante rapidez y facilidad de esta conquista sólo se explica ante la desunión y enfrentamiento de los gobernantes visigodos, por la falta de empatía de los godos con los hispanorromanos y por la indiferencia de la mayoría de la población ante la llegada de los musulmanes[40].

En el año 713 los pactos de capitulación se habían convertido en la manera de someterse al islam por parte de los hispanos sin tener que combatir y sin perder sus tierras. Se trataba de un cambio de señores: dejar de pagar tributos a los visigodos de Toledo para pasar a pagarlos a los musulmanes, y en aceptables condiciones.

El mejor conocido de todos estos pactos de capitulación es el acordado por Abd al-Aziz ibn Musa con el conde Teodomiro, un noble visigodo que controlaba con notable autonomía, tanto de Rodrigo como de Agila II, la región del sureste peninsular[41], el territorio que grosso modo había estado un siglo antes en poder de los bizantinos.

El pacto se firmó el 5 de abril del 713, y lo subscribieron los propios Teodomiro y Abd al-Aziz; en esos días Musa se encontraba en Toledo junto a Tariq. Algunos autores incluyen en este acuerdo al rey Agila II, que seguía como rey nominal en la zona nororiental de la Península[42].

Teodomiro, un noble emparentado con la familia real, que se ha supuesto hijo del rey Ervigio, gobernaba como soberano con notable autonomía parte de la Cartaginense, las tierras de la actual provincia de Albacete y de Murcia.

La sumisión de esta región, que los musulmanes llamaron cora o provincia de Tudmir, arabizando el nombre germano del conde, fue pacífica, y no se conocen episodios bélicos en la ocupación, salvo algunos hechos legendarios, que abundan en este relato[43], como una presunta sangrienta batalla que se habría librado en Lorca y un episodio trufado de literatura ocurrido en Orihuela, en cuyas murallas las mujeres se habrían mostrado con barbas postizas y vestidas de hombres para confundir a los sitiadores musulmanes; todo muy legendario copiado de conocidos relatos del mundo clásico[44].

Abd al-Aziz llegó a la cora de Tudmir y se entrevistó con Teodomiro, que lo estaba esperando. Se ha sugerido incluso que este conde fue uno de los nobles visigodos que se cambiaron de bando en la batalla de julio del 711 y traicionaron a Rodrigo, como estaba pactado con Tariq.

Enseguida llegaron a un acuerdo de paz del cual se conocen varias versiones, con algunos cambios sobre todo en la denominación de las ciudades afectadas por el pacto, y errores cometidos por los cronistas que tiempo después, en algún caso más de doscientos años, introdujeron esos textos en sus historias[45].

El tratado convertía a Teodomiro y a todos los suyos en protegidos o *dimmíes* del islam, podían mantener todas sus propiedades a cambio de la entrega de un tributo en especie, el *jarach*, y otro en metálico, la *chizia*; ésta es la más clara expresión de que hubo acuerdos y no enfrentamientos[46].

Este pacto de sumisión era válido para las siete ciudades y sus alfoces que integraban los dominios de Teodomiro, que se extendían desde Denia hasta la costa de Murcia y por el interior hasta Vera, Chinchilla y la zona oriental de la actual provincia de Albacete[47].

Todas las versiones coinciden en que las ciudades de esta provincia eran siete, pero difieren en los nombres y grafías de algunas de ellas, por lo que se nombran hasta ocho o nueve distintas: Auryula-Uryula-Uriula (Orihuela), Balantala-Blntla (¿Pla de Nadal?, junto a Valencia), Buqrsh (Begastri, cerro de Roenes, Cehegín), Ils-Illis (Ilici, La Alcudia, Elche), Iyyuh-Iyih (Eio, Tolmo de Minateda, Hellín), Laqant-Lqnt (Lucentum, Alicante), Mula (Mula) y Lurqa (Lorca)[48]; llama la atención que entre las siete no aparezca Cartagena, quizá porque no estaba dentro de la jurisdicción de Teodomiro; tampoco está Murcia, que no existía, pues no se fundó hasta algo más de un siglo después.

La historicidad de este acuerdo queda fuera de toda duda. Incluso lo recoge la tendenciosa *Crónica mozárabe del 754*, que se refiere a Teodomiro en estos términos: «En la era 782 (año 744), murió el belicoso Teodomiro, quien en varias regiones de Hispania había ocasionado considerables matanzas de árabes y, tras solicitar la paz, acordó el pacto prometido. En el reinado de Égica y Vitiza había derrotado a los bizantinos, que como excelentes marineros habían llegado hasta su tierra por el mar. Considerando el califa de Damasco que éste era más de fiar que otros señores, lo ensalzó y confirmó el pacto que ya había establecido con Abd al-Aziz. De este modo se corroboró que ya no podría ser rechazado un acuerdo tan firme por los sucesores árabes».

Todo da a entender que Teodomiro había sido un fiel aliado de los musulmanes desde el primer momento, y que viajó a Damasco acompañando a Musa y Tariq en el 714, que allí ratificó el pacto con el califa y que regresó a Tudmir como sometido[49], aunque conservando su estatus político y social en la región. El proceso de islamización de Teodomiro es paradigmático y un reflejo de lo que ocurrió con otros nobles cristianos; pasó primero por acatar el dominio del islam a cambio de mantener su poder local y sus propiedades, y después por emparentar con la elite de los conquistadores al casar a dos de sus hijas, una de ellas con Abd al-Gabbar, componente de la nueva remesa de conquistadores árabes llegados de Siria a partir del 740 y al que entregó como dote dos alquerías. Así, al fusionarse la casta dominante de época visigoda con la elite de los musulmanes se aceleró la islamización[50].

De este pacto se conservan varias versiones, que no coinciden en algunas cuestiones puntuales[51], pero que sintetizo a continuación: Abd al-Aziz ibn Musa subscribió un pacto con Tudmir ibn Gandaris (Teodomiro, hijo de Gandarico), que quedó protegido por la garantía de Dios y de Muhammad: el noble godo mantuvo su soberanía; no se alteró su situación ni la de sus compañeros; no fueron reducidos a cautiverio ni separados de sus mujeres e hijos; no fueron muertos; no se quemaron sus iglesias ni fueron despojadas de sus objetos de culto; y no se les obligó a renegar de su religión. Esta capitulación acogió a siete ciudades y sus comarcas: Orihuela, Mula, Lorca, Balantala, Alicante, Eio y Elche. Tudmir (Teodomiro) se comprometió a observar el cumplimiento del pacto y a no rescindir lo acordado, cumplió lo que se le impuso y quedó obligado a lo que le ordenaban los musulmanes: no dar asilo a ningún siervo fugitivo de los conquistadores ni albergar a ninguno de sus enemigos ni a dañar a nadie que hubiera recibido la paz del islam ni ocultar noticia alguna del enemigo. Él y sus compañeros se comprometieron al pago anual en metálico de la *chizia*, por el que todo hombre libre abonó un dinar, y el *jarach* en especie, que se fijó en cuatro almudes de trigo, cuatro de cebada, cuatro mediadas de vinagre, una de miel y una de aceite; los esclavos pagaron la mitad de estas cantidades. Actuaron como testigos Utman ibn Ubayda al-Qurasi, Jabib ibn Abi Ubayda al-Qurasi, Sadan ibn Abd Allah al-Rabii, Sulayman ibn Qays al-Tuchibi, Yahya ibn Yamur al-Sahmi, Basar ibn Qays al-Lajmi, Yais ibn Abd Allah al-Azdi y Abu Asim al-Hudali. Fue acordado en el mes de *rayab* del año 94, el 5 de abril del 713.

Este pacto apunta a que hubo acuerdos pacíficos y no enfrentamientos[52].

La identidad de este Teodomiro no está nada clara, y casi todo cuanto lo rodea queda sujeto a especulaciones. Se ha considerado que fue miembro de la baja nobleza visigoda, un gardingo que ocupó altos cargos en las cortes de los reyes Ervigio, Égica y Vitiza, hasta llegar a ser *dux* del ducado de Orihuela[53], y que por su servicio militar en la corte de Égica fue encumbrado hasta convertirse en *comes civitatis* en el 693. Era uno de los nobles que se opuso a la proclamación de Rodrigo como rey, y en el 711 estaba inmerso en la conjura de los vitizianos para derrocarlo. Debió de ser «uno de los cabecillas de la conspiración en apoyo de la viuda de Ervigio y el golpista Sunifredo»[54]. Aliado con Julián-Urbano en Ceuta a la llegada del islam, se pasó entonces al servicio de Tariq[55], probablemente en la misma batalla de julio del 711, donde lo sitúan algunas fuentes[56]. Tal cual su nombre indica en el texto del tratado, era hijo de un tal Gandaris, quizá la arabización del nombre godo Gundemaro[57] o, más probable, Gandarico.

Su figura se presenta muy contradictoria, como las propias fuentes en las que aparece citado, pues en ocasiones lo presentan como un hombre intrigante que se alía con el mejor postor, siempre al lado del ganador, pero también como el jefe de una comunidad a la que quiere salvaguardar aun a costa de pactar con quien sea para evitar el sufrimiento y la derrota de la gente bajo su mando.

El *Ajbar Majmua* señala que Teodomiro gobernó su región en paz, con nobleza y dignidad hasta su muerte en el 744; y así debió de suceder, porque, tras gobernar durante más de treinta años sin incidente alguno, lo sucedió Atanagildo, quizá uno de sus hijos, que conservó su nombre godo. Atanagildo tuvo problemas con la llegada de los contingentes de *yund* sirio y con el gobernador Abu al-Jattar, por lo que fue condenado a pagar 27.000 sueldos de oro y retirarse a Marruecos en el 745, aunque volvió y fue repuesto al frente de la provincia de Tudmir[58].

Tras el pacto con Teodomiro en el 713, el ejército que comandaba Abd al-Aziz se dirigió hacia el norte de la región mediterránea, para encontrarse con las columnas de Musa y Tariq que avanzaban desde Toledo hacia el valle del Ebro, donde aún mantenía su dominio, al menos teórico, el rey Agila II a finales del año 713[59].

Tariq y Musa se habían encontrado en la primavera del año 713 en Toledo, y al bereber no le quedó más remedio que ceder el mando a su superior[60]. El gobernador del norte de África seguía enojado con su subordinado, al que, según relatan las crónicas árabes, lo vejó hasta la humillación delante de las tropas, bien fuera porque lo había desobedecido o bien por envidia, como sugieren algunas fuentes[61].

A finales del 713 se completó la conquista del noroeste. El cronista Ibn Abi Riqa señala que Musa salió de Toledo y entonces se le presentaron unos personajes procedentes de «las partes de Galicia» que le pidieron la paz, que les fue concedida[62].

La arqueología está constatando que esa campaña se realizó mediante ocupaciones planificadas y dirigidas por un ejército de conquista que provocó un gran impacto en la población y en la estructura del Estado visigodo, y conllevó la sumisión de la población local que conservó sus bienes a cambio del pago de un impuesto. Los que no cambiaron su situación privilegiada fueron las elites hispanas que colaboraron con los musulmanes en estos primeros años[63].

Aunque de nuevo las fechas difieren en las crónicas; durante los últimos meses del 713 debieron de capitular las ciudades de Pamplona (en Vasconia), de Amaya (actual despoblado al noroeste de Burgos), de Astorga (centro político del ducado de Asturias), el castillo que llamaron *hisn Baru* (quizá Bergido) e *hisn Lukka* (tal vez la ciudad de Lugo); también cayó la fortaleza de «la peña de Belay» (¿de Pelayo?), ya en la costa cantábrica, un lugar que estaba bien defendido, asentando así el dominio del islam sobre toda Asturias, cuyas elites reconocieron a la nueva autoridad y pagaron los impuestos requeridos[64].

A finales del año 713 todas las tierras que habían pertenecido a Rodrigo, dos tercios de la península ibérica, estaban controladas por los musulmanes, incluidas las rebeldes regiones del norte, nunca del todo sometidas por los visigodos. Todo eso se había logrado a pesar de que el ejército musulmán era una amalgama de tropas regulares, el *gund* o los *gunud*, un cuerpo de soldados de elite que configuraban una especie de guarda palatina y voluntarios islamistas, los *muttawwia*, entre los que había unos hombres ávidos de botín y otros imbuidos del espíritu proselitista panislamista que practicaban el pequeño yihad, pues la tierra de Hispania se consideraba propicia para ello[65].

Si existió un pacto con los vitizianos y con Agila II, los musulmanes lo incumplieron, porque Musa se lanzó a la conquista de su reino. A comienzos del 714 se puso en marcha por los valles del Henares y del Jalón, en tanto Tariq, que acaba de someter la zona occidental del Duero, se unió a su señor a pesar de la mala relación que mantenían. En el camino hacia el valle del Ebro se encontraron con la arruinada ciudad de Medinaceli, y continuaron hasta Zaragoza, que capituló sin luchar[66]. Con la principal ciudad del noreste en sus manos, los musulmanes sometieron sin la menor dificultad a Huesca (aunque una crónica del siglo XII añade que esta ciudad resistió varios años a los conquistadores, lo que parece una notica interpolada siglos después), Tarazona, Calahorra, Lérida, Tarragona y Barcelona, llegando en unas semanas «hasta los montes de Alfranc», los Pirineos; una fuente incluye en esta campaña una primera ocupación de Narbona[67], pero es probable que se trate de un error más.

Algunos terratenientes de la región del Ebro se sometieron al islam pactando acuerdos similares a los de Teodomiro. El caso más significativo es el del conde Casius, un poderoso señor local que asumió el islam a cambio de mantener la propiedad de sus dominios y que se arabizó muy deprisa adoptando el nombre de Qasi[68], que dará origen a la dinastía de los Banu Qasi, que enseñorearon el Ebro medio hasta el siglo X.

Tariq descendió por el río Ebro hasta Tortosa, y sometió Sagunto, Valencia, Játiva y Denia, para completar la conquista hasta los dominios de Teodomiro[69], y encontrarse allí con Abd al-Aziz. Para el control de la costa mediterránea, quizá temiendo un ataque de los bizantinos, se construyeron varios faros y torres de observación[70].

Entre tanto, esa misma primavera del 714 una columna del ejército árabe ocupaba sin el menor inconveniente la mitad norte del actual Portugal, entre las ciudades de Santarem y Coimbra[71].

Mediado el año 714 toda la península ibérica estaba bajo poder musulmán, aunque algunos autores suponen que todavía quedaban algunas zonas marginales por someter, pues la presencia musulmana en el noroeste fue muy reducida en el tiempo[72].

La conquista había sido demasiado fácil, no había surgido ningún foco de resistencia, salvo quizá algunos reductos de poco interés en zonas marginales, que no causaron la menor preocupación a Musa, que entonces creyó llegado el momento oportuno para afrontar la cuestión que lo había enojado con Tariq.

Fuera cual fuera el motivo del enfado de Musa, debió de ser lo suficientemente grave como para que ordenara la encarcelación de Tariq. El hombre que había iniciado la conquista de Hispania se presentó como un traidor, o al menos desleal, lo que sin duda constituyó un agravio más para los bereberes, a los que los árabes seguían tratando como tropas auxiliares y gentes de segunda categoría.

Fuera por una carta del propio Tariq en la que le rogaba al califa que lo pusiera en libertad, por informes de sus agentes en occidente o por una carta que le envió el general Mugit de parte de Tariq avisando de su complicada situación, el califa Al-Walid ordenó a Musa que viajara a Damasco para rendir cuentas de sus actos en Hispania, a la vez que lo conminaba para que no ejecutara a Tariq y lo llevara con él a Siria. Corría el año 714, se habían conquistado todas las ciudades importantes del Estado visigodo, hacia las que fueron dirigidas con acertada estrategia las campañas militares entre los años 711 y 714, el reino de Toledo que había controlado Rodrigo había colapsado por completo y la conquista de Hispania parecía que se había acabado[73].

Probablemente fue en Zaragoza donde Musa recibió la orden de dirigirse a Damasco; se ha supuesto que con él debía ir Teodomiro, alguno de los hijos de Vitiza e incluso un noble de segundo rango llamado Pelayo, que unos años más tarde jugaría un papel protagonista[74]. Abd al-Aziz, uno de los hijos de Musa, quedó como gobernador del territorio que ya comenzaba a denominarse al-Andalus, o Alandalús.

La razón de la llamada del califa y lo que sucedió a continuación ofrecen numerosas dudas. Musa ibn Nusayr estaba casado con Amina, una de las hijas de Marwan I, cuarto califa omeya, y de su esposa Ruqayya; ésta era hija de Umm Kultum, hija a su vez del califa Alí, primo y yerno de Mahoma, y de Fátima, hija del Profeta. Es decir, Abd al-Aziz, hijo de Musa, era tataranieto, descendiente directo por tanto, de Mahoma a través de la rama femenina de Fátima, y bisnieto del califa Alí, y podía tener pretensiones al trono califal que desde el 661 ostentaban los omeyas, según los partidarios de Alí, los chiítas, de manera ilegítima.

Ya en Damasco, Musa cayó en desgracia, fue encarcelado acusado de corrupción y de quedarse con parte de la recaudación del botín y resultó represaliado. El que fuera todopoderoso gobernador de Ifriquiya desapareció de las fuentes, que no lo volvieron a citar; cabe la sospecha de que fue ejecutado.

En Hispania, Abd al-Aziz mantuvo la política de pactos de su padre Musa, utilizando para ello recursos pacíficos; incluso llegó a casarse con Egilona, una noble goda sobre la cual las fuentes difieren al considerarla viuda del rey Rodrigo o hija[75], en un claro gesto de atraerse a la nobleza hispana y ante la necesidad de los musulmanes de mezclarse con la población indígena, pues el número de mujeres que llegaron con los conquistadores fue muy escaso, salvo entre los bereberes, muchos de los cuales pasaron desde el norte de África con sus familias.

Las crónicas resaltan un hecho significativo: Egilona insistió en que su marido se colocara la corona, al estilo real visigodo, y que fuera saludado mediante la inclinación de cabeza, como un verdadero rey. Para que así fuera, Abd al-Aziz ordenó abrir en la sala de recepciones una puerta de dintel muy bajo, para que quien se presentara ante él tuviera que agacharse al atravesarla. Ofendidos por la actitud del emir, los musulmanes se rebelaron contra él, lo acusaron de haberse convertido al cristianismo y lo denunciaron ante el califa de Damasco.

Así relata la *Crónica mozárabe del 754* este episodio: «Abdelaziz había impuesto la paz durante tres años, sometiendo a Hispania al yugo del censo. Vanagloriándose en Sevilla con sus riquezas y honores, que compartía con la reina Egilona, a la que se había unido en matrimonio, y con las hijas de señores y príncipes con las que se amancebaba y después abandonaba imprudentemente, promovida una conjuración de los suyos, fue asesinado por consejo de Ayub, cuando practicaba la oración. Gobernó Hispania durante un mes, y por orden del príncipe lo sustituyó en el trono de Hesperia Alaor, a quien se le informó de la muerte de Abdelaziz en el sentido de que por consejo de la reina Egilona, anterior esposa del rey Rodrigo, con la que aquél se había casado, intentaba zafarse del yugo árabe y asumir individualmente el conquistado reino ibérico».

Sulayman, el nuevo califa omeya, condenó a muerte a Abd al-Aziz y ordenó que fuera ejecutado. El segundo gobernador de al-Andalus fue asesinado el 17 de marzo del 716 «mientras rezaba» en Sevilla[76], hasta ese momento capital de la nueva provincia de al-Andalus, y su cabeza enviada a Damasco[77]. Es probable que algo tuviera que ver en esta ejecución la señalada relación de parentesco con el profeta Mahoma y con el imán y califa Alí, y la suposición de que tenía aspiraciones más altas que la de gobernar una lejana provincia.

La *Crónica mozárabe del 754* señala que el emir se casó con «la reina de Hispania», es decir, con la viuda de Rodrigo, y que «se amancebó con hijas de reyes y príncipes»; con esta expresión tal vez se estuviera refiriendo a la costumbre de los dirigentes islámicos de tomar varias esposas, que a los ojos de un cristiano desconocedor de la cultura islámica parecerían realmente como concubinas.

Es imposible precisarlo, pero en el año 715 debían de ser alrededor de 30.000 los musulmanes, entre árabes, sirios y bereberes, instalados en la Península, ni siquiera el 1 % de la población total. Si se hubieran distribuido de manera regular por las 50 localidades más importantes del reino godo, hubieran correspondido a unos 600 hombres por cada plaza, cantidad que parece suficiente como para garantizar un control militar efectivo, más aún teniendo en cuenta que el ejército real visigodo estaba totalmente descompuesto, que los judíos se habían colocado unánimemente del lado de los conquistadores y que la inmensa mayoría de la población no apreció ningún cambio perjudicial con la desaparición del Estado visigodo, más bien todo lo contrario.

Tras la ejecución de Abd al-Aziz, el califa nombró gobernador a Ayub ibn Habib al-Lajmi, con el cual las vanguardias musulmanas aseguraron el dominio islámico hasta los Pirineos. Año y medio después, en el verano del 717, fue sustituido por Al-Hurr ibn Abdarrahman, y éste en mayo del 718 por Al-Samh ibn Malik, que aguantaría tres años en el puesto.

Los nuevos gobernadores tenían el encargo de regular y organizar el pago de impuestos, un tanto caótico en los primeros momentos de la conquista. En estos años, los gobernadores que sucedieron a Abd al-Aziz trataron de adoptar la antigua administración visigoda, en muy mala situación desde fines del siglo VII, lo que había provocado la desvinculación de las aristocracias con el Estado y la liberación de los campesinos de las cargas señoriales[78], y adaptarla a la nueva época para sustituirla por un sistema tributario nuevo[79], lo que pudo ser la causa fundamental del descontento de los hispanos. Fueron años de asentamiento de las conquistas y de reparto de tierras entre los conquistadores, todo ello entre la aparente indiferencia de la población hispana, resignada ante los nuevos señores.

Los omeyas incorporaron a su Imperio la nueva provincia de al-Andalus. El éxito era indudable, los pactos de sumisión habían funcionado bien[80] y habían hecho posible, quizá la única manera de haberlo logrado, que en apenas cuatro años el poder islámico estuviera ya establecido en toda Hispania[81], algo realmente asombroso, pues no sólo se había vencido en un suspiro a todo un reino dirigido por una casta de guerreros sino que se había sometido sin luchar a las tribus del norte, que durante dos siglos habían mantenido toda una sucesión de rebeliones contra el Estado visigodo de Toledo.

A comienzos del 715 el sistema de impuestos y la recogida de los mismos estaba ya normalizado. Los precintos conservados así lo atestiguan. Los más antiguos datan de esta fecha, cuando Abd al-Aziz estaba ya al mando, y pronto incluyeron el término de al-Andalus[82].

Estos precintos, elaborados en plomo, marcaban las sacas y las cajas donde se guardaban los tributos, convenientemente clasificados por su lugar de procedencia; además se reseñaban el tipo de pactos, los tratados de paz, el impuesto en metálico de la *chizia* aplicado a los no musulmanes, el *qasm* o *maqsum* (el mismo botín), la *ganima* (la forma de distribuir ese botín), el *yawaz* (la legalidad del procedimiento según la ley islámica), e incluso el reparto de las mujeres jóvenes vírgenes que se entregaban a los conquistadores. Los precintos de las cajas y sacas y su sistematización son dos datos más a añadir para concluir que la conquista estaba perfectamente planificada; se han encontrado precintos de Sidonia, Osonoba, Beja, Iliberri, Rayya, Málaga, Ruscino, Narbona y algunas otras ciudades y regiones[83].

La reorganización del sistema de impuestos supuso una completa reforma administrativa conforme a lo que se requería en la nueva provincia del Imperio omeya, que incluyó el traslado en el año 716 de la capital desde Sevilla, donde había estado el primer centro de gobierno provincial, a Córdoba, que se convirtió en el centro urbano más relevante de la Península, sobrepasando a Toledo y a Sevilla[84]; la nueva provincia recibió el nombre de al-Andalus.

El colapso que produjo la invasión del 711 en el sistema de

impuestos del reino visigodo fue total. Al desaparecer el poder real, las cecas dejaron de acuñar moneda, las ciudades se sumieron en una crisis urbana y la desorganización administrativa y fiscal resultó absoluta, tanto que algunos consideran que los efectos del colapso fueron mayores que los que provocó la propia conquista[85].

Musa, sabedor de la importancia de la moneda como símbolo de poder y de dominio, ya había ordenado acuñar moneda en Hispania a fines del 712 o principios del 713; lo hizo en caracteres latinos, con la leyenda «Span» (de Spania, Hispania, al estilo bizantino) y la estrella de Hesperia, recogiendo el mito de Hésperis, una de las ninfas que guardaban el jardín de las Hespérides ubicado en occidente según la mitología griega. Se trata de dinares de 4,20 gramos que incluyen la fecha de la hégira pero con numeración romana, con la leyenda *His solidus feritus est in Spania*[86].

Los musulmanes tardaron cinco años en regularizar la acuñación, interrumpida en el caso de los tremises visigodos desde el verano del 711, salvo en la zona nororiental de la Península, bajo dominio de Agila II. En el año 716, 98 de la hégira, se acuñó el primer dinar, la moneda de oro musulmana, en al-Andalus. Se trata de una pieza con un texto bilingüe, en árabe y latín, con la leyenda «Span» en una cara y «Alandalus» en otra, para acuñar dinares desde el año 720 ya sólo en grafía árabe[87].

Los estudios de las primeras monedas y de los precintos de plomo han aportado un caudal de datos imprescindible para conocer el sistema impositivo que los musulmanes aplicaron en la primera década de la conquista. Ante la indefinición, falta de precisión y lo tardío de las fuentes escritas, estos restos arqueológicos son el mejor material para entender cómo se impuso la presencia islámica, con qué rapidez y rotundidad, y cómo desapareció en un instante el reino visigodo de Toledo.

Lejos de los textos apocalípticos que presentan la conquista árabe de Hispania como un cataclismo devastador, la invasión de los musulmanes se saldó con apenas tres episodios bélicos: la gran batalla de julio del 711 al pie de las montañas transductinas, una escaramuza en Écija y una posible, aunque nada clara, resistencia armada en Mérida.

La ocupación musulmana de toda Hispania se realizó en apenas un lustro y se hizo sin oposición seria alguna. El Estado visigodo se derrumbó «a una velocidad de vértigo» sin apenas resistencia por los visigodos[88]. Lo que primaron fueron los pactos, que cada magnate territorial arregló a su conveniencia con los conquistadores a cambio de pagar un tributo[89]. No se constatan acciones destructivas, las ciudades capitularon y con la invasión se produjo el abandono de algunos centros rurales en el norte peninsular, pero sin destrucciones violentas, quizá porque quedaron fuera de las redes económicas vinculadas a un poder político[90].

La tesis de la destrucción y el abandono de los poblados en la cuenca del Duero se debe a Sánchez-Albornoz, que la basó en creer a pies juntillas, sin aplicar crítica textual ni proceso hermenéutico algunos, lo que referían las fuentes escritas desde el lado cristiano, sobre todo la *Crónica mozárabe del 754* y las crónicas del ciclo de Alfonso III, que ofrecieron una visión que muy poco tenía que ver con la realidad y fabularon de manera exagerada y tendenciosa la violencia de los musulmanes, todo ello destinado a legitimar a los reyes de Asturias como sucesores de los reyes godos y a justificar la apropiación de los territorios al sur de León[91].

Se ha documentado arqueológicamente el único yacimiento, hasta ahora, que presenta una fase de destrucción fechada a comienzos del siglo VIII; se trata del de Bovalar, en el municipio de Serós, Lérida. Los arqueólogos han excavado los restos de lo que pudo ser un monasterio fundado a principios del siglo VII y que se quemó a comienzos del siglo VIII. En las excavaciones aparecieron 19 monedas de oro de los reyes Égica, Vitiza y Agila II, lo que demuestra que este monarca sí acuñó moneda, aunque es probable que algunas que se le atribuyen fueran falsificaciones, que fechan el momento de la destrucción con posterioridad al año 711. El poblado y la posible basílica del Bovalar ardieron por completo, pero los que allí residían no murieron en el incendio, pues les dio tiempo a huir, aunque abandonando sus pertenencias, de manera que, pese a que algunos, sin conocimientos de las técnicas arqueológicas, lo han relacionado con una destrucción violenta por la conquista islámica[92], parece un incendio fortuito.

Más compleja es la cuestión de las murallas llamadas clausuras que en los últimos años han sido localizadas en varias zonas de la cordillera cantábrica y de los Pirineos. Se trata de líneas de defensa levantadas en pasos estratégicos que cierran algunos caminos en puertos de montaña. Los visigodos crearon una frontera fortificada para detener las incursiones endémicas de cántabros y astures, que poseían sus castillos y su independencia[93], pero los romanos también fortificaron algunos pasos de los Pirineos ante las invasiones de los bárbaros a comienzos del siglo V. De entre estas clausuras son muy significativas la muralla del Homón del Faro, un muro de 6,5 metros de anchura, hecho con mampostería y barro, que además tiene un escarpe con foso y 50 metros de longitud, que defendía la vía de la Carisa; el Muru de la vía de la Mesa, en un puerto a 1.782 metros de altitud entre Asturias y León, con 150 metros de longitud; y la del puerto de Pajares, entre las tierras de la meseta y Cantabria. En las excavaciones de estas líneas de fortificación se han hallado centenares de proyectiles de honda, lo que certifica que se trataba de un muro defensivo para detener las incursiones procedentes del sur[94].

Estas construcciones se levantaron muy deprisa, con piedras sin carear y trabadas con barro, lo que ha hecho pensar que se trata de parapetos defensivos construidos para detener el avance de los invasores musulmanes. La cuestión es que la datación de los más antiguos materiales de estas fortificaciones las sitúan en las primeras décadas del siglo VII, por lo que corresponderían a obras de defensa de los astures y los cántabros frente a las incursiones de los reyes visigodos, especialmente las realizadas por Sisebuto hacia el 620 y las de Wamba hacia el 680, e incluso anteriores, pues se han hallado algunas armas del siglo V y se ha constatado la presencia de dos campamentos romanos cerca del Muru, uno de ellos de 7 hectáreas. Es evidente que los visigodos en sus campañas contra los pueblos del norte y luego los musulmanes en la conquista de Hispania siguieron las mismas calzadas que habían utilizado los romanos para someter a cántabros y a astures. La muralla del Muru de la Mesa fue destruida a finales del siglo VII por los visigodos, antes por tanto de la llegada del islam[95].

La datación por carbono-14 ha dado fechas de entre los siglos VI y VIII[96], lo que incita a pensar que esas fortificaciones fueron levantadas contra los visigodos, pero que también pudieron ser reutilizadas cuando surgieron los primeros movimientos de resistencia al islam a partir de la tercera década del siglo VIII. Se han descubierto zapas de minado y derrumbes masivos en estos muros en un espacio de tiempo relativamente cercano a su construcción, lo que siembra muchas dudas.

Se ha supuesto que fueron levantadas por señores locales, pero con una cierta coordinación entre ellas, dadas las grandes similitudes de construcción entre los muros estudiados. Construidas para defenderse de los visigodos, pudieron servir décadas después para cumplir esa misma función frente a los musulmanes, con los cuales pactaron la capitulación los astures en el primer momento de la conquista pero con los que se enemistaron poco tiempo más tarde[97].

Construcciones similares se han localizado en los pasos de Perthus y Panissars, en los Pirineos[98]. En este caso sí serían fortificaciones contra los musulmanes, pero algo más tardías, quizá de la segunda mitad del siglo VIII, pues la presencia islámica fue notable en el sur de Francia hasta mediados de esa centuria. Habrá que precisar mucho más la cronología de todos estos muros.

Desde el primer momento de la llegada de los musulmanes, las tierras del noroeste se entregaron a los conquistadores sin ofrecer resistencia a lo largo de mediados del 713. Al fin y al cabo, los recién llegados no dejaban de ser los mismos que habían derrotado a los seculares enemigos de los astures, cántabros y vascones, a los que los visigodos habían hecho la guerra desde el reinado de Leovigildo.

La ocupación de Asturias no encontró oposición local. La sumisión de la aristocracia indígena mediante mecanismos y acuerdos desconocidos y la desaparición traumática y fulminante del Estado visigodo, inexistente desde finales de julio del 711, precipitaron la rápida sumisión de toda la región, hasta tal punto que en el 713 ya había un gobernador musulmán, llamado Munuza, en Gijón[99], cuya verdadera identidad es muy controvertida, pues dada la rareza de su nombre se le ha atribuido un origen persa e incluso romano.

Los musulmanes se establecieron en la ciudad de León, que conservaba buena parte de sus murallas romanas, sin tener que reforzarlas[100], lo que indica que no tenían miedo a un enfrentamiento inmediato con las gentes que habitaban en esa zona. Sin un rey en Toledo, el poder visigodo se desvaneció rápidamente y sin grandes traumas en todo el noroeste[101].

Pese al catastrofismo de la *Crónica mozárabe*, tras las campañas de Tariq y de Musa no se destruyó ninguna iglesia. Tariq, y de ahí quizá el enfado de Musa, pactó por su cuenta con magnates visigodos como Teodomiro, Urbano, Agila, Ricisindo y otros. Los sometidos no fueron obligados ni a aceptar el islam ni a renegar del cristianismo.

La *Crónica del 754* identifica a Urbano con Julián, pero algunos autores sospechan que pudieran haber sido dos personajes distintos; en cualquier caso, Urbano acompañó a Musa en sus campañas militares por Hispania, lo que indica que sí culminó la traición que le atribuyen algunas fuentes[102].

Durante los tres primeros años de la conquista el proceso de avance de los musulmanes fue sistemático y muy eficaz; de nuevo es evidente que no era nada improvisado, que estaba bien organizado, que lo habían planificado con anterioridad, que la información que tenían era precisa y que las rutas a seguir para dominar el reino de Rodrigo eran las más adecuadas[103]. Alguien tuvo que enseñarles todo eso desde el norte de África; alguien de quien fiarse, por supuesto.

La caída de Musa y de su hijo Abd al-Aziz no alteró las

cosas. Tal vez a finales del 714 la conquista de la Península no estuviera del todo completa, pero todo indica que en el 716 la totalidad estaba bajo dominio musulmán[104], o así lo creían al menos los dirigentes musulmanes, pues el nuevo emir Al-Hurr trasladó la capital a Córdoba siguiendo órdenes del califa de Damasco[105], y se comenzaron a erigir las primeras mezquitas; probablemente la pionera fue la de Sevilla, documentada en el 716[106].

Hasta ese momento la dinámica de la conquista había apagado cualquier disputa interna entre los musulmanes, salvo la inquina mutua larvada desde hacía medio siglo entre bereberes y árabes; en el 717 comenzaron a manifestarse las primeras disensiones internas entre ambos grupos[107], sin duda motivadas por cuestiones referentes al desigual reparto de las tierras y del botín.

Había ocurrido todo tan deprisa que los musulmanes no pusieron cuidado alguno en las fortificaciones, pues ni siquiera lo necesitaban ante la inanidad de los indígenas hispanos. Las expediciones militares a Astorga, Lugo o León constatan el tremendo vacío de poder existente ante el colapso del Estado visigodo y la desarticulación de las aristocracias locales. La invasión árabe en esta zona no supuso una gran ruptura en la mayor parte de la actual Galicia, y parece que los árabes no mostraron interés en ella, pues la cedieron a los bereberes[108].

Durante los cinco primeros años que siguieron a la invasión del 711 no hubo reacción alguna por parte de los hispanos, que asumieron de forma inmediata que un nuevo poder se había asentado en Hispania «en apenas cuatro años»[109]; pero a partir del 716 las cosas comenzaron a cambiar.

Los tres gobernadores que se sucedieron tras la ejecución

de Abd al-Aziz mostraron un talante menos pactista, quizá siguiendo órdenes de Damasco, donde las intrigas y las luchas por el poder dentro de la familia imperial y la oposición de jariyíes, chiítas y abasíes comenzaba a debilitar el califato omeya. El califa Sulaimán I apenas reinó dos años, pero puso en marcha una serie de represalias contra algunos de sus generales, y su sucesor Umar II fracasó en los años 717 y 718 en su pretensión de conquistar Constantinopla, la capital del Imperio bizantino, que se defendió bien gracias al uso de «fuego griego», un sistema de lanzallamas con el que se destruyó la flota árabe, que tuvo que retirarse derrotada.

Hacia el 717 los cántabros, los astures y los vascones comenzaron a dar las primeras señales de resistencia. Nunca sometidos por los visigodos, hacía dos siglos que aguantaban los envites de los ejércitos de Toledo, como también lo estaban haciendo los vascones en la primavera del 711, cuanto los atacó el rey Rodrigo[110].

La conquista árabe los sorprendió en un primer momento, pero los pueblos del norte reaccionaron y organizaron de nuevo la resistencia al invasor. Si durante siglo y medio lo habían hecho ante el poder visigodo de Toledo, ahora lo harían ante el poder musulmán de Córdoba.

Entre el 717 y el 719 la resistencia astur comenzó a manifestarse. Fue entonces cuando apareció en las montañas cantábricas un caudillo llamado Pelayo, que tanto las fuentes cristianas como las árabes lo señalan como el líder capaz de aglutinar a todas aquellas gentes del norte que no habían querido pagar tributos a los visigodos y ahora se rebelaban ante el aumento de impuestos exigidos por los árabes.

La situación se estaba complicando tanto que el gobernador Ayub ibn Habib al-Lajmi sólo gobernó unas semanas a fines del 716, hasta que fue depuesto por el clan de los fihríes encabezado por Al-Hurr[111], que lo sucedió al frente del gobierno durante un año.

Mientras esto pasaba en al-Andalus, al norte de los Pirineos los francos se preocuparon por las intenciones de los musulmanes, que pretendían llegar por tierra hasta Bizancio conquistando todo el sur de Europa.

A finales del 717 el deterioro del gobierno en al-Andalus era notable. La situación estaba tan estancada que el califa Umar II, al que acuciaban los problemas, pensó incluso en abandonar las conquistas en Hispania y replegarse al norte de África. El fracaso ante Constantinopla, el ascenso al poder en Bizancio del emperador León III, un destacado general, y las reformas y pactos que introdujo hicieron dudar al califa omeya; además, Eudo, duque de Aquitania, pactó en el 718 una alianza con Carlos Martel, ya mayordomo de palacio del reino franco de Austrasia; la continuidad de la expansión al norte de los Pirineos parecía misión imposible[112].

El 3 de junio del año 718 se produjo un impactante eclipse total de sol en la península ibérica; algunos pensaron que era una señal de mal augurio y que lo mejor sería retirarse, como se pensaba. A comienzos del 719 el califa Umar II seguía dudando, pero no dio la orden de abandonar al-Andalus que algunos reclamaban.

Una corriente negacionista, encabezada por Olagüe, sostiene que los árabes no invadieron Hispania, sino que la islamización se produjo de manera espontánea, promovida por la propia población indígena, harta del dominio, los abusos y los impuestos a que la sometieron los visigodos. No fue así. Bereberes y árabes invadieron Hispania en el 711, y la conquistaron por completo en apenas cinco años.

Como ocurre en todos los episodios históricos trascendentales, en el proceso de invasión y conquista de Hispania existen enormes divergencias interpretativas[113], en algún caso muy condicionadas por las noticias contradictorias, erróneas y desfiguradas por intereses ideológicos y leyendas[114].

Cotejadas las fuentes escritas y las arqueológicas, apenas utilizadas por los historiadores medievalistas y completamente ignoradas por los tradicionalistas, la percepción que se extrae es que la población hispanogoda no opuso ninguna resistencia a los invasores y que la conquista violenta y sangrienta defendida con ceguera científica por la rancia historiografía españolista, de nuevo en auge en los últimos años de la mano de algunas novelas ¿históricas?, nunca se produjo.

Los musulmanes no encontraron resistencia en su avance por los caminos de la Península, desde luego nada de nada en las ciudades del área controlada por Rodrigo y apenas en el medio rural[115]; la población indígena acogió a los intrusos recién llegados con indiferencia y sin miedo, los magnates hispanogodos enemigos de Rodrigo acordaron pactos muy ventajosos, como es el conocido de Teodomiro[116], y aceptaron el dominio islámico colaborando incluso con entusiasmo en algunos casos[117]. La conquista fue fácil y rápida, «un paseo sin apenas enfrentamientos»[118].

Según los cronistas cristianos, la conquista del reino visigodo resultó una verdadera tragedia. Se alteraron los hechos y las situaciones históricas, y se manipularon las causas y los efectos para presentar a un islam demoledor y cruel frente a una cristiandad en busca de la justicia histórica y de la reparación de una tropelía.

La más tendenciosa es la *Crónica mozárabe del 754*, que se supone escrita por un monje mozárabe refugiado en el norte cristiano en esa fecha o poco antes. Según este cronista anónimo, los musulmanes arrasaron Hispania (Spania en el texto latino); Musa destruyó toda la tierra hasta Toledo, condenó al patíbulo a nobles y ancianos, y en ello fue ayudado por el traidor Opas, hijo del rey Égica. Esta crónica describe a un Musa cruel y despiadado que aplica la espada, el hambre y la cautividad a los cristianos vencidos, que reduce sus ciudades a cenizas, manda crucificar a señores y nobles y descuartizar a cuchillo a jóvenes y lactantes. Hispania es calificada de «desdichada», inmersa en una vorágine de destrucción: «En la era del 749 (año 711), mientras por los citados enviados se asolaba Hispania y se combatía con furor extremo, no sólo contra los enemigos, sino también entre sí, Musa (...) llegó hasta la ciudad de Toledo, destruyendo las ciudades vecinas con engaños fraudulentos de paz, y engañando a algunos nobles señores que se habían quedado allí, los mató (...). Así, despobló con la espada la Hispania Ulterior y la Citerior, hasta Zaragoza, antigua y floreciente ciudad, entregada por manifiesto juicio de Dios, la despobló con la espada, el hambre y el cautiverio. Condenó a la cruz a los señores y potentados de ese tiempo y descuartizó a cuchillo a jóvenes y niños. De este modo amedrentó a todos con un tan grande terror, y algunas ciudades que habían quedado atrás, sintiéndose amenazadas, pidieron la paz, y Musa, burlando a cuantos pudo, les concedió lo pedido. Pero a los que se negaron a obedecerlo, aterrorizados de miedo, intentaron huir a las montañas, murieron de hambre y de otras calamidades. Y en la desgraciada Hispania, en Córdoba, la antigua sede patricia, que había sido la más opulenta de las ciudades y era la delicia del reino de los godos, colocó el centro de su inhumano reino».

No ocurrió así, pero a mediados del siglo VIII, cuando la sorpresa de la invasión había dado paso a la realidad de un dominio político que parecía estable y consolidado, algunos cristianos estallaron y tergiversaron la situación falsificando los hechos y la propia realidad histórica. La idea de los cronistas cristianos era clara: se trataba de presentar a los musulmanes como seres inhumanos y sangrientos, y de paso identificar a los cristianos como víctimas inocentes de los malvados invasores. Se presentaba así la conquista islámica cual terrible alteración de la historia que era necesario vengar y se sentaban las bases de lo que más tarde la historiografía más conservadora y reaccionaria denominará como «la pérdida de España».

Frente a esta interesada y manipulada versión, la mayoría de los autores sostiene que apenas hubo resistencia por parte de los hispanogodos ante los musulmanes, y que la ocupación, salvo la primera batalla de julio del 711 y alguna que otra escaramuza, fue realmente pacífica.

La conquista no fue improvisada ni tumultuosa, sino realizada por un ejército que estaba bien organizado y que tenía un plan preciso establecido[119]. Desde luego, fueron las ciudades más destacadas del reino visigodo las que atrajeron y guiaron el recorrido de los conquistadores por el suelo peninsular, tanto las que pervivían desde la época romana, Sevilla, Córdoba, Mérida, Toledo o Zaragoza, como las fundadas por los visigodos, Recópolis o Eio[120].

Las noticias de la sumisión de Hispania llegaron al corazón del Imperio islámico, donde la propaganda califal las presentó como un gran logro de los omeyas. En los techos del pabellón de caza de Qusayr Amra, en Jordania, levantado hacia los años 730-740, aparecen pintados en unos frescos varios monarcas; entre ellos está Rodrigo, ya derrotado y desaparecido para entonces. El monarca visigodo aparece junto a soberanos de la talla del emperador de Bizancio o del sha de Persia, lo que indica la importancia que le dieron los califas omeyas a la conquista de Hispania[121].

Asentada la ocupación por los musulmanes y establecidos y consolidados los reinos cristianos en el norte de la Península, las crónicas cristianas de finales del siglo IX trataron de justificar lo sucedido, y el factor religioso fue fundamental en esa explicación, que sigue siendo, y tal vez nunca se desentrañe del todo, un tiempo muy confuso, con noticias incompletas y contradictorias[122], generadas por la mitificación del dominio islámico, que exageraron las crónicas cristianas adjudicando a los árabes y bereberes una indiscriminada destrucción de la sociedad hispanogoda[123].

Las crónicas cristianas y la historiografía tradicionalista identifican a los reyes godos como los «auténticos» españoles. Recaredo es un rey de España, frente a Abdarrahman III, que es un caudillo extranjero. Los reyes cristianos pusieron en marcha un programa político para reclamar la propiedad de al-Andalus, y no dudaron en considerarse sucesores de los reyes visigodos.

6

Leyendas y visiones de la conquista

6.1. Los mitos y las leyendas

Uno de los principales problemas documentales a la hora de afrontar la historia de la conquista de Hispania por los musulmanes ha sido la mezcla indiscriminada que los cronistas, tanto los árabes como los cristianos, hicieron de realidad y ficción, de veracidad y leyenda[1], como la fundación legendaria de la gran mezquita omeya de Córdoba que reproduce con pequeños cambios la de la mezquita omeya de Damasco un siglo antes[2].

Los relatos árabes, que se comenzaron a escribir siglo y medio después de la invasión del 711, fueron narrados por cronistas que no conocieron las noticias de primera mano ni siquiera de boca de los protagonistas, sino a partir de varios transmisores indirectos y tardíos.

Por su parte, las crónicas cristianas atendieron más a la propaganda antiislámica que al relato veraz de los hechos históricos, utilizando en algunos casos párrafos enteros de distintos libros de la Biblia, con ligeras adaptaciones en el tiempo y en los personajes, para describir los presuntos horrores de la conquista y reivindicar así tanto lo justo de la venganza como la obligación de los cristianos de recuperar el territorio perdido.

Cristianos y musulmanes, una vez que hacia finales del siglo VIII se estabilizaron las fronteras entre al-Andalus y los territorios cristianos, que se mantuvieron bastante estables durante los tres siglos siguientes, intentaron justificar sus acciones utilizando para ello las leyendas, los mitos, los relatos literarios y las tradiciones orales[3].

El origen de todas las leyendas nació en el propio desarrollo de la conquista. Un acontecimiento como ése fue de difícil explicación, debió de serlo incluso para las gentes que lo vivieron, y hubo que recurrir a razones de tipo sentimental, muy literarias, para contar cómo se había desencadenado la invasión y la ocupación de Hispania por los musulmanes. El mito es un factor esencial en tiempos atávicos; que un par de decenas de miles de guerreros (si las crónicas no engañan, que seguro que lo hacen), aunque muy bregados en las campañas del norte de África, conquistaran en apenas cuatro años un territorio de casi seiscientos mil kilómetros cuadrados con una población de tres a cuatro millones de habitantes no deja de ser un hecho sorprendente, y es fácil recurrir al mito; la suerte estaba escrita y se explicó de manera legendaria. Para analizar este fenómeno, de difícil comprensión racional, suele ser muy socorrido acudir al mito. Pelayo, el misterioso caudillo que encabezó la resistencia al islam en las montañas astures, recibió —según las crónicas leonesas— la ayuda divina en Covadonga para derrotar a un ejército muy superior. Surgió el milagro, y la intervención sobrenatural ayudó a comprender y a justificar lo inexplicable.

En la fulgurante conquista de la Península por los musulmanes, los cronistas no dudaron en acudir a los mitos y a narrarla con leyendas. El destino estaba escrito y así se plasmó en los relatos.

La propia geografía se convirtió en un espacio fabuloso. Los mitos de la Antigüedad, conocidos por los cronistas árabes, se usaron en las crónicas como elementos de referencia, y así aparecen el monte de la Victoria en Gibraltar y el monte Adlabuiya en África, a ambos lados del estrecho flanqueado por las columnas de Hércules.

El estrecho de Gibraltar o de Az-Zukak era la salida del Mediterráneo, el *mare nostrum* que los musulmanes pretendían convertir en un «lago musulmán», a ese océano tenebroso, cuyo paso lo había abierto Hércules o también, en otras versiones, Alejandro Magno. Desde el 711 estaba dominado y controlado por los musulmanes, que lo renombraron como Gibraltar, es decir, *yabal al-Tariq*, «la montaña de Tariq», donde este primer conquistador musulmán había levantado una muralla, el «muro de los árabes», que el viajero Ibn Battuta, nacido en Tánger en 1304, aseguró haber visto tal como escribió en su libro de viajes por el mundo islámico en el siglo XIV.

En algunas crónicas no parece que los árabes estuvieran muy entusiasmados por lo que iban encontrando en las tierras de las orillas al sur del Mediterráneo; pero las cosas cambiaron cuando se enteraron de la existencia de un país al norte del estrecho de las columnas de Hércules. Todas las noticias coincidían en que en aquella tierra que se vislumbraba al norte desde los promontorios de los alrededores de Ceuta y de Tánger se guardaban riquezas extraordinarias, y los árabes se sintieron entonces presa de un ambiente de «temores y esperanzas escatológicas»[4]. La mayoría de las crónicas árabes presentan la conquista de Hispania favorecida por una intervención divina, cuestión que ya se introdujo en la literatura bizantina de contenido apocalíptico en el siglo VII, que consideraba que los árabes fueron enviados por Dios para castigar la relajación moral de los cristianos.

Los mitos antiguos fueron recogidos de manera un tanto atrabiliaria. Los cronistas musulmanes conocían las distintas leyendas sobre el nombre de Hispania: que se había llamado Iberia por el río Iberus (el Ebro), que los primeros pobladores eran descendientes de Tubal, hijo de Jafet y nieto de Noé, que la provincia de la Bética se llamaba así por el río Betis, al que los árabes llamaron Guadalquivir (el río Grande), que el nombre de Hispania se debía a un oscuro personaje llamado Isban, un rey de al-Andalus o de Hispania que ayudó a la conquista de Jerusalén y se trajo hasta Mérida los tesoros del Templo de los judíos, entre ellos la Mesa de Salomón, que Hispania era la tierra llamada Hesperia, Asbarus en pronunciación árabe, la «estrella roja» que se identifica con el planeta Venus, aunque el planeta que ofrece un brillo rojizo es en realidad Marte, o que al-Andalus recibió este nombre por la tribu germánica de los vándalos, que la habitaron durante un tiempo.

Hispania era la tierra en el extremo occidental, donde acababa el mundo conocido, como el Magreb (el oeste) en el norte de África. Y más allá, hacia poniente, se abría el océano tenebroso, un mar incógnito, de abismos, de tinieblas, de olas muy altas y plagado de monstruos, en el cual había islas habitadas, como se narraba en el viaje de san Borondón y en el de los siete hermanos musulmanes que partieron de Lisboa.

La conquista de la Península está trufada de elementos de

ficción desde los orígenes; algunos de ellos se refieren a profecías que anunciaban el triunfo de los musulmanes. En una profecía se había dejado dicho: «Cruzarán el mar hacia al-Andalus unos hombres que la conquistarán y serán reconocidos por su luz o aureola el día del juicio final»[5].

Varias leyendas presentan la conquista como un fatum, un destino inexorable al cual estaba abocado Hispania, un argumento literario universal muy propio de la literatura épica.

Un relato recogido por la mayoría de los cronistas musulmanes alude a la existencia en la ciudad de Toledo de una casa, o una sala en otras versiones, a cuya puerta cada rey visigodo añadía un cerrojo o un candado en cuanto tomaba posesión del trono. Nadie sabía qué había dentro de aquel espacio, pero es obvio que alguna vieja tradición que circuló de boca en boca indicaba que se trataba de algo terrible, algo así como una especie de caja de Pandora.

Cuando Rodrigo accedió al trono en el 710 rompió la tradición y decidió que se abriera aquella cámara de los reyes, intrigado por averiguar qué contenía[6]. En el palacio real visigodo de Toledo, en la llamada cámara de los reyes, había 25 coronas de oro orladas con perlas y jacintos, y 24 llaves para abrir los cerrojos de la sala cerrada. Faltaba la llave de Rodrigo, el único monarca que no quiso poner su cerrojo y ordenó abrirla, el soberano que perdió el reino de los godos.

Se quebraron los 24 cerrojos, uno por cada uno de los reyes precedentes, y sólo se encontró un cofre de madera con un candado. En su interior había una cinta enrollada en la que había dibujadas unas figuras de hombres a caballo, tocados con turbantes y armados con espadas, arcos y lanzas, que enarbolaban estandartes. En la parte superior de la cinta una leyenda rezaba la siguiente frase según Ibn al-Hakam y el *Ajbar Majmua*: «Cuando esta puerta sea abierta, estas gentes entrarán en el país»; o en otra versión, según Al-Qalqasandi: «Cuando se rompan los candados de esta casa y se abra este arcón, aparecerán las figuras dibujadas aquí. El pueblo cuyos guerreros representan vencerá sobre al-Andalus y se apoderará del país»; y en una tercera, según Ibn Qutiyya: «Cuando se abra esta casa y se saquen estas figuras, entrarán en al-Andalus gentes con esta imagen y la dominarán»[7].

Tiempo después, otros cronistas árabes como Ibn Riqa imaginaron una leyenda paralela; según una profecía, el número de gobernadores musulmanes de al-Andalus sería también de 25, como el de los reyes visigodos[8].

En este episodio fabuloso aparecen unidas leyendas y profecías, el mejor caldo de cultivo para que se desarrolle el mito, en este caso el cumplimiento inexorable del destino fijado siglos antes y colocado en una caja sellada para que nadie pueda manipularla.

Al enterarse del desembarco de Tariq en Gibraltar, Rodrigo estaba mal informado o dudaba de lo que le habían dicho, pues se vio obligado a enviar un explorador el cual le explicó que los invasores eran como los hombres que descubrió en el arca de Toledo y que habían quemado sus naves para no poder regresar en caso de derrota.

El destino va ligado a decisiones de la divinidad, que unas veces se muestra comprensiva y otras vengativa. La comisión de un grave pecado suele ser la explicación para sufrir el abandono y el castigo de la deidad.

Eso es lo que se cuenta en la leyenda de la traición del conde don Julián.

Son varias la versiones que existen de esta tradición, según la cual Julián, en realidad se llamaba Urbano, era el gobernador de Ceuta y de Algeciras, un conde al servicio del rey Rodrigo. Como era costumbre entre los reyes visigodos, los hijos de los nobles se enviaban a Toledo para ser educados en la escuela palatina, aunque en realidad se trataba de una estratagema para mantener a esos jóvenes como rehenes en la corte y evitar que sus padres se rebelaran contra el soberano reinante.

En el *Ajbar Majmua* se cuenta que nada más hacerse Rodrigo con el trono de Toledo, Julián-Urbano envió a una de sus hijas, a la que la mayoría de las fuentes llaman Florinda, a la corte. Era, por supuesto, una joven hermosa. El rey se prendó de ella, la poseyó contra su voluntad e incluso, según Ibn Abd al-Hakam, la dejó embarazada.

El ultraje llegó a oídos de Julián, que decidió vengarse de semejante deshonor y lavar su honra con la venganza. Con la excusa de que su esposa estaba muy enferma y deseaba ver a su hija por última vez antes de morir, Julián se presentó en Toledo ante Rodrigo. El rey le pidió que le enviara algunos halcones, a lo que el conde respondió con una frase en forma de juego de palabras que no dejaba de ser un presagio de lo que se le avecinaba: «Por la fe del Mesías, oh rey, que si vivo he de traerte unos halcones como jamás los hayas visto»[9].

Julián regresó a Ceuta y decidió llamar a Tariq para culminar su venganza, pero éste no se fio y le pidió rehenes. Julián le envió a dos de sus hijas. Tariq acudió a Ceuta a entrevistarse con Julián y ambos acordaron la invasión de Hispania.

Tariq ya estaba en ello, porque el propio Mahoma se le había aparecido en sueños cuando atravesaba el Estrecho; el

Profeta caminaba sobre las olas acompañado por los cuatro primeros califas y le comunicó a Tariq que vencería en la empresa que estaba planeando y que iniciara la conquista del reino visigodo. Una profecía atribuida a Kab al-Ajbar auguraba que unos hombres «cruzarán el mar hacia al-Andalus», lo conquistarán y serán reconocidos por una aureola de luz en el juicio final. Alguna leyenda presenta al primer conquistador como un sanguinario que protagoniza un episodio de cruel sadismo. Los musulmanes tomaron Yazirat Umm Hakim, un lugar en el que todos sus habitantes se dedicaban al cultivo de la viña. Cogieron a uno de los prisioneros cristianos muertos, lo despedazaron e hicieron como que lo cocinaban para comérselo. Los cristianos cautivos asistieron horrorizados a este espectáculo dantesco. En realidad todo se trataba de una estratagema, pues lo que habían cocido en las ollas eran restos de animales que mediante un engaño hicieron pasar por seres humanos. Tariq ordenó que se difundiera que se comían a la gente cual caníbales para crear un ambiente de temor y minar la posible resistencia de los hispanos. El propio Tariq se encontró en Algeciras con una anciana que le contó que su marido era un adivino que le reveló que el reino de los visigodos sería conquistado por un personaje cuyos rasgos físicos respondían a los del propio Tariq: un hombre robusto, de gran cabeza y con un lunar cubierto de vello en el omóplato derecho; ante la anciana, Tariq se descubrió la espalda y se comprobó que tenía esa marca.

Tras el desembarco del 711 las leyendas se encadenaron en el camino de los conquistadores árabes y bereberes.

Las fabulosas riquezas y tesoros de Hispania fueron presentados como el principal incentivo para la conquista musulmana; incluso se dijo que los muertos visigodos en la batalla del 711 llevaban anillos de oro si eran nobles, de plata la clase media y de cobre los siervos.

A la vista de las crónicas árabes, da la impresión de que había tesoros, oro y joyas por todas partes, tal vez debido a la costumbre visigoda de adornarse con ricas fíbulas y hebillas de cinturón de oro, pedrería y vidrio, así como la de enterrarse con piezas de valor, lo que pudo provocar la excavación de necrópolis en busca de estas piezas. Por otra parte, es conocido que hubo ocultaciones rápidas de objetos valiosos ante la llegada de los musulmanes, como el famoso tesoro de Guarrazar.

El cronista Ibn al-Hakam recoge la noticia de que un hombre se presentó ante Musa y le pidió que excavara en un lugar concreto, tal vez un cementerio, donde apareció un tesoro de rubíes y esmeraldas. Musa, impresionado por las joyas, escribió al califa de Damasco una carta en la que le decía: «Esto no es una conquista; esto es la Resurrección».

Una leyenda recogida por Ibn al-Hakam e Ibn Abi Riqa cuenta que, tras conseguir un buen botín, los musulmanes regresaron a África cruzando el Estrecho. Muchos de ellos habían manifestado fraude porque habían ocultado parte del botín en los sitios más insospechados, en pellejos de gato, en las vainas de las espadas donde luego colocaban la empuñadura, en bolsas en el cuerpo junto a los testículos, en cañas huecas, en pez...; no hay que olvidar que un quinto correspondía al tesoro imperial. Cuando cruzaban el mar se oyó una voz que decía: «¡Dios mío, ahógalos!». Los atemorizados musulmanes suplicaron a Dios que los salvara y se pusieron coranes entre la ropa; muchos murieron ahogados por la tempestad.

El episodio de la parodia del canibalismo que cuenta el

Ajbar Majmua respondía a la intención de amedrentar a los indígenas hispanos con artificios macabros como éste. Tras la toma de Algeciras, los musulmanes mataron a algunos defensores y capturaron a los demás; para atemorizarlos y transmitirles sensación de fiereza, los musulmanes cogieron los cadáveres de los muertos, los descuartizaron y los pusieron a cocer en unas ollas, todo en presencia de los cautivos hispanogodos. Previamente habían cocinado carne de animales en unas cazuelas, de las cuales, mediante un engaño, se sirvieron, haciendo creer a los cautivos que estaban comiendo los cadáveres de los cristianos.

En el episodio que narra el asedio a Córdoba, que los musulmanes, una vez posicionados ante las murallas de esta ciudad, se veían impotentes para tomar, apareció un pastor para indicarles que existía una hendidura en la muralla, oculta detrás de una higuera. Por allí escaló un musulmán que luego lanzó su turbante a sus colegas para que subieran por él, al más puro estilo de los cuentos orientales, según relata Ibn Abd al-Hakam.

La del «adivino de Algeciras» fue una de las leyendas que concitaron mayor unanimidad en los relatos. Una viuda anciana, apresada en Algeciras por los musulmanes en el primer momento de la conquista, le confesó a Tariq que su marido era adivino y que en uno de sus presagios había anunciado que entrarían unos hombres gobernados por un personaje robusto, de gran cabeza y que tendría un lunar cubierto de vello en el omóplato derecho. La vieja le preguntó a Tariq si él tenía esa mancha. Tariq se quitó la ropa y dejó al descubierto un lunar cubierto de pelo justo en el lugar donde había dicho la anciana, en versión de Al-Qalqasandi.

«El sueño de Tariq» también es una premonición. Cuando Tariq cruzaba el Estrecho para la invasión, se quedó dormido. Mientras soñaba se le apareció el profeta Mahoma caminando sobre las olas del mar y acompañado por los cuatro primeros califas. El Profeta le comunicó que siguiera adelante porque tendría éxito y vencería en su empresa de conquista, según el *Ajbar Majmua*.

En alguna crónica Musa ibn Nusayr es denominado como «el más sabio de los astrónomos». Consultado el cielo, supongo, Musa decidió que el día propicio según los astros para atravesar el Estrecho era el 21 de mayo, el mes de *ayyar* en lengua siriaca, del año 711; la fecha se cita por el calendario cristiano. Musa le ordenó a Tariq que una vez que desembarcara se dirigiera hacia un montículo rojo en el que encontraría una fuente y un ídolo de bronce con forma de toro. Una vez allí debería romper la estatua y buscar a un hombre pelirrojo que tenía estrabismo[10]. Este relato es muy extraño; Musa aparece como un visionario que sabe lo que va a ocurrir y a quién hay que recurrir para que triunfe su plan.

El propio Musa pasó en el 712 a la Península y fue protagonista de varios acontecimientos fabulosos. El viaje de Musa, tal como lo contaron algunas crónicas, constituyó un verdadero paseo iniciático y de descubrimiento por los caminos de al-Andalus.

Se sucedieron varios episodios encadenados en los que los diablos y las estatuas tuvieron un protagonismo crucial. En el primero, Musa llegó a un puente ante el cual había una figura con un arco y flechas que mató a dos musulmanes; cuando consiguieron abatirla, descubrieron con sorpresa que se trataba de una estatua de cobre.

Musa siguió encontrándose estatuas en su camino. Bajo una de ellas los musulmanes cavaron y encontraron un tarro sellado. Musa ordenó abrirlo y de su interior emanó un viento intenso. Musa dijo entonces que era uno de los diablos que encerró el profeta Sulayman. Luego caminó hasta el mar, donde en una isla encontró dieciséis jarras verdes, selladas con el sello de Sulayman. Mandó abrir una de ellas y salió otro diablo que le quebró la cabeza diciendo: «A quien de veras te honre, ¡oh profeta de Allah por la profecía!, no volveré a causar estragos en la tierra ni haré daño a criatura alguna». Las demás jarras fueron devueltas a sus respectivos lugares sin abrir.

Llegó a un río donde había estatuas femeninas en la orilla izquierda y masculinas en la derecha, y desde allí accedió a un lugar donde encontró unas bolas de cobre. Rompió una de la que salió otro diablo diciendo: «Dios te salve, ¡oh profeta de Dios!, bien me has atormentado en esta vida». Mandó Musa dejar algunas bolas.

Su travesía desde Algeciras a Toledo pasando por Sevilla y Mérida estuvo llena de episodios legendarios que parecen un paseo iniciático: combatió con hombres desnudos semisalvajes en Yilliquiya, al norte de la península ibérica, cruzó los Pirineos, descubrió una inscripción en árabe como premonición a sus conquistas y llegó al Mediterráneo, en cuya orilla soltó tres águilas que no regresaron, concluyendo que ya no había nadie delante ni detrás de él.

El romanticismo construyó a mediados del siglo XIX un al-Andalus de leyenda; y a ello contribuyó de manera decisiva el escritor estadounidense Washington Irving, con sus *Cuentos de la Alhambra*, donde el folclorismo se apodera de la trama hasta convertirse en la propia trama.

No se pretendía buscar en el pasado andalusí un marco de referencia para unos determinados ideales políticos, sino una excusa para planteamientos literarios. Era como si al referirse a un tiempo pasado, los sentimientos y las pasiones expresadas literariamente tuvieran una menor incidencia en las atormentadas conciencias de la época. Estos relatos románticos sobre al-Andalus son en realidad pseudohistóricos[11].

En Toledo se encontraron con parte del tesoro real godo, aunque otra parte ya había sido sacada de allí antes; la componían oro, plata, piedras preciosas, vestiduras, coronas, caballos, la fabulosa mesa de Salomón, piedras preciosas atribuidas a Alejandro Magno y los báculos de Moisés y Aarón.

La Mesa de Salomón era el objeto más valioso de cuantos los musulmanes se encontraron en el reino de los visigodos según la leyenda. Este objeto era uno de los más preciados tesoros de la Antigüedad, y ya aparece citado en el siglo VI por el historiador bizantino Procopio de Cesarea[12]. Se guardaba en Jerusalén y de allí fue saqueada cuando el emperador romano Tito decidió acabar con el templo de Salomón en el año 70. Los grandes tesoros que el pueblo judío custodiaba en su más sagrado santuario fueron llevados a Roma, o desaparecieron. Parte de esos tesoros fueron robados en Roma por los visigodos en el año 410 tras el asalto al mando de su rey Alarico. El tesoro fue depositado en Toulouse, cuando esta ciudad del sur de Francia se convirtió en la capital del reino visigodo, y a partir del año 507 se llevó a Toledo, al ser Toulouse ocupada por los francos.

Cuando Tariq llegó a Toledo tras derrotar a Rodrigo en el año 711, la capital visigoda había sido abandonada por los cristianos y sólo quedaban en ella los judíos. Tariq, conocedor de la existencia de la mesa de Salomón, preguntó por ella. Le indicaron que se custodiaba en un castillo llamado Firaz, o también Almeida —la ciudad de la mesa—, que se encontraba a dos jornadas de viaje de la capital. Hasta allá acudió Tariq para encontrarse con la hermana de Rodrigo, que era la gobernadora de la fortaleza y que, resignada, se la entregó. Alguna versión sostiene que la encontró Tariq en la ciudad de Narbona.

Esta mesa era una pieza maravillosa, si bien los diferentes cronistas no se ponen de acuerdo sobre su composición. Para unos era de oro y plata con tres círculos de incrustaciones, uno de perlas, otro de jacintos y el tercero de esmeraldas, aunque en otras descripciones los tres círculos eran de perlas, zafiros y crisolitos; y en otras estaba labrada en un bloque de ónice o de esmeralda. Se valoró en 200.000 dinares, una cantidad que equivalía a unos 600 kilos de oro. Era tan pesada que cuando se cargó sobre una mula, la más fuerte que encontraron, la acémila sólo pudo resistir su peso una jornada, según Ibn Idari, el *Ajbar Majmua* e Ibn Abi Riqa.

Tariq ordenó que se arrancara una de las patas, de piedras preciosas y oro, y se sustituyera por otra; en su poder quedó la original que más tarde le reportaría una prueba irrefutable de que fue él quien la consiguió. Tariq envió la mesa, junto con otras riquezas, a Musa, que acababa de desembarcar en la Península un tanto celoso de los éxitos de su lugarteniente.

Poco después Musa y Tariq fueron requeridos en Damasco por el califa Al-Walid. En su presencia, ambos caudillos se atribuyeron la conquista de al-Andalus y la captura de la fabulosa mesa. En plena disputa, Tariq pidió que se trajera la mesa, y así se hizo. Tariq hizo observar que una de las patas era diferente a las demás, a lo que Musa alegó que así es como la había encontrado. En ese momento, Tariq ordenó a uno de sus ayudantes que mostrara la pata que había ordenado sustituir, demostrando así que era él quien en realidad la había ganado[13].

Todavía en el año 733 el gobernador Al-Akki realizó una expedición al país de los francos donde se apoderó de un pie, o peana, de oro incrustado de rubíes y esmeraldas.

Lo ocurrido con los últimos miembros del linaje de los reyes visigodos se sume también en la leyenda. Una de ellas relata que una mujer llamada Sara la Goda viajó a Damasco para visitar al califa Al-Walid y allí ratificar el pacto de sumisión que había firmado su padre, el noble Olmundo. A su regreso, Sara se instaló en Córdoba, y recibió a muchos pretendientes que querían casarse con ella.

6.2. Las visiones

No son muchas las crónicas que se refieren con cierta profundidad y extensión a la conquista de la península ibérica por los musulmanes; además de breves y poco concretas, suelen introducir elementos legendarios. Por el lado cristiano son todavía menos numerosas, y son, si cabe, más parciales y manipuladas.

Las alabanzas a la tierra que se veía desde Ceuta al norte del Estrecho fueron enormes, tal como hiciera medio siglo antes Isidoro de Sevilla en su *Historia de los godos, vándalos y suevos*. Se llegó a compararla con las mejores tierras del mundo, resaltando que tenía lo mejor de cada una de ellas: la fertilidad de Siria, el clima suave del Yemen, la riqueza fiscal de Persia, la abundancia de pesca de Adén, las piedras preciosas de China y los perfumes y especias de la India.

Si la tierra de Hispania era excelente, feraz y llena de bondades, no lo eran menos sus habitantes, a los que Al-Razi compara en su crónica con los árabes por abolengo, orgullo, nobleza, altanería, altura de miras, elocuencia, magnanimidad, aborrecer las injusticias, no soportar la humillación, generosidad, honestidad y altura moral; con los indios por su interés y afición por las ciencias; con los bagdadíes por la sagacidad, inteligencia, perspicacia, talento, sutileza de ingenio, agudeza de pensamiento, penetración de ideas, buenas costumbres, elegancia y gentileza; con los griegos por talento en alumbrar aguas, interés por los cultivos, saber seleccionar frutos, hacer injertos en árboles, embellecer huertos y jardines; con los chinos por la finura de sus productos manufacturados y la perfección de sus objetivos; y con los turcos por celo en las guerras, el buen manejo de las armas y la equitación.

Y por si todo esto fuera poco, cronistas como Al-Bakri, Al-Qaznini y Al-Udri escribieron que los habitantes de Hispania vestían con elegancia, tomaban buenos alimentos, amaban los placeres, el canto y la música, sabían gobernarse bien, aprendían con facilidad las ciencias y sentían amor por la sabiduría, la filosofía, la justicia y la equidad[14]. Con tal elenco de beneficios, riquezas y fortunas, ¿quién podría resistirse a lanzarse a la conquista de semejante paraíso?

En los postulados sobre la presencia islámica en la Península las cuestiones nacionalistas, religiosas e ideológicas han jugado un papel tan intenso que en muchos casos los historiadores se han dejado llevar por sus sentimientos y pasiones más que por el análisis crítico de las fuentes y el criterio historiográfico.

Por ejemplo, el nacionalismo andaluz, en su idea de crear las raíces identitarias de la «patria andaluza», consideró que la invasión del 711 fue una especie de fundación nacional andaluza[15] y se ha dicho que «sectores nacionalistas utilizan la figura de los repobladores del noroeste peninsular para tergiversar una realidad histórica que casa con su justificación ideológica»[16].

En 1969 Ignacio Olagüe publicó un libro en París en el cual mantenía la tesis de que los árabes no habían invadido la península ibérica y que no hubo conquista. En 2009 Emilio González Ferrín sostuvo la misma tesis con una afirmación contundente: «Es mentira la fulgurante victoria islámica sobre territorio hispano; hay más de medio siglo, 710-760, de guerra civil»; y todavía iba más allá al referirse a los relatos de la conquista como «una novela», afirmando que «no es admisible el mito de la batalla de Poitiers en 732 como el enfrentamiento que en Europa frenó al islam», y negó que hubiera una presencia islámica en la Península durante el siglo VIII: «No hay nadie en Hispania durante cien años, aparte de engordadas y supuestas multitudes arabo-islámicas»[17].

La tesis del negacionismo de Olagüe y González Ferrín no abordaba el debate de si la conquista fue pacífica o violenta, simplemente afirmaron que no hubo tal conquista, sino una islamización de Hispania para convertirse en al-Andalus y que los relatos que trataban ese acontecimiento habían sido escritos dos y tres siglos más tarde desde una perspectiva presentista según lo que ocurría en el siglo X y no en lo sucedido en el 711.

En 2011 Alejandro García Sanjuán desmontó las tesis negacionistas con una durísima crítica; llamó a Olagüe «falsario, indocumentado y fascista» y arremetió contra González Ferrín descalificando todos sus planteamientos[18].

La inmensa mayoría de los historiadores sostienen que sí hubo invasión islámica de la Península, pero la principal diferencia estriba en cómo se produjo.

Algunos afirman que «no hubo diferencias culturales entre los cristianos del norte y del sur de la Península en los siglos VIII y IX»[19] y que «la islamización del siglo VIII nunca fue una conquista; no hubo ni conquista ni Reconquista», afirma la arabista Dolors Bramon.

El problema es que las fuentes no se ponen de acuerdo en lo que ocurrió en el 711 y que muestran enormes contradicciones, como ya se ha señalado.

Según el relato anónimo del *Ajbar Majmua* y los cronistas Al-Razi y Abi ibn Sad, los hispanogodos capitularon y sí hubo conquista pero fue pacífica, no a la fuerza. «Hubo de todo: entrega, lucha, abusos, pactos no respetados... La conquista fue caótica y mixta»[20].

Ángeles Vicente ha observado, con buen criterio, que los musulmanes eran en el siglo VIII una minoría dividida además en grupos diversos y heterogéneos de bereberes, árabes y sirios, frente a una inmensa mayoría de población local; de manera que la política de conversiones para la islamización no fue agresiva, sino que las conversiones se produjeron de manera pacífica gracias a la labor proselitista que desarrollaron, con gran éxito por cierto, los ulemas[21]. Para Vallvé, debatir sobre la cuestión de si hubo conquista o pacto en la formación de al-Andalus resulta superfluo, porque los árabes y los sirios llegaron a Hispania y se rigieron por el antiguo sistema de la *hospitalitas*, «que estaba vigente en la España visigoda»[22].

La confusión, la falta de datos, la falsedad y tendenciosidad de muchas de las fuentes genera tantas dudas en todo este proceso que Manzano sólo puede llegar a concluir que Hispania sí fue conquistada por los árabes en el 711, que hubo pactos y acuerdos entre conquistadores e indígenas, y que «tal vez» hubo enfrentamientos entre el 711 y el 720, «pero no sabemos ni cuántos ni dónde»[23].

Otras crónicas, como la árabe de Ibn Habib, en la que se dice que «Hispania fue conquistada a la fuerza»[24], o la *Crónica mozárabe del 754* presentan un panorama en el que sí se produce una invasión y conquista a la fuerza, en algunos episodios con una crueldad y violencia extremas.

Es en estas visiones catastróficas en las que se han basado historiadores conservadores para afirmar con entusiasta presentismo que la conquista islámica fue «la mayor tragedia de la historia de España» y que «España quedó devastada»[25].

A mediados del siglo VIII, cuando la sorpresa de la invasión había dado paso a la realidad de un dominio político que parecía estable y consolidado, algunos cristianos estallaron de desesperación ante lo irreversible y tergiversaron la situación falsificando los hechos y la propia realidad histórica. Un ejemplo bien patente de ello es la llamada *Crónica mozárabe*, donde se presentó una conquista musulmana de la Península tan apocalíptica como falsa.

El apocalipsis.

Usando sólo fuentes documentales como ésta, la historiografía más rancia presentó un panorama parcial y ridículo de lo ocurrido tras el 711: «La Reconquista fue la lucha de un pueblo, el español, para recuperar su libertad perdida a causa de la cruenta conquista y despótico gobierno de los musulmanes»[26].

Basten otros tres ejemplos de ferviente maximalismo ahistórico:

«España era una nación situada a la cabeza de la cultura occidental. Esta situación iba a verse, sin embargo, quebrada por la culpa de la invasión islámica de inicios del siglo VIII... La resistencia planteada por los cristianos fue encarnizada... Aquellos vencidos que habían osado resistir a los invasores se vieron sometidos, en el peor de los casos se tradujo en la ejecución de los varones y la esclavitud de mujeres y niños»[27].

«La imagen edulcorada de un al-Andalus idílico (se suele apostillar con la palabra paraíso), donde convivían en estado de gracia perenne los fieles de "las tres culturas" y las tres religiones, es insostenible e inencontrable, apenas comenzamos a leer los textos originales escritos por los protagonistas en esos siglos... Bien es verdad que, una vez desaparecido, se convirtió en ese paraíso perdido del que hablan los árabes, lacrimógena fuente perpetua de nostalgias y viajes imaginarios por la nada, de escasa o nula relación con la España real que, desde la Edad Media, se había ido construyendo en pugna constante con el islam peninsular. Ésa es la historia»[28].

«La actualidad es la gran era de la mitología histórica... y España es la comunidad nacional más antigua de Europa desde los suevos... La única civilización mundial es la llamada occidental... Para cualquier español de bien, y con cierto caletre, poner fin al Estado taifal de las Autonomías sería una gran noticia»[29].

Numerosos historiadores tradicionalistas, tanto españoles como europeos, han sostenido a partir de fuentes de información sesgadas y parciales y no poca ideología panespañolista que los visigodos, algunos lo han adelantado hasta los suevos, e incluso hasta la cultura tartésica, nada menos, fueron los primeros en «unificar España» y que el concepto de «nación española» nació precisamente en los siglos VI y VII. Así, los reyes de Asturias y de León se consideraron los herederos de los reyes visigodos y sus cronistas fabularon acontecimientos, magnificaron hechos, falsificaron datos y acudieron a la intervención divina en este proceso. Para estos cronistas cristianos, y sus acólitos seguidores siglos después, la caída del reino de Toledo fue una verdadera tragedia, una alteración de la historia y una injusticia que había que reparar a toda costa. Por eso presentaron a todos los musulmanes como seres inhumanos y sangrientos, y a los cristianos como víctimas inocentes de los malvados invasores. Se sentaban las bases de lo que se denominará «la pérdida de España», que siglos más tarde divulgará con entusiasmo la historiografía más conservadora y reaccionaria.

Frente a esta interesada y manipulada versión, los autores más rigurosos, que cotejan las fuentes escritas árabes con las cristianas y con las arqueológicas, sostienen que apenas hubo resistencia por parte de los hispanogodos ante los musulmanes, y que la ocupación, salvo la primera batalla y alguna que otra escaramuza, fue realmente pacífica y se produjo mediante pactos de sumisión.

Eduardo Manzano ya apuntó y criticó los peligros de este tipo de postulados sesgados, denunciando que «en los últimos años está surgiendo una incalificable reacción conservadora que considera la historia de al-Andalus como un capítulo marginal de la historia de España»[30].

García Sanjuán abundó en la crítica contra esta historiografía maniquea trufada de ideología conservadora y tradicionalista, y propuso que sí hay que hablar de conquista islámica, pero añadió que a quien benefició fue a las aristocracias indígenas que firmaron los pactos y capitulaciones con los conquistadores, y cargó las tintas contra esos historiadores, calificando a Fanjul de «tendencioso y manipulador» y de presentar «un esquema maniqueo», a Ricardo García Gual de «académico acrítico», a un propagandista como José María Aznar lo tildó de «manipulador» y a César Vidal de utilizar «la rutinaria reiteración de los más rancios estereotipos decimonónicos y la islamofobia»[31]. Rotundo y claro.

Algunos cronistas musulmanes, que escribieron siglos después de la invasión, también incidieron en la idea de que Hispania había sido conquistada a la fuerza, como se señala en el *Ajbar Majmua* y refiere el cronista Ibn Habid[32] El propio Ibn Jaldún escribió en la segunda mitad del siglo XIV con cierta dosis de presentismo, pues el sultanato de Granada estaba amenazado por los reyes de Castilla y León, que Tariq derrotó a Rodrigo en «la fosa de Jerez», que esa victoria desató el «huracán islámico» y que la expansión se detuvo por la «guerra civil en al-Andalus y los ataques a los vascones»[33].

También hubo cronistas árabes como Al-Razi o Arib ibn Sad que destacaron que la conquista fue pacífica, que no se impuso la religión islámica a la fuerza y que no se modificó de manera violenta el modo de vida de los hispanos[34]. Y no faltaron los cronistas árabes que consideraron a los musulmanes andalusíes como los herederos legítimos de la Hispania visigoda, igual que los reyes de Asturias y León[35].

En cualquier caso, no cabe duda de que la conquista musulmana de Hispania se produjo sobre una sociedad que agonizaba y que quebró la sociedad visigoda y su tradición política, y que los cristianos justificaron su derrota a causa del castigo divino por los pecados cometidos.

Al-Andalus fue considerado un pasado imaginario, un atavismo perdido para siempre, ajeno en cierto modo, por no decir opuesto, a «lo español», de modo que el potencial de la historia andalusí no se aprovechó como hubiera sido deseable, pues para los escritores españoles del siglo XIX lo andalusí, equiparado a «lo moro», era lo contrario a «lo español».

7

Al-Andalus
y la consolidación del dominio islámico

Apenas seis años después de la llegada de los musulmanes, la situación comenzó a cambiar en la zona norte de la Península.

La recaudación de tributos siguió siendo la principal tarea encomendada por los califas a los gobernadores de al-Andalus, como ocurrió con Al-Samh ibn Malik, recién llegado en el mes de mayo del 718 con la misión de realizar un censo fiscal, que según algunas fuentes lo escribió de su puño y letra. La quinta parte del botín, que seguía enviándose a Damasco, constituía la principal fuente de ingresos del califato omeya, que hacia el año 720 comenzaba a mostrar los primeros signos de debilidad tras más de medio siglo de éxitos continuados.

Al-Samh, que había sustituido a Al-Hurr, mantuvo el sistema de reparto de tierras entre los conquistadores, favoreciendo a los árabes frente a los bereberes, y quiso demostrar su lealtad al califa y su afán recaudatorio. Debió de pensar que toda la Península ya estaba sometida o que al menos no corría peligro la conquista[1], porque ordenó atravesar los Pirineos a mediados del 720, o quizá en el 721, para caer sobre Narbona y ocuparla por la fuerza tras un breve asedio[2], durante el cual es probable que muriera Ardo, el último noble visigodo que se tituló rey[3]. Se especula que es probable que por allí también anduviera el noble Pelayo, que consiguió huir a Asturias, a donde llegaría en la primavera del 722, según algunas noticias[4]. La caída de Narbona provocó que se entregara la provincia de la Septimania, el último reducto de los visigodos, y que capitularan las ciudades de Béziers, Agde y Magalona; sólo en Nimes se ofreció alguna resistencia armada.

En el año 720 todo el norte peninsular había sido sometido. La población aceptó la capitulación y el pago de tributos, y para controlar la zona cantábrica, la más rebelde contra el poder central de Toledo durante el reino de los visigodos, se estableció un centro político en Gijón, desde donde un árabe llamado Munuza, sobre cuya historicidad se han levantado serias dudas[5], gobernaba esa región, además de establecer guarniciones militares integradas por soldados en León y Astorga, así como en algunas zonas de Álava[6]. Desde luego, los hallazgos arqueológicos evidencian que la ocupación musulmana del norte peninsular resultó «mucho más intensa de lo que se pensaba»[7].

En León se instaló un contingente norteafricano que se acuarteló en una zona al norte de la ciudad, dentro del recinto amurallado, como evidencia el hallazgo de cerámicas, monedas y precintos de plomo[8]. La aristocracia astur, que se había rebelado contra los visigodos a fines del siglo VII, pactó con los musulmanes recién llegados y aceptó el pago de tributos, al menos hasta el año 725, cuando se produjo la primera revuelta en la zona a causa de la excesiva presión tributaria.

A la llegada del islam al noroeste peninsular ya se había

producido la fractura de esta región con el Estado visigodo; las aristocracias locales se estaban redefiniendo y organizando una nueva forma de ocupación del espacio con la creación de nuevas aldeas; un proceso similar ocurría a la vez en Vasconia[9].

Sometida Narbona, la vanguardia del ejército musulmán, conquistado ya todo el territorio peninsular, atravesó de nuevo los Pirineos a comienzos del 721 y atacó Aquitania y las posesiones visigodas en la provincia de Septimania que habían resistido la incursión del año anterior. En la primavera se plantaron ante los muros de Tolosa (Toulouse)[10], bombardeándolos con proyectiles de honda y cercándolos con máquinas de asedio, según algunas fuentes. Los francos merovingios se encontraban sumidos en una crisis notable, pero pese a los conflictos internos que atravesaba este reino, algunos nobles francos y galorromanos reaccionaron ante la grave amenaza del peligro exterior, sabedores además de lo que les había ocurrido a los visigodos en circunstancias similares una década antes.

Los aquitanos se alinearon en torno al duque Eudo, el señor más importante y poderoso de la región, que estaba enfrentado con los francos de Austrasia. Carlos Martel, mayordomo de palacio de Austrasia, lo había derrotado el 14 de octubre del 720 cerca de Soissons, pero ante el avance de los árabes ambos caudillos llegaron a un acuerdo por el cual Martel se hacía con el tesoro de los francos de Neustria y con su rey Childerico[11].

Eudo organizó la defensa y derrotó a un ejército musulmán mandado por el general Zuma, que asediaba Tolosa. Las crónicas fechan esta victoria de los aquitanos el día 9 de junio del 721[12]. En la batalla murió Al-Samh[13], por lo que fue necesario nombrar a un nuevo gobernador, llamado Abdarrahman ibn Abd-Allah, que gobernaría en dos periodos alternos, en esta primera ocasión sólo durante cuatro meses, quizá de manera provisional. Alguna fuente sugiere que Eudo de Aquitania se alió con Munuza, gobernador musulmán del norte de al-Andalus, en una extraña confluencia de intereses.

La derrota en Tolosa y el descontento de los bereberes, que iba en aumento a causa del malestar por el desigual reparto de la tierra, que consideraban injusto por ser siempre favorable a los árabes, y por el permanente menosprecio a que eran sometidos, despertaron gran malestar en al-Andalus. Los nuevos impuestos fueron la causa directa de las primeras revueltas entre los astures y los cántabros, hasta entonces sometidos sin el menor conato de resistencia[14]. El califa Yazid II, inclinado a marginar a los bereberes y a los muladíes para favorecer exclusivamente a los árabes y a incrementar la presión fiscal sobre los cristianos y los judíos, nombró gobernador de al-Andalus a Anbasa ibn Suhaym, un tipo duro que duplicó las cargas fiscales a la población no árabe, lo que supuso un gran impacto en la población que mantenía la escasa estructura productiva que quedaba de la época visigoda, como certifica la ruptura en el año 722 de los precintos de las cajas del botín de Ruscino, a dos días de camino de Narbona[15].

Pese a la derrota en Tolosa, los musulmanes no retrocedieron; todo lo contrario, siguieron con su plan de llegar por tierra hasta Constantinopla atravesando todo el sur de Europa, y enviaron más contingentes en los años 723 y 724[16]. Estas tropas conquistaron Carcasona en el 725, tomaron Nimes, que ya había resistido un primer envite en el 721, y avanzaron hasta Autun, ciudad que según alguna crónica fue destruida; las fuentes francas hablan de sucesos catastróficos[17].

En el 726 la vanguardia del ejército musulmán, que ya había llegado hasta el río Ródano, lo atravesó para continuar hacia Italia. En su progresión, el valí Anbasa se encontró con una dura oposición, recibió un flechazo y murió en el acto. La muerte del general que había conducido a la victoria a los musulmanes en Septimania y Provenza provocó una desbandada en sus filas, y el avance se detuvo.

La situación al norte de los Pirineos se estancó entre el 726 y el 730. Los aquitanos de Eudo y los astures, a los que ya encabezaba Pelayo, firmaron una tregua con los musulmanes y se paralizaron las hostilidades durante cuatro años. El pacto de Eudo se selló en el 729, al entregar a una de sus hijas para que se casara con el musulmán Munuza, siguiendo algunas prácticas tradicionales de la expansión, que en ocasiones se consolidaba mediante acuerdos matrimoniales entre los conquistadores y los conquistados. Los datos que ofrecen las crónicas para esos años son confusos; según Al-Maqqari los musulmanes conquistaron el sur de Francia y todo el norte de Hispania, salvo una zona de Asturias donde se refugiaron unas gentes «a las que no pudieron someter ni encontrar», y según Ibn Hayyan hubo una pequeña resistencia de los cristianos en el norte, «treinta hombres y diez mujeres a los que dejan en paz» los musulmanes al considerarlos insignificantes[18].

Tras más de una década de pacífico dominio islámico en la región cantábrica, la resistencia local resurgió hacia el 725, y continuó a lo largo del resto del siglo VIII. En torno a esa fecha los musulmanes abandonaron Gijón, que desapareció como centro urbano relevante[19]. El noble Pelayo encabezó una revuelta en las montañas de la comarca de Cangas de Onís, siguiendo pautas similares a las que cántabros, astures y vascones habían puesto en práctica contra los visigodos durante los siglos VI y VII[20], lo que supuso que en el 731 «el reino de Asturias se independiza de facto»[21].

La muerte de Anbasa, durante cuyo gobierno se había conquistado el sur de la Galia, desde los Pirineos hasta el Garona y el Ródano, ralentizó el avance pero tampoco lo detuvo. Su sucesor, el emir Yahya ibn Salama, insistió en el refuerzo del sistema fiscal, lo que provocó nuevas revueltas entre los años 729 y 732, que fueron reprimidas con dureza. Al descontento se sumó el enfrentamiento secular entre los clanes árabes de qalbíes y qaisíes, que venía ya de lejos, y que el nuevo emir Abdarrahman ibn Abd Allah decantó a favor de los qalbíes[22].

En el 731 se retomó el avance por el valle del Loira, y varios destacamentos de jinetes musulmanes realizaron cabalgadas por el norte de Aquitania. El reino de los francos, aquejado además por graves problemas internos, parecía a punto de sucumbir, tal como le había ocurrido al de los visigodos apenas veinte años antes.

Así se intuía entonces, pero la situación en el Imperio islámico y en el emirato andalusí había cambiado sustancialmente en las últimas dos décadas desde el desembarco en Gibraltar. Los omeyas se habían sumido en una grave crisis política y, aunque mantenían el frente de avance en Asia Central, sus ejércitos habían sufrido una grave derrota en Transoxiana en la batalla de la Sed frente a los turcos del kanato de Türgesh en el 724 y habían fracasado en el sitio de Nicea ante los bizantinos en el 727; en varias provincias se desataron las protestas, se produjeron revueltas y fueron depuestos algunos gobernadores, a la vez que los pueblos conquistados se quejaban por los abusivos impuestos a los que quedaban obligados[23].

Pese a los problemas que se acumulaban en algunos territorios conquistados por el islam, los musulmanes fueron capaces de organizar un nuevo ejército, que en la primavera del año 732 cruzó los Pirineos y se adentró en Aquitania; «parecía que nadie podía detenerlo»[24].

Ese verano un escuadrón de la vanguardia musulmana llegó de nuevo, ya habían realizado en el 726 una cabalgada hasta allí, a la ciudad de Autun, en el corazón de la Borgoña, tan sólo a 300 kilómetros al sureste de París, y otro, o quizá fuera el mismo, se presentó en los llanos de Poitiers, en el centro de Francia, a mitad de camino entre los Pirineos y París[25].

Enterado de ello, Carlos Martel, mayordomo de palacio de Austrasia y verdadero ostentador del poder real en el reino de los francos ante el títere que era el rey Teodorico IV, organizó su propio ejército y salió al encuentro de los invasores, que avanzaban por la calzada que unía Poitiers con Tours, camino ya del centro del reino merovingio.

El 10 de octubre del 732 un regimiento de caballería árabe se enfrentó en un lugar no localizado de esa calzada con el contingente de guerreros francos que encabezaba Carlos Martel. Se producía una situación muy similar a la ocurrida en julio del 711 en la batalla de los montes transductinos, en la región de Algeciras.

El resultado de la batalla de Poitiers fue bien distinto: los musulmanes salieron derrotados y Carlos Martel se convirtió en el gran héroe de los francos.

Desde el siglo VIII la mayoría de los europeos ha sido bombardeada por una intensa campaña de propaganda antiislámica, en la que la victoria de Poitiers se magnificó de manera exagerada. En Francia se creó el «mito de Poitiers», basado en que la batalla librada en el año 732 había detenido la invasión de los ejércitos musulmanes, salvando a la civilización cristiana de Europa y librándola de la barbarie islámica; la Covadonga francesa, aunque esta batalla sí fue real y no imaginaria.

No ocurrió así. La de Poitiers fue una más de las muchas derrotas, y ni siquiera la más cruenta, que sufrieron los musulmanes durante la primera centuria de su expansión. Tras la batalla, buena parte del sur de Francia se mantuvo bajo dominio islámico durante algunas décadas más, y sus ejércitos continuaron avanzando hasta alcanzar las estribaciones de los Alpes.

A la vista de cualquier mapa que refleje la situación en Europa en el siglo VIII o de la expansión del islam, sobre la ubicación de Poitiers siempre aparece la fecha del 732, con el icono de las dos espaditas cruzadas significando el lugar de una batalla, y una flecha que proveniente del sur gira en un bucle de trescientos sesenta grados y vuelve hacia el sur; pero, en realidad, la causa directa del frenazo de la expansión en Francia no fue la intervención de los francos ni la derrota en Poitiers, sino los abrumadores problemas internos del Imperio islámico, que desencadenaron primero una guerra civil en al-Andalus y después la guerra entre los omeyas y los abasíes por el califato, que se saldó con la liquidación de la dinastía omeya y su sustitución por la abasí al frente del islam.

Cada vez son más los historiadores que desmontan el «mito de Poitiers» y que consideran que fue una batalla más de las muchas que se libraron, que no acabó con las expediciones árabes en territorio franco y que no frenó las expectativas de los musulmanes en Europa occidental, sino que incluso las aceleró, pues los árabes se presentaron en Lyon en el año 734 siguiendo órdenes directas del califa Hixam I; si la expansión se detuvo fue por las disputas internas entre los musulmanes andalusíes[26].

En cualquier caso, la victoria de Poitiers fue muy importante para la moral de los francos y el fortalecimiento de su espíritu de resistencia al islam, y también para todos los cristianos de occidente, como se deduce de que la *Crónica anónima del 754* se alegrara de la victoria de Carlos Martel[27], aunque curiosamente no dijera nada de la inexistente batalla de Covadonga, quc, de haberse librado, hubiera sido mucho más impactante para este cronista anónimo hispano.

La batalla de Poitiers no fue el punto de inflexión en la expansión árabe, ni mucho menos, pero sirvió para crear un símbolo de la resistencia cristiana encarnada en el caudillo franco Carlos Martel y, siglos después, para mitificar la defensa de la cristiandad occidental desde el reino de los francos, que se hizo extensivo al reino de Francia a partir del siglo XII. El eco de esa victoria cristiana resonó con fuerza en los primeros focos de resistencia indígena al sur de los Pirineos en el año 733 y también en la zona noroccidental peninsular, a donde tuvo que acudir a fines del 734 el emir Uqba a poner orden, así como en Galicia, Álava y Pamplona[28].

En los veinte años siguientes a esa batalla los musulmanes mantuvieron y extendieron su presencia en la mitad sur de la actual Francia; en el 734 ocuparon Arlés, en los años 736 y 737 continuaron hasta la comarca de Berre, junto a Marsella, e iniciaron la islamización de esa región, construyendo mezquitas de modo similar a como estaban haciendo en la península ibérica.

Desde luego, la noticia de la victoria de los francos llegó enseguida al norte de Hispania, donde estaba creciendo el rechazo a los musulmanes por causa de los abusivos tributos a que estaban siendo sometidos. Tras dos décadas en paz, los vascones también se rebelaron. La situación debió de ser grave, porque el gobernador Abd al-Malik ibn Catan tuvo que acudir en persona a sofocar esa revuelta en el 734[29].

Todo se complicaba. Los pueblos del norte de la Península, acostumbrados a enfrentarse a los visigodos durante decenios, recelaron del sistema y del volumen de impuestos aplicado por los musulmanes y continuaron la tradición secular de no someterse al pago de tributos que antes del 711 se dictaba desde Toledo, a partir del 712 desde Sevilla y en el 716 desde Córdoba, y también sufrieron los ataques de los musulmanes, incluso cuando éstos estaban sumidos en plena guerra civil[30].

Los árabes andalusíes atravesaban serias dificultades. Los bereberes, ahora en connivencia con Eudo de Aquitania, se levantaron en armas y derrotaron al general Ibn Qatan en algunos enfrentamientos en los años 733 y 734. El nuevo gobernador Abd al-Malik tampoco logró hacerse con el control del norte peninsular, y fue depuesto por el gobernador de Ifriquiya, de quien seguían dependiendo los gobernadores de al-Andalus. Uqba ibn al-Hayyay fue nombrado nuevo gobernador andalusí y tomó posesión de su cargo en noviembre del 734. Uqba encarceló a su antecesor y reprimió a los que lo habían apoyado. Nada más acceder al poder mandó elaborar un nuevo censo fiscal, ordenó que se cumpliera la ley, promovió la exención de tributos para algunos, puso orden en al-Andalus y encabezó una expedición contra el reino de los francos, que amenazaban con recuperar Narbona, al frente de un poderoso ejército.

Uqba era árabe; favoreció a los suyos en contra de los bereberes y de los muladíes, los hispanos conversos al islam, que ya empezaban a profesar esa religión. Hacia el 737 los bereberes eran el único grupo musulmán asentado en las montañas y valles del sur de Galicia[31] y en las serranías y tierras marginales más pobres de la Península, sobre todo en el sistema ibérico, en el piedemonte del sistema cantábrico, en el sur de Vasconia y en las zonas lacustres y pantanosas de la costa mediterránea. Seguían siendo menospreciados por los árabes, a los cuales se concedían las tierras más ricas y productivas. Los cronistas árabes consideraban a los bereberes originarios de Palestina, súbditos del rey Goliat, que emigraron al norte de África cuando éste fue muerto por David y allí se habían dividido en varias tribus[32]; eran gentes por tanto ajenas al mundo de los árabes, los dueños del auténtico pedigrí islámico.

El conflicto entre los dos grupos se desencadenó con virulencia. En el 737 los bereberes se rebelaron en el norte de África y estalló la guerra contra los árabes[33]. Ambos eran en principio musulmanes sunníes, pero muchos bereberes norteafricanos adoptaron el jariyismo, considerado una herejía dentro del islam ortodoxo, que propugnaba la tesis de que todos los musulmanes eran iguales y tenían los mismos derechos independientemente de su origen étnico, con la intención de reafirmar sus propias señas de identidad[34].

Mientras la vanguardia del ejército musulmán seguía combatiendo en los campos de Francia, ganaba terreno y cruzaba el curso del Ródano en el 737, y los vascones, los cántabros y los astures organizaban los primeros conatos de resistencia, en el norte de África y en al-Andalus estalló la *fitna*, una guerra civil a la vez que una revuelta social, entre árabes y bereberes.

Los bereberes instalados en el noroeste peninsular emularon a sus parientes del norte de África y se rebelaron contra los árabes en el año 739, en tanto los del Magreb seguían con su revuelta general.

Los árabes habían sido expulsados del actual Marruecos, en Asturias se había configurado un pequeño reino cristiano con los caudillos Pelayo, Favila y, sobre todo, Alfonso I, y en el reino de los francos se había asentado Carlos Martel como defensor y verdadero soberano del reino, aprovechando además el interregno que se produjo entre la muerte del rey Teodorico IV en el 737 y la proclamación en el 743 de otro títere como Childerico III.

Al-Andalus había quedado aislado del califato de Damasco[35]. Por primera vez desde la creación del Imperio islámico, cien años atrás, la unidad política del islam estaba a punto de romperse, pero el califa Hixam I reaccionó con contundencia y ordenó el envío de tropas sirias, de fiel obediencia a los omeyas, para sofocar la rebelión de los bereberes. El mando del ejército sirio, compuesto según algunas fuentes por 30.000 soldados, fue encomendado al general Balch, que partió hacia occidente en el 740 en ayuda del gobernador Ibn Qatan, que ejercía su segundo mandato. El ejército califal quedó debilitado, y quizá influyó la derrota ese mismo año de los árabes ante los soldados bizantinos del emperador León III en la batalla de Akroinon, mucho más decisiva que la de Poitiers.

Entre el 740 y el 742 la situación fue de abierta guerra civil y de enormes revueltas sociales, la primera gran *fitna*, como denominaban los árabes a este tipo de situaciones, en el califato omeya. La situación se tornó muy grave. En el 740 los bereberes tomaron Tánger, entonces en poder de los árabes, y los volvieron a derrotar en el 741[36].

Tras algunos contratiempos, que hacían presagiar que la caída de los árabes en Marruecos y al-Andalus era inminente, las tropas de Balch cruzaron el Estrecho, y se ubicaron en Algeciras; lograron derrotar a los bereberes en el arroyo Guazalete y en ese mismo verano se presentaron en la ciudad de Toledo, a la que liberaron del asedio de un ejército bereber[37].

Para entonces, a los enfrentamientos entre árabes y bereberes se habían añadido las disputas tribales y clánicas entre los árabes qaisíes, tribus del norte de la región de La Meca y Medina establecidas en Siria e Irak, y los qalbíes, árabes del sur, procedentes de la zona del Yemen. Los gobernadores que se sucedieron en estos años tampoco contribuyeron a apaciguar la guerra civil. Balj ibn Basir, que gobernó al-Andalus de octubre del 741 a septiembre del 742, fue un qaisí que privilegió a los clanes afines y persiguió a qalbíes y bereberes. En estos conflictos jugaba un papel predominante el principio de la *asabiyya*, la solidaridad tribal que implicaba complejas relaciones familiares y clánicas que se mantenían durante decenios[38].

Los bereberes abandonaron la zona sur del ducado de Cantabria, aunque volvieron en el 743 tras el final de la guerra con los árabes, para instalarse ahora en Al-Qila, la zona norte de Burgos y sur de Álava, que un siglo después y por similitud fonética se llamará «Castilla», y de ahí la abundancia de topónimos de origen semita en esa región[39], como el propio Burgos, cuyo nombre derivado de *al-burj*, «la torre» en árabe, se cita a comienzos del siglo IX, en tanto el término «burgo» no aparece hasta dos siglos después; y así lo ratifica la arqueología, al constatar la existencia de varios paramentos de muros y un imponente torreón de factura islámica de época emiral en el castillo de esta ciudad.

No hay noticias de asentamientos de grupos familiares árabes en el centro y noroeste de la Península, pero sí de clanes bereberes que se habían establecido en esas regiones en los primeros momentos de la conquista[40].

Los bereberes que se habían ubicado en Galicia en los primeros años se unieron a otros grupos en las estribaciones de las sierras de Cantabria y de Guadarrama, en una rebelión general contra los gobernadores árabes de al-Andalus[41]. Un grupo de bereberes norteafricanos dirigidos por un personaje llamado Odoacro se trasladaron a la zona de Lugo, al valle del Duero[42] y quizá al alto Ebro, donde se ubicó la tribu bereber de los Al-Qila.

La *fitna* del 740 al 742 desencadenó un cambio sustantivo en el norte de Hispania. Los musulmanes lo habían controlado durante treinta años[43]. Las primeras guarniciones bereberes se habían instalado en viejas ciudades como Lugo, Monforte, Salamanca, León y Lancia, ciudad romana a 15 kilómetros al sureste de León[44], aprovechando las formidables estructuras defensivas que perduraban desde época romana, pero la guerra civil, la división en el seno del islam andalusí y la debilidad de la autoridad islámica desvertebró el territorio al norte del Duero, propició la retirada bereber de algunas ciudades del noroeste y facilitó el asentamiento del reino de Asturias durante el breve reinado de Favila, y, sobre todo, con su sucesor Alfonso I, estableciendo un nuevo patrón de asentamientos más concentrados[45].

En el 743, acabados los enfrentamientos más duros del trienio de la *fitna*, se produjo un intento de pacificación con los gobernadores árabes Thalaba ibn Sallamah, de septiembre del 742 a mayo del 743 y Abu al-Jattar al Kalib, de mayo del 743 a abril del 745; este último era de origen yemení, pero otorgó asentamientos a los sirios. Se delimitaron ocho distritos para ubicar a los sirios llegados en el 742, aunque la autoridad real de los gobernadores apenas se extendía poco más allá de la ciudad de Córdoba y el valle del Guadalquivir[46].

Al norte del sistema central el poder de los delegados omeyas era inexistente hacia el 742, por lo que se generó un enorme espacio desvertebrado en el que hubo un colapso político[47]; sólo así se pudo desarrollar el reino de Asturias, cuyas elites aristocráticas aprovecharon la ocasión para imponerse en las montañas y reforzar sus señas de identidad, sobre todo el cristianismo.

A la vez, las campañas militares hacia el norte de Francia se ralentizaron hasta llegar a detenerse, pues los árabes tuvieron que centrar todo su esfuerzo en la guerra contra los bereberes en al-Andalus. La llegada de árabes procedentes de Siria y Egipto entre el 742 y el 744 y el asentamiento de estos grupos en el sureste de la Península provocó un cambio en la estructura y organización política andalusí, cuyos dirigentes comenzaron a pensar en asentar el territorio dominado antes de proseguir con nuevas, inciertas y peligrosas aventuras conquistadoras.

Fueron años complicados, agravados por un lustro, del 748 al 752, de sequías y hambrunas que asolaron Galicia y el norte de Portugal, en unos momentos en que los campesinos sujetos a la tierra aprovecharon para librarse de la presión señorial y algunos mozárabes huyeron del sur para buscar refugio en las montañas del norte, donde hacia el 743 ya se había organizado un pequeño reino con Alfonso I de Asturias al frente[48].

Por estas mismas fechas se documenta el abandono masivo, en un proceso que duró un siglo, de la red de aldeas de época tardovisigoda a ambas vertientes del sistema central, a la vez que en Vasconia, sobre cuyo proceso histórico los historiadores mantienen numerosas dudas ante la carencia de fuentes escritas y a falta de una sistematización y ampliación de las arqueológicas, se intensificó la densificación del poblamiento y la concentración de la población en aldeas, bien en localidades existentes desde época romana o bien en sitios nuevos, pero sin que se construyeran fortificaciones relevantes[49].

Las transformaciones que se produjeron a mediados del siglo VIII en el norte de al-Andalus fueron muy notables y se han podido observar gracias a la arqueología. La quiebra política de mediados del siglo VIII desencadenó importantes cambios en las redes de hábitat, pero no hubo despoblación en la cuenca del Duero, sino una reestructuración del poblamiento y del territorio[50].

Tras varias décadas de presencia musulmana en el norte, se constata un abandono de las posiciones, que en ningún caso se trató de desalojos violentos[51], al norte del Duero, cuyo curso se convirtió en una especie de frontera lineal a lo largo de la cual los musulmanes mantuvieron posiciones estratégicas, desde mediados del siglo VIII con claro carácter defensivo, como ocurrió en Zamora, donde se ha documentado arqueológicamente una presencia andalusí, o al menos una intensa relación con ese mundo, hasta el siglo X, con una concentración de población en torno al castillo[52].

En el cuadrante norte de la Península los asentamientos bereberes bajo control islámico duraron poco tiempo. La *fitna* del 740-742 provocó el abandono generalizado y la precipitada salida de los bereberes, que se replegaron al sur del curso de este río a partir del 743[53], dejando los centros urbanos al norte de la línea del Duero. Los bereberes se retiraron de regiones enteras y de ciudades que habían ocupado en el noroeste, como Lugo, León, Salamanca, Ávila, y también el noreste, como Barcelona o la muy mermada Tarragona[54]; aunque la abundancia de restos actuales de ADN bereber en el sur de Galicia y el norte de Portugal indican que parte de la población norteafricana permaneció en esa región, y que se convirtieron al cristianismo en el siglo IX, conforme avanzaba el reino de Asturias por esas zonas.

La evolución histórica del territorio comprendido entre el curso del Duero y las montañas cantábricas en los siglos VIII y IX supone un gran reto para los historiadores, que ante la desesperante carencia de fuentes escritas recurren a las arqueológicas para documentar un colapso político, una gran diversidad en las elites locales, abandonos y desestructuración, ausencia de acuñaciones y carencia de un poder central[55]. Entre el Duero y el sistema central la fragmentación política también se acentuó y parte de esta zona no se integró en el sistema andalusí; fue un espacio sin Estado, «una tierra de nadie hasta el siglo IX»[56], aunque sí se documenta arqueológicamente la presencia islámica en algunos lugares hasta el siglo X, lo que niega las viejas tesis de que la meseta norte fue un «desierto demográfico» en los siglos VIII y IX, y así lo demuestran las excavaciones en varios poblados como El Castellar en Villadonjimena, Palencia, que ni siquiera se abandonó tras la quiebra del reino visigodo[57].

A mediados del siglo VIII se produjo la retirada de los musulmanes de las guarniciones situadas entre el Duero y las montañas cantábricas, debido sin duda a la carencia de un poder central y fuerte en Córdoba que organizara esta zona, sumida en plena crisis del emirato. Algunos grupos bereberes abandonaron la región del Duero para asentarse más al sur, en los cursos del Tajo y del Guadiana[58]. Estos movimientos de gentes conllevaron una reorganización del espacio de las dos mesetas y la asunción desde Córdoba, ya en época de Abdarrahman I, de que el sistema central se estaba convirtiendo en la frontera norte de la mitad occidental de al-Andalus, y de ahí la fundación de la ciudad de Bascos, en el Tajo[59], o en la centuria siguiente la de Madrid; en tanto la mitad oriental irá perfilando su frontera en los somontanos pirenaicos, en ambos casos con enorme similitud a la frontera que delimitaba el dominio visigodo de los pueblos levantiscos del norte[60].

La *fitna* del 740-742 provocó una fuerte ruptura y un cataclismo político en todo el norte peninsular, incluso en la zona oriental, arrastrando a la fragmentación de los poderes locales[61]. Fue una gran revuelta antiárabe encabezada por grupos bereberes, que se desató con virulencia en la Tingitania africana con los puritanos bereberes seguidores de los jariyíes y se extendió enseguida a los bereberes establecidos en al-Andalus[62].

Ciudades tardorromanas que habían mantenido una cierta vida urbana, incluso en época visigoda, comenzaron a despoblarse, como fue el caso de León, abandonada por los bereberes a mediados del siglo VIII, lo que aprovechó Alfonso I para asentar su reino en las montañas astures y cántabras, gracias a la incapacidad y la debilidad de las elites locales, a las que no quedó más remedio que agruparse en torno al naciente reino asturiano[63]. Entre tanto, hubo que esperar treinta años para que el nuevo Estado andalusí de los omeyas cordobeses comenzara a organizarse[64].

En el decenio del 741 al 750 la crisis del emirato omeya de Córdoba, agravada por las continuas malas prácticas en el reparto del botín que se venían sucediendo desde el 711, corría pareja a la que sufría el califato omeya de Damasco. Los gobernadores duraban muy poco tiempo en al-Andalus, y aunque hubo algunos momentos de tregua, como la sellada por el gobernador Abu al-Khattar, un yemení que trató de conciliar a los bandos enfrentados de qaisíes y qalbíes, además de lidiar con el problema bereber, el declive de los omeyas en Siria arrastró al islam a una crisis política de inesperadas consecuencias.

En el mes de ramadán del 129 de la hégira, junio del año 747, los abasíes, el clan mequí enemigo secular de los omeyas, desplegaron sus banderas negras, reclamaron el gobierno del califato y provocaron un cisma en el islam. En el 749 Abu al-Abbas, líder abasí, fue proclamado califa en la ciudad de Kufa. El califa omeya Marwan II perdió apoyos en la comunidad islámica, dividida entre la fidelidad a una de las dos familias más poderosas del islam. El 25 de enero del 750 se libró la batalla de Tell Kushaf, a orillas del lago Gran Zab, en el oriente de la actual Turquía. Los abasíes derrotaron a los omeyas y desencadenaron una ruptura que será decisiva para el futuro del islam. El cronista Al-Jahiz escribió en el siglo XI que «el imperio de los hijos de Abbas era persa y jorasiano; el de los hijos de Marwan, omeya y árabe». No era cierto, pero el triunfo abasí supuso la liquidación de la familia omeya, de la que sólo sobrevivió el príncipe Abdarrahman, futuro primer emir independiente de Córdoba, y la expulsión de muchas familias bereberes de al-Andalus, que volvieron al norte de África[65].

Con la caída de los omeyas y el triunfo de los abasíes cambió la dinastía gobernante y se arrastró al Imperio a la primera gran ruptura territorial. La derrota de los omeyas provocó un contundente golpe de efecto en Hispania y en el sur de Francia. La expansión del islam, que continuaba en Europa occidental pese a tantos problemas, se detuvo de repente.

El gobernador Yusuf ibn Abdarrahman, que había sido nombrado en el 747, siguió en el puesto hasta el 756. Los lazos que habían unido a los musulmanes de al-Andalus con el Imperio omeya se estaban rompiendo.

Los victoriosos abasíes ordenaron la liquidación física de todos los príncipes omeyas. La ejecución fue sistemática y brutal. Fueron cayendo uno a uno, menos el príncipe Abdarrahman ibn Muawiya, que no sólo logró escapar de la muerte en la batalla del Gran Zab sino que huyó, utilizando todo tipo de subterfugios, de la persecución a que lo sometieron los abasíes, sorteando numerosas dificultades durante cinco años para huir de la matanza en una fuga que parece propia de una novela.

Perseguido y acosado, al último omeya sólo le quedaba la esperanza de ser acogido en al-Andalus. La provincia más lejana e inestable del califato tenía una considerable población de la clientela de los omeyas, que había sostenido en el poder a los grandes jefes árabes. En el 755 se presentó en la ciudad de Ceuta y desde allí entró en contacto con los aliados de los omeyas en la Península.

Y así dio comienzo un nuevo capítulo de la historia del islam.

La conquista de Hispania por los musulmanes fue bastante pacífica. Salvo algunos nobles del bando visigodo que apoyó a Rodrigo en la batalla del 711, nadie más ofreció resistencia, y se produjo la capitulación ante el islam[66].

En las fuentes escritas se citan varios enfrentamientos y campañas militares entre musulmanes y cristianos en el siglo VIII, que Suñé ha contabilizado en su tesis doctoral; este autor indica que entre los años 708 y 756 se produjeron 23 expediciones musulmanas y 6 cristianas, que se elevaron a 75 musulmanas y 26 cristianas entre el 756 y el 788, pero García sólo considera como verdaderas campañas militares contra Yilliquiya, la denominación de los árabes para la zona cristiana de la Península, a media docena de intervenciones militares, y todas ellas a partir del año 750[67].

La arqueología ha demostrado que la realidad nada tuvo que ver con lo que contaron las crónicas, escritas entre siglo y medio y tres siglos después de los acontecimientos sucedidos entre los años 711 y 755. La violencia y la guerra se desataron a partir del 721 en el sur de Francia y en las montañas cantábricas a partir del 731. Durante los primeros años apenas hubo incidentes violentos. La Península fue conquistada por contingentes árabes y bereberes, bajo liderazgo árabe, y esa misma conquista constituyó el origen de al-Andalus[68].

La ciudad visigoda de Recópolis, hoy un lugar despoblado cerca de la localidad de Zorita de los Canes, al sur de la provincia de Guadalajara, es uno de los yacimientos arqueológicos cuyos trabajos de excavación, dirigidos por Lauro Olmo, más han contribuido a comprender el asentamiento de los musulmanes en la Península y el cambio pacífico que se produjo a lo largo del siglo VIII.

Ubicada en la antigua región de la Celtiberia, cuyo topónimo se mantuvo en época islámica como Santabariyya, o Santaver[69], Recópolis (la ciudad de Recaredo) fue fundada por el rey Leovigildo hacia el año 570.

Este emplazamiento no se abandonó a la llegada del islam; todo lo contrario, en su recinto murado se asentaron grupos bereberes que fueron transformando el paisaje urbano a lo largo del siglo VIII, pero manteniendo una continuidad con la ciudad visigoda, con un espacio habitacional reestructurado en módulos urbanos más pequeños, que convivieron con elementos característicos de época goda, además de constatar la simbiosis entre la jerarquía católica y los musulmanes y la falta de conflictos en la ciudad, que Olmo explica acertadamente como una aceptación del dominio islámico[70].

Arrumbado el reino visigodo, la ciudad de Recópolis fue habitada, sin solución de continuidad, por grupos bereberes que fueron llegando a la zona en el siglo VIII, como los Banu Zannun, Hawwara, Banu Abdus, Saddina, Zanata[71], y vivió una continuidad habitacional con cambios paulatinos en la segunda mitad del siglo VIII, cuando se ocuparon los espacios anteriores al 711, se construyeron nuevas casas privadas sobre edificios comunales y se levantaron viviendas menores sobre grandes viviendas visigodas[72].

La destrucción violenta de parte de la ciudad de Recópolis, con el incendio y derrumbe de una zona monumental[73], se produjo en torno al año 800, en el marco de las revueltas de los bereberes que afectaron a este grupo en la Celtiberia, lo que conllevó la construcción de nuevos asentamientos en altura, la reducción del poblamiento a la zona alta y, por fin, el abandono y expolio de este enclave, que se prolongó hasta finales del siglo IX[74]. La continuidad sin traumas de la vida urbana en Recópolis entre la época visigoda y la emiral es un claro ejemplo del éxito del proceso de islamización, que fue pacífico y continuo en esta zona[75].

Un caso similar al de Recópolis es el de la ciudad de Eio[76], situada en el espectacular yacimiento arqueológico del Tolmo de Minateda, cerca de la localidad albaceteña de Hellín, en una ubicación estratégica en el corredor de Almansa, que da salida al Mediterráneo desde la Meseta sur, en un emplazamiento de muy fácil defensa.

En el Tolmo de Minateda, habitado desde la Prehistoria, se levantó la ciudad romana llamada Ilinum o Ilunum que tras sufrir un devastador terremoto entró en decadencia y quedó casi abandonada durante las crisis del siglo III, hasta que a finales del siglo VI recuperó el antiguo esplendor urbano. Los visigodos planificaron y construyeron una ciudad nueva con un gran proyecto urbanístico sobre los restos de la romana, que reaprovecharon en algunas zonas, la erigieron como sede episcopal en torno al año 600 y la dotaron de edificios propios de una sede diocesana, como la iglesia catedral de tres naves con su propio cementerio en la cabecera, un baptisterio, un aula basilical y un palacio episcopal, además de viviendas y fortificaciones, hasta convertirla en el centro rector de esa región en la frontera con los dominios bizantinos de Spania, y a la que otorgaron por su visibilidad espacial una indudable intencionalidad política[77].

La llegada de los musulmanes a Eio se produjo en el año 713, a la vez que se acordaba el pacto de sumisión con Teodomiro, y resultó absolutamente pacífica. En las primeras décadas de presencia islámica hay una continuidad con la época anterior, y no se observan cambios sustanciales en esa ciudad, incluso se mantuvo el culto cristiano y siguieron en uso los espacios litúrgicos, en convivencia con el islam, y sin rupturas topográficas ni estratigráficas[78]; pero a partir de mediados del siglo VIII se produjo una transformación completa. No hubo un reaprovechamiento del templo cristiano para uso del culto islámico, como creo que sucedió con la mayoría de los templos visigodos, que no se transformaron de manera inmediata en mezquitas.

La política que se impuso en buena parte de al-Andalus ya con Abdarrahman I a partir de su triunfo en el 756 provocó el abandono de la catedral de Eio, hasta entonces en pie y en uso, y su demolición. En un periodo de tiempo muy breve se eliminó todo el complejo urbanístico episcopal construido en torno al año 600; los dos edificios religiosos cristianos fueron desmontados y los materiales aprovechables se reutilizaron, el espacio religioso se secularizó y se diseñó un nuevo trazado urbano que lo convirtió en un nuevo barrio residencial donde se levantaron viviendas a la vez que se transformaron las funciones urbanas; no hay que olvidar que la arquitectura, sea doméstica y privada o monumental y pública, refleja la adaptación a la situación política y económica del momento, aunque las nuevas viviendas de Madina Iyyuh, como llamaron los árabes a Eio, resultan muy similares a las de época visigoda[79].

En la segunda mitad del siglo VIII el foso de la muralla del Tolmo de Minateda, excavado, o mejor reexcavado, a comienzos del siglo VII, se colmató deprisa con escombros y todo tipo de vertidos[80]; es obvio que hacia el 750 ya no hacía falta ese foso para la defensa, tal cual lo habían planificado hacia el año 600 los visigodos al ser una ciudad de frontera frente a los dominios bizantinos del litoral mediterráneo.

Sin duda, la rápida y paulatina islamización de las poblaciones indígenas resultó enormemente favorecida por la llegada de los sirios, que eran árabes, al menos de asunción ideológica y cultural, entre los años 740 a 742, y su asentamiento en esta región[81].

Los tipos de enterramiento constituyen una fuente arqueológica extraordinaria para entender el proceso de islamización. En las necrópolis de la primera mitad del siglo VIII los primeros musulmanes en ser enterrados recibieron sepultura en los cementerios de época visigoda con idéntica orientación en las tumbas, variando sólo la posición del cadáver en las fosas. La islamización de las necrópolis cristianas en el Tolmo de Minateda y en otras ciudades visigodas se realizó pronto y sin afecciones traumáticas para los pobladores autóctonos, que una vez convertidos al islam no tuvieron «ningún problema en seguir enterrándose en el cementerio de sus ancestros cristianos»[82].

Durante este proceso, en la ciudad del Tolmo de Minateda coexistieron por varias décadas del siglo VIII materiales arqueológicos cristianos con los nuevos de tradición islámica; se documenta la aparición de cerámicas con inscripciones en lengua y grafía árabe como «En el nombre de Dios, el Clemente, el Misericordioso» o *amal al-jarrar*, «obra del alfarero». En la cueva de la Camareta (Agramón, Hellín), en un eremitorio cristiano, se han encontrado inscripciones latinas del siglo VII sobre las que hay superpuestas inscripciones en árabe, en tanto se mantenía la producción de tipos y formas cerámicas que están más cercanos a los visigodos que a los emirales, y se constata una gran similitud entre las viviendas godas y las nuevas islámicas[83]. Todo esto confirma que el acelerado proceso de islamización y aculturación se produjo de manera no violenta a partir de mediados del siglo VIII, a la vez que se introdujeron sustanciales cambios en la cultura material, que apenas se habían notado hasta entonces, y que avanzaron en el proceso de islamización, en la lengua, en los utensilios de la cultura material, en los enterramientos y en las viviendas[84].

Los musulmanes, dueños ya del poder político y asumida sin apenas reticencia alguna la islamización por parte de la inmensa mayoría de la población indígena, le dieron a la ciudad visigoda de Eio el nombre de Madina Iyyuh, y la mantuvieron como centro estratégico de la vía que unía a Toledo con Cartagena[85]. La arqueología ha puesto de manifiesto el proceso de islamización pacífica de la sociedad hispanovisigoda, que las fuentes escritas silencian, ocultan o tergiversan. En el Tolmo de Minateda y en Recópolis se percibe esa islamización progresiva y generacional manifestada en los cambios urbanísticos y en las masivas conversiones al islam que se documentan en las formas de enterramiento, con la aparición de tumbas con los cadáveres colocados en decúbito lateral derecho y con la cabeza vuelta en dirección sureste, hacia La Meca. La ciudad musulmana de Iyyuh creció y se amplió con nuevos arrabales hasta mediados del siglo IX, cuando comenzó su decadencia coincidiendo con la fundación de Murcia en el año 825[86]. La ruina de Iyyuh no fue producto de la llegada del islam, sino de la reestructuración de las formas de poblamiento, cuando este territorio hacía ya siglo y medio que estaba bajo dominio político musulmán.

Esta situación se repitió en Jumilla, donde los musulmanes se inhumaron sin problema alguno junto a los cristianos, y en la necrópolis del Encadenado (El Soto, Barajas, Madrid), donde se registran dos ritos funerarios distintos en varias sepulturas pertenecientes a un mismo grupo familiar a lo largo de varias generaciones[87].

En otras muchas aldeas y ciudades coexistieron en el siglo VIII enterramientos cristianos y musulmanes, como en Segóbriga (Saelices, Cuenca) y Zaragoza, que explican las tempranas conversiones de los hispanos al islam, a la vez que se comenzaron a levantar las primeras mezquitas mientras se mantenían las iglesias de la época visigoda. Las fuentes materiales no dejan duda alguna sobre la temprana islamización religiosa y la arabización lingüística[88], así como las nuevas costumbres y los cambios introducidos en la dieta alimenticia entre la vieja comunidad visigoda y la nueva islámica[89].

A comienzos del siglo IX Iyyuh era una ciudad plenamente islámica. Habían pasado cien años, se habían sucedido tres o cuatro generaciones desde la llegada de los primeros musulmanes y la mayoría de la población hispana de esa región ya se había convertido al islam. Sus habitantes estaban arabizados lingüísticamente en el siglo IX, «con independencia de su origen indígena o foráneo»; la islamización religiosa y lingüística fue anterior a la culminación del proceso de islamización social, que implicó la secularización del espacio religioso visigodo y la reestructuración urbana sistemática y planificada, aunque pervivieron elementos de época visigoda como la moneda, incluso la romana, que siguió circulando en al-Andalus en el siglo IX, así como la toréutica, los trabajos de grabado en metal, que mantuvo la rica tradición visigoda hasta el IX[90]. Es decir, la de la segunda mitad del siglo VIII y primeros años del IX era una sociedad que «comenzaba a adquirir los rasgos de su identidad musulmana»[91].

Iyyuh perdió relevancia en la segunda mitad del siglo IX, y se debió a los cambios políticos que se desarrollaron en al-Andalus; a comienzos del X se produjo el abandono de esta ciudad, pero sus restos dejaron constancia de cómo se produjo el triunfo de una sociedad plenamente islámica[92].

Los grandes cambios en los sistemas de poblamiento no se produjeron en la Península con la llegada de los musulmanes, sino un siglo después, cuando ya estaba asentada la islamización. Algunas ciudades de época visigoda no se abandonaron de forma brusca en el siglo VIII, pues llegaron a sobrevivir hasta fines del IX y comienzos del X; en la región de Murcia continuaron habitadas Mula, Begastro, Ilici o la propia Iyyuh, con continuidad poblacional entre los siglos VII y IX, hasta que se abandonaron y quedaron yermas, pero no destruidas, ya en época del emirato independiente, mientras perduraron otras como Lorca, Alicante y Orihuela, además de los grandes centros urbanos como Toledo, Córdoba, Mérida y Zaragoza[93]. La nueva red de ciudades y de poblamiento se configuró a mediados del siglo IX; el emir Abdarrahman II dispuso o propició el abandono de las viejas ciudades de Ercávica, Segóbriga, Eio y Recópolis[94], en tanto se fundaban otras como nuevos centros estratégicos, cuales fueron los casos de Murcia[95], Calatayud y Madrid, mientras en el campo, sobre todo en la zona de Levante, se establecía un modelo de asentamientos rurales con una torre, *burj*, asociada a una alquería de hábitat permanente[96].

En el área de Toledo las excavaciones en necrópolis han constatado la islamización de las inhumaciones, con los cadáveres colocados en decúbito lateral a la derecha. Los primeros enterramientos de este tipo fueron tumbas de individuos indígenas recién convertidos al islam. Este cambio tan radical en tan poco tiempo no requirió de una inmigración masiva de bereberes y árabes a esta zona del centro de la Península, sino simplemente de la existencia e imposición de un liderazgo militar, político y religioso que fue capaz de «impulsar los cambios»[97].

La ciudad de Pamplona es otro caso bien significativo de la ocupación de Hispania por los musulmanes. En las excavaciones realizadas en la plaza del Castillo se localizaron 190 tumbas datadas con carbono-14 hasta bien entrado el siglo VIII. Se trata de enterramientos de cadáveres en posición supino lateral derecho, con la cabeza orientada hacia el este, en tumbas muy simples y sin ajuar. Indudablemente las personas enterradas allí eran musulmanes, supuestos integrantes de un destacamento bereber enviado para controlar Vasconia desde la ciudad de Pamplona. Algunos de los huesos humanos depositados en las fosas de esta necrópolis islámica presentan lo que parecen heridas de combate o de agresiones violentas con lesiones traumáticas, producto de paradas de golpes con armas blancas, y varios de estos restos óseos pertenecieron a mujeres con dientes retocados, de claro origen norteafricano[98].

Los restos humanos y los materiales hallados en esta necrópolis indican una rápida asimilación de los ritos y costumbres funerarios islámicos en la región de Pamplona, donde la ruptura de los pactos con los conquistadores musulmanes no se desató en torno al 730, como sí ocurrió en Asturias y Cantabria; en esta zona de Vasconia la colaboración de los musulmanes con los poderes indígenas locales se mantuvo hasta muy finales del siglo VIII[99].

El cementerio islámico de la plaza del Castillo estuvo en uso durante todo el siglo VIII[100]. Sus materiales evidencian que la conquista islámica apenas produjo cambios en el uso de utensilios de la vida cotidiana, que no se introdujeron hasta la segunda mitad de esa centuria, pero sí en las formas de enterramiento y en las prácticas rituales en la primera mitad del siglo VIII[101], debido a que los recién llegados a Pamplona hacia el 720 ya eran musulmanes de origen bereber, lo que implicó una rápida adaptación del poder islámico y una asimilación igual de rápida de las costumbres islámicas gracias a los pactos de capitulación, lo que implicó que en Pamplona la ocupación musulmana durara tres cuartos de siglo más que en el noroeste[102].

Pamplona, el centro urbano más relevante de los vascones, se integró en la órbita del islam andalusí durante todo el siglo VIII, en tanto la zona occidental de Álava, también un núcleo tradicional vascón, giró primero de manera voluntaria y luego obligada hacia el núcleo de resistencia cristiana de Asturias, con lo que se produjo lo que se ha denominado «bifurcación del destino político del ámbito territorial vascón»[103].

La arqueología corrige de nuevo la tendenciosidad de las fuentes y demuestra que la invasión del 711 no fue «una fecha mágica en la que todo se reiniciaba»[104]. Ciudades islámicas como Bascos, a orillas del Tajo, en la región de Toledo, tienen precedentes arqueológicos visigodos, y no se aprecia una clara división entre la cultura material de los siglos VII y VIII[105]. Es en las necrópolis donde mejor se distingue la identidad social y política de los grupos sociales que convivieron en el tiempo de la conquista, con enterramientos de inhumación en los siglos VI y VII que cambian paulatinamente al rito islámico en los siglos VIII y IX y que evidencian que estas sociedades fueron más complejas de lo que se creía[106].

Desde luego la ruptura social y cultural que se produjo a mediados del siglo VIII fue indiscutible, y también en lo material. Las ciudades no se abandonaron de manera brusca, pero se generó un nuevo urbanismo que no entra en contradicción con la continuidad del poblamiento en los siglos VIII y IX[107].

La rápida conquista y la posterior islamización no conllevó la ruina de los edificios dedicados al culto cristiano en Hispania tras el colapso del reino visigodo. No se ha documentado arqueológicamente ninguna destrucción violenta de iglesias o monasterios cristianos por parte de los musulmanes en el siglo VIII, pero sí que las hubo en el último cuarto del siglo X, sobre todo durante las razias de Almanzor. Sí se documenta una notable cesura con el pasado visigodo a mediados del siglo VIII, pero, paradójicamente más en el noroeste peninsular que en el centro y en el sur, con el desmantelamiento de estructuras urbanas y edilicias, aunque la mayoría se mantuvo en pie y en uso en los decenios siguientes al 711; e incluso se construyeron iglesias nuevas ya bajo dominio islámico, como Santa María de Melque, cerca de Toledo, que tradicionalmente se había datado en época visigoda pero que se levantó tras la conquista musulmana[108], o las nuevas iglesias de Bobastro, Tábanos y Peñameloria, o el templo cristiano que Cixila, obispo mozárabe de Toledo, consagró en esta ciudad a mediados del siglo VIII, cuando hacía ya casi medio siglo que los musulmanes eran dueños de la antigua capital visigoda[109].

Las iglesias cristianas ni fueron derribadas ni quemadas ni destruidas durante los años de invasión y conquista; todo lo contrario. Los musulmanes respetaron los edificios de culto cristiano y cuando comenzaron a construir sus mezquitas, con especial profusión a partir de la segunda mitad del siglo VIII, no lo hicieron sobre las ruinas de templos cristianos, sino en solares nuevos habilitados para ello, como ocurrió en la mismísima Córdoba, donde, a pesar de todo lo que se ha escrito y se sigue escribiendo, la mezquita de Abdarrahman I no se erigió en el solar de la iglesia visigoda de San Vicente, sino en una parcela de antiguas casas romanas cercanas al puente[110].

El cristianismo siguió practicándose con libertad en al-Andalus tras el triunfo militar y político del islam. El siglo VIII «no fue de una opresión insoportable en al-Andalus para los mozárabes», y aunque es cierto que hay documentados algunos cristianos rebeldes durante el emirato de Abdarrahman I en la sierra de Alcaraz[111] y en las montañas del norte, esos cristianos no fueron reprimidos por el hecho de serlo, pues los pactos de capitulación permitían que siguieran practicando libremente su religión, construyendo sus templos y celebrando sus ritos, sino por oponerse al sistema de impuestos de los omeyas, exactamente igual que habían hecho sus antepasados por los abusos impositivos de los reyes visigodos. En ningún caso se produjo una política agresiva de conversiones[112]; los cristianos que se convirtieron al islam lo hicieron por voluntad propia, y por varios factores entre los que se encontraban las ventajas fiscales, el prestigio social y la sensación de «modernidad» al hacerse musulmán. Fue esa misma sensación la que arrastró a lo largo del siglo VIII la introducción de la cultura material islámica en al-Andalus, y no sólo en el cambio del modelo de poblamiento visigodo, como se constata con el abandono en el siglo VIII de numerosos enclaves rurales, sino también con la introducción de objetos de uso cotidiano como la vajilla de mesa[113].

Muchos de los centros religiosos de época visigoda se mantuvieron activos durante el emirato de Córdoba en los siglos VIII y IX; y lo mismo ocurrió con buena parte de la jerarquía católica y de su estructura administrativa, como se demuestra por la acción de obispos mozárabes en todo al-Andalus, incluso en sedes episcopales que surgieron o renacieron en época emiral, como el obispo Sisemundo, que en el año 858 regía la diócesis de Sigüenza, controlada por la elite goda hasta la conquista árabe, sin cortapisa alguna, aunque en esos momentos ya comenzaba a languidecer esta ciudad[114].

El abandono de algunos de estos centros cristianos se produjo durante el emirato y el califato, ya en los siglos IX y X[115], debido a que la inmensa mayoría de la población andalusí había abandonado el cristianismo, se había convertido al islam y para el culto utilizaba las mezquitas y no las iglesias.

Con la cuidada precaución con la que hay que considerar los datos demográficos, las fuentes refieren que fueron varias decenas de miles de árabes y de bereberes, en cualquier caso gentes muy dispares, las que llegaron en varias oleadas a la península ibérica entre el 711 y el 755, es decir, una escueta minoría frente a la población local que fue islamizada con colonos bereberes y árabes y con ulemas llegados con el ejército sirio en el 740 y gracias al prestigio social que confería el conocimiento de la lengua árabe[116]. Bosch calculó que entre 40.000 y 50.000 árabes y unos 350.000 bereberes fueron capaces de someter militar y políticamente a unos cuatro millones de hispanos[117], y en apenas otro siglo más islamizar a la inmensa mayoría de esos cuatro millones de indígenas, o tres según otros cálculos.

Es imposible precisar este tipo de datos, pero en el mejor de los casos, la llegada de musulmanes a la Península a lo largo del siglo VIII no constituyó ni siquiera el 10 % de la población total; probablemente mucho menos, como se constata por los estudios de ADN de los actuales habitantes de España y Portugal, entre los cuales las huellas semitas de árabes y judíos son escasísimas, mientras que las bereberes norteafricanas abundan en la comarca de la Maragatería y en el curso bajo del río Miño, tanto en la orilla española como en la portuguesa. El mayor porcentaje de ADN bereber se da en el noroeste de la Península, con un 11 % en el norte de Portugal, Galicia y la región de Astorga, frente a apenas el 2 % en el resto[118].

A mediados del siglo VIII no había duda de que la invasión del 711 y la derrota y desaparición del Estado visigodo habían desencadenado el cambio más profundo y trascendental de la historia de la península ibérica, y entonces sí se produjo una fuerte ruptura en un breve espacio de tiempo, incluso en la zona noreste peninsular[119]. Para entonces el noroeste ya no estaba controlado por los musulmanes, que habían fracasado en su intento de islamizar esta región[120].

Así comenzó una nueva etapa en la historia del islam, de Hispania y de al-Andalus.

8

La construcción de al-Andalus

Es probable que los nobles visigodos que ayudaron a los musulmanes a derrotar al rey Rodrigo en el 711 pensaran que, una vez acabada la tarea de reponer en el trono a un miembro del linaje de Vitiza, los musulmanes regresarían al norte de África a cambio de una bolsa de monedas. Desde luego ésa no fue nunca la intención de los conquistadores. A comienzos del siglo VIII seguía intacto el impulso originario que había llevado a los árabes a conquistar medio mundo conocido, desde el río Indo hasta el estrecho de Gibraltar y desde el río Sir Daria, en Asia Central, hasta el desierto del Sáhara.

La inestabilidad política en el califato omeya de Damasco y las crisis en el gobierno andalusí no fueron impedimento alguno para que continuara la expansión hacia el norte. En los cuarenta y cinco años en los que al-Andalus fue una provincia más del Imperio omeya se sucedieron 21 gobernadores, varios de ellos cayeron asesinados o fueron ejecutados y dos ejercieron un doble mandato. La media temporal de ejercicio del gobierno se sitúa en apenas dos años, aunque algunos de ellos sólo duraron unos meses en el cargo.

Tras casi un siglo del califato de la familia omeya al frente del islam, los abasíes depusieron a los omeyas y ocuparon el califato. Los omeyas, la familia más orgullosa y rica de Arabia en tiempos de Mahoma, jamás hubieran consentido que el poder saliese pacíficamente de sus manos. La opinión de mucha gente era que los omeyas ostentaron el poder con la única intención de «satisfacer sus pasiones, gozar de los deleites y transgredir la ley divina, por eso Dios los despojó de su poderío»; así, de la obediencia total a los primeros omeyas se pasó a odiarlos porque «sucumbieron enverados por los efectos del lujo»[1].

Abdarrahman, el único príncipe omeya que sobrevivió a la matanza de los varones de esta familia tras la victoria de los abasíes, escribió a sus partidarios en la península ibérica pidiéndoles ayuda y envió a su fiel Badr para que sopesara la posibilidad de refugiarse allí. Los contactos fueron fructíferos y en el mes de *rabí II* del 138 de la hégira, fines de septiembre a mediados de octubre del 755, el último omeya atravesó el Estrecho desde Ceuta y desembarcó en Almuñécar. Siete meses después, el 14 de mayo del 756, los partidarios andalusíes de los omeyas derrotaban a los del gobernador cordobés, y al día siguiente Abdarrahman I era entronizado solemnemente en Córdoba como emir soberano de al-Andalus, fundando un emirato independiente del califato abasí[2].

Como ya se ha dicho, los partidarios de Abdarrahman I aseguraban que «el imperio de los hijos de Abbas era persa y jorasiano, y el de los hijos de Marwan, omeya y árabe»[3]. Una leyenda, sin duda difundida por los partidarios de los omeyas y recogida en el *Ajbar Majmua*, rezaba que «habrá una figura mesiánica de la casa de los omeyas que regresará a este mundo para establecer el reinado de la justicia». La profecía se cumplía con Abdarrahman el Emigrado.

Una vez en el poder, Abdarrahman blindó el nuevo emirato, cuya fundación había significado la primera gran partición del Imperio islámico, y marcó la ruptura con el califato abasí que establecerá su nueva capital en el 762 en la recién fundada ciudad de Bagdad. Para destacar su independencia prohibió a sus súbditos viajar a La Meca, difundió que una de sus esposas era descendiente de uno de los primeros compañeros del profeta Mahoma, que habría participado en la batalla de Badr del año 624, dio inicio a una aristocracia real omeya en al-Andalus, envió la cabeza del gobernador Ibn Mugith a La Meca, cuando el califa abasí Al-Mansur estaba allí de peregrinación, prohibió mencionar el nombre del califa abasí en las mezquitas un año después de su ascenso al trono y maldijo el estandarte negro de los abasíes; con toda intención literaria, Ibn Idari pone esta frase en boca del califa al ver la cabeza de su gobernador: «Doy gracias a Dios por colocar el mar entre nosotros y ese demonio».

En contra de lo que pudiera parecer, y pese a ser hijo del califa omeya Hisam, el primer emir independiente de Córdoba nunca se intituló «califa» sino «rey», «emir» e «hijo de califas». Con Abdarrahman I surgió un nuevo Estado musulmán en occidente, nacido de un conglomerado de poblaciones mayoritariamente hispanas, que se islamizaron deprisa desde mediados del siglo VIII, cuyas elites políticas fueron decisivas en la islamización de todo al-Andalus[4], y de tribus bereberes norteafricanas que se desplazaron llevando consigo sus características étnicas y sus diferencias clánicas, como los Butr o los Banu Salim[5].

El símbolo definitivo de la total independencia de al-Andalus fue la fundación de la gran mezquita de Córdoba por Abdarrahman I en el 786, con la idea de que fuera como la de Damasco y más grande que la que los califas abasidas estaban construyendo Bagdad[6].

Hasta la independencia del emirato de Córdoba del califato abasí, al-Andalus se consideró un solo territorio, susceptible de ampliación con nuevas conquistas al norte de los Pirineos; pero en la segunda mitad del siglo VIII, cuando quedó claro que no habría más expansión hacia el norte, aunque los andalusíes todavía hicieron un último intento para mantener su presencia en el sur de la actual Francia con el emir Hisam I, que derrotó a Guillermo de Tolosa en Osbien, cerca de Narbona en el 788[7].

Fijado el territorio, apareció el término cora, *kura* en árabe[8] para dejar más claro aún que el dominio omeya cordobés se constituía como un nuevo Estado islámico, con sus propias fronteras y sus genuinas divisiones administrativas. Algunos cronistas musulmanes lo justificaron alegando que «las taifas de cristianos rebeldes quedaron confinadas en la aspereza de aquella tierra» y negaron la obediencia al emir de Córdoba[9]. Esta frontera con la cristiandad hispana permaneció estable y sin apenas cambios hasta mediado el siglo XI, cuando los Estados cristianos lograron voltear la dinámica y tomar la iniciativa política y militar.

La conquista islámica fue el desencadenante del origen y la constitución de al-Andalus. Con la ocupación de Hispania por los musulmanes comenzó el proceso de arabización que se basó en la introducción de profundos cambios ideológicos, culturales y sociales, con los cuales colaboraron de manera entusiasta las aristocracias hispanorromana e hispanogoda, que resultaron muy beneficiadas con esas transformaciones y lograron mantener sus propiedades[10].

Desde luego, la configuración de la nueva sociedad andalusí no fue un proceso inmediato, sino que se alargó varias generaciones[11].

Al-Andalus se convirtió en una sociedad islámica con cierta rapidez al confluir el doble proceso de arabización cultural y política e islamización religiosa, en la que la lengua árabe jugó un papel esencial de aculturización de la población hispana, mayoritariamente de habla romance en el siglo VIII, bilingüe en el IX y mayoritariamente de lengua árabe en el dialecto andalusí ya en el X[12].

Los griegos dieron a la península ibérica el nombre de «Iberia», probablemente por el río Iberus, el Ebro; y los romanos la llamaron «Hispania», cuyo significado se considera derivado de la lengua fenicia, y sería algo así como «tierra de conejos», aunque esta referencia es muy dudosa. El geógrafo onubense Al-Bakri, que escribió en la segunda mitad del siglo XI desde Córdoba, citó los nombres antiguos de la Península, e incluso conoció el mitológico de Hesperia, el jardín de las Hespérides, el lugar donde se ponía el sol.

El macrotopónimo «al-Andalus» apareció por primera vez a comienzos del siglo VIII, apenas seis años después del desembarco de Tariq; aunque se citó la existencia de un *hadit* en el que se ponía en boca de Mahoma la palabra «al-Andalus», que ya se conocería en el Yemen hacia el año 638, e incluso se decía que el califa Umar había ordenado en el año 648 la organización de una expedición a al-Andalus[13].

El topónimo es de origen incierto y hay diversas especulaciones sobre el mismo[14]. Ibn Jaldún lo atribuía a la existencia de tres pueblos o tribus, una de las cuales era de origen griego y se llamaba Fandalus. Según Al-Qalqasandi, que dudó al respecto, un pueblo denominado al-Andalus llegó a la Península después del diluvio universal, se apoderó de la tierra y se arabizó. Otros autores sugieren que tres pueblos invadieron Roma, uno de ellos se llamaba Al-Qandalus, que le dio nombre. Este pueblo se ha identificado con el de los vándalos, una de las tres tribus bárbaras que junto a suevos y alanos atravesaron el Rin helado en el año 406 y atravesaron la Galia para instalarse en la Península hasta el 429, cuando fueron expulsados a África por los visigodos. Los vándalos ocuparon el sur peninsular durante veinte años; no han quedado apenas signos de su paso por Hispania, aunque algunas tribus bereberes norteafricanas se referían a Hispania como «Tamort vandalus», es decir, «Tierra de los vándalos», el sufijo «-us» es la terminación del genitivo plural en la lengua amazigh.

Se le han buscado raíces mucho más intrincadas a este término, como por ejemplo las que pretenden relacionarlo con la enigmática Atlántida de Platón, en cuyo caso, y forzando la imaginación al límite, Algeciras sería algo así como *jazirat al-Andalus*, o «la isla de la Atlántida», o «la península».

Incluso se ha relacionado con la palabra germánica *landhlants*, que significaría algo así como «tierras de sorteo», en referencia a los lotes de terrenos sorteados entre los conquistadores, a los que los visigodos se referían como *heint-halm*, término que se habría arabizado como al-Andalus.

Al-Andalus no fue el nombre de un territorio geográfico inmutable, sino el del espacio político bajo dominio musulmán en la península ibérica. De manera que a lo largo de la Edad Media la superficie del territorio andalusí fue evolucionando: a comienzos del siglo VIII comprendía toda la Península, en tanto a fines del siglo XV quedó circunscrito al sureste de la actual Andalucía. Por tanto, al-Andalus no fue el nombre de un país ni el de un Estado ni el de un reino, sino el de un dominio político y religioso cuyo territorio fue cambiante y voluble a lo largo del tiempo.

En algún momento se llegó a asimilar a al-Andalus con Hispania, como se ha supuesto que hicieron los árabes antes del 711, que identificaron al reino visigodo de Toledo con la isla o península de al-Andalus, como sugiere el dinar acuñado en el 716, en el cual en una cara se lee «Al-Andalus» y en la otra «Spania»[15].

Al-Andalus fue un territorio cuyo espacio no dependió de la geografía ni de la política, sino de la cultura y del dominio de la religión islámica en Hispania. Probablemente no ha existido ningún otro espacio que se denomine de una manera tan determinada según unas condiciones tan específicas.

Desde luego, al-Andalus fue un país árabe e islámico, país bilingüe en distintos grados en árabe y romance[16], en el que apenas hubo cambios culturales en la primera mitad del siglo VIII, pero que en la segunda mitad de esa centuria se transformó aceleradamente en una sociedad islámica[17], sobre todo desde la llegada de los sirios en el 740 y con Abdarrahman I.

En el 756 I quedó constituido en Córdoba el emirato independiente. Pasado medio siglo desde la invasión y la conquista islámicas, entre el norte cristiano y el sur andalusí se fue definiendo una frontera configurada por la consolidación del reino de Asturias a mediados del siglo VIII, las conquistas de los carolingios al sur de los Pirineos (Gerona en el 785, Barcelona en el 801 y el condado de Aragón hacia el 808) y la creación del reino de Pamplona en el 816[18].

Durante ese largo tiempo se consolidó la segregación de dos mundos culturalmente antagónicos: el norte cristiano se fue «europeizando» y el sur musulmán acabó «africanizándose» con la llegada de los almorávides ya a fines del siglo XI.

9

Los orígenes de la resistencia cristiana y Pelayo

9.1. Los orígenes del reino de Asturias

Pocos asuntos historiográficos han suscitado tantas controversias y tantas discrepancias entre historiadores como los orígenes de la resistencia cristiana en el norte de la península ibérica en el siglo VIII y las raíces del reino de Asturias, que han desencadenado grandes desencuentros y enconados debates; entre otras cosas porque los documentalistas furibundos se han obcecado en seguir casi al pie de la letra el texto de las crónicas cristianas, mendaces y manipuladas, a la vez que han ignorado las crónicas árabes, no menos tergiversadoras del pasado, y han despreciado y desconocido la ingente información que proporcionan las fuentes materiales[1].

A ello han contribuido diversos factores, como la confusión en la ubicación de los pueblos prerromanos y los cambios de ubicación que se produjeron en estas entidades tribales entre los siglos I y VII, entre ellos los vascones, los cántabros y los astures.

Los pobladores de los territorios al norte de la vía romana de Pamplona a León perdieron su denominación de cántabros y pasaron a ser llamados astures en las fuentes visigodas[2]; y la distorsión se generalizó debido a las escasas noticias fiables sobre los acontecimientos sucedidos en la primera mitad del siglo VIII y a la ausencia de resistencia durante la primera década de la conquista árabe que comenzará después, cuando los gobernadores musulmanes se asienten, en la algarada de 721-722[3].

Dos tesis se han enfrentado a la hora de explicar el origen del reino de Asturias.

La primera lo sitúa como heredero directo y sin solución de continuidad del reino visigodo de Toledo; fue defendida con vehemencia por Claudio Sánchez-Albornoz y más recientemente por Besga Marroquín y otros muchos.

La segunda es la vía «indigenista», que abrieron Barbero y Vigil[4].

Ambas posturas, manifiestamente contradictorias, han tenido continuadores, como Ruiz de la Peña, que abogó por un origen visigodo de la resistencia, en tanto otros como Fernández Conde han redimensionado las posiciones indigenistas, criticando las tradicionales de los neogoticistas, y matizando que la romanización fue bastante intensa, fruto de la prolongada presencia de las legiones VII Gemina y VI Victrix en territorio astur; para ello alegan que los magnates no emergieron con fuerza hasta bien entrado el siglo VIII, cuando ya habían sucumbido centros de poder musulmán como Gijón, donde se había establecido el gobernador Munuza[5], a la vez que a mediados del siglo VIII aparecían y se desarrollaban nuevos centros como Cangas de Onís, Pavía y, ya en el siglo IX, Oviedo, ninguno de ellos con precedentes importantes de una ciudad antigua[6].

Las crónicas de finales del siglo IX presentan a los monarcas astures y luego a los leoneses como continuadores de los reyes visigodos de Toledo, lo que quizá éstos incluso se lo llegaron a creer[7], y también que entre los pueblos del norte se refugiaron a lo largo de las tres décadas que van del 720 al 750 algunos nobles visigodos que huyeron del territorio ocupado por los musulmanes[8], y que fueron ellos los que argumentaron esa continuidad histórica y, por tanto, la legitimación política de la resistencia frente el islam.

El debate sobre la persistencia de estructuras políticas previsigodas en el norte peninsular y su continuidad en el siglo VIII es muy antiguo. Las tesis de los historiadores Barbero y Vigil sobre la pervivencia de estructuras arcaicas en Asturias y Cantabria y la continuidad de la resistencia de esos pueblos, tanto contra los visigodos como contra los musulmanes, ha sido muy cuestionada en los últimos años, aunque algunos siguen sosteniendo que hubo una intensa resistencia de los poderes locales en Asturias, Cantabria y Vasconia, pues se crearon nuevos asentamientos y zonas fortificadas de resistencia frente a los visigodos ya en el siglo VII, y además este modelo de rechazo político se repitió con los musulmanes a comienzos del VIII[9], considerando al nuevo reino de Asturias una «continuidad lógica» con la tardoantigüedad[10].

La pervivencia de estructuras indígenas en los pueblos del norte peninsular tras el dominio visigodo parece indudable, como se manifiesta en el mantenimiento de santuarios al aire libre, los espacios de culto en las montañas, el contenido simbólico de cuevas y manantiales como la cueva de Covadonga, el uso de calderos rituales y los cultos atávicos a los viejos dioses del panteón céltico, como el dios padre Taranis, la diosa madre Tailtu y otras deidades como Tentales, Lug, Epona, Belenus o Cernunos, reflejados en la abundancia de topónimos en toda la cordillera cantábrica[11].

El final del uso aristocrático de una villa en Veranes y la construcción del castillo de Curiel a escasa distancia en la cima de un pico, con presencia de abundantes trabajos metalúrgicos y estructuras domésticas, indican la presencia de un centro de poder local con pervivencia de haciendas y el resurgir de poderes nobiliarios en el centro de la Asturias tramontana cantábrica, a la vez que al sur de las montañas, en los páramos y meseta del Duero, la desestructuración de las villas originó una notable dispersión de poblados campesinos con menos sujeción y control por parte de los poderes estatales, y con una mayor autonomía en zonas montañosas periféricas con asentamientos y castillos en altura[12]. Esto implicó que no se produjera una despoblación de esas regiones, aunque sí «profundas transformaciones de los paisajes de poder en los siglos VIII y IX»[13], que se explican por la articulación del territorio a partir de la relación entre las elites y las comunidades campesinas, y por la necesidad de fortificar la frontera con castillos como el de Ardón, en la margen derecha del río Esla[14].

Estos cambios supusieron una profunda modificación del paisaje rural en todo el noroeste peninsular, que corrieron parejos a transformaciones sociales no menos intensas[15]. La nueva jerarquización social desencadenó un proceso de concentración de la propiedad de la tierra y la fundación de asentamientos fortificados que acogieron a grupos armados[16], en tanto Gijón desapareció como centro urbano a mediados del siglo VIII[17], si bien el papel que ejerció esta localidad es muy cuestionado por varios historiadores, aunque no faltan quienes sostienen que el sistema habitacional castreño perduró en toda la región noroeste desde la tardoantigüedad hasta los siglos VIII y XI[18], pero a la vez se cuestiona «la vaguedad del empleo de términos como "castros de poder", "elites", "control territorial"», a lo que se tilda de «jerga balbuceante e inconcreta» a la vez que se critica el «posicionamiento acrítico» de Sánchez-Albornoz, Ruiz de la Peña, Bronisch y Besga Marroquín[19].

Los arqueólogos aseguran que, a partir del siglo VIII, Cantabria, las comarcas del norte de la provincia de Burgos y el actual País Vasco se fragmentaron en pequeñas estructuras controladas por los poderes locales, que siguieron vigentes hasta bien entrado el siglo X, constatando la existencia de elites aristocráticas bien radicadas en la región, que contribuyeron a formar una nueva red de aldeas y establecimientos en los siglos VIII y IX[20]. Estas elites no eran muy poderosas, pues no existen en la región astur residencias palatinas ni aristocráticas anteriores al siglo IX[21].

Las transformaciones del poblamiento en el norte se han constatado antes del siglo VIII, pero fue en los siglos VIII y IX cuando se realizaron las más importantes, sin duda impulsadas por «grupos magnaticios que construyeron iglesias, monasterios y fortificaciones»[22], y que adquirieron la suficiente fuerza como para imponer y ejercer su poder sobre la población campesina[23].

En ese mismo sentido no deja de ser controvertido el caso de las clausuras y murallas que cierran algunos pasos en los puertos entre la meseta del Duero y las comarcas del norte, sobre cuya cronología y autoría se sigue especulando sin acabar de aclarar la cuestión, pues se supone tanto que fueron producto de la ruptura del pacto tributario con los musulmanes y se levantaron para impedir los ataques andalusíes[24] como que fueron levantadas por señores locales pero contra el ejército visigodo, pues es evidente que entre los siglos VI y VIII aumentaron las fortificaciones de los propios visigodos frente a los pueblos del norte[25].

Los musulmanes ocuparon toda la Península entre los años 711 y 714, pero hacia el 722 surgieron los primeros conatos de resistencia, que se documentan entre el 725 y el 732 en Asturias, Cantabria y Vasconia, si bien las fechas y los acontecimientos son tan confusos como inconcretos. En cualquier caso, parece que el cuadrante del noroeste peninsular dejó de estar controlado por los musulmanes a mediados del siglo VIII[26], al menos la zona más al norte de esta amplia región.

Cronistas árabes que escribieron entre los siglos XV y XVII como Al-Qalqasandi y Al-Maqqari, muy condicionados por varias centurias de presencia islámica en la Península, contaron que algunos cristianos refugiados en las montañas «más allá de los desfiladeros que hay detrás de Galicia» designaron como rey a Pelayo, hijo del *dux* Favila y padre del rey Favila, a quien le atribuyen un reinado de 19 años; y añaden que no quedó iglesia sin quemar ni se dejó campana sin quebrar, y que todo se tomó por la fuerza de las armas.

Escribe Al-Maqqari: «Dice Isa Ibn Ahmad al-Raqi que en Galicia se levantó un asno salvaje llamado Pelayo. Habían conquistado el país hasta la tierra de los francos. Atacaron a Pelayo con trescientos hombres, que fueron muriendo hasta que sólo quedaron treinta hombres y diez mujeres. ¿Treinta hombres, qué pueden hacernos?»[27]; y los ignoraron y los dejaron crecer.

En la década del 720 al 730 dos núcleos de resistencia antiislámica surgieron en el norte con ciertos visos de estar medianamente organizados; por un lado Asturias, con el caudillo Pelayo al frente, y por otro Cantabria, con el *dux* Pedro, que se ha considerado un magnate visigodo, y que será el padre de Alfonso I, futuro rey de Asturias, aunque otros piensan que este Pedro fue un caudillo cántabro[28]. Esta dicotomía ha llevado a pensar que durante la primera mitad del siglo VIII Asturias y Cantabria no constituyeron un único reino organizado, sino que conformaban una región con una jefatura política diversa, con una disgregación del poder central y la pujanza de poderes locales[29], que generaron una compleja trama de relaciones políticas que, en mi opinión, los cronistas que las describieron dos siglos más tarde tendieron a simplificar.

Las fuentes escritas ofrecen una visión legendaria de los orígenes del reino de Asturias[30] y una relación monolítica del poder de los primeros monarcas cristianos, pero, en realidad, «hubo una gran heterogeneidad»[31].

Frente al temprano brote de resistencia en Cantabria y Asturias, que condujo a la fragua de un reino independiente[32], Galicia y Lusitania, regiones que habían sido el núcleo del reino suevo hasta la segunda mitad del siglo VI, apenas suscitaron la atención de los conquistadores, quizá porque sus pobladores no ofrecieron resistencia salvo en casos muy esporádicos, o tal vez porque la afluencia de bereberes fue mayor en esta zona, como parecen ratificar los estudios de ADN en la actualidad, que presentan una alta densidad genética de procedencia bereber en el valle bajo del río Miño[33].

La sociedad fronteriza que se comienza a gestar en el noroeste a mediados del siglo VIII, y que se extiende durante los siglos IX y X hasta las tierras de Pamplona, el valle alto y medio del Ebro y la vertiente sur de los Pirineos hasta Barcelona, quedó integrada por una amalgama cultural en la que las relaciones matrimoniales mixtas fueron muy frecuentes, como se documenta en los linajes de los Banu Qasi, los Banu Amrús y otras familias muladíes y árabes, cuya mayor expresión de mestizaje se constata en la persona de la reina Toda de Navarra, que fue tía carnal del califa Abdarrahman III y abuela del rey Sancho I el Craso de León.

Las fuentes contemporáneas para el siglo VIII son escasísimas y no es posible siquiera aproximarse a las verdaderas razones que llevaron a los «rebeldes» del norte a no islamizarse, como sí hizo la mayoría de los habitantes del resto de los territorios peninsulares, y a forjar un reino cristiano. Fuentes posteriores, escritas siglo y medio y dos siglos después, presentaron unas justificaciones mitificadas, ya propias de un reino cristiano en vías de consolidación, como el caso del *Comentario del Apocalipsis* de Beato de Liébana de que el fin del mundo llegaría en el 800 o las de los clérigos que redactaron las crónicas de Alfonso III hacia el año 883, en las que se interpretó una profecía de Ezequiel como la irrupción del pueblo bíblico de Gog, que sometería a los opresores musulmanes en un tiempo que se cumpliría en el 884[34].

Para los musulmanes, la resistencia política, militar y cultural que presentaron algunos rebeldes en las montañas del norte peninsular fue en principio un asunto muy menor, y desde luego no reflejan ninguna razón histórica para explicarla, aunque algunos han supuesto que los astures se enfrentaron de inmediato al dominio musulmán «con un auténtico proyecto de Reconquista», y que ya entre el 718 y el 722 se independizan unos cuantos valles asturianos con Pelayo como caudillo, lo que generó la «aparición del reino de Oviedo»[35]. No me explico cómo los astures podían estar pensando en «reconquistar» una tierra que nunca antes habían conquistado.

A mediados del siglo VIII, durante el gobierno de Alfonso I de Asturias (739 a 757), el dominio del poder astur no estaba consolidado. Las noticias sobre los acontecimientos del reinado de Alfonso I y sobre sus campañas militares están tan manipuladas que ofrecen serias dudas de veracidad; los problemas de todo tipo que arrastraron los monarcas astures de la segunda mitad del siglo VIII parecen ratificarlo. Las presuntas conquistas que las crónicas de fines del siglo IX atribuyen a Alfonso I no fueron tales; Astorga seguía en manos musulmanas a principios del siglo IX y León fue ocupada en las primeras décadas de esa centuria, aunque sufrió una razia y un incendio en el 846, durante una campaña militar de los musulmanes cordobeses en el reinado de Ramiro I. Fue Ordoño I quien conquistó Astorga y el Bierzo, y quien recuperó León entre los años 853 y 856[36] aprovechando la muerte en 852 del belicoso emir cordobés Abdarrahman II y la consiguiente crisis política andalusí.

El reino de Asturias sufrió serias convulsiones entre los años 757 y 794, durante los reinados de Fruela I, no en vano apodado «el Cruel», Aurelio, Silo, Mauregato y Bermudo I, calificados como «reyes holgazanes», a imagen de los reyes merovingios denominados de la misma manera. Durante este periodo de casi medio siglo, que se ha calificado como el «fracaso del reino protoastur», el reino tuvo que reconstruirse tras estas crisis[37]. Este primer Estado astur «fracasado» fue el que giró en torno a los centros urbanos de Cangas de Onís hasta el 774 y de Pavía hasta el 794.

Los caudillos astures, desde Pelayo a Silo, no usaron el título de *rex*, sino el de *princeps*. Fue Mauregato el primero en hacerlo hacia el año 785, quizá para evitar ser tildado de soberano ilegítimo, pues era hijo natural de Alfonso I y de una sierva; aunque no se asentó con rotundidad esta intitulación para estos monarcas hasta Ordoño II en el año 910[38].

Alfonso II, que reinó por un breve espacio de tiempo en el 783, tuvo que abandonar el trono, regresó ya de manera estable en el 791 y aseguró la estabilidad del poder real. La fundación de una sede real en Oviedo se hizo en una zona ya poblada en las elevaciones de la colina ovetense durante el reinado de Fruela I. La nueva ciudad se ubicó sobre un posible *locum sacrum* de época romana, a fines del siglo VIII o comienzos del IX, y se estableció la sede real y de la corte, en torno a un destacado núcleo palatino con clara vocación urbana, con una apropiación simbólica de la fuente de Foncalada, el reaprovechamiento de columnas y capiteles corintios de época romana en la iglesia de San Tirso y con un palacio real[39]. La nueva ciudad de Oviedo supuso el aldabonazo definitivo a la consolidación del reino astur, y el inicio de la idea de que el nuevo reino tenía un vínculo directo con la monarquía visigoda y restauraba el orden legítimo de los reyes de Toledo, justificado ideológicamente en las crónicas de Alfonso III, ya a finales del siglo IX, cuando el centro político se trasladó de Oviedo a la ciudad de León[40].

La realidad del reino de Asturias en el siglo VIII poco tiene que ver con lo que cuentan las crónicas de los siglos IX y X. A finales del siglo VIII en el reino astur apenas había comercio, la posesión de la tierra era similar a la del tiempo de los visigodos, con tendencia a la concentración de la propiedad en unas pocas manos de la aristocracia local, en las zonas vacías o abandonadas o de confusa propiedad se usaba la presura como forma de apropiación de la tierra, los gastos del reino eran mínimos, pese a que se mantenía un sistema de impuestos similar al de la época bajoimperial romana, quizá porque no había ninguna alternativa, se pagaban tributos a los musulmanes y existía una notable confusión entre el patrimonio que pertenecía al rey y el del reino[41].

A finales del siglo VIII, el reino de Asturias todavía no se había configurado como un Estado, pero estaba en vías de serlo.

9.2. Pelayo, el caudillo mesiánico

La figura de Pelayo, que algunos han llegado a denominar de manera asombrosa como «el primer rey de España», es tremendamente controvertida; incluso no faltan quienes consideran que se trata de un personaje imaginario[42].

Dada las confusiones y contradicciones de las fuentes y que todo son suposiciones por parte de los historiadores, es difícil demostrar quién era en realidad Pelayo, sobre el que además no hay fuentes fiables[43]. Expresiones como «no sería descabellado pensar» son frecuentes en los trabajos sobre este caudillo, que la mayoría considera como el primer rebelde hispano contra los musulmanes[44].

Por el contrario, siguiendo la senda historiográfica panespañolista, se ha llegado a decir que «aunque ahora se pretende escribir la historia de otra manera», una forma eufemística de rechazar las investigaciones más avanzadas para volver al viejo patrioterismo histórico, Pelayo fue el «primer rey de Asturias y, por tanto, primer rey de España»[45]; nada más.

Las viejas y caducas tesis basadas en los trabajos de Sánchez-Albornoz parecían superadas, pese a que todavía hace treinta años se decía que Pelayo fue elegido rey en el 718 en Cangas de Onís «por los nobles visigodos», que éste obligó años más tarde «a los musulmanes a levantar el cerco a Covadonga» y que esa acción fue «la primera manifestación del sentimiento nacional en la España cristiana»[46]; nada menos.

Este tipo de aseveraciones, realizadas sin más apoyo documental que la creencia ciega y el seguidismo de las tergiversadas y tendenciosas crónicas del siglo IX, no se sostienen ante un análisis historiográfico riguroso.

No existen fuentes ni datos contemporáneos originales del reinado de Pelayo[47], lo que ha provocado que se siga especulando sobre la figura y los hechos de este personaje, confundiendo y mezclando noticias difusas y contradictorias con relatos legendarios.

Siguiendo los viejos relatos trufados de épica patriotera y de mesianismo cristiano, Pelayo se presenta como el caudillo de los astures, que reunidos en una especie de asamblea o concilio en la localidad de Brece lo eligieron para que encabezara un movimiento de resistencia política y religiosa y se enfrentara a los invasores musulmanes con la misión de llevar a cabo una redención histórica.

Un puñado de trescientos rebeldes, cifra precisa que señalan las crónicas de Alfonso III, se alzaron en los valles asturianos entre los años 718 y 722 y combatieron por las montañas, hasta que los musulmanes los dejaron reducidos a sólo treinta; los supervivientes se refugiaron en el monte Auseva, en una cueva muy grande llamada Enna, donde ratificaron a Pelayo como *princeps*. Aprovechando el conocimiento del terreno, los rebeldes juramentados tendieron una emboscada al ejército musulmán del emir Anbasa in Suhayn, que los acosaba al mando del general Alqama[48].

Según otras elucubraciones, fueron los aristócratas visigodos refugiados en el norte, aliados de conveniencia con los indígenas de la región, los que eligieron a Pelayo como rey, pese a que a fines del siglo IX tanto la *Crónica rotense* como la *Ovetense* no afirman que Pelayo fuera hecho rey, sino *princeps*, pues no era de sangre real[49]; y se mantienen dudas sobre si se intituló *rex* o *dux*, o si era de origen astur o de estirpe goda[50].

La revuelta de Pelayo, si es que la hubo, pues se ha llegado a decir que la suya fue una rebelión que «tenía más de mítica que de real»[51], se magnificó a fines del siglo IX, convirtiendo a este caudillo en un ser «noble, honrado y asexual», en contraposición dicotómica a su rival musulmán Munuza, que se presentó como un hombre henchido de «lujuria y maldad»[52].

La causa de la revuelta de los astures en tiempos de Pelayo se debió sobre todo al aumento de tributos que impusieron los emires andalusíes, especialmente durante el gobierno de Al-Hurr ibn Abdarrahman[53], porque no parece que las autoridades musulmanas prestaran demasiada atención ni hacia Pelayo ni hacia los pueblos del norte en las primeras décadas del siglo VIII[54].

Según una tradición legendaria, Pelayo, verdadero arquetipo del héroe creado en el siglo IX como modelo a seguir[55], fue enviado por el gobernador musulmán Munuza a Córdoba. Este jefe musulmán se había enamorado de la hermana de Pelayo y quería casarse con ella, pero el cristiano se negaba a que ese matrimonio se celebrara. Ambos hombres se enemistaron por este asunto, Pelayo huyó y se refugió en Asturias. Tariq envió entonces algunas tropas que lo cercaron en Covadonga, donde se produjo una batalla tras entablar una conversación Pelayo con el traidor Opas[56].

En otra versión, Pelayo, tras haber colaborado con los invasores musulmanes, huyó de al-Andalus en el verano del 716, tras el asesinato de Abd al-Aziz en una mezquita de Sevilla, y se dirigió por Zaragoza hacia la Tarraconense, donde Ardo había sucedido ya a Agila II, padre de Egilona y tío abuelo de Pelayo, como rey de los visigodos. Lo acompañaba la propia Egilona, doble viuda de Rodrigo y de Abd al-Aziz. El general Al-Hurr irrumpió en Septimania persiguiendo a Pelayo, convertido en el primer rebelde contra los musulmanes. Egilona y Rodrigo estaban en Narbona en la Navidad del 717, con el conde Eudo de Aquitania, hermano de Egilona. Desde allí, Pelayo se dirigió a Cantabria, convirtiéndose en el primer rebelde contra los musulmanes[57]. Hay versiones para todos los gustos.

El relato literario sobre Pelayo se redactó con la intención de convertirlo en un personaje lleno de carisma, que se rebeló para vengar el ultraje cometido sobre su hermana por el moro Munuza y a la vez salvar a la cristiandad hispana de la tiranía del islam. Esta trama literaria no deja de ser similar a la que se creó sobre las relaciones de Rodrigo y Florinda[58].

Ya instalado en Asturias, Pelayo habría sido elegido como caudillo de la región de Cangas de Onís, donde según las crónicas de Alfonso III estableció su corte en el año 722, lo que se ha considerado como un anacronismo, pues el concepto de corte real no aparece hasta mediados del siglo IX[59].

Esta versión de las peripecias de Pelayo ha llevado a pensar a algunos que las murallas y clausuras del Homón del Fayo y la Carisa fueron construidas precisamente a instancias de Pelayo para defenderse de las incursiones de los musulmanes[60].

En lo que coinciden las fuentes y casi todos los historiadores es que Pelayo murió en el año 775 de la era hispánica, año 737, y que fue sucedido por su hijo Favila, del cual sólo se sabe que gobernó a los astures durante apenas dos años y que fue matado por un oso[61].

A Pelayo lo convirtieron en un caudillo mesiánico, identificado con el bíblico Moisés[62], y lo consagraron como el antepasado primigenio de los monarcas astures y leoneses, con especial resalte en los reinados de Alfonso II y Alfonso III, ya en el siglo IX, y en el gran oponente al enemigo musulmán andalusí[63], el verdadero forjador del espíritu de resistencia cristiana frente al islam.

Esta idea se auspició en el reinado de Alfonso II, quien en un diploma a favor de la iglesia catedral de San Salvador de Oviedo hace resaltar que Hispania ha sido castigada con la invasión y conquista de los sarracenos, pero que Dios eligió a Pelayo para que se convirtiera en el paladín de la cristiandad, la defendiera de los musulmanes y «luchara contra el enemigo»[64]. Alfonso II dictó su presunto testamento el 12 de noviembre del año 812, en el que se declaraba bisnieto de Pelayo e hijo de Fruela y de Munia, añadiendo que Dios había enviado a Pelayo para «remediar la pérdida del reino de los godos»[65]. El gran problema es que este testamento no es un diploma original del año 812, sino una copia, en mi opinión una falsificación, realizada en un codicilo de pergamino de ocho folios, de los cuales sólo están escritos cuatro en letra visigótica redonda, copiado durante el reinado de Alfonso III, y en el que aparecen hasta treinta y cuatro testigos, todos ellos con firmas realizadas con la misma mano[66].

Fue en el reinado de Alfonso III, que además necesitaba justificar el traslado de la corte de Oviedo a León, cuando el mesianismo redentor de Pelayo adquirió marcados tintes ideológicos, se convirtió en la referencia legitimista y en la imagen espejada de Alfonso III y se presentó como un líder carismático, defensor de la Iglesia y del cristianismo[67]; aunque Ubieto, que aceptó que Pelayo fuera elegido como caudillo por los astures, negó que lo hicieran para dar continuidad al Estado visigodo[68].

¿Quién fue en realidad Pelayo?[69]

Su origen y otros muchos aspectos de su vida y de sus obras son ante todo «un cúmulo de incógnitas»[70], fruto de la especulación, la falsificación y la construcción ideológica del personaje realizadas siglo y medio después de su muerte, o mejor un cúmulo de falsedades creadas a fines del siglo IX por instigación de Alfonso III para hacer tanto a Pelayo como a Alfonso I descendientes del linaje real visigodo, lo que legitimaría a los soberanos astures como continuadores naturales de los reyes de Toledo, y por tanto con derecho a ocupar todo el territorio de al-Andalus[71].

Para algunos autores y algunas crónicas, entre ellas la mayoría de las árabes, Pelayo fue un noble de estirpe astur, un magnate indígena que fue proclamado por los suyos y que se alió con su homólogo Alfonso, primogénito del *dux* Pedro de Cantabria, con el cual emparentaría al casarlo con su hija Hermesinda[72].

Los que admiten el origen astur de Pelayo, señalan que era miembro de la aristocracia local, hijo del duque Favila de Asturias[73], cuya familia poseía importantes bienes en la región, que era un poderoso jefe local del territorio de la comarca de las Primorias y que había sido elegido *dux*, un cargo propio del reino visigodo; así tendría sentido que fuera designado en un concilio en Covadonga, en un escenario cavernario propio de la mitología astur[74]. Alguno incluso lo ha llegado a definir como «una especie de somatén» originario de la comarca de la Liébana[75]. En defensa de la filiación astur se alega que Pelayo no es un nombre germánico, sino tal vez romano, que no pertenecería a la aristocracia visigoda, y que, además, parece fuertemente arraigado en la región de Cangas de Onís[76].

El historiador árabe Ibn Hayyan en su obra *Al-Muqtabis*, siglo x, relata así la revuelta de Pelayo: «En su tiempo se sublevó en Galicia un malvado cristiano, llamado Pelayo, quien, reprendiendo la cobardía de sus correligionarios y estimulándolos a la venganza y a la defensa de su territorio, logró sublevarlos, y desde entonces comenzaron los cristianos a rechazar a los musulmanes de las comarcas que poseían y a defender sus familias sin que antes hubiesen hecho nada de esto. No había quedado en Galicia alquería ni pueblo que no hubiese sido conquistado, a excepción de la sierra, en la cual se había refugiado este cristiano. Sus compañeros murieron de hambre hasta quedar reducidos a treinta hombres y diez mujeres aproximadamente, que no se alimentaban de otra cosa sino de miel de abejas, que tenían en colmenas, en las hendiduras de las rocas que habitaban. En aquellas asperezas permanecieron encastillados, y los musulmanes, considerando la dificultad del acceso, los despreciaron diciendo: "Treinta hombres, ¿qué pueden importar?". Después llegaron a robustecerse y a aumentarse y a ganar terreno, como es cosa sabida».

Al-Maqqari, recogiendo noticias de crónicas árabes anteriores en su crónica *Nafh al-Tib*, atribuye a Pelayo un origen astur: «Dice Isa ibn Ahmad Al-Razi que en tiempos de Anbasa ibn Suhaim al-Qalbi, se levantó en tierra de Galicia un asno salvaje llamado Pelayo. Desde entonces empezaron los cristianos en al-Andalus a defender contra los musulmanes las tierras que aún quedaban en su poder, lo que no habían esperado lograr. Los islamitas, luchando contra los politeístas y forzándolos a emigrar, se habían apoderado de su país hasta llegar a Ariyula, de la tierra de los francos, y habían conquistado Pamplona en Galicia y no había quedado sino la roca donde se refugió el rey llamado Pelayo con trescientos hombres. Los soldados no cesaron de atacarle hasta que sus soldados murieron de hambre y no quedaron en su compañía sino treinta hombres y diez mujeres. Y no tenían qué comer sino la miel que tomaban de la dejada por las abejas en las hendiduras de la roca. La situación de los musulmanes llegó a ser penosa, y al cabo los despreciaron diciendo: "Treinta asnos salvajes, ¿qué daño pueden hacernos?". En el año 133 murió Pelayo y reinó su hijo Fáfila».

Ibn Jaldún, siguiendo a los cronistas árabes, rechaza el origen visigodo de Pelayo, pero la filiación visigoda es sostenida por muchos otros.

Las contradicciones y las confusiones sobre este asunto

son abundantes. Pelayo es citado en otras fuentes como hijo de Favila, que era *dux* de Cantabria, pero, en este caso, de sangre real visigoda, que se refugió en Asturias antes de la invasión musulmana huyendo de la persecución del rey Vitiza, que lo habría expulsado de Toledo, y que actuó como una especie de representante de la administración goda, que se alió con los nativos astures y los convenció para que no aceptaran los tributos de los musulmanes y se rebelaran, pese a que la aristocracia terrateniente había pactado con Munuza en Gijón[77].

La *Crónica rotense* lo identifica como un espatario de los reyes Vitiza y Rodrigo, que tras la invasión musulmana colaboró con los conquistadores, que lo enviaron a Córdoba, y allí vivió hasta que huyó en el 717 y se refugió en Asturias con su hermana, de la cual se enamoró el musulmán Munuza, gobernador de Gijón; toda una novela de amor, desamor y venganza. Una vez allí, fue elegido príncipe por los astures. Esta versión es la que siguen la mayoría de los historiadores extranjeros[78].

El origen visigodo de Pelayo es admitido por varias fuentes y numerosos historiadores, que siguen la aseveración de las crónicas de Alfonso III en las que Pelayo aparece como un noble rebelde «de prosapia regia» reconocido como caudillo por los astures[79].

La *Crónica albeldense*, ésta sin citar la filiación, y la *Ad Sebastian* lo presentan como hijo del noble godo Veremundo, que sería un primo hermano de Egilona o Ailo, hija del conde Aquilo, que quizá sea el mismo Agila II, el rival de Rodrigo en la zona nororiental del reino godo, de modo que Pelayo sería sobrino del rey Rodrigo[80].

Esta versión señala que el rey Vitiza habría acosado a la

madre de Pelayo[81], lo que habría inclinado a Pelayo a aliarse con el bando de los nobles visigodos contrarios a Vitiza. En esta pugna entre las dos facciones nobiliarias visigodas, parece sugerirse que la familia de Pelayo habría apoyado a los antivitizianos, pero al hacerse Rodrigo con el trono se habrían aliado con Agila II, pues se cita al *dux* Pedro de Cantabria como hijo de un tal Dídaco, hermano de Egilona y nieto del propio Agila II y de su esposa Divigra; el relato es todo un conglomerado de una confusa complejidad, fruto de que los cronistas de finales del siglo IX, que relataron estos acontecimientos casi dos siglos después, los mezclaron de tal manera para conveniencia de los intereses y la justificación histórica de Alfonso III.

Según una de las varias versiones, Pelayo habría nacido en una fecha imprecisa entre los años 674 y 683 en el seno de una familia noble que habría sido perseguida por el rey Ervigio. Huérfano siendo todavía niño y hermano de dos niñas llamadas Dosinda y Auna, se supone que fue criado por su tío materno Ofila, que era de sangre real, y cuya hija quizá estaba casada con el noble Veremundo. Se educó cerca de la corte, bajo la protección de la reina Cixila, esposa del rey Égica, hasta que Vitiza ascendió al trono y lo expulsó de Toledo; de manera que Pelayo estaría emparentado con la casa real de Vitiza y de Opas, no habría estado presente en una sublevación del año 716 y no habría acudido a Asturias antes del año 718[82].

Según la *Crónica rotense*, Pelayo fue un espatario de los reyes Vitiza y Rodrigo, hijo del *dux* Favila y de estirpe real, un jefe político y militar por tanto, un visigodo «a todas luces», e incluso nieto del rey Chindasvinto[83]; y lo mismo señalan los códices *Emilianense* y *Vigiliano*, que lo consideran hijo del noble Bermudo, que era primo del rey Rodrigo[84]. En la

Crónica ovetense Pelayo es hijo del *dux* Favila, de sangre real visigoda. A la aceptación de esa filiación goda se sumarán la *Crónica najerense* y en los siglos XII y XIII crónicas cristianas como la de Lucas de Tuy, la de Rodrigo Jiménez de Rada, la *Crónica latina de los Reyes de Castilla* o la *Crónica general de España* de Alfonso X[85].

De nuevo surge un cúmulo de contradicciones y especulaciones según las fuentes que se utilicen, pero a diferencia de las crónicas árabes, que mayoritariamente lo consideran un astur, la mayoría de las cristianas lo presentan como un noble visigodo refugiado entre los astures tras la invasión de la Península, el cual logró un acuerdo entre «su grupo» y los astures[86]. Aunque el cronista musulmán Ibn Hayyan dice que algunos partidarios de Rodrigo se refugiaron en Asturias y constituyeron un núcleo independiente de todo lo anterior, y que Pelayo fue un nuevo rey que reinó sobre un nuevo pueblo[87].

Los que lo consideran un noble visigodo lo presentan como un espatario de los reyes Vitiza y Rodrigo, un oficial hijo del duque Favila y nieto del rey Chindasvinto, de sangre real por tanto[88], que se refugió en Asturias con el grupo de nobles visigodos que se negaron a capitular ante los árabes. Así, Pelayo resultó convertido en el heredero legítimo del reino de Toledo, que se trasladó a Asturias, donde la nobleza local lo eligió como caudillo[89].

Las crónicas de Alfonso III procuraron buscar y destacar las raíces visigodas de Pelayo, y vincularlo con lazos familiares a la realeza de Toledo, aunque de manera un tanto difusa y confusa, a fin de presentar a los reyes astures y leoneses como descendientes indudables de los reyes visigodos, trazando así una continuidad legitimista entre el reino visigodo de

Toledo y el reino cristiano de León. La vía de la legitimación se realizó mediante la falsificación de la historia y la gracia de la divinidad[90].

Todo lo relacionado con Pelayo adquiere una naturaleza de carácter épico, desde la huida con su hermana a Asturias a su perfil de hombre noble y honrado que se enfrenta a los paradigmas de traidor como son el rey Vitiza y su descendiente Opas, desde su imagen de héroe de la resistencia al islam hasta la encarnación y símbolo del origen del reino de Asturias[91].

La cronología de los acontecimientos protagonizados por Pelayo, ficticios o reales, fluctúa de manera considerable según diversos historiadores. Para unos no se proclamó rey, o mejor caudillo, hasta el año 735, en una asamblea celebrada en la montaña tras un triunfo sobre el general musulmán Abd al-Malik in Qatah al-Fihri, y un pacto con los árabes[92].

La figura de Pelayo, utilizada como icono de los inicios de la llamada «Reconquista», encarna todos los tópicos del mito de los héroes fundadores de un reino; es el caudillo irreductible que se niega a someterse al invasor y que inicia un plan de resistencia y de recuperación del territorio perdido. La mitificación del personaje, sobre todo a partir de finales del siglo IX, y las leyendas y tradiciones, elaboradas en los siglos siguientes[93], crearon una figura dotada de cualidades mesiánicas, y el relato histórico se adecuó a la necesidad del mito. Pelayo y Covadonga han sido magnificados y glorificados por la historiografía españolista, al elevarlos a la categoría de «hechos fundacionales de la nación»[94].

Tras la revisión de los textos y el análisis de su intencionalidad, es evidente que se desenfocaron los acontecimientos.

A la vista de los hechos, es obvio que los musulmanes consideraron conquistado y dominado todo el norte de la Península ya en el año 714, y desde entonces se desentendieron de lo que pasaba allí, pues atravesaron los Pirineos y se lanzaron a la conquista de la antigua Galia y del reino de los francos[95].

Esa fue la coyuntura que aprovecharon astures y cántabros, favorecidos en su resistencia por el enfrentamiento entre árabes y bereberes, y ahí estaba Pelayo, caudillo indígena de origen astur o noble visigodo refugiado, a saber, que fue convertido en el héroe fundacional necesario, como igual de necesaria fue la invención de la batalla de Covadonga, con su correspondiente relato, ya a finales del siglo IX, porque Pelayo necesitaba una Covadonga, y Covadonga necesitaba a un Pelayo[96].

10

La forja de un reino y Alfonso I

La muerte de Pelayo se produjo en el año 737. Todas las fuentes coinciden en que lo sucedió al frente del principado astur su hijo Favila. Se ha supuesto que Favila nació en el año 701, hijo de la primera esposa, que era miembro de la familia del rey Vitiza. Apenas se sabe otra cosa de él que lo que repiten todas las crónicas: que fue devorado por un oso tras sólo dos años como soberano; aunque se ha especulado que ese oso asesino no sería un animal, sino su propio hermano, integrante de un clan godo, cuyo nombre sería precisamente Ursus[1].

A pesar de lo que cuentan las crónicas escritas siglo y medio más tarde, Asturias no parece un principado que ya estuviera organizado como un Estado a mediados del siglo VIII[2], aunque también hay quien sostiene lo contrario, que el «reino asturleonés» era en ese tiempo un verdadero «Estado con una sólida monarquía hereditaria de tradición visigoda», en el que se mantuvieron grupos aristocráticos locales que se reforzaron todavía más con la constitución de la monarquía asturiana[3]; a saber.

De nuevo los historiadores documentalistas que se basan

en los relatos de las crónicas cristianas plantean tesis contrapuestas, debido al distinto grado de credibilidad que cada cual otorga a esas fuentes escritas, sin confrontarlas apenas con las fuentes árabes y mucho menos con las arqueológicas.

El origen y filiación de Alfonso I, sucesor de Favila y soberano astur del 739 al 757, han sido fijados en función de las crónicas de los siglos IX y X, que tergiversan de manera grosera el pasado, y de copias tardías de documentos de muy dudosa autenticidad, como por ejemplo un diploma de Odario, obispo de Lugo, fechado en el año 760 en el que se asegura que Alfonso I era descendiente «de la estirpe real de Recaredo y Hermenegildo», es decir, del rey que instauró el catolicismo como religión de los visigodos en el III Concilio de Toledo en el año 589 y de su hermano Hermenegildo, que aunque no fue canonizado hasta 1585, ya se consideraba a fines del siglo IX como un mártir católico, tras ser ejecutado por su padre el rey Leovigildo, seguidor del arrianismo[4].

La *Crónica rotense* indica que Alfonso I era sobrino de Fruela e hijo de Pedro, *dux* de Cantabria, que llegó a Asturias desde el sur, y sería por tanto un visigodo, o al menos alguien ajeno a los pueblos del norte, y que se casó con Ermesinda, hija de Pelayo; en tanto, la *Crónica ovetense* precisa que Pedro era descendiente de los reyes Leovigildo y Recaredo, y que fue *princeps militiae*, jefe del ejército de los reyes Égica y Vitiza[5], lo que se ha considerado «improbable»[6]. Este vínculo familiar entre Alfonso I y su padre el *dux* Pedro con los reyes de Toledo ha sido tildado de radicalmente «falso»[7].

Los acuerdos matrimoniales de estos príncipes ocuparon un lugar destacado en las crónicas. Todas coinciden en que Alfonso I se casó con Ermesinda, la hija de Pelayo[8], sin duda para buscar un enlace familiar de este monarca con los reyes visigodos; en tanto Fruela I, hijo y sucesor de Alfonso I, se casó con Munia, a la que se ha supuesto un origen vascón, pues habría sido capturada en una campaña militar de los astures contra los vascones y llevada a Oviedo, donde la habría tomado Fruela I como esposa[9].

El uso del condicional es abrumador a la hora de plantear el origen de Alfonso I, que está lleno de dudas. Así, se ha escrito que «de la vecina Cantabria llegaría Alfonso I, esposo de Ermesinda, hija de Pelayo»; era hijo, según las crónicas, del *dux* Pedro de Cantabria, «de supuesta ascendencia goda»; pero se ignora quién era realmente el tercer monarca astur: «Un noble cántabro investido de poder local análogo al de Pelayo, o bien un alto dignatario del Estado visigodo, o un aristócrata cántabro al servicio de la monarquía de Toledo»[10]; ¿quién sabe?

Para acentuar más aún esta tremenda confusión, en la primera mitad del siglo VIII las fuentes confunden y mezclan los topónimos de Asturias y de Cantabria, creando un verdadero caos interpretativo. Barbero y Vigil señalaron que la comarca de Cangas de Onís era parte de Cantabria en época romana y que fue en época visigoda cuando se cambiaron los nombres de Asturias por Cantabria[11].

Hay una región llamada «Asturias» en torno a la comarca de Santillana, en la actual Cantabria, y otra «Asturias» en la región de Oviedo, que acabará siendo la Asturias actual[12]. Con Cantabria el problema es similar, o mayor si cabe; todavía hoy se denomina «sierra de Cantabria» a la cadena montañosa que se extiende desde el noreste de la provincia de Burgos al norte de La Rioja y sur de Álava, hasta los límites con Navarra[13].

La controversia se centra también en los dominios y las conquistas de Alfonso I.

El núcleo originario del reino astur se circunscribía a la zona del valle del Sella, con centro en Cangas de Onís y la zona oriental de la actual Asturias, que en la Antigüedad era Cantabria, y se extendía por la actual Cantabria hasta Vizcaya y el norte de la provincia de Burgos[14]. Los monarcas astures no llegaron a controlar más allá de los límites de Vizcaya, que no era tierra de vascones en la época visigoda, como tampoco lo había sido en la Antigüedad, ya que el actual País Vasco estaba poblado en época romana por las tribus de los autrigones, carintios y bárdulos, mientras los vascones ocupaban Vasconia, es decir, la mitad norte de la actual Navarra. En el siglo VI las fuentes francas y visigodas citan a los cántabros y a los vascones, pero en las visigodas del siglo VII los cántabros desaparecen y aparecen los astures como enemigos de los godos, y ya no en las francas[15].

Las crónicas atribuyen a Alfonso I una actividad conquistadora extraordinaria, en absoluto acorde con la situación política y militar de Asturias a mediados del siglo VIII. Tras acceder al trono junto a su hermano Fruela, Alfonso I aparece como el monarca que organizó entre el 745 y el 754 la frontera de Asturias, en Lugo y Astorga por occidente y hasta Amaya y Oca por el este, y quien estructuró el reino y repobló las regiones costeras de Cantabria, Galicia y Asturias[16]. La *Crónica rotense* lo presenta como conquistador de Galicia y del norte de Portugal, y le atribuye la conquista de numerosas ciudades, entre ellas Lugo, Astorga, Tuy, Oporto, Braga, Salamanca, Zamora —que identifica con la antigua Numancia—, León, Simancas, Amaya y varias más; pero la crónica exagera y magnifica la extensión de estas conquistas[17]. Lo que ocurrió es que Alfonso I realizó algunas incursiones contra guarniciones bereberes entre los años 741 y 743, aprovechando la guerra civil y las revueltas, la *fitna*, que se habían desatado en al-Andalus, y se limitó a saquear las comarcas de Saldaña, Revenga, Oca y Miranda de Ebro, porque carecía de contingentes necesarios para conquistarlas y mantenerlas bajo su dominio[18]. Los bereberes abandonaron las zonas más próximas a las montañas del norte, como la región de Bardulia[19], el sur de la actual provincia de Álava y el norte de la de Burgos, donde se asentó otro núcleo de resistencia cristiana. Fue por entonces o poco después cuando los bereberes de la tribu de Al-Qila fortificaron el castillo de Burgos, como fortaleza frente a los rebeldes cristianos del norte.

La muerte de Alfonso I, que no parece que librara una sola batalla contra el islam[20], aconteció en el año 757. Fue sucedido por su hijo Fruela I, no confundir con el hermano del mismo nombre, tal vez asociado al trono en vida de su padre[21] ante las dificultades por asegurar la continuidad de su linaje al frente del principado astur. Heredó unos dominios que se extendían por el litoral cantábrico y los valles y montañas del interior y, pese a ser menos conocido que su padre, ha sido considerado como el monarca más relevante de este protorreino astur[22].

Creo que fue Fruela I quien protagonizó algunas de las hazañas guerreras que las crónicas de Alfonso III atribuyen a Alfonso I y quien organizó las primeras campañas para intentar ocupar, y no sólo saquear, algunos de los principales centros urbanos de Galicia y de la región al norte del curso del Duero[23]. Las acciones militares de Fruela I fueron respondidas por los musulmanes con una incursión en el año 758, dos años después de instaurado el nuevo poder independiente omeya en Córdoba con el emir Abdarrahman I, durante la cual se saqueó la comarca del Bierzo y se llegó hasta Pontuvio, cerca de La Coruña, donde las crónicas ubican una batalla de la que salió victorioso Fruela I[24]; ésta sería la primera batalla digna de tal nombre desde la llegada de los musulmanes a las montañas del norte en los últimos meses del año 713.

El reinado de Fruela estuvo lleno de complicaciones, pero logró consolidar la presencia astur en la zona norte de Galicia y trató de extender sus dominios hacia occidente, combatiendo con los vascones a los que, según las crónicas, venció[25]; aunque lo más probable es que tratara de llegar a acuerdos y pactos, como indica el que se casara con una mujer llamada Munia, de origen vascón[26], y también para establecer contactos con la región de Aquitania[27], ya libre del dominio musulmán desde la década del 760 al 770, sin duda en busca de alianzas contra los previsibles ataques del recién fundado emirato independiente omeya en Córdoba.

Las oscuras convulsiones políticas que vivió el reino protoastur, de las que la extraña muerte de Favila en las garras de un oso, o a saber de quién, fue la primera y sorprendente manifestación, continuaron en los años siguientes. Las fuentes describen un panorama pleno de convulsiones, en el que las intrigas cortesanas fueron omnipresentes. Fruela I se creyó blanco de una conjura para derrocarlo, que estaría encabezada por su hermano Vimarano, a quien mandó ejecutar por traidor. Este crimen desató la venganza interesada de algunos nobles y familiares, que asesinaron a Fruela I en Cangas de Onís en el año 768. El magnicidio de Fruela es la prueba de la enconada pugna en el seno de la aristocracia por hacerse con el poder.

Esta crisis provocó el desmoronamiento del reino astur y su consiguiente ruina durante medio siglo[28], plasmada en la leyenda del tributo de las cien doncellas, una manera literaria y metafórica de explicar la debilidad de los monarcas sucesores de Fruela y a su vez magnificar la figura de Alfonso II como reparador de las flaquezas de sus antecesores Aurelio, Silo, Mauregato y Bermudo I.

El debate y la polémica sobre los orígenes del reino de Asturias y las raíces y filiación de sus primeros monarcas parecen de momento cuestiones irresolubles, dadas las contradicciones de las fuentes, la dificultad para sistematizar las investigaciones pasadas y en curso, la mezcla de mitos y leyendas con la historia y la falta de consideración que merecen para algunos investigadores las cada vez más abundantes y reveladoras fuentes arqueológicas.

Sigue sin esclarecerse la cuestión de si Pelayo y sus inmediatos sucesores fueron miembros de la aristocracia local, integrantes de la nobleza visigoda o bien una mezcla interesada de la aristocracia local con la nobleza visigoda que se negó a rendirse y se refugió en el norte para seguir resistiendo a los conquistadores islámicos[29].

La tesis de que estos caudillos astures encarnaron la continuidad dinástica de los reyes visigodos de Toledo es tardía, y responde a los deseos de Alfonso III de asentar su legitimidad como sucesor y heredero del reino de Toledo, expresados en las crónicas de fines del siglo IX, que se retomarán literalmente en algunas del siglo XIII, como en la de Lucas de Tuy[30].

Barbero y Vigil plantearon que la formación del reino visigodo de Toledo hizo renacer el espíritu de independencia de los pueblos del norte, que había sido reducido tras la conquista de Augusto en los primeros años del Imperio romano, y resurgió en forma de reivindicación de la independencia política, lo que consideraban «fundamental para comprender los orígenes y el desarrollo posterior de la llamada "Reconquista"»[31]. Estas tesis han sido cuestionadas e incluso rechazadas, pero con todo, es evidente que «la regionalización y etnogénesis de los astures se perfilan como un fenómeno previo a la invasión musulmana, protagonizado por las aristocracias locales que unidas a la herencia ideológica de los godos deviene en la formación del reino de Asturias»[32].

La existencia del reino astur se explica por esas pervivencias, con el asentamiento de familias de la aristocracia local, que mantuvieron una ininterrumpida actividad de fundación de iglesias y castros desde el siglo VII al IX, antes y después de la irrupción del islam[33], en un proceso de jerarquización del poblamiento que se concreta en el siglo VIII con la nueva situación política y social protofeudal, manifestada en la fijación de la población en aldeas[34]; todo ello sin que llegara a producirse una repoblación generalizada de este territorio, aunque nunca quedó abandonado y despoblado, como supuso Sánchez-Albornoz; lo que se produjo fue un cambio de dominio con la consolidación del reino asturleonés[35], ya en los siglos IX y X, hasta alcanzar el curso del Duero, y la incorporación al nuevo reino de León de esas tierras, por entonces ajenas a cualquier estructura política de carácter estatal.

No fue hasta mediados del siglo IX cuando se asentó definitivamente el dominio cristiano en los territorios cántabro, astur y gallego, con la fundación de Oviedo como centro político con Alfonso II y con las reivindicaciones legitimistas que atribuyen las fuentes a este monarca[36], lo que hay que tomar con suma precaución, pues hasta el conocido testamento de Alfonso II, fechado en el 812 y que algunos consideran auténtico, se conserva en una copia tardía cuya autenticidad genera muchas dudas[37].

¿Fue el de Asturias en el siglo VIII un nuevo reino hispano y cristiano fundado por los propios astures y cántabros o la continuidad del Estado visigodo de Toledo destruido por la invasión islámica del año 711 y restaurado por nobles visigodos refugiados en las montañas del norte peninsular? Esta pregunta se ha convertido en el quid de la cuestión sobre los orígenes del reino de Asturias en las últimas décadas.

Astures y cántabros fueron los dos últimos pueblos indígenas sometidos por los romanos durante el mandato del emperador Augusto, y se considera que ambos fueron romanizados y pacificados, pero todavía a mediados del siglo I, durante el imperio de Nerón, seguía habiendo algunas revueltas en Asturias contra el poder de Roma, que acantonó a la legión VI Victrix y luego a la VII Gémina en la ciudad de León, fuertemente amurallada, con el claro objetivo de controlar de cerca a las tribus de la cordillera cantábrica. Efectivos de la VII legión seguían en su campamento leonés en el siglo V, cuatro siglos y medio después de su instalación; para entonces ya existía allí una sólida comunidad cristiana, organizada al menos desde mediados de la segunda mitad del siglo III, y con un obispo desde el año 303[38].

Tras la caída de Roma, la región pasó a estar controlada, si bien nunca del todo, por el reino de los suevos, con centro en el sur de Galicia y norte de Portugal hasta mediados del siglo VI. Desde el reinado de Leovigildo, y desaparecido el reino suevo, Asturias y Cantabria fueron consideradas como dominios de los reyes visigodos de Toledo; según la *Crónica rotense*, el rey Égica entregó toda esta región a su hijo Vitiza, llamándola *Regnum suevorum*; que incluía el río Esla, al que Isidoro de Sevilla llamó Astura, es decir, «el río de los astures»[39].

La continuidad del reino de Toledo como nuevo reino de Asturias ha sido aceptada por la historiografía tradicionalista panespañolista, pero son muchos los historiadores que la han negado, señalando que esos orígenes están «envueltos en la leyenda», que nada de eso se dice en las crónicas árabes, que la continuidad con Toledo no existió en un primer momento, que sólo se levantaron los astures contra el islam, que es difícilmente creíble la existencia de una corte regia en Cangas de Onís a comienzos del siglo VIII y que lo que hubo fue una continuidad de la resistencia astur, cántabra y vascona contra los musulmanes, igual que antes la hubo contra los romanos y contra los visigodos[40]. El que los árabes se encontraran en el norte con los mismos problemas que los visigodos explicaría la paradoja de que Pelayo fuera elegido en una asamblea de astures «en antiguo territorio cántabro y que el reino de Alfonso I se llame Asturias»; el reino astur habría surgido en la zona más romanizada y cristianizada de la antigua Cantabria y el espíritu de los indígenas sería el mismo que los llevó a defender su independencia de los visigodos, contra los que seguían luchando en el breve reinado de Rodrigo[41].

El argumento de la continuidad entre visigodos y astures se habría introducido por cuestiones de legitimidad[42]; y para eso se creó a fines del siglo IX el «taller historiográfico» de Alfonso III, aunque tal vez se gestó a mediados de esa centuria[43], porque lo ocurrido en el siglo VIII, con todas las reticencias que plantea este tiempo tan oscuro, no era favorable a la fusión godo-astur, pues a la llegada de los conquistadores musulmanes, el *dux* de Asturias prefirió pactar con ellos antes que presentarles batalla[44]. De modo que se acordó el pacto con los musulmanes, aunque se rompió pronto[45], en una fecha imprecisa entre el 725 y el 730, y de ahí que se inventaran más de siglo y medio después la existencia de una batalla épica en Covadonga, que nunca fue.

En la construcción ideológica del nuevo reino de Asturias a partir de la segunda mitad del siglo VIII y el siglo IX, mucho tuvieron que ver los mozárabes emigrados desde al-Andalus. Creo que fueron estos mozárabes los que inculcaron en la monarquía astur la idea de que resultaba ser la continuidad legítima de la visigoda de Toledo, y que sus monarcas tenían la obligación y a la vez el derecho de conquistar las tierras usurpadas por los musulmanes, cuyo triunfo sobre los cristianos godos se explicó por un castigo divino[46].

De esta manera confluyeron dos intereses, antaño contrapuestos pero ahora coincidentes: el espíritu de resistencia cántabro y astur ante un poder central que pretendía someterlos, fuera el de Toledo o el de Córdoba, y el de algunos vencidos visigodos, que añoraban los viejos tiempos y la restitución del Estado toledano[47], aunque algunos historiadores opinan que «Asturias no fue una sociedad indígena venida a más, ni necesitó un empuje mozárabe para tener una ideología de Estado ni un programa de reconquista»[48].

La guerra civil en los años 740-742, el triunfo de los abasíes en el 750 con la liquidación del califato omeya de Damasco, la instauración del emirato independiente omeya en Córdoba en el 756, la retirada de los musulmanes del sur de Francia hacia el 770 y la campaña de Carlomagno en el valle del Ebro en el año 778 fueron los factores determinantes que provocaron el repliegue del islam en el norte de la península ibérica, rompiendo la continuidad de la presencia de contingentes bereberes.

Bien distinta es la exposición épica que darán de este asunto las crónicas leonesas, ya a fines del siglo IX y en el siglo X, empeñadas en entroncar los derechos de la monarquía asturiana con la corte visigoda de Toledo, en justificar una herencia interrumpida injustamente por la invasión islámica y en crear un ambiente de animadversión hacia todo lo islámico.

Para los musulmanes, la resistencia política, militar y cultural de algunos rebeldes en las montañas del norte peninsular fue en principio un asunto muy menor, y desde luego no reflejan ninguna razón histórica para explicarla[49].

11

Covadonga, el mito necesario

11.1. La leyenda de Covadonga

En el año 878 el rey Alfonso III de Asturias logró una victoria militar sobre el debilitado ejército emiral, o tal vez sobre una aceifa de jinetes musulmanes, en la batalla de Polvorosa o Polvoraria, en el río Órbigo; quizá fue éste el primer envite de cierta entidad entre musulmanes y astures, salvo que fuera cierta la victoria de Fruela I sobre un ejército emiral hacia el año 760 en donde murió un hijo de Abdarrahman I, que no recogen las fuentes musulmanas[1].

Ese triunfo, a los que siguieron el de Valdemora, la incursión hasta el curso del Guadiana, el fracaso de los musulmanes en Coimbra y la renuncia a atacar la ciudad de León en el 883, desató la euforia de este monarca y le facilitó la consolidación del nuevo reino de León, cuya extensión duplicó hasta Oporto, Braga, Zamora, Simancas y Sahagún, que repobló con mozárabes de Toledo.

Alfonso III había tenido muchos problemas al comienzo de su reinado: llegó al trono con poco más de 18 años; se enfrentó a sus hermanos, a los que cegó, según la *Crónica de Sampiro*; tuvo que sofocar la revuelta de un noble al que las crónicas llaman Fruela Gemundi, quizá conde o señor de Lugo y tal vez miembro de la familia real, que lo obligó a huir a Álava y a punto estuvo de arrebatarle el trono; se enfrentó a constantes ataques de los musulmanes entre el 875 y el 883; y sofocó revueltas en Álava y Galicia, castigando a los instigadores.

Se alió con los caudillos andalusíes rebeldes al emirato, en el 875 con Ibn Marwan al-Chilliqi, que venció al ejército emiral, capturó al visir Ibn Abd al-Aziz y lo envió a Alfonso III, que lo retuvo dos años; Ibn Chilliqi, rebelde en Mérida, se refugió en el 884 en su corte.

En el 909, tras la rebelión de un tal Adanino y presionado por su primogénito García y sus otros hijos, se vio obligado a abdicar y renunció al trono. Fue el último rey de Asturias y el primero de León, llegando a intitularse *Hispaniae rex* en el 906, cuanto trasladó la corte a León. Murió en Zamora a finales del 910[2].

A comienzos del siglo x la monarquía hereditaria no se había impuesto aún en el trono de León. Alfonso III trató de dotarse de fundamentos históricos para legitimar su poder, y por ello presentó al reino de Asturias como heredero legítimo del reino godo de Toledo, rechazó la rama dinástica de Vitiza por considerarlo un depravado y usó el pasado para explicar su presente[3].

En su nueva y ventajosa situación, Alfonso III necesitaba un mito fundacional y lo encontró en la redacción de una fabulosa y épica batalla librada por Pelayo en Covadonga; una batalla que nunca existió.

Desde finales del siglo VIII la batalla de Covadonga se ha considerado como un acontecimiento histórico de extraordinaria relevancia, hasta tal punto que se fijó este hecho legendario como el «inicio de la Reconquista» e incluso como el momento de la «fundación de la nación española». «Espana nació en Covadonga», llegó a afirmar Claudio Sánchez-Albornoz en un arranque de fervor patriótico[4].

La obra de Sánchez-Albornoz sentó cátedra, incluso en autores franceses: «Pelayo obligó años después del 718 a los musulmanes a levantar el cerco a Covadonga. Es la primera manifestación del sentimiento nacional en la España cristiana»[5], convirtiendo lo que era una leyenda en un episodio «que tuvo especial relevancia histórica»[6]. Aún hoy se sigue repitiendo en algunos medios que fue «Covadonga la batalla donde 300 cristianos vencieron al poderoso ejército del Islam»[7].

Historiadores ultraconservadores como Payne, sin más argumentos que la versión tradicional, hablan de «un triunfo indiscutible de Pelayo en Covadonga»[8], en tanto otros como Vilar son más prudentes y se refieren a «una victoria simbólica, pero sin duda»[9], o que «algo debió de haber» porque parece verosímil[10]; otros aceptan la batalla pero la fechan en el 734, precisando que el derrotado fue el general árabe Abd al-Malik ibn Qatan[11].

Todo muy épico, como se requiere a la hora de narrar los orígenes de una nación, aunque la idea contemporánea de «nación» que se aplica en este caso no existiera en el siglo VIII, y hubiera que esperar más de mil años para fijar la definición moderna de ese concepto.

No importaba. La leyenda de la batalla de Covadonga se convirtió en el símbolo primigenio de un reino atávico y de una nación imaginaria, que se difundió como un aserto histórico incontestable e incuestionable, un mito necesario presentado como un juicio de Dios, como la prueba de la simbiosis entre el mundo indígena hispano y la tradición visigoda, que juntos dieron inicio a lo que en el siglo XIX se denominará «Reconquista»[12].

Alfonso III, primer rey de León[13], necesitaba crear ese mito bélico y épico fundacional, no en vano fue este monarca quien se apropió de lo augurado en la *Crónica profética*, que anunciaba la profecía de que un monarca cristiano vencería a los musulmanes y se convertiría en soberano de toda Hispania, aportando sus éxitos militares como la prueba definitiva de su razón. La historiografía leonesa al servicio del rey Alfonso construyó el relato de esta inexistente batalla y la erigió como el acto primigenio del restaurado reino cristiano perdido en el 711, y para ello se magnificaron los hechos, se tergiversaron los acontecimientos, se falsificaron los datos, se acudió a la intervención divina y se crearon tradiciones posteriores que elaboraron justificaciones legendarias dentro del reino astur[14].

La campaña de propaganda que se gestó a finales del siglo IX para asentar la historicidad de la creación de una batalla imaginaria que se habría librado en tiempos de Pelayo fue monumental, llegó a adquirir proporciones dignas de las epopeyas, se convirtió en un mito, se asentó como el dogma de la Historia oficial leonesa y se alzó como el símbolo de la unidad de Hispania bajo la dirección suprema de los reyes leoneses[15].

El relato legendario y fabulado se acompañó de los correspondientes símbolos iconográficos. En el año 908 Alfonso III donó a la catedral de San Salvador de Oviedo la Cruz de la Victoria, tal cual se cita en una inscripción contenida en la propia cruz. La propaganda inventó una tradición que aseguraba que esa cruz apareció en el cielo y que fue la misma que portaba don Pelayo en la batalla de Covadonga, tradición que se fijó en el siglo XVI. Un análisis de la cruz ha revelado que se trata de un objeto tallado en la madera de un árbol cortado precisamente en la época de Alfonso III; pese a ello, en el *Códice Pelagiarum*, escrito entre 1120 y 1142, aparece Pelayo portando la Cruz de la Victoria[16].

Los relatos que a fines del siglo IX construyeron el mito de Covadonga fueron todo «un proyecto de propaganda nacional y protección de la Virgen»[17], en donde se mezclaron historia y leyenda, trufados de providencialismo, utilizando relatos orales y tradiciones que se contaban en la región de Asturias y que colocaron a Covadonga como símbolo polivalente y prueba de la protección divina sobre los monarcas del nuevo reino cristiano[18].

La construcción del relato de la batalla de Covadonga cumplió un doble propósito: la creación de una victoria militar con la que se conseguía la independencia tras la sumisión a los musulmanes y la necesidad de dotarse de una «perspectiva nacionalista»[19]; por eso, en este asunto se ha ido «saltando de una conjetura a otra hasta crear un castillo de naipes meramente especulativo»[20].

La historicidad del decurso de la batalla de Covadonga, que se consideraba un aserto indiscutible hasta hace unos años, ha sido cuestionada, y ya son varios los historiadores que la califican de «supuesta» y consideran que este episodio es parte del relato mítico[21]. Las cosas están cambiando, y ya son muchos los historiadores que observan la batalla de Covadonga como una leyenda y un mito: «Covadonga se mitifica en León hasta la *Crónica silense* del siglo XII»[22]; se señala que «la batalla no pudo tener lugar tal cual narran las crónicas»[23]. H. A. Kamen afirma, con cierto maximalismo, que no hay pruebas, ni físicas ni documentales, de la existencia del primer rey de Asturias, tampoco de que tuviera relación alguna con Covadonga ni que tuviera lugar ninguna batalla decisiva en ese lugar, pero sí apunta que «es posible que la falta de pruebas directas invalide todo intento de identificar a Pelayo con Covadonga», aunque, evidentemente, no descarta la posibilidad de que se produjera en aquella región algún incidente militar de cierta importancia que frenara el avance de los musulmanes. Bausili lo ha criticado en una conferencia editada en internet señalando que, en esta declaración sobre Pelayo, Kamen «omite tres fuentes directas, dos epigráficas y una documental, un documento genuino del año 812 que contiene la genealogía de su bisnieto»; es sintomático que se califique de «genuino» y no de «original» ese documento que es el dudoso testamento de Alfonso II.

11.2. Lo que cuentan las fuentes

La legendaria batalla de Covadonga no aparece, ni siquiera como referencia indirecta, en numerosas fuentes y crónicas, tanto cristianas como árabes. Las crónicas cristianas más antiguas, escritas en el siglo VIII, no la citan, lo que es algo bien significativo y la evidencia palmaria de que la batalla se inventó con posterioridad, cuando se creyó necesario hacerlo.

No la menciona la *Crónica mozárabe del 754*, que dada la animadversión del cronista anónimo hacia la invasión árabe, a la que considera un castigo divino por los pecados de los godos y la degradación moral de sus reyes y clérigos[24], no hubiera dejado pasar de ninguna manera un acontecimiento tan crucial para sus intereses ideológicos y políticos como hubiera sido una batalla épica con intervención divina incluida.

Tampoco la cita la *Crónica bizantina* del 741, en la que se narran hechos acontecidos entre los años 601 y 741, y donde sí se recoge la invasión de la Galia por los musulmanes y la victoria del conde Eudo de Aquitania, que pone en fuga a los musulmanes, y que considera que el dominio árabe es una desgracia para Hispania[25].

En cambio, estas dos crónicas sí aluden a la histórica batalla de Poitiers del año 732[26] y a la victoria de Eudo de Aquitania sobre los árabes en Tolosa en el 721.

No aparece mención alguna a Covadonga en la *Continuatio Isidoriana Hispana*, ni en el *Cronicón Moissiacense*[27], aunque algunos autores han señalado que la ausencia total de la resistencia asturiana en la *Crónica mozárabe* o en la *Bizantina* «no pueden servir como argumento para negar la batalla», y lo apuntan pese a que la versión de esta crónica bizantina adaptada por Orosio tampoco relata la rebelión de Pelayo, de cuyo reinado «sólo conocemos la batalla de Covadonga»[28]; pues ni eso siquiera.

El testamento de Alfonso II, datado en el año 812 y conservado en una copia tardía de dudosa fiabilidad, presenta a Pelayo como vencedor de los árabes: «Desde la diestra de Cristo, este caballero Pelayo, lleno de fuerza, derrotó a los enemigos y logró la victoria defendiendo a los cristianos astures», pero no dice nada sobre una presunta batalla en Covadonga, lo que no es razonable si ésta se hubiera producido[29].

Durante el siglo y medio posterior a la presunta batalla nadie dijo, al menos nadie lo recogió, ni nadie escribió absolutamente nada sobre un acontecimiento tan importante; sencillamente porque no existió.

Las fuentes árabes, elaboradas dos siglos después del reinado de Pelayo, guardan un silencio absoluto[30]; en esas crónicas Pelayo se presenta como un rebelde que escapa de la persecución de los musulmanes, ocultándose en las montañas del norte, hasta donde lo persiguen sin conseguir dar con él y sin que se libre batalla alguna.

Escribió Ibn Hayyan en su obra *al-Muqtabis* ya en el siglo X: «En su tiempo se sublevó en Galicia un malvado cristiano, llamado Pelayo, quien, reprendiendo la cobardía de sus correligionarios y estimulándolos a la venganza y a la defensa de su territorio, logró sublevarlos, y desde entonces comenzaron los cristianos a rechazar a los musulmanes de las comarcas que poseían y a defender sus familias sin que antes hubiesen hecho nada de esto». Nada de Covadonga.

Al-Maqqari, ya en el siglo XVII y tras recopilar diversas fuentes anteriores, en su obra *Nafh al-Tib*, añadió: «Dice Isa ibn Ahmad Al-Razi que en tiempos de Anbasa ibn Suhaim al-Qalbi, se levantó en tierra de Galicia un asno salvaje llamado Pelayo». Nada de Covadonga.

Al-Qalqasandi escribió que los cristianos se replegaron ante el avance musulmán más allá de los desfiladeros que hay «tras Galicia», donde se reunieron y designaron como rey a Pelayo, hijo de Favila. Nada de Covadonga.

Ibn Abi Riqa comentó que Musa salió de Toledo hacia el

norte, y que en el camino se le presentaron «unos personajes de las partes de Galicia a pedirle la paz, que les fue concedida». Nada de Covadonga.

«Nunca tuvo lugar la batalla de Covadonga», afirmó con toda rotundidad Pedro Chalmeta, buen conocedor de las fuentes árabes[31].

Las crónicas árabes y las primeras crónicas cristianas no aluden a ninguna batalla en Covadonga; sólo hablan de que Pelayo encabezó un movimiento de rebelión[32], pero sin dar una fecha concreta de cuándo comenzó, porque en los primeros años de la invasión islámica no se produjo ninguna resistencia por parte de los astures. El acontecimiento bélico que se ubica en Covadonga sólo aparece en los cronistas cristianos asturianos a partir de finales del siglo IX, interesados en ese momento en colocar este episodio legendario como el origen de la revuelta cristiana[33].

Ante la manifiesta exageración de las crónicas cristianas, y para desmontar el relato de la presunta batalla en la que murieron decenas de miles de musulmanes, las crónicas árabes se refieren a una incursión en persecución de una treintena de hombres desarrapados y desesperados, que lograron escapar del acoso al esconderse en lo más intrincado de los bosques de las montañas del norte; los musulmanes no los consideraron peligrosos y dejaron de perseguirlos.

La nunca librada batalla de Covadonga se creó a fines del siglo IX, igual que ocurrió con la invención de las inexistentes batallas de Clavijo y de Calatañazor, imaginadas en la primera mitad del siglo XIII con la intencionalidad política de animar a los cristianos a la conquista de lo que quedaba de al-Andalus[34].

La batalla de Covadonga apareció por primera vez en las crónicas cristianas en el preciso momento en el que Alfonso III de Asturias trasladó la sede regia de Oviedo a León y necesitó un mito fundacional en los orígenes de su reino para justificar su legitimidad y sus derechos al dominio de toda la península ibérica, la Hispania romana.

Se ha supuesto, sin pruebas concluyentes, que el relato de Covadonga pudo construirse algunos años antes, pero se fijó en las crónicas de Alfonso III de manera fabulada, que crearon una narración que parece «una pieza independiente previa»[35], aunque no sé por qué esa consideración de ser «previa».

El relato de la batalla que presentan las crónicas de Alfonso III está lleno de elementos legendarios y literarios, y carece de verosimilitud. Así se cuenta: «Pelayo estaba con sus compañeros en el monte Auseva, y el ejército de Alqama llegó hasta él y alzó innumerables tiendas frente a la entrada de la cueva. El predicho obispo subió a un montículo situado ante la cueva de la Señora y habló así a Pelayo: "Pelayo, Pelayo, ¿dónde estás?". El interpelado se asomó a la ventana y respondió: "Aquí estoy". El obispo dijo entonces: "Juzgo, hermano e hijo, que no se te oculta cómo hace poco se hallaba toda España unida bajo el gobierno de los godos y brillaba más que los otros países por su doctrina y ciencia, y que, sin embargo, reunido todo el ejército de los godos no pudo sostener el ímpetu de los ismaelitas. ¿Podrás tú defenderte en la cima de este monte? Me parece difícil. Escucha mi consejo: vuelve de tu acuerdo, gozarás de muchos bienes y disfrutarás de la amistad de los caldeos". Pelayo respondió entonces: "¿No leíste en las Sagradas Escrituras que la Iglesia del Señor llegará a ser como el grano de la mostaza y de nuevo crecerá por la misericordia de Dios?". El obispo contestó: "Verdaderamente, así está escrito". Pelayo dijo: "Cristo es nuestra esperanza; que por este pequeño montículo que ves sea España salvada y reparado el ejército de los godos. Confío en que se cumplirá en nosotros la promesa del Señor, porque David ha dicho: "¡Castigaré con mi vara sus iniquidades y con azotes sus pecados, pero no les faltará mi misericordia!". Así pues, confiando en la misericordia de Jesucristo, desprecio esa multitud y no temo el combate con que nos amenazas. Tenemos por abogado cerca del Padre a Nuestro Señor Jesucristo, que puede librarnos de estos paganos". El obispo, vuelto entonces al ejército, dijo: "Acercaos y pelead. Ya habéis oído cómo me ha respondido; a lo que adivino de su intención, no tendréis paz con él, sino por la venganza de la espada". Alqama mandó entonces comenzar el combate, y los soldados tomaron las armas. Se levantaron los fundíbulos, se prepararon las hondas, brillaron las espadas, se encresparon las lanzas e incesantemente se lanzaron saetas. Pero al punto se mostraron las magnificencias del Señor: las piedras que salían de los fundíbulos y llegaban a la casa de la Virgen Santa María, que estaba dentro de la cueva, se volvían contra los que las disparaban y mataban a los caldeos»[36].

En la versión de la *Crónica rotense* los musulmanes van a prender a Rodrigo a un lugar llamado Brece, la actual pedanía de Brez, en el concejo asturiano de Piloña, donde se ha refugiado con su hermana huyendo de los musulmanes y de Munuza, que se ha enamorado de ella.

La *Crónica silense*, redactada a comienzos del siglo XII, sigue la línea de las crónicas de Alfonso III: «Cierto espatario de los reyes Vitiza y Rodrigo, llamado Pelayo, oprimido por el señorío de los ismaelitas, entró en Asturias... Pelayo estaba con sus compañeros en el monte Auseva y el ejército de Alqama llegó hasta él y alzó innumerables tiendas frente a la entrada de la cueva... Alqama mandó comenzar el combate y los soldados tomaron las armas... Pero al punto se mostraron las magnificencias del Señor: las piedras que salían de los fundíbulos y llegaban a la casa de la Virgen Santa María, que estaba dentro de la cueva, se volvían contra los que las disparaban y mataban a los caldeos. Y como Dios no necesita las lanzas, sino que da la palma de la victoria a quien quiere, los cristianos salieron de la cueva para luchar contra los caldeos... En el mismo lugar fueron muertos ciento veinticuatro mil caldeos, y los restantes sesenta y tres mil... escaparon de la venganza del Señor; pero cuando atravesaban por la cima del monte... se desgajó de sus cimientos... y los aplastó a todos... Hasta hoy, cuando el río traspasa los límites de su cauce, muestra muchas señales de aquéllos»[37].

A diferencia de los mitos, que no necesitan de referencia física alguna, las leyendas requieren de unos restos materiales reconocibles para que se fijen en el imaginario colectivo a fin de que sean verosímiles y creíbles. Así, la *Crónica silense* alude a los restos de los musulmanes caídos en la batalla, de los que dice que son visibles en el cauce del río; como también requiere de la existencia física de una cueva en el lugar de la batalla, la *cova dominica*[38], un espacio probablemente sagrado desde la Prehistoria, donde se ha supuesto que pudo haber un santuario pagano[39] y quizá un eremitorio paleocristiano.

La victoria de Pelayo en Covadonga fue un invento del «taller historiográfico» de Alfonso III, que, pese a la exageración del relato, no extrañó a los contemporáneos de fines del siglo IX, debido a las profecías que auguraban las victorias de este monarca y la consiguiente ruina de al-Andalus[40]. Hacia el año 900 la información de lo ocurrido en la época de Pelayo podía manipularse con cierto margen, como se hizo, a conveniencia de Alfonso III, hasta convertir a Pelayo y a Covadonga en los actores fundacionales del reino asturleonés, elaborando justificaciones legendarias con tradiciones antiguas ya a fines del siglo IX, que fueron magnificadas por la historiografía españolista[41].

La versión *Rotense*, que señala a los vitizianos como responsables de la invasión islámica, «parece una novela»: Pelayo, hijo de Favila, *dux* de Cantabria y espatario de Vitiza y de Rodrigo, es perseguido por los musulmanes hasta un lugar llamado Brece, donde se refugia junto a su hermana, de la que se enamora Munuza[42].

El proceso de visigotización política e ideológica del reino astur, iniciado a mediados del siglo IX durante el reinado de Alfonso II, se culminó con Alfonso III a finales de esa centuria[43], resultando evidente que este tipo de narraciones estaba elaborado para ser representado ante un público expectante que deseaba escuchar las glorias de sus antepasados y la derrota de los invasores musulmanes a manos de los cristianos que decidieron resistir al dominio islámico, con la pertinente ayuda divina, a la vez que extender la idea de que Alfonso III estaba en condiciones de crear un verdadero «Imperio leonés» que aglutinara bajo el estandarte de la cristiandad a todas las tierras de Hispania[44].

La invención de la batalla de Covadonga se insertó en una campaña de propaganda en la que el providencialismo jugó un papel esencial, mediante crónicas cristianas cargadas de elementos sobrenaturales. Convirtieron la leyenda y el mito en el símbolo de lo que en el siglo XIX se llamará «Reconquista», un juicio de Dios a la vez que la simbiosis entre el mundo indígena que se rebeló contra el islam y la legitimación de la tradición visigoda.

Prueba palmaria de ello es el teatral diálogo que se cruzan Opas y Pelayo, en el que Pelayo, encaramado en la roca de la cueva, pronuncia un discurso desafiante dirigido a los «ismaelitas y caldeos» donde define lo que va a suponer Covadonga: «Que desde este monte... sea *Spanie* salvada y pronto reparado el ejército godo»; a la vez que recita un verso de los Salmos: «Castigaré con vara su delito, y su pecado con azotes»[45]. A su vez, Opas pide a Pelayo que se rinda ante la abrumadora superioridad de los musulmanes, en un discurso que imita al mensaje que le envía Senaquerib al rey Ezequías conminándole a que rinda el reino de Judá a los asirios[46]. Los diálogos de los protagonistas de estas crónicas son remedos de los entablados entre diversos personajes de la Biblia, como las conversaciones previas a la batalla entre Nicanor y Judas Macabeo, o los de Dios con Abrahán, con Jacob, con Moisés en el Sinaí o incluso con Adán en el paraíso[47].

Los cronistas de Alfonso III convirtieron a la batalla de Covadonga en el verdadero acto fundacional de la restauración del reino cristiano, que no sería posible ni creíble sin una fabulosa victoria militar[48]. Era la victoria necesaria, para la cual acudió a la intervención divina; en palabras de Margarita Torres: «Se construye («la propaganda negra») sobre la falsificación de ciertas verdades propias considerándolas elementos introducidos por el enemigo. Si el público no admite tal posibilidad, entonces la explicación recurre al azar, al destino o a la voluntad del Todopoderoso»[49].

Más tarde se justificará la «Reconquista» en unos pretendidos derechos históricos, no en la derrota del islam. Religión cristiana e identidad política serán asimiladas por los cronistas cristianos, que excluyeron al diferente; y viceversa.

En los años siguientes a la ruptura de los pactos de sumisión se produjeron altercados y enfrentamientos entre los musulmanes y los cristianos del norte. Esos conflictos y la exageración de las crónicas de Alfonso III sobre la batalla de Covadonga llevaron a algunos historiadores a pensar que lo que se produjo no fue un gran encuentro bélico, sino una escaramuza entre una patrulla andalusí y un grupo de rebeldes astures que se negaban a pagar tributos.

Lo de Covadonga se ha explicado de esa manera: no fue una batalla, sino una escaramuza en una emboscada de los astures, reforzados con visigodos que huyeron de la debacle y se refugiaron en las montañas de Asturias y Cantabria, y que siglo y medio después se magnificó hasta convertirla en una gran batalla[50].

Se ha supuesto que lo que hicieron los cronistas de Alfonso III fue mezclar en su narración, a modo de corolario, toda una serie de leyendas y relatos transmitidos por vía oral, con textos proféticos, relatos bíblicos y «quizá algún vago recuerdo de alguna escaramuza», para presentar a Covadonga como «el inicio de un mundo nuevo»[51], lo que llevó a los dirigentes cristianos de Asturias a mediados del siglo IX y luego de León a creerse descendientes y herederos legítimos de los reyes visigodos, «o al menos esa idea transmiten sus crónicas»[52]. El triunfo sobre los musulmanes en esa escaramuza también habría supuesto que los locales la aprovecharan para afianzar el caudillaje de Pelayo y asentar la alianza de los indígenas con algunos nobles visigodos refugiados en sus montañas[53]; pero esa justificación no data de la época de Pelayo, sino de la de Alfonso III, que necesitaba una batalla fundacional con la que se cumpliera la profecía siglo y medio después[54]; sobre Covadonga, todo son meras suposiciones.

En la corte de León se elaboró entre los años 870 y 910 un proyecto para construir una historia que enlazara con las crónicas anteriores, en las cuales se hablaba de sucesos catastróficos pero sin alusión alguna a una batalla en Covadonga, y se redactó un relato que provoca «extrañeza e incluso descrédito»[55].

11.3. Las fechas y los números

Ante la ausencia de una fecha concreta fijada en las crónicas de Alfonso III sobre la inexistente batalla de Covadonga, los historiadores que la creen histórica han especulado sobre cuándo pudo librarse. Comoquiera que las crónicas de finales del siglo IX la ubican durante el reinado de Pelayo, que se considera soberano de los astures entre los años 718 al 737, la han tratado de buscar entre alguna de esas dos datas.

Las diversas propuestas, todas ellas especulativas, la sitúan en prácticamente todos los años del reinado de Pelayo[56]. Ramón Menéndez Pidal, acérrimo creyente de la literalidad de los relatos legendarios de las crónicas leonesas, la fechó entre el 28 y 30 de mayo del año 722; el único argumento para ello fue una información secundaria que recoge la muerte del piadoso musulmán Nuaym ibn Abdarrahman ibn Muawiya, que falleció en al-Andalus mientras practicaba el pequeño yihad[57].

Esa simple referencia, sin más apoyo documental, le sirvió a Menéndez Pidal para asentar la fecha de la batalla, en el transcurso de la cual habría muerto el notable yihadista, lo que no deja de ser una mera elucubración.

La mayoría de los autores que creen en la existencia de esa batalla han aceptado la autoridad de don Ramón, precisando que la fecha del alzamiento de Pelayo en el 718 y la celebración de la batalla en el 722[58] «casan bien», alegando que fue en el 721 cuando el gobernador andalusí Anbasa exigió doblar los tributos, rompiendo así los actos acordados con los astures en el 714[59]; aunque entre los crédulos hay dudas sobre qué año fue el de la batalla[60].

Otros autores han cuestionado la propuesta cronológica de Menéndez Pidal, y atendiendo a diversos acontecimientos o supuestos han asignado la fecha de la batalla a casi cada uno de todos esos 19 años del reinado de Pelayo: Arcadio del Castillo y David L. Lewis en el 718; Lafuente Alcántara entre los años 721 y 726, en época del emir An-Basa; Roger Collins en uno de los cinco años que van del 730 al 734; Juan Gil en un año entre el 735 y 737; Luis García Moreno en los años 735, 736 o 737, por la cita de un «descalabro de Abd al-Aziz en las montañas del norte»; Amancio Isla al 718, 734, 737, o dice que incluso «podría retrasarse» al 740, ya fallecido Pelayo, indicando que se trata de «una data un tanto imprecisa y, por supuesto, hipotética»[61]; incluso no faltan quienes suponen que en Covadonga pudo haber habido no una, sino dos batallas, la primera en el año 722 y la segunda en el 737[62].

Al igual que ha ocurrido con la fecha, también se ha especulado con las cifras de combatientes que pudieron haber participado en el presunto combate. Obviamente la cifra de

187.000 que dan las crónicas de Alfonso III es considerada por todos los que la admiten como exagerada[63].

Las crónicas de Alfonso III cuentan que el ejército musulmán fue enviado por el emir Ambasa, y estaba dirigido por el wali Alqama, al que acompañaba, según la tradición, Opas, obispo de Toledo e hijo de Vitiza, considerado como traidor en los textos cristianos. Este cuerpo de ejército llegó a Asturias con 187.000 soldados, y persiguió a Pelayo hasta el monte Auseva, donde se refugió con un puñado de astures, 30 o 300 según las distintas versiones. El desastre de los musulmanes fue total, pues 124.000 murieron en el enfrentamiento directo ante la cueva, en tanto los 63.000 restantes sucumbieron por el camino mientras huían del lugar del combate[64].

Las crónicas posteriores fueron matizando y rebajando las cifras. Lucas de Tuy en su *Chronicon Mundi* dice que los musulmanes fueron 80.000 y Rodrigo Jiménez de Rada en *De rebus Hispaniae* los reduce hasta 20.000, cifras más en la línea de los 54.000 musulmanes que murieron a manos de Fruela I, los 70.000 matados por el ejército de Alfonso II en Lodos, los 100.000 caídos a manos de Ordoño I, o los varios miles a los que venció Alfonso III[65].

La mayoría de los autores modernos no se aventura a dar cifras de combatientes en Covadonga. En una página web dedicada a las «grandes batallas» se atreven a precisar el número de efectivos y de muertos: «300 astures lucharon contra 10.000 musulmanes, con el resultado de 100 muertos cristianos y de 1.000 soldados islámicos», cifras muy redondas; por supuesto, Pelayo resultó como el gran vencedor, pírrica y extraña victoria dadas esas cifras, que además aparece citado como primo del rey Rodrigo, hijo de Favila y nieto de Chindasvinto, aunque nació en Cospaga, en Cantabria, que además también lo ubica como participante en la batalla de Guadalete[66].

11.4. La construcción intelectual del relato: la Biblia

Los textos bíblicos están llenos de números y de cifras de todo tipo, de ahí el conocido interés por la cábala en su faceta numérica, desde los combatientes en las batallas, hasta las medidas del Arca de la Alianza o del templo de Salomón.

Para los judíos —sólo el Antiguo Testamento— y para los cristianos —Antiguo y Nuevo—, la Biblia es la palabra de Dios, igual que lo es el Corán para los musulmanes. En la Edad Media este aserto no admitía discusión alguna; apenas se consideraba otra cosa que algunos comentarios sobre la interpretación de los textos canónicos, pero si algún comentarista se desviaba en demasía, era condenado inmediatamente como hereje.

En la cristiandad medieval la Biblia era además la guía de la historia, y su contenido constituía el relato de la verdad sucedida en el decurso de los tiempos; de manera que no se podía cuestionar la veracidad literal de lo que en los textos sagrados se narraba.

Por eso, cuando en la corte de Alfonso III de León se decidió escribir la historia del nuevo reino y se optó por comenzarlo en la épica y legendaria batalla librada por Pelayo en Covadonga, lo que se hizo fue tomar varios relatos contenidos en los libros del Antiguo Testamento y emular las hazañas de los personajes que protagonizaron los episodios míticos narrados en esos textos. De ahí que el autor de estas crónicas «está familiarizado con la lectura asidua de la Biblia; el enfrentamiento entre astures y andalusíes es un fragmento de la guerra de Israel con los pueblos vecinos»[67].

Algunos historiadores han tratado de buscar las fuentes primarias en las que se pudieron inspirar los redactores de las crónicas leonesas, aludiendo a una probable existencia de relatos previos al reinado de Alfonso III, que se irían transmitiendo de manera oral hasta ponerse por escrito a partir del año 883. La búsqueda ha sido en vano, porque no existen esas fuentes primigenias, dado que la única fuente sinóptica fue la propia Biblia. Lo que resulta evidente es que los cronistas de fines del siglo IX conocían versiones de la Biblia anteriores, quizá copias de algunos ejemplares de época visigoda, escritos en letra visigótica de los siglos VII y VIII, lo que los condujo a cometer errores al abordar algunas transcripciones.

La narración de la batalla de Covadonga ofrecida en las crónicas leonesas no contiene solamente una especie de «evocaciones bíblicas»[68], sino que toda ella es una interpolación simplificada de los textos bíblicos, que dota a los orígenes del reino astur de un sentido maravilloso del relato y convierte su principio mítico en un acontecimiento surgido de una «victoria providencialista con milagro incluido»[69].

Los textos bíblicos que usaron los redactores de las crónicas de Alfonso III como modelo fueron fundamentalmente el Éxodo, I Libro de los Reyes, II Libro de los Reyes, Libro de los Jueces, Libro de Judit, los Salmos, II Libro de los Macabeos, y de manera secundaria los libros de los profetas Isaías, Jeremías, Baruch y Ezequiel.

La proeza del pueblo astur, un trasunto de la heroicidad del pueblo de Israel, la encabezó el caudillo Pelayo, cuya figura es el reflejo de héroes bíblicos como Moisés, Josué, Gedeón y Judas Macabeo[70]; todos ellos combaten contra sus opresores defendiendo a su pueblo, resisten de manera firme a sus enemigos y logran unos triunfos de epopeya.

El reino cristiano, con sede en Oviedo, se trasladó a León a fines del siglo IX. Se instauraba así el nuevo reino de Dios, un reino cristiano defensor de la Iglesia, el nuevo y verdadero pueblo de Dios en León, prefigurado en el antiguo pueblo elegido en Israel.

Hebreos y visigodos habían sufrido la calamidad de la derrota y la tragedia de la pérdida de su tierra a manos de sus enemigos y por culpa de los pecados cometidos al alejarse de Dios, pero en ambos casos se produjo el perdón y recuperaron la ayuda divina.

En la *Crónica ovetense* se pone en labios de Pelayo un versículo del libro de los Salmos para denunciar la depravación del rey Vitiza, aunque Dios manifiesta que, pese a castigar a su pueblo por no cumplir sus mandatos, nunca lo abandonará y lo mantendrá dentro de su gracia, otorgándole después la esperanza de la protección divina: «Castigaré con mi vara su delito y su pecado con azotes»[71].

Las referencias al Antiguo Testamento son constantes en los relatos sobre Covadonga, en un coordinado paralelismo en el que los caldeos, de los que descienden los asirios[72], se citan en la Biblia como los enemigos del pueblo judío. La emulación es tal que ni siquiera se cambia el nombre de los enemigos de los astures, que siguen siendo los «caldeos», transmutados en los musulmanes, en una simbiosis egipcios-asirios-caldeos-musulmanes con israelistas-visigodos-astures-cristianos[73].

Los relatos y las cifras de la batalla de Covadonga están sacados de la Biblia. Hasta los caldeos, citados en varios textos bíblicos como enemigos del pueblo de Israel, aparecen con este mismo nombre en las crónicas de Alfonso III, confundidos, quizá debido a una copia demasiado literal de la Biblia, con los musulmanes[74].

El seguimiento de los relatos bíblicos a la hora de redactar la leyenda de Covadonga es asombroso.

En el Éxodo, Moisés liberó a los hebreos del cautiverio en Egipto y los condujo a través de las aguas separadas del mar Rojo hacia la Tierra Prometida; cuando los egipcios perseguían a los hebreos, se volvieron a cerrar las aguas para destruir al ejército del faraón. La descripción de los muros de agua cayendo sobre los soldados egipcios es igual que la de los montes de Asturias y Cantabria derrumbándose sobre los 63.000 musulmanes supervivientes que huían tras la batalla; incluso es muy similar la referencia a los restos de los muertos: «Estaba ya para romper el alba, y he aquí que el Señor, echando una mirada desde la columna de fuego y de nube sobre los escuadrones de los egipcios, hizo perecer su ejército. Y vieron en la orilla los cadáveres de los egipcios. Israel fue testigo de la promesa cumplida por el Señor contra los egipcios»[75]; tal cual los contemporáneos de Alfonso III pudieron ver a la orilla del río los restos de los muertos musulmanes, que perseguían a la Iglesia cristiana[76].

El Libro de los Jueces fue utilizado por los inventores de la batalla de Covadonga con profusión. Los paralelismos de los israelitas con los astures, y del juez Gedeón con Pelayo son paradigmáticos. Los hijos de Israel volvieron a pecar y Dios los castigó entregándolos al rey de Canaán, convirtiéndolos en esclavos de los madianitas; los judíos se vieron obligados a vivir en las «cavernas de las montañas, cuevas y alturas fortificadas» para escapar de la tiranía de los de Madián, a la vez que clamaban al Señor para que les enviara a un profeta. Dios se mostró compasivo con sus siervos y les envió a Gedeón para liberarlos. Gedeón no era un profeta al uso, sino un héroe guerrero que dirigió a los judíos en la batalla contra los madianitas. Disponía de 22.000 hombres, pero seleccionó a 10.000, a los cuales envió a beber agua, dejando sólo a 300, que fueron los que no se arrojaron a beber de manera precipitada y lo hicieron con cuidado, tomando el agua con la mano; eran los prudentes que no desatendieron la guardia; como también fueron 300 los guerreros que combatieron con Pelayo por las montañas cantábricas. Los madianitas y los amalecitas se desplegaron en el valle «como una muchedumbre de langostas» y sus camellos eran sin número «como la arena en las orillas del mar». Gedeón los persiguió, vadeó el río Jordán y los derrotó, pese a que los 300 suyos estaban «fatigados y hambrientos». En la batalla murieron 120.000 madianitas, y sobrevivieron 15.000; tras la victoria, los israelitas le pidieron a Gedeón que fuera su «príncipe» y que lo sucedieran «su hijo y su nieto», pues los había librado del poder de Madián[77]; tal cual los astures pidieron a Pelayo que fuera su príncipe.

Durante el reinado de Acad, los judíos sufrieron el ataque de Benadad, rey de Siria. En la batalla que libraron ambos ejércitos vencieron los hebreos, que mataron a 100.000 sirios; otros 27.000 escaparon de la matanza y huyeron a la ciudad de Afec, pero les cayó un muro encima y también perecieron; lo mismo les ocurrió a los 63.000 caldeos (musulmanes) que se libraron de la muerte en la batalla de Covadonga pero fallecieron aplastados por el derrumbe de las montañas[78].

El rey Senaquerib de Asiria invadió Israel durante el reinado de su monarca Ezequiel, y atacó y cercó la ciudad de Jerusalén con un ejército de 185.000 hombres, en el año 705 a. C. El Señor le prometió ayuda a Ezequiel para salvar a su pueblo y envió a un ángel para que destruyera a los asirios, «que descienden de los caldeos», ejecutando a esos 185.000 soldados en su campamento. A Senaquerib no le quedó otro remedio que levantar el asedio y regresar derrotado a Nínive[79].

Los relatos cristianos sobre Covadonga también emularon la guerra de los judíos contra el rey Nabucodonosor II de Babilonia. Holofernes, general babilonio, invadió Judea al frente de 120.000 infantes, 22.000 jinetes y 12.000 arqueros. Israel estaba dispuesto a resistir y vencer a los invasores, que huyeron despavoridos por los montes al enterarse de que la judía Judit había decapitado a su general; los soldados de Nabucodonosor sucumbieron porque «los montes con las aguas serán desquiciados desde los cimientos; derritiéranse las peñas en tu presencia como si fueran de cera»[80]. Del mismo modo se narró la huida de los 63.000 caldeos (musulmanes) de Covadonga que se salvaron de la muerte en la batalla pero que cayeron aplastados por los montes que se derrumbaron sobre ellos al tratar de escapar de la matanza[81].

En la *Crónica ovetense* se relata la huida de los caldeos (musulmanes) tras la batalla de Covadonga, donde los cristianos de Pelayo salen de la cueva, matan a 124.000 caldeos dirigidos por Alqama y Opas y ponen en fuga a otros 63.000: «Pero no se libraron de la venganza del Señor, pues en el vértice del monte que está en la orilla del río Deva, junto al predio que llaman Casegadia, se hizo evidente el juicio del Señor, y parte de los fundamentos de este monte cayó sobre 63.000

caldeos que cayeron al río... Y recordamos que en el mar Rojo los egipcios murieron persiguiendo a los israelitas, y estos árabes, acosadores de la Iglesia del Señor, murieron bajo la inmensa mole del monte».

En la *Crónica rotense* se narra el fabulado acontecimiento de manera similar: «63.000 (*LX tria milia*) que se salvaron ascendieron por la cima del monte Auseva y por el lugar de Amosa hasta la Liébana; pero no se libraron de la venganza del Señor. Por el vértice del monte que está sobre la orilla del río Deva huyeron hasta la villa de Causegandía, y el juicio del Señor fue hecho. Y este monte se revolvió hasta los cimientos. 63.000 caldeos cayeron al río... Y recordamos que como los hijos de Israel atravesaron el mar Rojo, aquí los árabes que perseguían a la Iglesia del Señor cayeron bajo la inmensa mole del monte»[82].

Judas Macabeo fue uno de los grandes héroes de los judíos, siempre con la ayuda de Dios, al cual también emularon las crónicas con Pelayo en Covadonga. Judas se puso al frente de 6.000 judíos y mató a 120.000 gálatas de Antíoco IV «con el auxilio del cielo», a la vez que arengaba a su pueblo recordándole la ayuda que Dios prestó a sus padres. Venció a los árabes con 5.000 infantes y 500 jinetes y los obligó a pedir la paz; Dositeo y Sisípatro, generales de Judas, pasaron a cuchillo a 10.000 hombres de Timoteo; el propio Judas tomó a 6.000 hombres y fue contra Timoteo, que tenía a sus órdenes a 120.000 infantes y a 2.500 jinetes, mató a 30.000, luego a 25.000 y poco más tarde a otros 25.000, incluido el propio Timoteo; Nicanor fue contra Judas Macabeo, pero éste, igual que hizo Pelayo en Covadonga, viendo la multitud que iba contra ellos, levantó las manos e invocó al Señor, «que concede la victoria a quienes la merecen», y mató a 35.000, incluido el propio Nicanor; Antíoco Eupátor también atacó a Israel con 110.000 infantes y 5.000 jinetes, y Judas Macabeo alentó a sus tropas recordándoles que en el reinado de Ezequías, rey de Judá, el Señor envió a un ángel en socorro de los hebreos y mató a los 185.000 soldados de Senaquerib de Asiria[83].

El paralelismo entre la Biblia y las crónicas de Alfonso III con respecto a la identidad y las cifras de los combatientes en Judea y en Covadonga es más que evidente. Los musulmanes son los egipcios, los caldeos y los asirios, todos enemigos e invasores de Israel, en tanto los cristianos astures de Pelayo son los israelitas, el pueblo elegido de Dios. Del mismo modo, Pelayo salvó a los astures de la invasión y tiranía de los árabes, llamados «caldeos», igual que en la Biblia.

Según las crónicas cristianas, fueron 187.000 los caldeos (musulmanes) que llegaron hasta Covadonga[84]. En las crónicas de Alfonso III, los caldeos (musulmanes) que atacaron a Pelayo en Covadonga eran 187.000, de los cuales 124.000 cayeron muertos en la batalla que se libró ante la cueva y los 63.000 restantes sucumbieron aplastados por el derrumbe de los montes durante la huida. Entre los 185.000 de la Biblia y los 187.000 de las crónicas leonesas hay un desfase de 2.000 hombres; pues bien, incluso la discrepancia de esas cifras tiene una explicación.

En la cristiandad hispana de fines del siglo IX se utilizaba la versión latina de la Vulgata de san Jerónimo, y se escribía en letra visigótica cursiva, una evolución de la que se empleó en la época visigoda, que fue siendo sustituida progresivamente por la letra carolina, aunque la visigótica se siguió usando en el norte peninsular hasta comienzos del siglo XII[85]. Los problemas de transmisión de los textos escritos en visigótica cursiva también afectaron a errores en las ediciones de época moderna y contemporánea, que plantean dudas sobre las palabras y cifras que se copiaron en los originales de las crónicas[86].

Este tipo escritura presenta algunas características peculiares, como las ligaduras de la letra «i», que puede confundir se con una «l», o que la «a» redonda es abierta, y no se cierra en la parte superior, por lo que se confunde en muchos casos con la «u», hay textos en que son casi idénticas, e incluso con la sílaba «ci», que puede ser o la cifra «CI», 101; la «x» se adorna con frecuencia, y en ocasiones puede confundirse con la sílaba «fi», en cuyo caso, si fuera una cifra con valor «X», 10, lo perdería.

Comoquiera que los textos de esos siglos siguen usando la numeración romana basada en las letras, pudo haber algunos errores al copiar esos textos.

Los *Anales compostelanos*, escritos con este tipo de letra evolucionada, fechan el último documento que cita a la reina aragonesa Inés de Aquitania el día 6 de junio de 1098, pero Antonio Ubieto, atendiendo a otros documentos, propuso corregir ese año por el de 1095, achacando el error a una mala lectura de los números romanos por parte del copista, que interpretó una «u», es decir, la «v» como el número V, 5, donde en realidad ponía una doble «i», es decir, el número II, 2[87].

Algo similar debió de ocurrir para equivocar esas fechas al copiar desde una Biblia del siglo VIII o del IX los números de combatientes en Covadonga, pues se escribían prácticamente igual las cifras que contenían letras con valor numérico como V y II, VI y III, o IV y III, de modo que los copistas de estas crónicas pudieron leer de distinta misma manera una cifra que contuviera la «v», V, y la «i», I; incluso una «u», con valor V, 5, muy tumbada, puede llegar a confundirse con una «i» con valor I, 1, o incluso con una «l» con valor L, 50[88]. Confusiones de este tenor se provocaban también en la pronunciación, y como algunos copistas copiaban al dictado, el lector podía confundir la pronunciación de la sílaba «ti» con la cifra «ci» con valor CI, 101, o incluso con la sílaba «ei».

Además de esos posibles errores de lectura, los copistas más avezados, acostumbrados a copiar textos bíblicos, lo hacían a veces de memoria, y cometían este tipo de errores de inexactitud; algunos de esos copistas eran mozárabes emigrados del sur andalusí al norte cristiano, que escribían las mismas letras con algunas variantes.

Durante el reinado de Alfonso III se desarrolló una notable producción literaria con buenos copistas y excelentes miniaturistas, que generó bibliotecas medianamente dotadas como las de los monasterios leoneses y zamoranos de Abellar en el valle del Silencio, donde residía el monje copista Ixila, San Miguel de Escalada, San Pedro de los Montes, San Martín de Castañeda o Santa María de Tábara de Zamora, donde se ilustraron la extraordinaria serie de beatos, además de la biblioteca que poseyó el mismo monarca, dotada de copias procedentes de los escritorios monacales, o la propia de la catedral de León, que aún conserva las biblias miniadas más antiguas dc la Península[89].

Se ha supuesto que Beato de Liébana pudo ser hijo de mozárabes emigrados al norte; desde luego disponía de libros suficientes como para escribir sus obras[90] y además heredó las tendencias escatológicas y milenaristas de los mozárabes de al-Andalus, como las del copista cristiano cordobés que en un único volumen reunió los *Comentarios sobre el profeta Daniel* de san Jerónimo y los *Extractos del viaje a Jerusalén* de Egeria.

Los cronistas de León, coordinados por Sebastián, familiar de Alfonso III, quizá su sobrino y obispo de Salamanca, utilizaron para escribir sus relatos sobre los orígenes del reino astur alguna biblia producida durante el reinado de su predecesor Alfonso II, a mediados del siglo IX, quizá la Biblia de Danila, llamada así por el nombre de este monje copista; se trata de la primera conocida en letra visigótica, que contiene términos arabizantes, tal vez debido a que el autor, o autores, era un mozárabe[91]. Con Alfonso II ya se había comenzado a establecer un paralelismo interesado entre la historia atávica del reino con sede en Oviedo y los relatos bíblicos, e incluso se presentaba en semejanza con el reino de Israel, equiparando a este monarca en su discutido testamento con el patriarca Jacob[92]. El reino astur, en cuanto reino cristiano, formaba parte de la Iglesia, que era el nuevo y verdadero pueblo de Dios en sustitución mimética del antiguo pueblo elegido.

Las crónicas cristianas utilizaron en el relato de Covadonga los mismos recursos providencialistas que los profetas de Israel, sobre todo los textos de Baruc y de Ezequiel. Los musulmanes conquistaron la península ibérica «a sangre y fuego», igual que los caldeos «se apoderaron de Jerusalén y la incendiaron»[93]. El profeta Ezequiel, exiliado en Babilonia entre los años 593 y 571 a. C., escribió su libro profético «desde la tierra de los caldeos»; el pueblo judío había sido castigado por Dios a causa de sus pecados, aunque Dios lo perdonó «por amor a mi santo nombre», y lo liberó del yugo opresor, pues «al fin de los años irás a una tierra cuyos habitantes han sido rescatados de la devastación, han sido congregados de entre muchas naciones sobre los montes de Israel»[94].

Arrastrado por la lujuria, las bajas pasiones y sus pecados, el rey visigodo Vitiza fue señalado como el principal responsable de «la pérdida de España» y de la desaparición del reino visigodo[95]; es el paradigma de traidor e impío por excelencia, y ese estigma también lo llevaba marcado su hijo el obispo Opas.

A Pelayo se le adjudicó el papel reservado a los mártires y a los santos[96], pero, gracias a su valor, a su audacia y a la inestimable ayuda divina, logró revertir su destino martirial para convertirse en el héroe fundador, o restaurador para el neogoticismo, de un reino; en realidad, quien definió todo ello fue el cronista de fines del siglo IX que escribió a las órdenes del rey Alfonso III y del obispo Sebastián, pero copiando episodios de la Biblia. En el fabulado episodio de Covadonga, Pelayo actuó con toda la carga épica que se le asignó en el relato, y se comportó como un hombre honrado y noble, valores y virtudes que asumió Alfonso III en lo político, lo simbólico y lo genealógico. Pelayo apareció como el caballero descendiente de la sangre real de los buenos reyes godos como Chindasvinto; se presentó como el resarcidor de las maldades de Vitiza y de su prole, cuyos pecados arrastraron al reino cristiano de Toledo a la perdición, ejecutada por los árabes como un castigo divino; y fue, a la vez, una «metáfora» del reinicio del reino cristiano de Toledo en Asturias[97].

Pelayo fue el enviado de Dios para salvar al pueblo cristiano hispano, el redentor que consiguió su legitimación por razones de justicia histórica y del perdón divino[98], y, como se ha indicado, quedó equiparado con los profetas y héroes salvadores de Israel, que liberaron al pueblo judío de sus enemigos, igual que Dios intervino en Covadonga y ayudó a Pelayo para que «salve a España»[99].

11.5. La significación del mito

Alfonso III de León necesitaba una hazaña épica fundacional, y por ello sus cronistas elaboraron el relato de la batalla de Covadonga. Con su antecesor Alfonso II ya se había iniciado ese camino, el de presentar a Hispania castigada por Dios y redimida por Pelayo[100].

A fines del siglo IX la nobleza astur todavía recordaba que sus caudillos eran teóricamente electivos, pero Alfonso III necesitaba consolidar a su linaje en el trono tras sortear no pocos problemas. Siguiendo la sesgada estela del escritor anónimo de la *Crónica del 754*, el rey Alfonso fue convertido en el protagonista de varios triunfos frente a las tropas del debilitado emirato cordobés, hasta tal punto que se llegó a hacer creíble lo pronosticado en la *Crónica profética*, que «en breve tiempo reinará sobre toda Hispania» un monarca cristiano que la librará del dominio islámico.

Se produjo un cambio ideológico que incorporó las propuestas neogoticistas, según las cuales el reino de los godos de Toledo no había desaparecido en el año 711, sino que se había trasladado a Asturias[101]. Los cronistas de la corte leonesa de Alfonso III dieron un paso más. Asesorado por mozárabes como Dulcinio, continuador de las posiciones de los mártires cristianos de Córdoba, encabezados por Eulogio, Alfonso III puso en marcha la reivindicación histórica de la «recuperación de la Hispania cristiana de los godos», proclamándose heredero de su legado y de su tradición.

En esa pretendida herencia se fundamentaron los derechos históricos de Alfonso III y del reino de León a la conquista del antiguo reino visigodo y a la derrota del islam. Esta nueva política cuajó: se restauraron las presuntas instituciones visigodas, se convirtió al catolicismo en el bastión ideológico de la resistencia y surgió la idea de restauración, inseparable de la identificación y continuidad del reino asturleonés con el reino visigodo, pasando por el episodio legendario de Covadonga[102].

Diseñado el ideario, faltaban por definir los símbolos, que se encontraron en el espacio de Covadonga, un icono polivalente y un mito para legitimar el reino de Asturias[103], y en la figura de Pelayo, que ya aparece en el reinado de Alfonso II como salvador de los astures, pero sin citar aún la batalla de Covadonga: «De esta peste libraste con tu diestra, Cristo, a tu siervo Pelayo, el cual fue elevado al rango de príncipe y luchando victoriosamente abatió a los enemigos y defendió, vencedor, al pueblo cristiano y astur, dándole gloria»[104].

La inexistente batalla de Covadonga fue creada por la monarquía de Alfonso III. Los perfiles de este mito se configuraron en las crónicas escritas unos doscientos años después de la vida de Pelayo, basándose en que en Asturias y Cantabria surgió hacia el año 725 un poder local autóctono en torno al caudillo Pelayo, a su familia y a los nobles más cercanos, que fue capaz de fundar un reino tras someter a la aristocracia local y aprovecharse de las guerras civiles que asolaron al-Andalus y que provocaron el abandono de los musulmanes de esa zona[105].

La invasión árabe no supuso una fractura cultural con el periodo anterior. En la Córdoba de mediados del siglo IX los cristianos disponían de bibliotecas como la de Álvaro, donde se guardaban copias de las obras de san Jerónimo, Ildefonso de Toledo, Sentencias de los padres griegos, Comentarios del Apocalipsis, libros de Isaías, Daniel, Ezequiel, san Pablo, Isidoro de Sevilla, Tajón y Braulio[106], que pasaron al norte cristiano sin demasiados impedimentos, llevadas algunas de ellas por emigrados mozárabes.

En la construcción del mito, Pelayo necesitaba a Covadonga y Covadonga a Pelayo[107], y Alfonso III a los dos, y la España pannacionalista a los tres. El problema es que convirtieron al mito y a la leyenda en Historia[108]. A ello contribuyó de manera decisiva Sánchez-Albornoz[109]. Y todavía siguen muchos anclados en ese mito: que Covadonga fue el punto inicial de la Reconquista[110].

Así fue como los mitos y las leyendas acabaron convirtiéndose en Historia.

12

El abismo insondable

A mediados del siglo VIII no había ya duda de que la invasión del 711 y la derrota y desaparición del Estado visigodo habían desencadenado el cambio más profundo y trascendental de la historia de la península ibérica.

A partir de la segunda mitad del siglo VIII el califato abasí de Bagdad se fue transformando de un Imperio árabe a un Imperio islámico. A pesar de la persecución contra los omeyas, todavía quedaron en esas décadas algunos movimientos de resistencia a favor de esa familia, sobre todo en tierras de Siria, entre cuyos seguidores se mantenía la esperanza de que un príncipe omeya regresaría para restablecer la justicia en el islam[1]. Esa especie de mesías nunca apareció, pero en al-Andalus se constituyó un Estado nuevo, que en el 929 Abdarrahman III, descendiente del último superviviente omeya, proclamó como el califato de Córdoba.

Los árabes no perdieron ninguno de los territorios conquistados durante la expansión del islam, salvo una parte de la isla de Sicilia y la península ibérica. A finales del siglo XV ya no quedaba nada de al-Andalus; pero en la Edad Media nadie habló nunca de «Reconquista».

Fue Ambrosio Morales, en su *Crónica general de España* publicada en 1574 quien por primera vez aludió a la idea de reconquistar España, pero usando el término «restauración», al que luego siguieron Cristóbal Mesa en 1607 en *La restauración de España*, el jesuita Alonso Ovalle en 1646 y fray Juan de Villaseñor en 1648 en *Historia general de la restauración de España por el santo rey Pelayo*, pero con poco éxito, pues no fue hasta el siglo XIX, al acabar la guerra de la Independencia, cuando el nacionalismo españolista asentado en las Cortes de Cádiz de 1812 transformó el ideal patrio asentado en el concepto de España como una nación católica a otro en el que el aspecto político cobraba mayor protagonismo, pero sin olvidar que la Constitución de 1812 proclamaba en su artículo 12 que «La religión de la Nación española es y será perpetuamente la católica, apostólica y romana, única verdadera».

De «restauración» se pasó a fines del siglo XVIII a usar el de «recuperación»[2] y finalmente, ya en el siglo XIX, el de «reconquista», en sus diversas variedades escritas (Reconquista, reconquista, re-conquista, «reconquista», *Reconquista*, *reconquista*...), hasta incluso llegar a usar el eufemismo de «ocupación social del espacio».

El término Reconquista, ahora sí, triunfó, y numerosos historiadores lo fueron incorporando a su vocabulario, abandonando el que usaban hasta entonces, que era el de «restauración»[3], hasta mimetizar Reconquista con el proceso histórico desarrollado en la península ibérica desde el año 722 hasta 1492, cuando los Reyes Católicos completaron la Reconquista con la toma de Granada.

Hasta el último tercio del siglo XX apenas se cuestionó esta denominación: «Suele entenderse por Reconquista la recuperación del territorio nacional contra los invasores musulmanes», que «no lograron fundirse con los españoles»[4]; «enseguida los astures se enfrentaron al dominio musulmán con un auténtico proyecto de Reconquista»[5]; identificando lo «español» con «lo cristiano» y «lo musulmán» con «lo extranjero», pero ¿cómo iban a «reconquistar» los astures para los que los musulmanes de Córdoba eran tan ajenos como lo habían sido los visigodos de Toledo?

En el último cuarto del siglo XX se revisó este planteamiento: «Por consiguiente, el fenómeno llamado Reconquista no obedeció en sus orígenes a motivos puramente políticos y religiosos, sino a la confirmación de un movimiento de expansión de pueblos que iban alcanzando formas de desarrollo económico y social superiores»[6]; y se niega incluso que existiera esa idea en la Edad Media, a la que se califica de mito y de un «invento» del siglo XIX[7].

«Parece razonable plantear la necesidad de prescindir, de forma definitiva, de la noción de "Reconquista"», escribe García Sanjuán; «Estamos en una grosera manipulación», pero los ideólogos de la Reconquista presentaron a los reyes leoneses como herederos de los visigodos, asevera Carlos de Ayala; el inicio de la «Reconquista» no es un «renacimiento de la tradición visigoda sino de la tradicional independencia de los montañeses», afirma Glick[8]; «la islamización del siglo VIII nunca fue una conquista; no hubo ni conquista ni Reconquista», concluye Dolors Bramon. Por ello se han vertido duras críticas al medievalismo tradicionalista español, tildándolo de «corporativista para justificar la investigación»[9], o se ha denunciado que «los caducos conceptos de Reconquista y Repoblación siguen usándose hoy sin atisbo de crítica alguna»[10].

En el imaginario colectivo español ha quedado impresa la idea de Reconquista como la lucha secular que los cristianos «españoles» (y portugueses) libraron en la península ibérica durante ochocientos años para recuperar el territorio perdido tras la conquista musulmana iniciada en el 711.

A mediados del siglo VIII, cuando la inmensa mayoría de la península ibérica estaba ya bajo dominio político islámico, algunos cristianos emigrados desde el sur musulmán y refugiados en el norte cristiano, en el naciente reino de Asturias, ya lanzaron la idea de que había que recuperar ese territorio perdido, aprovechando la guerra civil que había estallado en al-Andalus. Así lo hizo el autor anónimo, tal vez un monje mozárabe, que escribió la *Crónica del 754* donde cuenta que los visigodos se habían asentado en Hispania «durante más de trescientos cincuenta años» y allí habían crecido «de manera pacífica», en tanto los invasores musulmanes era «criminales sin escrúpulos que arrasan la tierra y asesinan a hombres, mujeres y niños». Esta visión apocalíptica perduró en ciertos ámbitos del mozarabismo; Eulogio de Córdoba tildó en el 848 a los musulmanes de «bestias salvajes».

Fue durante el reinado de Alfonso III de León (866-910) cuando en el entorno de la corte leonesa se escribieron una serie de crónicas en las que se justificaba la existencia de una relación directa entre la monarquía visigoda y la leonesa; de manera que la recuperación de las tierras ocupadas por los musulmanes en la Península se presentaba como un objetivo político asentado en presuntos derechos históricos y políticos, basados en la continuidad legitimista entre visigodos y leoneses. Según esta doctrina neogoticista, en la que participaron mozárabes llegados de Córdoba, la tierra de Hispania había sido conquistada y usurpada por los musulmanes, que arrojaron de ella a sus legítimos dueños, los monarcas cristianos godos; los leoneses, herederos de los visigodos, tenían por tanto el legítimo derecho a recuperarla, pues les pertenecía en herencia.

La perspectiva era muy distinta para los cronistas árabes, que presentan una sociedad visigoda dividida, sumida en una guerra civil, con un país asolado por alteraciones y crisis sucesorias, con focos de resistencia indígenas que se oponen al dominio godo; los musulmanes ocuparon un país varado en la desunión, con señores territoriales que pactaron con los conquistadores para mantener sus privilegios y su estatus y con la colaboración de los judíos y de no pocos cristianos.

La historiografía oficial franquista presentó a España como una unidad política eterna e indisoluble, una única nación construida a partir de lo que consideraba sus valores esenciales: unidad política, uniformidad religiosa en torno al cristianismo y nacionalismo españolista. Los «verdaderos españoles» pusieron en marcha la Reconquista del territorio perdido, a la vez que un proceso irreversible hacia la «unidad de los pueblos y tierras de España» y hacia la búsqueda de la propia identidad nacional. Así, se presentó la Reconquista como la justa lucha de un pueblo «para recuperar su libertad perdida». Esta misma historiografía, en buena medida aún viva, convirtió al semilegendario caudillo tartésico Argantonio en el «primer rey de España» y a los germanos Ataúlfo y Recaredo en «reyes españoles»; por el contrario, un personaje tan hispano como el califa Abdarrahman III o como el filósofo musulmán cordobés Averroes fueron considerados extranjeros en tierra propia.

La Reconquista se planteó por tanto como la recuperación del territorio, pero también como un proceso de reconstrucción secular de una España atávica, integrada por una confusa amalgama de raíces iberas, hispanorromanas y visigodas, trufadas con el aglutinante de la religión católica; todo lo demás, ni era «español» ni formaba parte de la historia de España. El uso político de la Historia y la justificación de la «Reconquista» llega a tal extremo que se ha llegado a decir que «Felipe VI lleva la sangre de Rodrigo»[11].

Pero la historia ni es unidireccional ni debe contemplarse desde un único y exclusivo punto de vista. Así, la imagen estereotipada y reduccionista que durante tanto tiempo se ofreció de la Reconquista, una lucha de ochos siglos entre cristianos (los genuinos españoles) y musulmanes (los invasores extranjeros), ha sido contradicha por otras visiones.

La invasión y conquista que comenzaron en el 711 apenas alteraron la composición de la población de la península ibérica. Los tres o cuatro millones de habitantes que la poblaban antes de la llegada del islam no desaparecieron de la noche a la mañana. El número de invasores (árabes, bereberes y sirios, sobre todo) no fue más allá de unas decenas de miles, de manera que la inmensa mayoría de musulmanes andalusíes se nutrió de la población indígena, los llamados muladíes, cristianos conversos al islam e hijos de conversos.

Y viceversa; con el proceso de la Reconquista, conforme los territorios andalusíes fueron conquistados por los cristianos, muchos musulmanes se hicieron cristianos, aunque otros mantuvieron su religión islámica (los mudéjares); al igual que unos cuantos cristianos habían conservado la suya tras la conquista islámica (los mozárabes). Nunca podrá conocerse cuántos cambiaron de religión (ni siquiera el porcentaje), pero fueron, obviamente, muchísimos a lo largo de esos ocho siglos.

La mezcla de sangre, cultura e ideas fue tal que el más notable de los califas cordobeses, Abdarrahman III, era rubio y de ojos claros; intelectuales musulmanes como Avempace e Ibn Arabí o judíos como Ibn Paquda y Maimónides escribieron textos filosóficos que podían haber sido subscritos sin problemas por cualquier sabio cristiano de su época; alarifes musulmanes construyeron las delicadas iglesias de estilo mudéjar en las que rezaron los cristianos hispanos de la Baja Edad Media; médicos judíos trataron a aristócratas y reyes cristianos y fueron sus banqueros; el Cid fue el general en jefe del ejército musulmán del reino taifa de Zaragoza entre 1081 y 1086, que al frente de tropas musulmanas y mercenarios cristianos derrotó al conde cristiano de Barcelona, al rey cristiano de Aragón y arrasó la tierra cristiana de La Rioja; y los cristianos de la Corona de Castilla y León y los de la Corona de Aragón se masacraron inmisericordemente durante la guerra de los Dos Pedros entre 1356 y 1369.

Desde luego la Edad Media hispana no fue un pacífico paraíso de idílica convivencia, como se ha presentado en alguna ocasión, en referencia a la relación en al-Andalus o en la España de las tres culturas entre cristianos, musulmanes y judíos, pero tampoco contempló un encarnizado y permanente enfrentamiento entre culturas, como ciertas posiciones están presentando en los últimos años, reverdeciendo unos rancios postulados historiográficos que parecían superados. Desafortunadamente, la visión del pasado hispano en el Medievo se ha enfocado en ocasiones desde posiciones político-ideológicas demasiado viscerales y de una forma tan sesgada como ahistórica.

Epílogo

Durante casi todo el tiempo, la Historia «oficial» de España ha estado en manos autocráticas, que han dictado el relato a seguir, sin discusión ni debate alguno. Términos como «España» o «Reconquista» se han utilizado en función de criterios políticos presentistas y no historiográficos, y así se ha enseñado durante siglos en las escuelas.

Esta situación ha provocado que hasta hace apenas cuatro décadas la batalla de Covadonga se explicaba como el acontecimiento que había dado origen a la España moderna, tal cual, e incluso se ha llegado a decir que si no fuera por Covadonga las mujeres españolas llevarían burkas en el siglo XXI; como si no hubieran llevado pañuelos y mantillas durante siglos.

En el solar ibérico han convivido variadas y diversas culturas y religiones. A la desaparición del paganismo, en su variante ibérica mezcla de las deidades locales célticas e iberas con los dioses de los panteones fenicio, griego y romano, lo que ocurrió entre los siglos IV y V, le sucedió durante la Edad Media la cohabitación de las tres grandes religiones monoteístas mediterráneas: el judaísmo, el cristianismo y el islamismo. Dos de ellas, cristianismo e islam, fueron dominantes en sus respectivos territorios, en tanto la tercera siempre estuvo sometida a unos u a otros.

En el 711 la aparición del islam cambió muchas cosas, pero no supuso una ruptura inmediata con todo lo anterior. La islamización fue rápida e intensa, sobre todo a partir de mediados del siglo VIII, pero algunos elementos de la romanidad permanecieron en el seno de la sociedad surgida a raíz de la nueva realidad andalusí. La existencia de entidades políticas cristianas en el norte que defendieron su identidad pese al dominio y la superioridad islámicos es una continuación de los movimientos que mantuvieron ese espíritu independentista durante toda la época visigoda, lo que no ocurrió con la mayoría de la gente de los territorios meridionales.

Desde el norte se puso en marcha una gran reforma mediante la restauración de monasterios, la fundación de una Iglesia propia al margen de la mozárabe toledana, que se hallaba bajo dominio islámico, la adopción de patronos apostólicos con la creación de sus propios mitos, como el caso del apóstol Santiago, la puesta en marcha de amplias reformas episcopales, con la dotación de nuevas sedes como Oviedo, Lugo o Iria Flavia, la repoblación con monjes mozárabes llegados del sur musulmán y la construcción de templos singulares.

Con Alfonso III de León se restauraron las presuntas instituciones visigodas, convirtiendo al catolicismo en el bastión ideológico de la resistencia, y surgió la idea de la identificación y continuidad del reino asturleonés con el reino visigodo.

En el siglo VIII los astures y los cántabros no hicieron otra cosa que resistir al islam; sólo fue a lo largo del siglo IX cuando comenzó a desarrollarse y a cuajar la idea del neogoticismo, que se ha explicado desde fuera de España con miradas contradictorias en sí mismas: «Es sin duda innegable que los godos fueron el instrumento de la primera unificación de España, aunque sería anacrónico considerar que la nación española nació en los siglos VI y VII; pero el concepto de España se forjó en esa época, por eso se vio la etapa visigótica en la Edad Media como una especie de edad de oro», según Pierre Bonnassie.

En realidad, la sociedad hispana de los siglos VIII, IX y X estuvo integrada por una amalgama cultural en la que las relaciones matrimoniales mixtas eran frecuentes, ciertamente mestiza y «multicultural», pero que caminó hacia la intolerancia y que se fue fracturando entre finales del siglo X y el XIII, hasta sumirse en un lento proceso hacia la exclusión en los siglos XIV y XV.

Las campañas de Almanzor en las últimas dos décadas del siglo X son un neto reflejo del cambio de actitud en el sur musulmán y el norte cristiano. La descomposición del califato de Córdoba durante el primer tercio del siglo XI, el reforzamiento de los reinos y Estados cristianos, y la política de parias a cambio de paz serán los principales desencadenantes que arrastren a ambas culturas a una segregación cada vez mayor a lo largo del siglo XI.

La gran fractura, sin duda definitiva, entre islam y cristianismo hispanos se produjo en la segunda mitad del siglo XI; de un lado, entre los cristianos se asentó el espíritu de cruzada, que se concretó en 1064 con la primera protocruzada contra la ciudad de Barbastro, y de otro, entre los musulmanes, con la predicación de una manera radical y excluyente para practicar la doctrina islámica, impuesta por el movimiento almorávide en el Magreb a partir de mediados de esa centuria, y todo ello en el contexto de una «guerra de civilizaciones» que estalló virulentamente con las cruzadas a Tierra Santa y la profundización cada vez más acusada del abismo que se había abierto entre islam y cristianismo, con el judaísmo como testigo inane de semejante vorágine histórica.

La «africanización» del sur con la llegada a al-Andalus de los almorávides en el año 1086 frente a la «europeización» del norte con la irrupción de las nuevas ideas religiosas cristianas a partir de la segunda mitad del siglo XI supondrá la construcción de un muro definitivo entre ambas.

Los almorávides propugnaron la vuelta a la presunta pureza del islamismo tal cual lo entendían sus radicales fundadores morabitos, ahondando en el abismo de la intransigencia hacia los que profesaban otras creencias.

Los cristianos peninsulares desarrollaron el mito de Santiago, abandonaron el tradicional mozárabe o visigótico, adoptaron el nuevo rito romano, reformaron sus estructuras monásticas en la línea de las introducidas por los monjes cluniacenses, construyeron monumentales templos en el nuevo estilo románico, amplificaron la idea de cruzada y convirtieron la ocupación de los territorios musulmanes en una obsesión irrenunciable.

No obstante, en ese tiempo convulso del siglo XI todavía hubo oportunidad para los hombres de la frontera, señores de la guerra capaces de alquilar su espada al mejor postor, y de los que el Cid y Geraldo de Sampavor son sin duda los más significativos, pese a que la manipulación españolista y católica ha llegado a deformar la figura del señor de Vivar para convertirlo en el paradigma del «perfecto caballero español y católico».

Pese a los cambios en ambos lados, quedaron resquicios de la antigua tolerancia, sobre todo en el siglo XII y primeras décadas del XIII. Así, las capitulaciones otorgadas por los reyes cristianos a los mudéjares, los musulmanes que se quedaron a vivir en las ciudades y tierras conquistadas por los cristianos, mantuvieron notables ventajas, como la libertad de practicar su religión, extensible a los judíos, la de disponer de aljamas propias en las que vivir y con las que gobernarse internamente, e incluso, en algunos casos, tener el mismo fuero que los cristianos: «Los cristianos, judíos y sarracenos tengan un mismo fuero en materia de heridas y multas», se lee en el fuero de Daroca de 1142; o, «Si alguien matara a algún moro de paz, pague por él como cristiano», en el fuero de Teruel de principios del siglo XIII.

Pero el rumbo hacia la intransigencia mutua se fijó de manera inevitable. En la vieja Hispania, los intelectuales cristianos, a los que se sumaron algunos conversos judíos, el centro de la polémica discurrió en torno a la afirmación de los cristianos de la superioridad de su religión y de su fe frente a las de musulmanes y judíos. «Los judíos son bestias sin razón», llegó a afirmar Pedro Alfonso, el renegado judío autor de *Disciplina clericalis*, bautizado en 1106.

De ahí surgió la creciente obsesión por convertir a los miembros de esas dos religiones al cristianismo a partir del siglo XIII, aspecto que apenas se había contemplado hasta entonces. Durante los reinados de Jaime I de Aragón y de Fernando III y Alfonso X de Castilla y León, proliferaron los ejemplos para la conversión, observados en las aseveraciones jurídicas contenidas en las *Partidas* o los ejemplos en los textos de las *Cantigas* o en los *Milagros de Nuestra Señora* de Gonzalo de Berceo, en los que la Virgen no deja de intervenir milagrosamente para convencer a judíos y musulmanes a fin de que renieguen de su fe, se conviertan y se bauticen.

A la vez, las crónicas cristianas y los discursos y sermones de los predicadores católicos incrementaron las denuncias sobre la perversidad del islam, contribuyendo a aumentar la tensión social y la presión política. Lucas de Tuy, en su influyente obra *Chronicon Mundi*, escrita entre 1236 y 1242 para la reina Berenguela de Castilla, madre de Fernando III, afirma: «El dominio musulmán de Hispania está basado en la violencia y el engaño», justificando con ello, como en la más rancia tradición de las crónicas del ciclo de Alfonso III de León, la justificación ideológica de la conquista de al-Andalus.

Con el estallido de la crisis global europea a finales del siglo XIII, las cosas empeoraron. Entonces, acabados los tiempos de prosperidad en los que se produjo un notable crecimiento demográfico, un desarrollo intelectual notabilísimo y un auge urbano extraordinario, desde el cristianismo hispano se contempló a los judíos y a los musulmanes como una amenaza, y, desde luego, fueron señalados como los causantes de la crisis que estaba acabando con la mayor época de bonanza que había atravesado occidente desde los tiempos de los grandes emperadores romanos del siglo II.

A partir de 1300 se multiplicaron toda una serie de represiones, de segregación en suma, a los mudéjares y los judíos: se extremó la prohibición de matrimonios mixtos, se endurecieron las normas y los castigos de manera extraordinaria e incluso se introdujeron algunos elementos de identificación en el vestido. Todo ello en medio de la gran contradicción de un tiempo ya contradictorio por sí mismo, pues mientras todo lo anterior se producía, algunos judíos y musulmanes gozaban de gran consideración en las cortes y en la sociedad cristianas como banqueros, médicos, escribanos, cancilleres, comerciantes, artesanos, alarifes o agricultores.

La Iglesia optó por controlar la cultura y las costumbres, y procuró monopolizar la enseñanza, así como la regulación de la vida cotidiana y de la moral, no siempre con éxito: se prohibieron las manifestaciones religiosas de los mudéjares, obligándolos a humillarse ante el paso de las procesiones y los símbolos cristianos; judíos y mudéjares quedaron excluidos de las instituciones públicas; se cerraron con muros las morerías y las juderías; se prohibieron las manifestaciones religiosas públicas de ambas minorías; se impusieron notables trabas económicas y fiscales a sus comerciantes y artesanos; se persiguió a los relapsos y se generalizaron las denuncias contra los conversos que habían sido musulmanes o judíos.

El establecimiento de la Inquisición entre 1478 y 1484 por los Reyes Católicos fue la consecuencia más notoria de este proceso, a la que siguió la expulsión de los judíos en 1492, la conversión obligatoria de los mudéjares en 1502 en la Corona de Castilla y en 1526 en la de Aragón, la unificación religiosa a la fuerza de los habitantes de todos los reinos de España, que o se hacían cristianos o acababan en el exilio o en la hoguera y en la horca, y la expulsión de los moriscos entre 1609 y 1614, de un territorio que había sido plural, aunque con muchas fluctuaciones, durante siglos.

La historia quedó fijada en las crónicas, sin que nadie la pusiera en cuestión hasta siglos más tarde, cuando se han revisado los viejos asertos, casi inamovibles hasta el siglo XXI.

Porque la Historia no es lo que ocurrió, sino lo que se ha contado.

Notas

Para hacer más ágil la lectura del texto, las notas se han colocado al final de este y antes de la bibliografía, y numeradas por capítulos. Las citas bibliográficas se refieren al autor, al año de edición de la obra citada y a la página (p. ej., Corral, *2008, 23), de ahí que en el listado de obras se ubique el año de edición al final para facilitar visualmente la consulta en su caso.*

Capítulo 1

1. Abós, 2003, 7.
2. *Apología para la Historia o el oficio de historiador*, obra póstuma editada en 1949.
3. García Sanjuán, 2013, 442.
4. García Sanjuán, 2011, 73.
5. Barroso, 2018, 2-3.
6. El texto en las versiones española e inglesa en *www.absurda-revolucion.blogia.com*.

7. César Vidal y Federico Jiménez Losantos, *Historia de España*, Madrid, 2008.

8. César Vidal, *Muy Especial*, n. 65, 2004.

9. García Sanjuán, 2013, 52.

10. José María Pemán, *La historia de España contada con sencillez*, I, 226, Cádiz, 1938.

11. Luis Suárez, *Los trastámaras y los Reyes Católicos*, 276, Madrid, 1985.

12. Deyermond apenas dedica un par de líneas a la literatura aljamiada del siglo XV escrita por los mudéjares hispanos, *Historia de la Literatura Medieval española*, 23, Madrid, 1973.

13. E. Valverde y Álvarez, *Guía del viajero por el antiguo reino de León*, Madrid, 1886; E. Herrera *Oria, Historia de la reconquista de España contada a la juventud*, Madrid, 1943; Claudio Sánchez-Albornoz, *Historia de España*, t. VII, vol. XX.

14. *La aventura de la historia*, 60, 2003.

15. Domínguez, 2001, 13, 71 y 121.

16. Ubieto y otros, 1963.

17. Manzano, 2009, 21.

18. «Fanjul presenta "un esquema tendencioso y maniqueo"» y «Aznar manipula» (García Sanjuán, 2013, 50-51).

19. Corral, 2008.

20. Dossier en *La aventura de la historia*, n. 60, 2003.

21. Maíllo, 2011a, 11, 13, 14 y 132

22. Artículo en *Libertad Digital*, 10 de junio de 2009, de Serafín Fanjul.

23. Tal cual denuncian Manzano (2009, 21) y García Sanjuán (2011, 50-52), que critican los postulados de Fanjul, Aznar y César Vidal.

24. *La aventura de la historia*, 60; y no menos lúcidas son las reflexiones sobre la importancia de la historia de al-Andalus de Montávez (2002; y 2012, 45).

Capítulo 2

1. Gutiérrez González, 2017; en Lugo, esplendor urbano en los siglos III y IV, pervivencia V-VI y en decadencia en el VII (Menéndez, 2002, 268-269); declive de la ciudad romana del Tolmo de Minateda en el siglo II (Gutiérrez Lloret, 2014 y Sarabia, 2015, 55-62; comienzan en el siglo IV abandonos en Emérita y Tarraco (Panzram, 2018, 10); en las ciudades de los siglos IV al IX se constata la continuidad, un cambio lento y transformaciones pero no hay discontinuidad ni rupturas (Panzram, 2018, 10).

2. Díaz y Menéndez, 2016, 165 y 170; Gutiérrez González, 2012b, 385.

3. En su camino de pillaje, pasaron al norte de África y se instalaron en Túnez (Bernal, 2018, 106 y 108; Livermore, 1965, 390).

4. López Quiroga, 2018b, 139-140; Rodríguez, 2018, 135-136.

5. Menéndez, 2002, 165 y 268-270; García Álvarez, 2006, 133-152.

6. Fernández, Gutiérrez y Orejas, 2015, 283-290.

7. Sánchez Pardo, 2012, 33.

8. Sánchez Pardo, 2010, 285-287 y 303; Castellanos y Martín, 2005, 5.

9. Tejerizo, 2013, 295-296; Olmo y Grau, 2011, 63; Chavarría, 2001a, 159, y 2007, 187-189; ejemplos en las villas de la Olmeda, Fortunatus, Cuenca...; en la zona de Chinchilla y Albacete desaparecen las villas entre los siglos IV y VI (Simon, 252, 196-266; Quirós y otros, 2009, 457; Chavarría, 2007, 159; el *castrum* de Tejeda en la Bureta de Burgos, de 20.000 metros cuadrados, perdurará hasta la Alta Edad Media (Martín Viso, 2014, 250-251 y 265-267); existencia de pequeños hábitats de 1,6 hectáreas en castillos habitados por autoridades locales.

10. Folgueira, 2012, 75; Martín Viso, 2016b, 5; Chavarría, 1997, 198.

11. Díaz y Menéndez, 2016, 178.

12. Campamento de la legión en León con varias cohortes dispersas por Zamora, Galicia, Cantabria, Astorga y Álava en el siglo IV (Barbero y Vigil, 1974, 18-20).

13. Gutiérrez González, 2013, 102.

14. Vigil-Escalera, 2007, 275; Tejerizo, 2013b, 267; Quirós y otros, 2009, 457-467; Escudero, 2016, 153; Gutiérrez González, 1998, 180-181; profunda desarticulación de la jerarquía de poblamiento a mediados del siglo V.

15. Chavarría, 2007, 33, con 20 páginas de bibliografía.

16. Pozo Flores, s. a., 32-34.

17. Larrea y Pozo, 2015, 45-47.

18. García González, 2010, 96; Gutiérrez González, 2007, 35.

19. Marcos y Mantecón, 2012, 135; Quirós, 2011b, 46; Fernández Fernández, 2017, 39; Gutiérrez González, 1996, 89.

20. Gutiérrez González, 2007, 62-68.

21. Gutiérrez González, 2014, 194 y 198; y 2011, 339.

22. Thompson, 1979, 179; Sarabia, 2014, 71-73.

23. González García, 2014, 229.

24. Malalana y otros, 2012, 320; la población goda en Hispania se cuantifica entre el 1 y el 10 % del total (Barroso, 2018, 58); una horquilla demasiado amplia.

25. Barroso y otros, 2018, 13 y 18.

26. Barroso y otros, 2018, 15; Bernal, 2018, 108.

27. Olmo y Castro, 2011, 61; Sarabia, 2015, 55; Gutiérrez y Lloret, 2008, 292.

28. Jordan, 2011, 133-136.

29. Gutiérrez González, 2014, 338.

30. Kosc, 2008, 103; se ocupa Medina Sidonia en el 572 (Bernal, 2018, 114; Sarabia, 2015, 75; Gamo, 2014, 89); expansión continua de vascones y astures entre los siglos V-VII; ataque a los cántabros a traición; los visigodos no controlan ese territorio (Barbero y Vigil,

1974, 51, 54 y 67; y Folgueira, 2012, 69); destrucción de dos yacimientos a fines del siglo VI y principios del VII, en el Cristo de San Esteban y la Cabeza de Navasangil (Ariño, 2013, 120), quizá durante las campañas de Leovigildo contra los suevos.

31. Ariño, 2013, 120; Gutiérrez González, 2013, 107.

32. Marcos y Mantecón, 2012, 159 y 164-165; García González, 2021, 276; Leovigildo conquista la Cantabria cismontana en el 574 tras vencer en Amaya (García González, 2021, 272; Sanz Serrano y otros, 2014, 128 y 134; Barroso y otros, 2018, 23 y 77).

33. Barroso y otros, 2018, 22 y 72; Peiro, 2008, 264.

34. Barbero y Vigil, 1974, 54-55.

35. Gutiérrez González, 2014, 200; Martín Viso, 2016b, 6.

36. Chavarría, 2004-2005, 180 y 192.

37. Gallego y otros, s. a., 25.

38. Olmo y otros, 2019, 359; refundación urbana de los visigodos a fines del siglo VI en el Tolmo de Minateda, Hellín, sobre un yacimiento romano previamente abandonado a fines del siglo II por un terremoto (Gutiérrez y Grau, 2012, 1749; Gutiérrez y Llorente, 2008, 291; Olmo y Castro, 2011, 61; Castro-Prego, 2014, 464).

39. Quirós y otros, 2009, 467; por imitación a la corte imperial bizantina (Barrett, 2023, 300).

40. Sarabia, 2014, 219; Abad y otros, 2012, 355-356; Lorenzo, 2015, 156; Doménech, 2014, 12 y 31; han aparecido 300 monedas acuñadas en el siglo VI, y 6 tremises de oro de fines del siglo VII y principios del VIII de Ervigio, Égica y Vitiza (Gamo, 2014, 90).

41. Morín, 2006, 212; Olmo y otros, 2019, 357 y 360; Quirós, 2009, 254; Chavarría, 2007, 198; Martín Viso, 2014, 264; y 2019, 31, 34 y 40.

42. Olmo y Castro, 2011, 54 y 65; Castaño, 2019, 26-27; Calleja Puerta, 2002, 78.

43. Gutiérrez González, 2013, 102.

44. Olmo y Castro, 2011, 55 y 56; Chavarría, 2007, 196.

45. Pozo Flores, s. a., 48.

46. García, 2012, 165.

47. Muñiz y García, 2014, 216 y 223.

48. Barbero y Vigil, 1974, 88.

49. García González, 2010, 166 y 169; Castellanos y Martín, 2005, 12.

50. Gutiérrez González, 2007, 22-23 y 30; Castellanos y Martín, 2005, 8; los astures ocuparon ambos lados de la cordillera cantábrica (Fanjul Peraza, 2019, 1).

51. Blanco y López y López, 2009, 204; Martín Viso, 2018, 198.

52. Muñiz y García, 2014, 224; Martín Viso, 2016b, 13.

53. Menéndez y Carriles, 2011, 310.

54. Gutiérrez González, 2008, 221, 222, 224 y 234.

55. Menéndez, 1995-96, 443-444.

56. Fernández González, 2018, 220; Castellanos y Martín, 2005, 19.

57. Gutiérrez González, 2012b, 380-384; y 2016, 16.

58. Martín Viso, 2019, 28.

59. Fernández, Gutiérrez y Oreja, 2015, 292.

60. Fernández González, 2018, 228-229, 237 y 283.

61. Azkárate, 2010, 332 y 348; la región de Álava no era vascona en época romana, pero hacia fines del siglo VI ya está euskaldunizada (García Moreno, 2022, 138).

62. Bernal, 2018, 114.

63. González García, 2014, 229.

64. Soto y Berenjeno, 2014, s. p., sostienen que ese topónimo no puede ser otro que Algeciras.

65. García Moreno, 2022, 138.

66. Lorenzo, 2015, 103-105 y 122-123.

67. Bernal, 2018, 114.

68. Barbero y Vigil, 1974, 58-59.

69. Gutiérrez González, 2007, 28; Castellanos y Martín, 2005, 8; pueblo rebelde en el norte en los siglos VI-VII (Barbero y Vigil, 1974, 59; Gutiérrez González, 2013, 106; antes del 621, campaña de Sisberto en el sur y norte de la Península (Thompson, 1979, 186).

70. Probablemente la actual Olite (Olmo y Castro, 2011, 61; Barbero y Vigil, 1974, 62).

71. Barroso y otros, 2018, 19, 40 y 71.

72. Tejerizo, 2013, 307.

73. Barroso y otros, 2018, 124.

74. Actas del IV Concilio, año 633 (Thompson, 1979, 196).

75. King, 1981, 36.

76. Martín Viso, 2016b, 15.

77. Ubieto, 1961, *Rotense* en p. 10 y *Ovetense* en p. 11.

78. Thompson, 1979, 250.

79. Olmo y Castro, 2011, 61; Gutiérrez González, 1998, 180.

80. Pliego e Ibrahim, 2018, 137-139; en el norte, las cecas godas suelen coincidir con las sedes episcopales; cecas godas: León, Astorga, Lugo, Saldaña, Calahorra, Tarazona, en la misma línea que los obispados (Barbero y Vigil, 1974, 80).

81. Sebastián, 2011, 757-759 y 769-771.

82. Barbero y Vigil, 1974, 70-71 y 75 y 77.

83. Rioja es la Cantabria visigoda (García Moreno, 1989, 171).

84. Barroso, 2018, 175.

85. Martín Viso, 2019, 51-52.

86. Doménech, 2014, 27.

87. García Álvarez, 2006, 152-153.

88. Brogiolo y Chavarría, 2008, 210-212; Sarabia, 2005, 170-176.

89. Ariño (2013, 94 y 120) dice que el reino godo, lejos de sufrir un proceso de colapso, evoluciona hacia formas más jerarquizadas y

estables, frente a Vigil (2006, 94-98) que señala que el abandono de asentamientos, villas y red de aldeas se da desde la primera mitad del siglo V hasta inicios del VI y la desestructuración a mediados del siglo VIII.

90. La revista *Nature* publicó en 2003 que desde fines del siglo VII se constata en la Península un aumento de la artemisia, una planta que se la relaciona directamente con periodos de aridez.

91. García, s. a., 148; García González, 2010, 165.

92. Barbero y Vigil, 1974, 65; Ubieto, 1961, 13.

93. Thompson, 1979, 251-252.

94. Thompson, 1979, 255-257 y 287; los gardingos son mencionados en tiempos de Wamba y Ervigio; antes son llamados *fideles*, de condición inferior a los condes y al *dux*, aunque son hombres notables en palacio y cumplen un servicio militar especial con lealtad al rey; el *dux* gobierna una provincia y actúa como juez de primera instancia (King, 76-77 y 99).

95. Glick, 1991, 38; Olmo y otros, 2019, 359 y 371; Gutiérrez González, 2017, 32-33; Olmo y Castro, 2011, 64; Sánchez Pardo, 2012, 38-39.

96. Diego, 1979, 26.

97. En el año 680 Wamba acudió a Asturias a sofocar una revuelta; pueden ser de esta época las construcciones de Homón de Faro y la Hoya.

98. Wamba pierde el trono en circunstancias «extrañas» (King, 1981, 38); fue depuesto y expulsado del trono según la *Historia del rey Wamba*, de Julián de Toledo (Thompson, 1979, 26).

99. Barroso, 2018, 84.

100. Thompson, 1979 264; Bronisch, 2011, 37 y 45; según las crónicas de Alfonso III (García Moreno, 1989, 181; Ordóñez, 2016, 15; Bronisch, 2011, 37, 45-46 y 50).

101. King, 1981, 43 y 45.

102. Menéndez, 2011, 273.

103. Thomson, 1979, 276.

104. Ubieto, 1961, 14-16, versión *Rotense*.

105. Bronisch, 2011, 65.

106. Bautista, 2018, 68; Martin, 2003, 75; Ervigio y Liuvigoto quizá tuvieran hijos vivos en el 691, siendo ya rey Égica, y podrían reclamar el trono (Bronisch, 2011, 60; Díaz y Díaz, 1988, 453).

107. García Moreno, 1989, 181; Bausili, 2022, 32-33.

108. Bronisch, 2011, 55.

109. Thomson, 1979, 284.

110. Bausili, 2022, 32.

111. Así para evitar lo que se ha llamado «solución final visigoda», al estilo nazi (Lewis, 2009, 161 y 162).

112. Actas del XVII Concilio de Toledo, año 694 (Vives, 1963).

113. Tobalina, 2010-12, 259-260.

114. Según la *Crónica del 754* (Lewis, 2009, 188).

115. King, 1981, 41.

116. Arce, 2011, 286.

117. Pliego e Ibrahim, 2018, 142.

118. Olmo y Castro, 2011, 62.

119. King, 1981, 41.

120. Olmo y Castro, 2011, 62 y 67; Menéndez, 2011, 273.

121. Barroso y otros, 2018, 124; García Moreno, 2022, 159.

122. Bausili, 2022, 28.

123. Según la *Crónica del 754* (*Continuatio*, 2009, 270; Lorenzo, 2015, 179).

124. Bausili, 2022, 28.

125. Manzano, 2006, 32.

126. Martín Viso, 2016b, 5 y 7.

127. Quirós, 2011, 78-79.

128. Quirós y Santos, s. a., 143 y 151.

129. Gutiérrez, 2011, 337 y 341-342.

130. Camino, 2022, 53.

131. Sebastián, 2011, 772; aunque algunos piensan que «El Estado visigodo no estaba en situación terminal» (Besga, 2022, 10).

132. Olmo y Castro, 2011, 54 y 61.

133. Bausili, 2022, 42-44.

134. Según la crónica de Al-Udri (García, 2013, 380; Viguera, 2011, 10; Manzano, 2012, 22).

135. Bronisch, 2010, 66.

136. Segura, 2014, 65 y 66; hay una gran controversia sobre la edad que tenían los hijos de Vitiza en el año 710.

137. Ubieto, 1969, 21.

138. Pliego e Ibrahim, 2018, 143.

139. García Moreno, 2015, 159 y 164.

140. Aquí son dos, Opas y Sisberto; Rodrigo, rey frente a Agila, hijo de Vitiza, es proclamado por sus partidarios en Toledo (Martín, 2003, 75).

141. Ubieto, 1969, 19 y 23; Le Morvan, 2012, s. p.; García Moreno, 1989, 188-189.

142. Según Al-Udri eran Alamund, Artubas y Rumuluh (Manzano, 2012, 22).

143. Barroso y otros, 2018, 131-133.

144. Ubieto, 1969, 18-20; Teodofredo era el padre de Rodrigo y Ricilona su madre (Isla, 2019, 27-28).

145. Lewis, 2009, 164.

146. Isla, 2002, 630.

147. Thompson, 1979, 284; Segura, 2014, 66; Pliego e Ibrahim, 2018, 144.

148. Rodrigo llega al poder por la fuerza en el 711, «más por astucia que por virtud» (Pliego e Ibrahim, 2018, 142).

149. García Moreno, 2015, 167.

150. Pliego e Ibrahim, 2018, 142.

151. Glick, 1991, 56.

152. Silva, 1986, 539.

153. Ruiz Trapero, 2004, 193; Mateu y Llopis, 1969, 6.

154. Mateu y Llopis, 1969, 10.

155. Orlandis, 1984, 181-182; Barroso, 2018, 3, 5 y 7.

156. Barroso, 2018, 6.

157. Arce, 2011, 20.

Capítulo 3

1. Gutiérrez y Grau, 2012, 230; Martín Viso, 2016b, 4.

2. Menéndez, 1995-96, 439.

3. Viguera, 2011, 8.

4. García Sanjuán, 2013, 188-189.

5. Martín Viso, 2016b, 9.

6. Collins, 1986, 279; hay una ausencia de fuentes fiables (Segura, 2014, 60).

7. Collins, 1986, 281; Ruiz Asencio, 2011, 68; estudiado por García Leal (2007); el monasterio, hoy desaparecido, estaba en el actual concejo de Barreiros, en Lugo; el documento se conserva en un códice del archivo de la catedral de León y fue hallado en el siglo XVIII; es una copia del siglo X, no el original (Menéndez, 2011, 280; Aguirre, 2022, 49).

8. Hasta el siglo XI sólo se conocen 11 documentos que parecen auténticos, pero en copias de los originales (Ruiz Asencio, 2011, 68); existen muchas dudas sobre la autenticidad de los documentos del siglo IX, que también son escasos (Menéndez Pidal, 1950, 21-22).

9. Peterson, 2009, 24.

10. Pérez, 2010, 48 y 52.

11. Menéndez, 2011, 280; Bausili, 2021, 23.

12. Manzano, 2006, 35; Maíllo, 2011, 22; García González, 2010, 96; Gutiérrez González, 2007, 32; y 2010, 96.

13. Maíllo, 2011, 29 y 39.

14. Isla, 2019, 9.

15. Le Morvan, 2013, 88.

16. Glick, 1991, 41-42.

17. Fernández Conde y otros, 2019, 15.

18. Calleja Puerta, 2002, 65.

19. Ordóñez, 2016, 8.

20. Martín Viso, 2016b, 3.

21. Tal vez en el sur de al-Andalus (Pérez, 2013, 178).

22. Blanco, 1999, 153-154; García, 2013, 174; carta de san Bonifacio hacia el año 746 (Martos, 2022, 94).

23. La crónica no dice que España se haya perdido, sino que está sufriendo una crisis; hay mucha especulación; se cita a un obispo llamado Isidoro (Manzano, 2009, 87).

24. Maíllo, 2011, 31; García Moreno (2022, 160) la considera «fiable».

25. Martos, 2022, 94.

26. Segura, 2012, 5.

27. Isla, 2002, 629.

28. Abd al-Malik ibn Catan fue gobernador de al-Andalus entre octubre del 732 y octubre del 734, y lo fue de nuevo desde noviembre del 739 a octubre del 741, aunque no se cita ni a Covadonga ni a Pelayo (García, 2013, 411).

29. Pérez, 2013, 178-181 y 198.

30. Pérez, 2013, 185.

31. Bonnaz, 1987; Casariego, 1983; Gómez Moreno, 1932, 560.

32. *Anales Portugueses* (1947).

33. No existió una crónica previa a Alfonso II; este proyecto

historiográfico se debió a Alfonso III (García de Castro, 2019, 689; Dacosta, 1992a, 11); aunque algunos se preguntan si hubo una fuente común para la *Crónica albeldense* y las de Alfonso III, que se habría perdido (Isla, 2022, 50); según Pérez Mariñas (2013 y 2014), en tiempos de Ordoño I se redactó una primera crónica que refundía relatos anteriores más antiguos perdidos, que contenían una leyenda sobre Covadonga y una crónica de Alfonso II sobre el final de la época goda; Monsalvo (2021, 40, n. 72, y 42) afirma que las crónicas de Alfonso III «no nacieron ex nihilo».

34. Rucquoi, 1999, 297.

35. Sánchez-Albornoz, 1974; Besga, 2000.

36. Pérez, 2013, 185.

37. Dacosta, 1992a, 12; esta crónica fue promovida por Alfonso III en el 833, con sus dos variantes, con la intención de reinstaurar desde Asturias la monarquía visigoda (Menéndez Pidal, 1950, 17; Martín Viso, 2016b, 2).

38. Collins, 1991, 37; Menéndez y Carriles, 2011, 274; Ordóñez Cueva, 2016, 8; Rucquoi, 1999, 297.

39. Pérez, 2013, 185; Ordóñez Cuevas, 2016, 11.

40. Ubieto, 1961, 7; data de fines del siglo x o comienzos del xi, aunque, Rucquoi (1999, 297) la retrasa un poco.

41. Torres, 2002, 41; incluso Menéndez Pidal resalta el carácter novelesco de algún episodio de la crónica de Alfonso III (Isla, 2015a, 170).

42. «Esta relación familiar es dudosa y la fecha parece posterior al 889» (Isla, 2019, 29-30 y 39-40).

43. Collins, 1986, 282.

44. Ubieto, 1961, 27; manuscritos de la crónica de Alfonso III en la Biblioteca Nacional, Madrid, núms. 1237, 1346, 8831, del siglo xii, y el núm. 9880 de 1512; en la Biblioteca de El Escorial, núm. b.I.9; y en la Biblioteca Capitular de Toledo, núm 27.7 (Isla, 2019, 34-38).

45. Dacosta, 1992a, 10.

46. Monsalvo, 2021, 22; Segura, 2012, 13; Pérez, 2013, 187; se fecha en el año 890, pero la primera copia en San Millán de la Cogolla del 951, otra de 974-976 (Ordóñez, 2016, 11) y otra del 992 (Rucquoi, 1999, 297); es la *Crónica profética* del 883 (Ordóñez, 2016, 11), que no se conserva como tal; forma parte de la *Crónica albeldense*, escrita en 881-883; la versión «oficial» es de comienzos del siglo XII; un monje llamado Vegila la continuó hasta el año 976 (Collins, 1986, 282); según Ubieto, es «fácilmente refutable» (García de Castro, 2019, 688); la edición crítica de las 4 versiones de la crónica de Alfonso III de Prelog (1980). García Moreno asevera, «sin prueba alguna», que la *Albeldense* es la crónica perdida de la época de Alfonso II (García de Castro, 2019, 689).

47. Ordóñez, 2016, 11.

48. Isla, 2002, 51 y 67; Dacosta, 2004, 167; Iradiel y otros, 1989, 24; Collins, 1986, 281; Flori, 2010, 143-144; Rucquoi, 1991, 290.

49. Isla (2015a, 12) dice que de las dos versiones de la crónica de Alfonso III, la *Ovetense* o *Ad Sebastian* es la «más educada», y la *Rotense* «más fresca»; y añade que «debemos poner en duda todo lo que dice la crónica de Alfonso III» (Isla, 2002a, 631-632, y n. 45).

50. Ordóñez, 2016, 8 y 15-18.

51. Dacosta, 1992a, 24.

52. Menéndez Pidal, 1950, 15.

53. Isla, 2002, 30.

54. Barbero y Vigil, 1974, 97-98.

55. Según Martin (2014, 153-171), fue Ordoño Sisnández el autor de la *Historia Legionensis*, llamada *Silensis*, que correspondería a las notas de un «ego fundador».

56. Torres, 2002, 47; se recupera el neogoticismo que permite dar a Fernando III una legitimidad dinástica después de la reunificación de Castilla y León en 1230; las referencias a Rodrigo legitiman

la guerra y la regeneración de España por Castilla para preparar la canonización de Fernando III, que se presenta como el contramodelo de Rodrigo; Fernando III es el paradigma de «rey cristianísimo» sobre las cruzadas, que retoma la España cristiana y no la visigoda (Le Morvan, 2013, 92-99).

57. García, 2013, 56 y 60.

58. Maíllo, 2011a, 29; hacia el 740 las fuentes no se han consolidado todavía en el norte de África (Vallvé, 1999, 106); «No hay datos fiables de crónicas andalusíes antes del año 850» (González Ferrín, 2009, 87); reacción en el mundo andalusí con sus propias crónicas ante las crónicas de Alfonso III (Rucquoi, 1999, 297); «Conocemos la historia de al-Andalus a través de crónicas posteriores al año 800» (González Ferrín, 2009, 87); Martos (2022, vol. 2) recoge 185 títulos, ninguno anterior a fines del siglo VIII.

59. Viguera, 1995, 36; fuentes arábigas sobre la conquista elaboradas siglo y medio o dos siglos después, con versiones diferentes (Maíllo, 2011a, 29-37; Martos, 2022, 94).

60. Viguera, 1995, 39-40 y 47; Segura, 2014, 60; García, 2013, 196-197; Abd al-Malik ibn Habib y el *Kitab at-Tarij* proponen una historia universal escrita hacia el año 888 (Segura, 2010, 9-17; Manzano, 2005, 638).

61. Maíllo, 2011a, 25.

62. Segura, 2010, 9 y 17.

63. Maíllo, 2011a, 22.

64. Manzano, 2012, 2.

65. Es considerado el fundador de la historiografía andalusí; su texto se ha perdido, pero hay partes en Ibn Hayyan (siglo XI) y Al-Maqqari (siglo XVII); Maíllo, 2011a, 22; Viguera, 2011, 9; Manzano, 2012, 2; Segura, 2014, 60.

66. Manzano, 2011, 2 y Viguera, 2011, 8.

67. *Ajbar Majmua*, colección de tradiciones de los siglos VIII al X,

obra de varios autores, al menos tres; existe un «grave problema de la transmisión de las fuentes árabes» (Vallvé, 1999, 199 y 204-207).

68. Conde, 2001, 23.

69. Rucquoi, 1999, 297.

70. García Sanjuán, 2013, 56.

71. García Sanjuán, 2013, 390; Vallvé, 1999, 101; Maíllo, 2011a, 36-37; Arce, 2011, 30.

72. Gutiérrez Lloret, 2008, 280.

73. Gutiérrez González, 2019, 262; y 2011, 343.

74. Quirós, 2007, 71.

75. Gutiérrez Lloret, 2008, 28; una reflexión sobre arqueología e historia: «la arqueología debe trascender a la mera taxonomía» (Gutiérrez Lloret, 2014, 280-283).

76. Tejerizo, 2013, 306; Quirós, 2009, 450; y 2011, 66; Chavarría, 2007, 187.

77. Quirós, 2007, 70.

78. García Sanjuán, 2013, 394-405.

79. Tejerizo, 2013, 293-294; Quirós, 2009, 456; los arqueólogos también se atizan bien entre ellos: «Gran desconocimiento de las investigaciones previas», que achacan López y Martínez (2014, 7-9, n. 7) a Martín Viso, al que critican por usar «argumentos de autoridad tejidos con las oscuras telarañas de las redes de poder en las universidades españolas» y lo descalifican por su «ausencia de conocimiento y rigor científico en el manejo de la bibliografía».

80. Sarabia, 2023, 8-14; se plantea «una renovación con la arqueología en la Alta Edad Media con nuevas hipótesis alejadas de los viejos paradigmas» (Tejerizo, 2013a, 29).

81. Es el caso de la ciudad celtíbera de Contrebia Leukade, en Inestrillas, La Rioja, excavada por José Antonio Hernández Vera.

82. Tejerizo, 2013a, 306.

83. Aunque la cristianización de los cántabros fue «lenta, tardía e incompleta», la mayoría de ellos era cristiana cuando entró Leovigildo en el año 574 (Díaz Martínez, 2006, 59 y 61).

84. Calleja Puerta, 2002, 69.

85. Caballero y Utrero, 2013, 130.

86. Menéndez y Carriles, 2011, 274; Ariño, 2013, 94; Caballero, 2006, 258; se ha excavado mucho desde 1980, pero «falta un relato coherente» (Quirós, 2009, 454).

Capítulo 4

1. En las crónicas visigodas no hay mención alguna al islam (Manzano, 2006, 32; Lewis, 2009, 160); la *Crónica rotense* que recoge una noticia del año 652 en la que se asegura que varias naves, nada menos que 270, de los sarracenos habían llegado a Hispania, pero que fueron derrotadas y destruidas; es probablemente un error de fecha (Ubieto, 1961, 12).

2. Dudas sobre si se trató de un ataque de la flota bizantina o es que esas naves huían de Cartago tras el ataque del islam en el año 698 (García Moreno, 1989, 186); o quizá ocurrió en el año 705 (Barroso y otros, 2018, 122).

3. Según el cronista Al-Razi (Manzano, 2012, 12 y 16; Segura, 2014, 61; Bausili, 2022, 39).

4. Manzano, 2012, 13; según Ibn al-Athir (Segura, 2014, 70).

5. Segura, 2014, 61; Lorenzo, 2015, 582.

6. Suñé, 2020, 50.

7. Segura, 2014, 68; García Moreno, 2022, 162.

8. García Moreno, 2022, 702-719.

9. Viguera, 2011, 11; Eduardo Saavedra, 1892; Bausili, 2022, 35.

10. Manzano, 2012, 20.

11. Manzano, 2012, 34.

12. Segura, 2014, 61-62.

13. Segura, 2014, 62; Pliego e Ibrahim, 2018, 144.

14. Vallvé, 1999, 33.

15. En árabe se escribe casi igual, pero Tarif con la letra fac, un punto sobre la letra, y Tariq con qaaf, dos puntos sobre la letra.

16. Incursión en junio del 710 con 400 hombres de Tarif (Arié, 1982, 14).

17. Manzano, 2012, 37-41.

18. Collins, 1986, 190; Segura, 2014, 71-72.

19. Conferencia en el curso de la Universidad Internacional de Andalucía, Sevilla, octubre de 2023.

20. Manzano, 2012, 15.

21. Bernal, 2018, 118.

22. La leyenda de la moneda reza: *Feritos soli in Spanan XCI* («Sueldo acuñado en Hispania año 91, de la hégira»), y en el centro en árabe «Mahoma es el enviado de Dios».

23. Pliego e Ibrahim, 2018, 142.

24. Ibn Jaldún, 1987, 141.

25. Collins, 1986, 208; sería necesario profundizar más en el proceso de islamización de los bereberes.

26. Conde, 1874, 15; Segura, 2014, 63-64; Flori, 2010, 130; Arié, 1982, 14; Collins, 1986, 191; Lewis, 2009, 163.

27. Viguera, 2011, 11.

28. Lewis, 2009, 166.

29. Manzano, 2012, 65.

30. Ubieto, 1963, 76; Corral, 2008, 180.

31. Se trata del campo de Sengonera, en el río Guadalete (Viguera, 2011, 11; Ayala, 2008, 60; Arce, 2011, 287); según Ibn Jaldún (1946, 139), Tariq derrotó a Rodrigo en «la fosa de Jerez».

32. Watt, 1974, 20.

33. Lewis, 2009, 169.

34. Collins, 1986, 191.

35. Thompson, 1979, 285.

36. Glick, 1991, 42.

37. García Sanjuán, 2013, 392.

38. García Moreno, 1989, 189.

39. Iradiel y otros, 1989, 22.

40. Lo propone Lorenzo (2015, 585-586) y antes lo sugirieron Vallvé (1972) y Molina López (1972).

41. Manzano, 2012, 43.

42. La batalla se libró cerca de Tarifa y de la laguna de la Janda, o en las montañas transductinas, cerca de Algeciras, la antigua colonia romana Iulia Traducta, en los montes Ojén, el Cabrito, la Luna, o el propio peñón de Gibraltar (Segura, 2014, 74).

43. Hay citas confusas en dos himnos litúrgicos de comienzos del siglo VIII, con notas históricas, probable relación a la batalla y caída del 711 (Díaz y Díaz, 1988, 442).

44. Segura, 2014, 65.

45. Ibn al-Kardabus, 1986, 18.

46. Bausili, 2022, 46.

47. Catedrático de Historia Medieval en la Universidad de Tetuán, en su libro *Fath al-Andalus* («Las luces de al-Andalus»), 2019.

48. Batalla en Saduna, junto al río Umm Hakin, según Ibn al-Hakam (Manzano, 2006, 34; y 2012, 67).

49. Conde, 1874, 16.

50. Segura, 2014, 65; Lewis, 2009, 169; García Sanjuán, 2013, 391; Manzano, 2012, 70-71.

51. Manzano, 2012, 57-60; Rodrigo llegó a Sidonia con 90.000 hombres (Conde, 1974, 16), cifra muy exagerada incluso para un historiador contemporáneo; otros dan cifras aún mayores; 600.000

hombres según Al-Qalqasandi, 100.000 hombres según el *Ajbar Majmua*, o 70.000 hombres según Ibn Abi Riqa.

52. Manzano, 2006, 34.
53. Arce, 2011, 287.
54. Collins, 1986, 192.
55. Manzano, 2012, 57-76.
56. Collins, 1986, 205.
57. Lewis, 2009, 170; Martin, 2003, 75.
58. Viguera, 2011, 10.
59. Manzano, 2012, 65.
60. Ubieto, 1969, 10.
61. Ayala, 2008, 61.
62. Viguera, 2011, 10; Rodrigo no era de la línea genealógica de Ardabastro (Isla, 2019, 72).
63. Corral, 2020c, 38-40.
64. Arce, 2011, 287 y 290.
65. Barroso, 2018, 3.
66. King, 1981, 41.
67. García, s. a., 151-152.
68. García Sanjuán, 2013, 376.
69. Arce, 2011, 299.
70. Abós, 2003, 123.
71. Tejado, 2011, 772.
72. García Sanjuán, 2013, 309.
73. Arce, 2011, 286.
74. King, 1981, 41.
75. García Sanjuán, 2013, 376.
76. Gutiérrez González, 2011, 338.

Capítulo 5

1. Ubieto, 1969, 27.
2. Lorenzo, 2015, 586.
3. Lewis, 2009, 164.
4. Ubieto, 1969, 24.
5. Thompson, 1979, 286; Gutiérrez Lloret, 2011b, 192.
6. Martí, 2011, 21.
7. Ubieto, 1969, 24.
8. Lorenzo, 2015, 586.
9. García Moreno, 1989, 190; Manzano, 2006, 49; Martí, 2011, 12.
10. Según esta versión, eran tres hijos: Olmundo, Opas, muerto en Yilliqiya y arzobispo de Sevilla, y Sara la Goda (Ubieto, 1969, 11 y 27).
11. Según la *Crónica mozárabe del 754* (Thomson, 1979, 285).
12. Bronisch, 2011, 49.
13. Martí, 2011, 11; Lorenzo, 2015, 586.
14. Ubieto, 1969, 21.
15. Barroso, 2018, 131-136.
16. Según el *Ajbar Majmua* (Conde, 2001, 17).
17. Barroso, 2018, 143.
18. García Sanjuán, 2013, 396.
19. Viguera, 2011, 70.
20. Según el *Ajbar Majmua* (Barbero y Vigil, 1974, 78; García, s. a., 152; Suñé, 2020, 171; Pérez Marín, 2014, 74).
21. Gutiérrez Lloret, 2012, 235.
22. Manzano, 2012, 76.
23. Dice el *Ajbar Majmua*: «Cada vez que ocurría algo así, reunían a todos los judíos de la ciudad y dejaban con ellos a un destacamento de soldados musulmanes, siguiendo hacia delante el resto

de las tropas. De este modo lo hicieron en Granada, capital de la provincia de Elvira, pero no en la ciudad de Málaga, capital de Rayya, pues en ella no encontraron judíos ni otros habitantes, pese a que en los primeros momentos de peligro se habían refugiado allí algunos. Se dirigieron después a Tudmir, cuyo nombre verdadero era Orihuela, aunque se llamaba Tudmir por el nombre de su señor».

24. Conde, 2001, 18.

25. El hallazgo casual del tesoro de Guarrazar se produjo entre 1858 y 1861; entre otras joyas perdidas se conservaron la corona de Recesvinto, cientos de gemas y piedras preciosas, zafiros y esmeraldas, de Ceilán y Austria, oro, perlas y cristal de roca; quizá algunas procedieran del saqueo de Roma por los visigodos en el año 410.

26. Rojas, 2015, 63-64.

27. Gallego y otros, s. a., 98; Arié, 1982, 14.

28. Según Ibn Qutiyya (Viguera, 2011, 12).

29. Conde, 2001, 19.

30. Manzano, 2012, 113.

31. Conde, 2001, 19.

32. Alba y otros, 2008, 586.

33. Barrero y Vigil, 1974, 78.

34. Barroso y otros, 2018, 133; la crónica *Fath al-Andalus* recoge un relato más antiguo del historiador Al-Sulammi, que incluye la conquista de Elvira, Rayya, Málaga y Tudmir (Penelas, 2002, 15-16).

35. García González, 2021, 830.

36. Pliego e Ibrahim, 2018, 147.

37. Gutiérrez González, 2011, 346.

38. García González, 2021, 333-334.

39. Tejado, 2011, 634.

40. Jackson, 1974, 13.

41. Gutiérrez y Grau, 2012, 176.

42. Martí, 2011, 50.

43. Lorenzo, 2015, 585; Barroso y otros, 2018, 140-141.

44. Conde, 2001, 20.

45. Existen al menos 6 versiones y numerosos elementos legendarios (Barroso y otros, 2018, 183-190).

46. Gutiérrez Lloret, 2012, 250; Isla, 2002, 629.

47. Gutiérrez Lloret, 2014, 266; y 2012, 255.

48. Lorenzo, 2015, 587-588; Barroso y otros, 2018, 100; Gutiérrez Lloret, 2014, 267.

49. Barroso y otros, 2018, 139; García Moreno (2022, 174) adelanta el viaje de Musa a Damasco a fines del 713.

50. Gutiérrez Lloret, 2014, 277; Lorenzo, 2015, 595 y 600; Gutiérrez Lloret, 2008, 289.

51. Existen varias versiones del pacto de Teodomiro: Al-Udri, Al-Himyari, Garnati, *Crónica de 1344*, *Ajbar Majmua*, Al-Maqqari, *Crónica pseudoisidoriana* (Barroso y otros, 2018, 144; Lorenzo, 2015, 586).

52. Isla, 2002, 629.

53. Barroso y otros, 2018, 134-135; Gutiérrez Lloret, 2012, 250.

54. Barroso y otros, 2018, 136.

55. Lorenzo, 2015, 585-590.

56. Barroso y otros, 2018, 136.

57. Lorenzo, 2015, 591.

58. Barroso y otros, 2018, 144; Lorenzo, 2015, 113; Gutiérrez y Grau, 2012, 176 y 264.

59. Pliego e Ibrahim, 2018, 150.

60. Escudero, 2016, 153; fuera en Almaraz o en Astorga o en Toledo, de nuevo surgen dudas sobre la cronología.

61. Pliego e Ibrahim, 2018, 147.

62. Antuña, 1944, 258.

63. Gutiérrez, 2013, 108.

64. Gutiérrez González, 2011, 343; Sanz Serrano y otros, 2014, 136.

65. Al-Bakri, 1982, 39.

66. Bueno, 2012a, 418; gobernaba Zaragoza Anas ibn Abdala ibn Amr as-Sanani, conquistador de Egipto, que construyó la gran mezquita de Saraqusta (Conde, 2001, 24).

67. Pliego e Ibrahim, 2018, 150.

68. García, s. a., 152.

69. Conde, 2001, 1.

70. Martí, 2011, 21.

71. Lewis, 2009, 714.

72. Martín Viso, 2011, 292.

73. Gutiérrez González, 2011, 344; Maíllo (2011, 48) piensa que todavía no.

74. Bausili, 2022, 50.

75. Thompson, 1979, 285; Umm Asim la llama el *Ajbar Majmua*.

76. Según Ibn Qutiyya (Viguera, 2011, 12; Bausili, 2022, 51).

77. Lorenzo, 2015, 595.

78. Menéndez, 2011, 297, 302-303.

79. Barroso y otros, 2018, 92; Menéndez, 2011, 274.

80. Viguera, 1995, 50.

81. Martínez Díez, 2011, 100.

82. Pliego e Ibrahim, 2018, 146.

83. Pliego e Ibrahim, 2018, 144-148; Gutiérrez González, 2011, 343; Gutiérrez González, 2012b, 401; precinto de paz en Iliberri (Pliego e Ibrahim, 2018, 147).

84. Pliego e Ibrahim, 2018, 145; Lewis, 2009, 205.

85. Martín Viso, 2016b, 11; Olmo, 2011, 46; Gutiérrez y González, 2017, 27 y 35-36.

86. Manzano, 2006, 61; la moneda más antigua es el dinar del 93 de la hégira, año 711, de la Biblioteca Nacional en París (Vallvé, 1999, 17; Ubieto, 1969, 25).

87. Se trata del primer texto en árabe conservado en la península ibérica (Vallvé, 1999, 18; Gutiérrez Lloret, 2011b, 192; y 2012a, 52; Pliego e Ibrahim, 2018, 143-144; Gutiérrez González, 2019, 262).

88. Lewis, 2009, 171.

89. Maíllo, 2011, 40; Conde, 2001, 17.

90. Ariño, 2013, 121; Menéndez, 1995-1996, 44; Gutiérrez González, 2017, 76.

91. Gutiérrez y González, 2017, 37.

92. Palol, 1985, 523-524; Ariño, 2013, 116-117; Caballero, 2006, 258; Martí, 2011, 12; Ruiz-Domènec, 2009, 129; García Moreno, 2022, 199-200.

93. Los cántabros y astures mantuvieron su independencia y un régimen social antagónico al de los visigodos; no se conoce la línea fortificada de los visigodos con los pueblos del norte; no existieron diócesis en Vasconia, Cantabria y Asturias, sí en Pamplona (Barbero y Vigil, 1974, 78, 79 y 95-96); las propuestas de Barbero y Vigil han sido matizadas por los estudios arqueológicos de los últimos 40 años.

94. García Sanjuán, 2013, 416.

95. González, Menéndez y otros, 2011-2012, 247-254; Gutiérrez, 2013, 111.

96. García Sanjuán, 2013, 417.

97. Gutiérrez González, 2011, 348-350; y 2012b, 401-408.

98. Gutiérrez González, 2011, 349.

99. Menéndez, 1995-1996, 444; Gutiérrez González, 2011, 343; Menéndez, 2002, 290.

100. Gutiérrez González, 2012b, 402.

101. Martín Viso, 2016b, 8.
102. Bausili, 2022, 51.
103. Gutiérrez González, 2011, 350.
104. Maíllo, 2011a, 48; Lorenzo, 2015, 582.
105. Pliego e Ibrahim, 2018, 145.
106. Viguera, 2011, 13.
107. Conde, 2001, 25.
108. Sánchez Pardo, 2012, 59; Pliego e Ibrahim, 2018, 148.
109. García González, 2021, 330.
110. Barbero y Vigil, 1974, 77-78.
111. Bausili, 2022, 53.
112. Bausili, 2022, 57.
113. Gutiérrez, 2013, 108.
114. Viguera, 1995, 35.
115. García de Cortázar, 1985, 52; Gallego y otros, s. a., 79.
116. Pliego e Ibrahim, 2018, 148.
117. Gutiérrez, 2011, 343.
118. Glick, 1991, 43; Payne, 1985, 29.
119. Gutiérrez, 2011, 337.
120. Pliego e Ibrahim, 2018, 148-149.
121. Arce, 2011, 285; Barroso y otros, 2018, 133.
122. Viguera, 2011, 8; García de Cortázar, 1973, 129.
123. García Contreras, 2014, 70-71.

Capítulo 6

1. Maíllo, 2011a, 28.
2. Corral, 2019b, 112.
3. Hernández Juberías, 1996, 18-19.
4. Rucquoi, 1999, 285-286.

5. Según Kab al-Ajbar (Vallvé, 1999, 22).

6. Según Al-Qalqasandi (Antuña, 1944, 256-257).

7. Viguera, 2011, 11; Manzano, 2006, 35; Viguera, 2011, 11.

8. Según Ibn Abi Riqa (Antuña, 1944, 258-260).

9. Todos estos relatos en las crónicas contenidas en la colección de relatos *Ajbar Majmua*, y en especial en las crónicas de Al-Maqqari, Al-Qalqasandi, *Subh al-Asa fi kitabat al-Insa*.

10. Estos relatos en Ibn Abd al-Hakam.

11. Una síntesis de estas cuestiones en Hernández Juberías (1996).

12. Procopio de Cesarea, *Historia de las guerras* (Guerra gótica I/XII y Guerra vándala, II/IX).

13. Según *Ajbar Majmua* y Al-Qalqasandi (Viguera, 2011, 12; Manzano, 2012, 43-44 y 55).

14. García Sanjuán, 2013, 50, 52 y 73.

15. Escudero, 2016, 172.

16. González Ferrín, 2009, 84-85, 196 y 200.

17. García Sanjuán, 2013, 50, 52, 119 y 123.

18. Rucquoi, 1999, 288.

19. Maíllo, 2011a, 22-30.

20. Vicente, 2007, 16-18.

21. Vallvé, 1999, 100 y 124.

22. Manzano, 2009, 9.

23. Maíllo, 2011a, 25.

24. Segura, 2012, 5; Balbás, 2022a y 2022b.

25. Antes José María Pemán o Justo Pérez de Urbel, y ahora César Vidal, Federico Jiménez Losantos o Pío Moa.

26. César Vidal, *Muy Especial*, n. 65, 2004.

27. Serafín Fanjul (2009).

28. Maíllo, 2011a, 11-14 y 132.

29. Manzano, 2009, 21.

30. García Sanjuán, 2013, 50, 126, 423 y 438.

31. Maíllo, 2011a, 25.

32. Ibn Jaldún, 1946, 139 y 141.

33. Arce, 2011, 30.

34. Vallvé, 1999, 20.

35. Manzano, 2006, 29, 130,

Capítulo 7

1. Corral, 2008, 197.

2. Maíllo, 2011, 58; Manzano, 2009, 82.

3. Bausili, 2022, 55.

4. Según esta versión, Pelayo regresa a Asturias pese a que se sigue luchando en Aquitania (Lorenzo, 2015, 56 y 60; Torre, 15; 722); la cita de la muerte de un guerrero musulmán en un combate en el noroeste hispano sirvió a Sánchez-Albornoz para fechar la batalla de Covadonga el 28 de mayo del 722, nada más, lo que no deja de ser una elucubración.

5. Ordóñez, 2016, 17.

6. González García, 2014, 273; Gutiérrez, 2013, 108; el análisis de la necrópolis de Aldayeta con ADN mitocondrial de origen norteafricano en Anzualde y otros (2007, 158).

7. Zozaya y otros, 2012, 217.

8. Gutiérrez González, 2011, 345.

9. En la excavación en la cima del cerro donde se asienta la antigua Vitoria se ha descubierto un recinto murado de los siglos VIII al X (Quirós, 2009, 472 y 483).

10. Manzano, 2009, 82; Conde, 2001, 26.

11. Bausili, 2022, 18-19.

12. Barbero y Vigil, 1974, 78; Lorenzo, 2015, 56; Corral, 2008, 188; Reche, 2016, 76-78.

13. Lewis, 2009, 209; Odón de Aquitania se alía con Munuza (Reche, 2016, 78).

14. Gutiérrez González, 2011, 344 y 350.

15. Gutiérrez, 2013, 108-109.

16. Barbero y Vigil, 1974, 78.

17. Torres, 2002, 50; Manzano, 2009, 83-84.

18. Torres, 2002, 50-51 y 61.

19. Calleja Puerta, 2002, 95.

20. Gutiérrez, 2013, 108; Torres, 2002, 60.

21. Torres, 2002, 63.

22. Esta pugna política en Chalmeta (1991, 250-306), y también en Guichard (1976), Manzano (2006) y García Moreno (2013).

23. Conde, 2001, 26-27.

24. Reche, 2016, 77.

25. Lewis, 2009, 201.

26. Lewis (2009, 28) escribe que «un corifeo de historiadores eurocéntricos entonaría más tarde que el destino de occidente se decidió verdaderamente en Poitiers y que fue un ejemplo»; también en Glick (1991, 48) y Reche (2016, 84); Poitiers quizá sí cambió el carácter de la expansión, sostiene Manzano (2006, 84); pero contra lo que se suele creer, la victoria de Carlos Martel no significó el final de las expectativas omeyas en la Galia, «el cese se debió a las disputas internas en la península ibérica entre los musulmanes» (Reche, 2016, 84).

27. Flori, 2010, 136.

28. García Sanjuán, 2013, 411; García, s. a., 75; Peterson, 2009, 86.

29. Ibn Jaldún, 1946, 141; Montenegro y Del Castillo, 2010, 199.

30. Ibn Jaldún, 1946, 141-143.

31. Glick, 1991, 48 y 56.

32. Ibn al-Hakam, 1963, 17.

33. Conde, 2001, 30.

34. Payne, 1985, 35; los jariyíes (literalmente «los que se van») fueron los primeros en separarse del tronco de la sunna islámica, tras la batalla de Siffin en el año 657, tras aceptar el califa Alí la tregua que le ofreció el omeya Muawiya.

35. Vallvé, 1999, 106; Suñé, 2020, 51; Lewis, 2009, 242.

36. Martínez Díez, 2011, 102.

37. Lewis, 2009, 242-245; Gallego y otros, s. a., 100-101.

38. Iglesias y Gutiérrez, 2019, 57.

39. García González, 2021, 340-343.

40. Los principales linajes fueron Banu Salim, Banu Faray, Banu Zannum (Hawwara), Banu Abdus (Saddina), Banu Abi al-Ajtal, Awsaya (Malzuza), Banu Azzun (Zanata), Banu Numan (Ulhasa), Banu Hudayl (Mayduna), aunque antes de esa centuria sólo aparecen en las fuentes los Madyunies y los Banu Zanum (Manzano, 1992, 50; García Contreras, 2014, 94).

41. Glick, 1991, 49.

42. Martín Viso, 2019, 42; González García, 2014, 273.

43. López y Martínez, 2014, 2.

44. Gutiérrez, 2013, 109.

45. López y Martínez, 2014, 24; Gutiérrez González, 2011, 343; Vigil, 2022, 183.

46. Tras la pacificación del 743 se formaron coras con 6 yund repartidos en 8 demarcaciones: Damasco en Elvira, Jordán en Rayya (Málaga), Palestina en Sidonia, Emesa en Sevilla y Niebla, Quinnasrin en Jaén, Egipto en Algarbe y Tudmir (Pretel, 2011, 58).

47. Martín Viso, 2014, 268.

48. El autor de la *Crónica del 754* pudo ser uno de estos mozá-

rabes emigrados desde el sur y que actuaron como agentes de aculturización.

49. Quirós, 2009, 245 y 248; Vigil-Escalera, 2007, 245; Quirós, 2011b, 35-41.

50. Vigil-Escalera, s. a., 266; Tejerizo y otros, 2015, 56.

51. Suñé (2020, 95) señala que las gentes del norte dejaron de pagar impuestos a Córdoba; entre los años 660 y 730 se abandonaron algunos poblados como Mata del Palomar, Cárcava de la Peladera, el Pueblito o el Cañaveral.

52. Gutiérrez González, 2011, 346; López y Martínez, 2014, 19; incluso hay asentamientos con cierta continuidad entre los siglos VII y VIII, como la Huesca (Cañizal, Zamora), y hasta el siglo X; quizá hubo un descenso de despoblación a mediados del siglo IX de musulmanes en el Duero, por los pocos hallazgos cerámicos; Zamora fue musulmana hasta fines del siglo IX, y no fue ocupada por Alfonso I, pese a lo que apuntan fuentes tardías (Zozaya y otros, 2012, 212; Martín Viso, 2019, 43); la jerarquización del espacio no parece que estuviera no vinculada a la monarquía asturleonesa.

53. García, s. a., 167-168; Martín Viso, 2022, 293.

54. Los hallazgos numismáticos y cerámicos demuestran que León fue conquistada y ocupada por los musulmanes a principios del siglo VIII y que se abandonó por los bereberes a mediados del siglo VIII, tras resistir tanto a los asturianos como a los omeyas de Córdoba (Conde, 2001, 38 y 57; Barroso y otros, 2018, 109); el abandono de Astorga se produjo en 753-754 (Suñé, 2022, 39).

55. Martín Viso, 2016b, 2-11.

56. Martín Viso, 2017, 210.

57. Tejerizo, 2013b, 261; Escalona, 2009, 281; Aparicio, 2015, 262; Gutiérrez, 2010a, 177.

58. Malalana, 2012, 355; Martín Viso, 2016b, 8.

59. Bru, 2016, 169-180.

60. Queda mucho por estudiar sobre la presencia musulmana (Tejada, 2011, 637-638 y 664).

61. Ariño, 2013, 120-121; Quirós, 2009, 462-465.

62. Escudero, 2016, 154; González García, 2014, 233.

63. Gutiérrez González, 2011, 343; López y Martínez, 2014, 26; Flori, 2010, 130; en el noroeste se produjo una desestructuración; la afirmación de reino de Asturias debe situarse a partir de Alfonso II (Martín Viso, 2016b, 2; muy criticado por López y Martínez, 2014, 50-56).

64. López y Martínez, 2014, 58.

65. Collins, 1986, 207.

66. Maíllo, 2011, 101.

67. «Y no están todas»; Suñé (2022, 53-55) recoge 21 ataques a lugares fortificados, 2 devastaciones, 5 asedios, 1 defensa del territorio, 6 combates campales y 5 ocupaciones del territorio; pero se trata de un mero recuento de las noticias de las fuentes, que merecen poca confianza y contienen errores (García, s. a., 75).

68. García (2013, 444-446) opina que «la conquista no estuvo exenta de violencia», pero a la vez propone «erradicar "invasión", concepto lastrado por prejuicios ideológicos que genera visiones sesgadas sobre el pasado».

69. Olmo, 2011, 39.

70. Olmo, 2011, 41-47.

71. Olmo, 2011, 39-40 y Moreno, 1991, 250.

72. Olmo, 2011, 42.

73. La «monumentalidad» visigoda es relativa por el desconocimiento de la arqueología de las ciudades visigodas (Gutiérrez, 2007, 43).

74. Castro-Priego, 2014, 480-484.

75. Olmo, 2011, 46-58.

76. Madina Iyyuh estuvo ubicada en el Tolmo de Minateda; se

cita en el pacto de Teodomiro del 713; fue la sede episcopal visigoda de Eio en el siglo VII (Gutiérrez Lloret, 2008, 277; Lorenzo, 2015, 53).

77. Sarabia, 2007a, 44; y 2016, 57-59; Gutiérrez y otros, 2021, 89-90; Gutiérrez, 2008, 277 y 292; Abad, 2010, 354; Amorós y otros, 2012, 246-248; Gutiérrez Lloret, 2019, 136.

78. Gutiérrez, 2008, 296; Gutiérrez Lloret, 2019, 135; Amorós y otros, 2012, 246.

79. Tejerizo, 2012, 191; López Quiroga, 2016, 90; Guti y otros, 2021, 97-99; Gutiérrez, 2008, 297-298; Amorós y otros, 2012, 252-253; Abad y otros, 2012, 362-363; reorganización del emirato con Abdarrahman I (Pretel, 2011, 58; Gutiérrez y Sarabia, 2016, 64; Gutiérrez Lloret, 2019, 139).

80. Amorós y otros, 2012, 248; y sobre todo la tesis de Amorós (2017) sobre las cerámicas del Tolmo de Minateda.

81. Gutiérrez Lloret, 2008, 298.

82. Hubo pervivencia inicial del culto cristiano con el islam y se mantuvieron sus espacios litúrgicos (Gutiérrez, 2008, 296).

83. Gutiérrez Lloret, 2008, 292, 298, 305 y 314.

84. Gutiérrez Lloret, 2011b, 205; las cerámicas del servicio de mesa indican el profundo cambio cultural que supuso la islamización; desaparecen las botellas de cuello estrecho tardorromanas y visigodas y aparecen redomas de cuello estrecho, con formas cerámicas introducidas en al-Andalus en el siglo VIII (Amorós y otros, 2012, 256); en el Tolmo de Minateda hace legible en la evolución del espacio urbano el proceso de islamización material (Abad y otros, 2012, 362).

85. Abad, 2010, 36.

86. Sarabia, 2023, 2-4; Gutiérrez, 2008, 278-297 y 309; Gutiérrez Lloret, 2019, 139.

87. Malalana, 2012, 377.

88. Gutiérrez Lloret, 2012a, 52; hay que diferenciar la islamización de las instituciones y de la oligarquía indígena con la conversión de las capas populares (Malalana, 2012, 355).

89. Bernal, 2018, 117.

90. Gutiérrez Lloret, 2008, 292, 301 y 304.

91. Manzano, 2006, 272.

92. Gutiérrez, 2008, 295-297; Gutiérrez y otros, 2021, 88; Amorós y otros, 2012, 246.

93. Sarabia, 2007a, 44 y 55-56; Gutiérrez, 2008, 286-287; Gutiérrez LLoret, 2014b, 41; concluida la fase de dominio visigodo en Ilici, no desaparece la vida urbana, sino que se adapta a la nueva realidad islámica (Lorenzo, 2015, 112).

94. Pretel, 2011, 357-358.

95. Gutiérrez Lloret, 2008, 292, 301 y 304.

96. Malalana, 2012, 359.

97. Vigil, 2022, 180-181.

98. De Miguel, 2007, 192-193; Quirós, 2009, 460; Gutiérrez Lloret, 2012a, 52.

99. Gutiérrez, 2013, 108.

100. De Miguel, 2007, 192-193; Larrea y Pozo, 2015, 69.

101. Gutiérrez, 2007, 51-52; Gutiérrez Lloret, 2011b, 205 y 343; Quirós, 2009, 460.

102. Gutiérrez González, 2012b, 398.

103. Larrea y Pozo, 2015, 69-70.

104. Vigil, 2022, 178.

105. Barroso y otros, 2018b, 86.

106. El rito islámico de inhumación con el cuerpo en decúbito lateral derecho con el rostro hacia La Meca está constatado en varias necrópolis de la Comunidad de Madrid (Vigil-Escalera, 2013, 219; Vigil-Escalera, 2015, 254-256).

107. Gutiérrez Lloret, 2012a, 33, 44 y 66.

108. Muchas iglesias consideradas visigodas se fechan ahora en época mozárabe.

109. Gutiérrez González, 2017, 35-36; Zozaya, 1988, 245-246.

110. La mezquita de Córdoba no parece pertenecer a una iglesia goda (Zozaya, 1999, 98-99); el caso de la construcción de la mezquita mayor de Córdoba, tan controvertido, es paradigmático, como he indicado al presentar las fases de su construcción y el origen del edificio con un proyecto totalmente nuevo y no sobre los restos de una catedral visigoda como señalan algunas fuentes tardías que no hacen otra cosa que copiar el relato de la construcción de la gran mezquita omeya de Damasco y adaptarlo a la de Córdoba (Corral, 2019b, 120-125).

111. Pretel, 2011, 108 y 363-364.

112. Vicente, 2007, 17.

113. Vigil, 2022, 181-182.

114. García Contreras, 2014, 73-74 y 90-95.

115. Alba y Gutiérrez, 2008, 607.

116. Vicente, 2007, 16; y 2022, s. p.

117. Los siglos VII y VIII no fueron los de la despoblación y desorganización, son los de la desestructuración final de la gran propiedad aristocrática con base en villas y latifundios, con crecimiento agrario propiciado por comunidades campesinas, en la montaña y de autonomía y crecimiento campesino (Gutiérrez González, 2010a, 172 y 177).

118. El alto porcentaje de ADN de origen bereber en la comarca de la Maragatería, al oeste de Astorga, indica la pervivencia de pobladores norteafricanos en la región, al igual que en el bajo Miño, tanto en la orilla española como en la portuguesa; hacia el 740 se rebelaron los bereberes de Astorga contra los árabes, durante la *fitna* de ese año, en tanto hacia el 750 se producía otra revuelta en Asturias, en este caso protagonizada por los propios astures; aun-

que ese alto porcentaje de ADN norteafricano también podría deberse a migraciones anteriores, incluso de época prehistórica (Peterson, 2020, 413, 429 y 431).

119. Ariño, 2013, 120; y sobre todo los trabajos de Acién (1989, 1995a, 1999a y 2008).

120. García, s. a., 151.

Capítulo 8

1. Ibn Jaldún, 1987.

2. La fecha del desembarco de Abdarrahman I en Almuñécar es confusa y difieren en ella varias fuentes: el *Ajbar Majmua* la ubica en el 17 de *safar* del 138 de la hégira, 15 de agosto del 755; en tanto otras fuentes la fechan en el mes de *rabi II*, a fines de septiembre o mediados de octubre del mismo año (Conde, 1874, 45).

3. Al-Jahiz, 2006, 25.

4. Por ejemplo, en la zona de Ronda (Castaño, 2016, 133).

5. Manzano, 1991, 148-149; los Banu Salim se instalaron en las montañas de Santabariyya (Celtiberia/Santamaría); y se fundó Medinaceli sobre las ruinas de una ciudad romana a fines del siglo VIII por Salim ibn War Amal.

6. Conde, 2001, 58; Corral, 2019b y 2020b.

7. Torres, 2002, 18.

8. Gutiérrez Lloret, 2012, 256.

9. Conde, 2001, 53; Idrisi, 1974, 73.

10. García Sanjuán, 2013, 423 y 438; Gutiérrez González, 2007, 49.

11. Martín Viso, 2022, 292.

12. Vicente, 2022, s. p.

13. Vallvé, 1999, 21-22.

14. García de Cortázar, 1973, 62-63.

15. Una tradición recoge la idea de tierra perdida por los judíos, ahora aplicada al reino de los visigodos: «¡Dios la devuelva a Abrahán!», se dice al referirse a una ciudad perdida para los cristianos hispanos (Vallvé, 1999, 14 y 18).

16. García, 2013, 309-310.

17. Amorós, 2017, 558-560.

18. Martínez Díez, 2011, 102.

Capítulo 9

1. Menéndez, 1995-96, 442; Gutiérrez González, 2012b, 378.

2. Barbero y Vigil, 1974, 88; Iradiel y otros, 1989, 22.

3. Gutiérrez González, 2011, 344.

4. Folgueira, 2012, 73.

5. Existen dudas sobre si Gijón fue una ciudad relevante o tan sólo un centro administrativo romano; e incluso hay dudas sobre la identificación, por malas lecturas, de «Legione», «Iegione» y «Gegione», por León o por Gijón.

6. Hacia el año 700 los nuevos centros de poder serán los castillos, iglesias y monasterios; la villa romana como centro de poder ha desaparecido (Fernández Conde y otros, 2009, 15 y 18-19).

7. Martín Viso, 2016b, 7.

8. Barbero y Vigil, 1974, 34 y 96.

9. Gutiérrez González, 2013, 107-108; Payne, 1985, 52; Martín Viso, 2014, 263-268.

10. Menéndez, 1995-96, 439.

11. Díaz y Menéndez, 2016, 180; Torres Martínez, s. a., 700-733.

12. Gutiérrez González, 2008, 233-234.

13. Martín Viso, 2016, 26-28.

14. Justo, 2019, 379 y 385.

15. Quirós, 2009, 244.

16. Ariño, 2013, 121-122.

17. Calleja Puerta, 2002, 95.

18. Menéndez, 2011, 290.

19. García Castro, 2019, 700.

20. Así se aprecia en el mausoleo romano de Corella (Navarra), con ocupación hasta el siglo IX; en la iglesia de los siglos VI-VII en Basauri (Vizcaya); en el Conventón en Camesa-Rebolledo, una aldea sobre un campamento romano del siglo III, desde el siglo VII al X; en la aldea de Peña de Mazo (Pajares, Tobalina), del siglo V al X; en una iglesia del siglo IX de Zarauz, con hábitat desde el siglo VII; en Zomoztegui, en Salvatierra, con una profunda transformación desde el siglo VIII (Quirós, 2009, 466-471 y 491).

21. Gutiérrez González, 2013, 103.

22. Fernández Fernández, 2017, 27 y 43.

23. Se produce el paso del castillo del Estado a los enclaves fortificados de señores privados en los siglos VII y VIII (Azkárate, 2012, 348).

24. Gutiérrez González, 2012b, 398.

25. En Asturias hay clausuras como en la Carisa y la Mesa, y hubo clausuras frente a Toledo y Córdoba, para la defensa lineal; defensas también en las Primorias, el área entre la montaña y el mar y los ríos Sera y Deva; allí aparecieron elites y jefaturas que acaudillaron la insurrección al poder musulmán, en castillos como Gauzón, Tudela, Curiel, Luna y Gordón, con grandes murallas cerrando la entrada (Gutiérrez González, 2011 342; y 2013, 103 y 108; González Menéndez y otros, 2011-2012, 247).

26. Maíllo (2001a, 50) se pregunta si es que lo estuvo alguna vez.

27. Maíllo, 2011a, 36; Torres, 2002, 50; Al-Qalqasandi, 1975, 81.

28. Peterson, 2009, 56.

29. Martín Viso, 2022, 293; existe una notable diferencia entre el este y el oeste de Asturias, con poderes locales autóctonos (Menéndez, 1995-96, 439-440).

30. Justo, 2019, 378.

31. Castellano, 2005, 42.

32. Pliego e Ibrahim, 2018, 151.

33. Larruga y otros, 2001; Anco, 2005.

34. Menéndez Pidal, 1950, 19; Ordóñez, 2016, 24.

35. Maíllo, 2011b, 32, 124 y 409.

36. Cita en los *Anales castellanos primeros* (González González, 2017, 200).

37. Se habla de un «nuevo reino construido sobre el esclavismo de segunda generación en la zona litoral» (García, s. a., 153 y 157); no lo entiendo.

38. Ordóñez, 2016, 27.

39. Menéndez, 2002, 22-39; Gutiérrez González, 2018, 19-20; González González, 2017, 208.

40. Gutiérrez González, 2012b, 410; y González González, 2017, 201.

41. Menéndez, 2011, 278-279.

42. Kamen, 2012; es frecuente encontrar listas de los «reyes de España» en la que aparece Pelayo como el primero.

43. Soto Chica, 2014, s. p.; Ordóñez, 2016, 28.

44. García, 2013, 414.

45. García Noriega, 2006 y 2008.

46. Arié, 1992, 16.

47. Bausili, 2022, 22; curioso que sea un negacionista de la conquista quien ubique a Pelayo en Covadonga (González Ferrín, 2009, 211).

48. García González, 2021, 337; Pelayo se sublevó después

del 718, pero los que se rebelaron con él no fueron los astures sino los del ducado asturiense del reino visigodo.

49. Isla, 2019, 70 y 186-187; Hierro, 2022, 17.

50. Ordóñez, 2016, 28.

51. Peterson, 2009, 86.

52. Dacosta, 2004, 162-163.

53. García González, 2021, 335.

54. Collins, 1986, 231 y 280.

55. Dacosta, 2004, 19.

56. Isla, 2019, 174-175; Munuza es capturado y muerto (Torres, 2002, 45); hay uno en Ibn Idari (Torres, 2002, 50). Según la *Nómina leonesa* hubo una asamblea en Cangas de Onís en 718; Munuza escapó a Gijón; Utman ibn Naza es el gobernador del noroeste de al-Andalus; Munuza es prefecto de la ciudad de Gijón; dice la *Rotense*: *ex civitate idem Iegionem maritiman* (Ubieto, 1961, 34), y la *Ovetense*: *regione asturiensium in civitate Legione* (Ubieto, 1961, 35); en otras versiones, el gobernador árabe reside «in civitate Gegione» (García, 2013, 410).

57. Domínguez, 2001; Bausili, 2022, 54-55; García, 2013, 414; Gutiérrez González, 2011, 350; Martino, 2007, 11.

58. Ordóñez, 2016, 29.

59. Fernández Conde y otros (2009, 21-23) se refieren a una «supuesta» corte de Pelayo.

60. Bausili, 2022, 58.

61. *Crónica rotense* y *Crónica ovetense* (Ubieto, 1961, 36-37).

62. Arbesu, 2016, 324.

63. Glick, 1991, 57.

64. García Sanjuán, 2013, 32.

65. Bausili, 2022, 21.

66. García Moreno (2022, 25) lo considera auténtico y da validez a la referencia en el mismo a una victoria de Pelayo sobre los

musulmanes, aunque lo llama, curiosamente, «cuasi original»; el testamento en Floriano (1949, 132-141) y Deswart (2022, 395).

67. Dacosta, 2004, 166; Ordóñez, 2016, 29-30.

68. Ubieto y otros, 1963, 81.

69. Sobre Pelayo se han llegado a afirmar cosas tan curiosas como que «quizá era bajito, calvo y sin dientes», según la supuesta descripción que hace Iván Muñiz, arqueólogo y codirector de las excavaciones del castillo de Gauzón, en la localidad de Raíces, un «palacio» en la montaña donde se hizo la cruz de la Victoria en el 908, en *La Nueva España* (20/10/2022).

70. Favila fue un magnate de la corte exiliado por Égica a Galicia y asesinado en Tuy por Vitiza; fue un líder astur; es dudoso que fuera un noble godo; con Alfonso I se pudieron fundir cántabros y astures (Dacosta, 2004, 16, 27 y 32).

71. Ordóñez, 2016, 16-17; Carretero, 2001, 51.

72. García González, 2021, 337.

73. Ruiz-Domènec, 2009, 129; «La posibilidad de un Pelayo godo es remota», dice Manzano (2018, 108-109); ¿era Pelayo un «alto cargo en la corte visigoda», hijo del *dux* de Asturias, o un caudillo astur? (Chao, 2017, 52); ¿o sólo fue un líder astur contra el invasor, como dijeron Barbero y Vigil, un jefe local de la región cántabro-astur dominada por los godos?; Pelayo no continúa el poder godo; es elegido en una asamblea de astures, según las fuentes.

74. Gutiérrez, 2011, 344; Fernández Conde y otros, 2009, 21; Gutiérrez González, 2012b, 399; y 2013, 34.

75. Martino, 2007; según algunos, Pelayo era un cántabro; incluso el expresidente de Cantabria, señor Revilla, llegó a decir que habían localizado e identificado su casa natal en la localidad de Cospaga, donde tiene una estatua.

76. Isla, 2015a, 71.

77. Entre otras cosas, también se ha dicho de Pelayo lo siguiente: «En 722 desaparece de la corte astur el modo de producción antiguo»; «Pelayo se echa en manos del "esclavismo casato"»; Pelayo es *dux asturiensis* y casa a su hija Hermesinda con Alfonso, primogénito del *dux* Pedro de Cantabria; Pelayo y Favila tuvieron su capital en Cangas de Onís; hubo guerra con el emir Uqba entre los años 734 y 739; los astures emplearon esclavos por primera vez como guerreros (García, s. a., 154-156).

78. Payne, 1985, 52; Collins, 1986, 230; Collins (1986, 284) se contradice, pues afirma que Pelayo era una figura oscura y legendaria, y a la vez un noble asturiano que fue expulsado de Toledo por Vitiza; Lewis (2009, 205-206) lo considera un noble visigodo huido de Guadalete y probable sobrino del rey Rodrigo.

79. Siguen a Menéndez Pidal (1950, 17), en su creencia en que Pelayo era un visigodo, Julia Montenegro y Arcadio del Castillo, además de García Castro (2019, 697), Maíllo (2011a, 124) y Menéndez (1995-96, 446), que lo considera además «gerente del pacto con los musulmanes», con los que colaboró la aristocracia de Gijón.

80. Bausili, 2022, 222-223.

81. Isla, 2019, 26.

82. Bausili, 2022, 51 y 54-55.

83. Tolan, 2007, 132; Ordóñez, 2016, 13, 17 y 26; Maíllo, 2011a, 124; Carretero, 2001, 51; Dacosta, 1997, 130; Isla, 2019, 70 y 167; Ubieto y otros, 1963, 24.

84. Ordóñez, 2016, 15.

85. Los responsables de la «pérdida de España» fueron las divisiones internas entre los godos y la traición de Opas; un enfrentamiento verbal entre Pelayo y Opas precedió a la legendaria batalla de Covadonga, según las crónicas de Alfonso III, para las que Asturias es un reino nuevo; en la *Crónica silense*, los godos unidos

a los astures eligen a Pelayo; en la *Crónica najerense* se vincula a Pelayo con los godos y se establece una dicotomía entre asturianos y godos (Monsalvo, 2021, 49-54).

86. García de Cortázar, 1973, 129; Corral, 2008, 199.

87. Ubieto, 1969, 24.

88. Torres, 2002, 47; Monsalvo, 2021, 46-47; Ordóñez, 2016, 17.

89. Pelayo fue a Asturias con su hermano, al ser expulsado de Toledo por Vitiza; también fue agobiado por los musulmanes; el gobernador musulmán de Gijón lo envía a Córdoba y antes de que vuelva Pelayo se casa con su hermana; Pelayo, elegido caudillo de los astures, se rebela y los musulmanes envían al ejército con Alqama, en el cual va Opas; se firma una alianza de los señores locales con Pelayo, con las fuerzas visigodas y el *dux* de Cantabria, que propician la resistencia al poder musulmán (Menéndez, 1995-1996, 434 y 447-448; Montenegro y Del Castillo,1990-1991, 7).

90. Isla, 2019, 71; Ordóñez, 2016, 34-35; Alfonso II, diploma a favor de San Salvador de Oviedo: España castigada, pero «Dios eligió a Pelayo para que luchara con el enemigo» (García Sanjuán, 2013, 32).

91. Dacosta, 2004, 157-166.

92. Ordóñez, 2016, 64-66.

93. Isla, 2002a, 636.

94. García, 2013, 409.

95. García González, 2021, 338.

96. El 27 de octubre del 737 muere Pelayo, según una inscripción en una lápida fundacional en la iglesia de Santa Cruz de Cangas de Onís, presuntamente construida por Favila (Ordóñez, 2016, 28; Caballero, 2006, 267); en mi opinión, esta inscripción no es fiable.

Capítulo 10

1. Es curioso observar la cantidad de muertes de reyes o de pretendientes al trono en la historia de España que han fallecido en extrañas circunstancias; el reino de Castilla se lleva la palma: Enrique I, Fernando IV, el infante Alfonso (hermano de Isabel la Católica), Felipe I el Hermoso...

2. Martín Viso, 2022, 293.

3. González García, 2014, 273.

4. *Erat de stirpe regia Recaredi et Ermenegildi* («Era [Pelayo] del linaje real de Recaredo y Hermenegildo») se lee en el documento del obispo Odoario (Menéndez Pidal, 1950, 16).

5. Ubieto y otros, 1963, 36-37; Corral, 2008, 199; García Moreno, 2022, 22.

6. ¿Quién es realmente Pedro?, se preguntan algunos (Dacosta, 1992a, 30-31).

7. Collins, 1986, 284.

8. Dacosta, 1992a, 29-30; Isla, 2019, 189.

9. El agnatismo fue el principio básico del sistema sucesorio; la agnación, según el Derecho romano, es una potestad del *pater familias*; no es necesaria la relación de sangre, se trata de un parentesco jurídico; los agnados son los sometidos a la potestad del padre; está determinado por el matrimonio con una mujer, y sólo se transmite por vía del varón, no de la mujer (Dacosta, 1992a, 30-34 y 46).

10. Fernández Conde, 2009, 23-24.

11. Barbero y Vigil, 1974, 141-142.

12. Carretero (2001, 57) señala que a partir del siglo IX apenas quedaban estructuras económicas y sociales cántabras en la Liébana.

13. Esta sierra también se conoce con el nombre popular de sierra de Toloño; su denominación es controvertida, pues se mez-

clan denominaciones académicas con populares, y confusiones entre el sistema cantábrico y la sierra de Cantabria.

14. «Los árabes son los sucesores de los visigodos —como enemigos— en la línea fronteriza de Alfonso I» (Barbero y Vigil, 1974, 86).

15. Barbero y Vigil, 1974, 87.

16. García, s. a., 157; García González, 2021, 347-350; también tomó Lugo (González García, 2014, 232), aunque quizá estaba ya abandonada.

17. Isla, 2019, 179; Chao, 2017, 5.

18. Barbero y Vigil, 1974, 82.

19. García, s. a., 85.

20. Corral, 2008, 201.

21. Dacosta, 1992a, 34.

22. García González, 2021, 357 y 363; García, s. a., 160.

23. Castellano, 2005, 22.

24. García González, 2021, 357.

25. García, s. a., 163.

26. Barbero y Vigil, 1974, 24; Fernández Conde y otros, 2009, 24.

27. González García, 2014, 233.

28. García González, 2021, 347-363; González García, 2014, 233; García, s. a., 171.

29. García, s. a., 139; se justifica el origen visigodo de los reyes de León por los jefes militares prelados, armas, joyas, códices, reliquias, símbolos y tradiciones; «hay una ineludible continuidad con los godos»; «los restos godos huyeron a Asturias tras la batalla del 711»; el reino astur es continuidad del godo; los reyes astures, como continuadores de los godos tienen el derecho a recuperar el reino (Carretero, 2001, 50; Barbero y Vigil, 1974, 52).

30. Chao, 2017, 96-97.

31. Barbero y Vigil, 1974, 195.

32. Calleja Puerta, 2002, 109.

33. Sánchez Pardo, 2012, 24; en Vizcaya se da un tipo de poblamiento surgido tras la caída del Imperio, que se mantiene hasta fines del siglo VIII (Fernández Carvajal, 2020, 8).

34. Todo son hipótesis (Marcos y Mantecón, 2012, 106-116; Gutiérrez González, 1998, 188-192); hay continuidad de poblamiento hasta la Edad Media, como en el castillo de Curiel.

35. Gutiérrez González, 1998, 185.

36. Calleja Puerta, 2002, 96; Alfonso II se instala en Oviedo a fines del siglo VIII, donde adopta el neogoticismo y el *Liber Iudicum* como norma jurídica del reino (Carretero, 2001, 52).

37. Isla, 2019, 54-55.

38. Hay un obispo de León que asiste al concilio de Elvira en el 303 (Chao, 2017, 36).

39. Según las *Historias* de Isidoro de Sevilla (Chao, 2017, 17).

40. Collins, 1986, 230 y 283-284.

41. Barbero y Vigil, 1974, 89 y 96.

42. Monsalvo, 2021, 36.

43. Barbero y Vigil, 1974, 40.

44. Dacosta, 1992a, 22; Chao, 2017, 50.

45. Maíllo, 2011b, 105.

46. Isla, 2019, 168.

47. Tesis sobre la alianza entre indígenas y godos en Asturias; las gentes del norte luchaban por su independencia (Valdeón, 2002, 66).

48. Maíllo, 2011, 125; los cristianos norteños tenían un programa ideológico desde fecha muy temprana, y enseguida los astures se enfrentaron al dominio musulmán «con un auténtico proyecto de reconquista»; los reyes astures se creyeron visigodos; en 718-722 se independizaron unos cuantos valles asturianos con Pelayo; la

aparición del reino de Oviedo se debió a la conquista islámica (Maíllo, 2011b, 32, 124 y 409); pero ¿cómo y qué iban a «reconquistar» los astures?, me pregunto.

49. No merecen consideración alguna, más allá de lo anecdótico, posturas como las de César Vidal, que se caracteriza por la rutinaria reiteración de los más rancios estereotipos decimonónicos y la islamofobia, contrapuestas a las de Blas de Infante, que habla del 711 como una «liberación nacional» (García Sanjuán, 2013, 52 y 73); pero no hay diferencias culturales entre los cristianos del norte y del sur de la Península en los siglos VIII y IX (Rucquoi, 1999, 288).

Capítulo 11

1. Collins, 1986, 285.

2. Chejne, 1980, 32; Collins, 1986, 290-293; Chao, 2017, 82 y 85-87; Carretero, 2001, 54 y 65; Isla, 2019, 121-136; Pérez, 2010, 22, 24 y 43; Pérez, 2010, 43.

3. Carretero, 2001, 53; Isla, 2019, 141 y 199.

4. Sánchez-Albornoz, 1977, II, 9.

5. Arié, 1992, 16.

6. Maíllo, 2011a, 50.

7. El diario *La Nueva España* dio por cierta la batalla de Covadonga en un coleccionable sobre la Historia de Asturias en julio de 2018; en 2022 se celebró un congreso por el 1.300 aniversario del origen del reino de Asturias; una reunión de expertos de la universidad analizó «el sentir identitario» en torno a Covadonga; García Castro (2019, 696-698) critica que Pedro Chalmeta negara la existencia de la batalla de Covadonga.

8. Payne, 1985, 52.

9. Vilar, 1975, 16.

10. Maíllo, 2002; 2009; y 2011, 54-55 y 105.

11. García Moreno, 2022, 185.

12. En palabras de Margarita Torres (2002, 40): «Se construye la propaganda negra sobre la falsificación de ciertas verdades propias considerándolas elementos introducidos por el enemigo. Si el público no admite tal posibilidad, entonces la explicación recurre al azar, el destino o la voluntad del Todopoderoso».

13. Ordoño I murió el 27 de mayo del 866, con la ciudad de León ya en la monarquía astur (Torres, 2010, 22); Alfonso III fue rey con 18 años (Isla, 2019, 164-167).

14. Corral, 2012, 30; Isla, 2002, 636.

15. Collins, 1986, 283; Ian Gibson, entrevista en *La Nueva España*, Oviedo (17/12/2006); Carretero, 2001, 50 y 73.

16. Boyd, 2006, 153; los arqueólogos son César García de Castro Valdés y Alejandro García-Álvarez del Busto; el cuadro de *Pelayo en Covadonga* lo pintó en 1855 Luis de Madrazo, se encuentra en el Museo del Prado.

17. Boyd, 2006, 154-156; Valverde, 2015, 73; Pelayo y Covadonga han sido magnificados y glorificados por la historiografía españolista, al elevarlos a la categoría de hechos fundacionales de la nación (García, 2013, 409).

18. Torres, 2002, 52-54; se ha dicho que la leyenda de Covadonga quizá se inició como relato oral en el siglo VIII y luego se escribió a mediados del IX (Monsalvo, 2021, 40; Boyd, 2006, 153); la penetración del cristianismo en Cantabria también se hizo en iglesias dentro de cuevas, quizá la de Covadonga fue una de ellas (Barbero y Vigil, 1974, 191-193).

19. Ordóñez, 2016, 19.

20. Zabalo, 2004, 691.

21. García Sanjuán, 2013, 360 y 411; se habla de una «supuesta rebelión» del 722 en Covadonga, lo que no ocurre en Pamplona

(Gutiérrez González, 2013, 108); hay una supuesta batalla para Arbesu (2016, 326); Eduardo Manzano ni siquiera la contempla en sus sólidos trabajos sobre al-Andalus; García Moreno (2022, 44 y 71) también la califica de «supuesta», pero da la fecha del 735 o el 736 para la batalla.

22. Ayala, texto del 24 de mayo de 2019, en internet.

23. Ordóñez, 2016, 20.

24. Zabalo, 2004, 717; la *Crónica del 754* no cita una batalla en concreto (Montenegro y Del Castillo, 1990-1991, 13); García Moreno (2022, 225) dice que el que la *Crónica del 754* no cite a los protagonistas ni a Covadonga «no es una prueba de que el autor desconociera la existencia de una derrota militar» de los árabes.

25. *Regnum gothorum... aput Spania*; la esposa de Rodrigo es *regina Spanie*; los gobernadores árabes *regnant in Spania*; hay serias dudas sobre el concepto Spania (Pérez, 2013, 178-184); sin noticias de Covadonga.

26. Tolan, 2007, 113; Rucquoi, 1999, 286; Barbero y Vigil, 1974, 142.

27. García, 2013, 411; no se cita la batalla de Covadonga en el *Cronicón Moissiacense*: *Abderraman, rex Spanie, cum exercitu magno sarracenorum per Pamplona et montes Pireneos transiens* (Pérez, 2013, 185; García, 2013, 411).

28. García de Castro, 2019, 622 y 691-692.

29. *Ex que peste tua dextera Christie famulum tuum ecueste Pelagium, quam in principis sublimatus potentia, victorialiter dimicans hostes perculit et christianorum asturumque gente victor sublimando defendit* (Monsalvo, 2021, 43).

30. Chalmeta, 1994, 272; García Sanjuán, 2013, 414; Montenegro y Del Castillo, 1990-1991, 9; Corral, 2020a, 30-32.

31. Chalmeta, 1994, 291-293.

32. García, 2013, 411.

33. Gutiérrez González, 2012b, 400.

34. La batalla de Clavijo, victoria adjudicada a Ramiro I el 23 mayo del 844, se la inventa Rodrigo Jiménez de Rada, arzobispo de Toledo, y la de Calatañazor el cronista Lucas de Tuy, obispo de Tuy, que escribirá en su *Chronicon Mundi*, dedicado a la reina Berenguela de Castilla, madre de Fernando III, que «el dominio musulmán de Hispania está basado en la violencia y el engaño».

35. Pérez Marinas, 2014, 39-40; Monsalvo, 2021, 43.

36. *Crónicas de Alfonso III*, 1932, 612.

37. *Crónica silense*, 1985, 124-126.

38. García Arias, 2000, 430-431.

39. Fernández Conde y otros, 2009, 23.

40. Zabalo, 2004, 722.

41. Pérez Marinas, 2014, 128; García, 2013, 409; Isla, 2002, 636.

42. Torres, 2002, 41-42; «Debemos poner en duda todo lo que dice la crónica de Alfonso III» (Isla, 2002, 632, n. 45).

43. Plena visigotización de Asturias y León con Alfonso III (Menéndez Pidal, 1950, 17).

44. Diversos historiadores coinciden en la idea de un Imperio leonés desde Alfonso III (Menéndez Pidal, 1950, 15): Ernesto Mayer, H. J. Hüffer, P. Rossow, E. E. Hengel, A. Tovar, P. J. López Ortiz, J. Beneyto, P. E. Elorduy y R. del Arco.

45. Salmos, 88, 33; Ubieto, 1961, 26, 28 y 30; el diálogo de Opas y Pelayo es una «pieza legendaria» (García Castro, 2019, 732-734); la figura y los hechos de Opas levantan muchas dudas.

46. Ordóñez, 2016, 21.

47. Génesis, 3, 9; 22, 1; y 46; Éxodo, 3, 4.

48. Ordóñez, 2016, 34.

49. Torres, 2004, 75.

50. Gutiérrez González, 2011, 350; Gutiérrez González, 2012b, 409; Domínguez, 2001, 47; hubo una escaramuza contra Alqama en

las proximidades de Cuadonga (*sic*), pero el relato de Alfonso III «es anacrónico» (Fernández Conde y otros, 2009, 24); G. de Cortázar (1973, 129) habla de una «pequeña escaramuza»; «debió de ser un enfrentamiento de poca entidad» y «la importancia y magnitud de este episodio no son tan grandes como nos lo quiere hacer ver el relato tradicional», dice Collins (1986, 230 y 283); Covadonga fue «un enfrentamiento entre montañeses asturianos reforzados con algunos nobles, entre los que está Pelayo, y una patrulla musulmana» (Martín, 1976, 160); Covadonga fue un «pequeño incidente» entre dos grupos poco numerosos en el año 722 (Ubieto y otros 1963, 80-81).

51. Corral, 2020a, 37.

52. Monsalvo, 2005, 81; Maíllo, 2011, 32.

53. García Moreno, 1982, 11; García de Cortázar, 1973, 129.

54. Iradiel y otros, 1989, 24.

55. Rucquoi, 1999, 297; Manzano, 2009, 84; Torres, 2002, 44.

56. En el asunto de la batalla de Covadonga prima lo especulativo; así, se repiten una y otra vez expresiones como «se supone», «es de suponer», «parece poco probable», «se admite», «lo que pudo ocurrir», «es posible que», y otras similares.

57. En opinión de Sánchez-Albornoz, según García Sanjuán (2013, 415).

58. Carretero, 2001, 50; Schulze, 2011, 39 (creo que Schulze no se entera de nada); Chejne, 1980, 21; «la leyenda medieval» sitúa el origen de Covadonga en el año 722 (Glick, 1991, 57).

59. Maíllo, 2011a, 55 y 106, para quien lo importante fue que se produjo «una rebelión contra los tributos».

60. Monsalvo, 2021, 62.

61. Torres (2002, 57) recoge la mayoría de las fechas propuestas y García de Castro (2019, 692) la discusión sobre las fechas; Lewis (2009, 19) indica que en Covadonga Pelayo se enfrentó a un destacamento árabe en 718-719; Isla (2015a, 184-185) dice que «no sabe-

mos cuándo se produjo la batalla de Covadonga»; lo que «casa mal con la importancia concedida al acontecimiento», según García Moreno (1997, 350).

62. García Castro, 2019, 723-724; Boyd, 2002, 60-61.

63. En las crónicas cristianas, la tropas de Fruela, Alfonso II y Alfonso III aniquilan masas de entre 50.000 y 70.000 hombres, en batallas no acompañadas de prodigios excepcionales; san Isidoro, cuya autoridad era unánimemente respetada, proporcionó unas magnitudes incluso superiores en otras batallas; evaluó en 200.000 los godos muertos por las tropas romanas de Estilicón a comienzos del siglo v, y calculó en casi 300.000 las bajas registradas en el decisivo choque de los Campos Cataláunicos del año 451, sumadas las sufridas por los hunos de Atila y por los visigodos; hay cifras menores en las crónicas de los siglos XIII y XIV, como los 20.000 árabes muertos por las flechas y piedras que cayeron sobre ellos en Covadonga, según Lucas de Tuy.

64. Ubieto, 1961, 26-28; la *Crónica silense* y la *Najerense* repiten estas mismas cifras; es de destacar que para la batalla de Poitiers se da una cifra de combatientes musulmanes de 375.000, aproximadamente el doble (García Moreno, 1997, 380 n. 100).

65. Zabalo, 2004, 722-724; en las Navas de Tolosa caerán también 185.000 musulmanes, según la carta de Alfonso VIII al papa.

66. Y se sigue con el mito: «Covadonga, la batalla donde 300 cristianos vencieron al poderoso ejército del Islam», en grandesbatallas.es, Covadonga; titular del diario *ABC* (20/10/2013).

67. Zabalo, 2004, 716.

68. Schulze, 2002, 43; «los relatos parecen sacados del Antiguo Testamento» (García, 2013, 411).

69. Monsalvo, 2021, 62; los cronistas de Alfonso III se limitaron a parafrasear pasajes de la Biblia (Corral, 2021, 34).

70. El perfil de Pelayo es un relato calcado de Judas Macabeo,

con rasgos extraídos de un pasionario hispánico (García de Castro, 2019, 690; Ordóñez, 2016, 21).

71. Salmos, 88, 33-34.

72. Judit, 5, 7.

73. Zabalo, 2004, 716-719; constantes referencias bíblicas en las crónicas de Alfonso III, «textuales e indirectas» (García, 2013, 411; García de Castro, 2019, 690; Corral, 2021, 31).

74. Isaías, 23, 13; y 47, 1; Jeremías, 24, 5; y 51, 54; Baruch, 1, 2; Ezequiel, 11, 24; y 16, 29.

75. Éxodo, 14, 24-31.

76. Torres, 2002, 44; Zabalo, 2004, 719; Arbesu, 2016, 339.

77. Jueces, 6, 1-15; 8, 4, 10 y 22; y 7, 1-6 y 12.

78. 1 Reyes, 20, 29-30.

79. 2 Reyes, 19, 35-36; el relato se relaciona con el ataque del rey asirio Senaquerib a Jerusalén (García, 2013, 410).

80. Judit, 2, 7; 4, 1; 5, 7; 7, 1-2; 15, 2; y 16, 18.

81. García (2013, 410) y Ordóñez (2016, 23) destacan el paralelismo de estos dos episodios.

82. La *Ovetense* o *Ad Sebastian* la escribió Dulcidio: *notuisti* (anotaste) (Ubieto, 1961, 9 y 32-35).

83. 2 Macabeos, 8, 19-20; 12 1-2, 11-16, 19-23, 26 y 28; 15, 1-22 y 27-28.

84. Alqama invade Asturias con 187.000 soldados; es un calco de un pasaje del Antiguo Testamento; el ejército amenaza con conquistar Jerusalén y capturar al rey de Judá, (Zabalo, 2004, 719-720).

85. La letra visigótica cursiva se usó hasta el reinado de Fernando I de León a mediados del siglo XI (Pérez, 2010, 44).

86. Por ejemplo, la edición del padre Flórez (Estévez, 2018, 84-85).

87. Antonio Ubieto ya indicó este tipo de errores de transcripción en su *Colección diplomática de Pedro I de Aragón* (1951, do-

cumento n. 34); y en su libro *Los esponsales de la reina Petronila y la creación de la Corona de Aragón* (1987, 17); a principios del siglo x la diferenciación gráfica de los dos sonidos de la sílaba «ti» (la palatalizada y la no palatalizada) no se lleva a cabo en los códices (Pérez, 2010, 43).

88. Isla, 2019, 128; los documentos se fechan por error y por problemas numéricos; imaginen los que pudo haber en esta cifra en visigótica cursiva: *In era DCCCLXXXVIII*.

89. Pérez, 2010, 44 y 47-48; en el siglo x algunas bibliotecas disponían de obras como *La ciudad de Dios* de san Agustín, breviarios, martirologios, biblias, las *Etimologías* de san Isidoro o la *Eneida* de Virgilio.

90. Carretero, 2001, 65.

91. Cherubini, Valdés y García (2010) han realizado la edición facsímil de esta biblia de la Vulgata, realizada en Asturias en el siglo x, y que se conserva desde el siglo XII en la biblioteca de la abadía de la Santísima Trinidad de la Cava dei Tirreni.

92. El reino astur, en cuanto reino cristiano, formaba parte de la Iglesia, que era el nuevo y verdadero Pueblo de Dios en sustitución mimética del antiguo Pueblo Elegido (Isla, 2019, 60; García, 2013, 63).

93. Baruc, 1, 2.

94. Ezequiel, 1, 3; 23, 24-30; y 24, 21.

95. García, 2013, 64 y 69.

96. Isla, 2019, 172-174.

97. Dacosta, 1992b, 158-166.

98. Ordóñez, 2016, 35-36.

99. Zabalo, 2004, 716-721; Ordóñez, 2016, 21-22.

100. Diploma a favor de San Salvador de Oviedo (García Sanjuán, 2013, 32).

101. Pérez, 2013, 185.

102. Corral, 2020a, 36; García Castro, 2019, 697.

103. Dacosta, 1992b, 158; Ordóñez, 2016, 19.

104. Ordóñez, 2016, 9; no se cita Covadonga, sino unas genéricas victorias de Pelayo.

105. Dacosta, 1992b, 153; Castellano, 2005, 21.

106. Rucquoi, 1999, 286-287.

107. Ordóñez, 2016, 28.

108. «Covadonga es un mito», según Ian Gibson, entrevista en la *Nueva España*, Oviedo (17/12/2006).

109. Sánchez-Albornoz, 1972, 483-484.

110. Montenegro y Del Castillo, 1990-1991, 7.

Capítulo 12

1. Lewis, 2009, 120.

2. Ríos Aloma (2005, 380-390) cita al marqués de Mondéjar, padre Mariana, Juan de Ferreras (*Symposiom histórico cronológico de España*, 1726), Joseph Manuel Martín (*Historia verdadera de la pérdida y restauración de España por don Pelayo y don García Jiménez de Aragón*, 1780), Juan Francisco Masdeu y José Ortiz y Sanz (*Compendio cronológico de la historia de España*, 1796).

3. Ríos, 2011a, 21 y 161.

4. Torre, 1951, 11.

5. Maíllo, 2011b, 32.

6. Barbero y Vigil, 1974, 96-97.

7. Abós, 2003, 204.

8. Glick, 1991, 7.

9. Gutiérrez Lloret, 2007, 280.

10. Gutiérrez González, 2007, 32.

11. García Moreno, 2022, 11.

Bibliografía

La bibliografía sobre la historia, el arte y la arqueología de la península ibérica en la Alta Edad Media es abrumadora; en la serie BIHES (Bibliografías de Historia de España) que publica el CSIC, sólo el vol. I, núm. 10, del año 2000, dedicado a En torno al año mil, contiene más de 3.000 títulos en 420 páginas; y en los veinte años siguientes, la bibliografía no ha dejado de aumentar.

FUENTES ÁRABES

Abu Muhammad Abd al-Wahid al-Marrakusi, *Lo admirable en el resumen de las noticias del Magreb*, ed. de Ambrosio Huici Miranda, Tetuán, 1955.

Abu Ubayd al-Bakri, *Geografía de España*, Zaragoza, 1982.

Ajbar Majmua. Crónica anónima del siglo XI, ed. de Emilio Lafuente y Alcántara, Madrid, 1867 (reed. 1986).

Al-Bakri, *Al-Masalik wa-l-mamalik (Descripción de l'Afrique septentrionale para Abou Obeïd-el-Bekri)*, ed. de M. de Slane, París, 1965.

—, *Geografía de España*, ed. E. Vidal Beltrán, Zaragoza, 1982.

Al-Baladhuri, *Kitab futuh al-buldan* (Libro de las conquistas de las tierras), ed. de Abd Allah Anis al-Tabba y Umar Anis al-Tabba, Beirut, 1987.

Al-Dabbi, *Bugyat al-multamis fi tarij riyal ahl al-Andalus*, ed. de Rawhiyyat Abd Al-Rahman al-Suwayfi, Beirut, 1997.

Al-Gassani, *El viaje del visir para la liberación de cautivos*, Tánger, 1940.

Al-Himyari, *Kitab al-rawd al-mitar fi jabar al-aqtar*, ed. de Emmanuel Lévi-Provençal, Leiden, 1938.

—, *Kitab ar-rawd al-mitar*, ed. M. P. Maestro, Valencia, 1963.

Al-Humaydi, *Yadwat nal-muqtabis fi dikr wulat al-Andalus*, ed. de Muhammad ibn Tawit al-Tanyi, El Cairo, 1952.

Al-Ibyari, *Tarij Iftitah al-Andalus*, El Cairo-Beirut, 1982.

Al-Idrisi, *Geografía de España*, Valencia, 1974.

Al-Jahiz, «Fragmentos», en *Classical and Medieval Literature Criticism*, vol. 25, ed. de Daniel G. Marowski, 2006.

Al-Jusani, *Ajbar al-fuqaba wa-l-muhadditin* (Historia de los alfaquíes y tradicionistas de al-Andalus), ed. de María Luisa Ávila y Luis Molina, Madrid, 1992.

Al-Maqqari, *Crónica*, ed. en el *Ajbar Majmua*, Madrid, 1867.

—, «Nafh al-atib», trad. M. Antuña, *Anuario de Historia del Derecho Español*, VI, pp. 131 y ss., 1929.

—, *History of the Mohammedan Dynasties in Spain*, 2 vols., Ámsterdam, 1964.

—, *Nafh al-tib min gusn al-Andalus al-ratib*, ed. de Ihsan Abbas, 8 vols., Beirut, 1988.

—, *History of the Mohammedan Dynasties in Spain*, 2 vols., Ámsterdam, 1964.

—, *Nafh al-tib min gusn al-Andalus al-ratib*, ed. de Ihsan Abbas, 8 vols., Beirut, 1988.

Al-Mas'udi, *Les prairies d'or*, 5 vols., París, 1962-1997.

Al-Maliki, *Histoire de l'Afrique et de l'Espagne intitulé al-Bayano'l-Mogrib*, 2 vols., Argel, 1901-1904.

—, «Le récit d'al-Maliki sur la conquête de l'Ifriqiya. Traduction annotée et examen critique», *Revue des Etudes Islamiques*, 37, pp. 117-149, 1969.

Al-Nuwayri, «Histoire de la province de l'Afrique et du Magrib, traduite de l'Arabe d'En-Noweiri», *Journal Asiatique*, 1.ª parte, febrero, pp. 97-135; 2.ª parte, mayo, pp. 557-583, 1841.

Al-Qalqasandi, *Subh al-Asa fi kitabat al-Insa*, Valencia, 1975.

Al-Razi, *Ajbar Muluk. Crónica del moro Rasis*, ed. de D. Catalán y M. S. Andrés, Madrid, 1975.

Al-Turtusi, *Siray al-muluk*, ed. de M. Fathi Abu Bakr, 2 vols., El Cairo, 1994.

Al-Udri, *Tarsi al-ajbar*, ed. de Abd al-Aziz al-Ahwani, Madrid, 1965.

Al-Wansarisi, *Al-Miyar al-murib*, ed. de M. Hayyi y otros, 13 vols., Rabat-Beirut, 1981.

Anónimo, *Crónica anónima (Abdarrahman III an-Nasir)*, Madrid-Granada, 1950.

—, *Una descripción anónima de al-Andalus*, Madrid, 1983.

—, *Ajbar Majmua*, Madrid, 1984.

Arib ibn Said, *La crónica de Arib sobre al-Andalus*, Granada, 1992.

Arjona Castro, Antonio, *Anales de la Córdoba musulmana, 711-1008*, Córdoba, 1982.

Ben Hayyan de Córdoba, *Muqtabis II. Anales de los Emires de Córdoba Alhaquém I (180-206 H./796-822 J.C.) y Abderramán II (206-232/822-847)*, Madrid.

—, *Muqtabis II. Anales de los emires de Córdoba Alhequein I (180-206H./796-822JC) y Abderraman II (206-232/822-847)*, ed. de J. Vallvé, Madrid, 1999.

—, *La primera década del reinado de Al-Hakam I (669 H/1076 J. C.)*, ed. de J. Vallvé y F. Ruiz Girela, Madrid, 2003.

Colección de crónicas árabes de la Reconquista, ed. de Ambrosio Huici Miranda, Tetuán, 1955.

Dikr bilad al-Andalus, ed. de Luis Molina, 2 vols., Madrid, 1983.

Dozy, Reinhart, «Histoire des rois chrètiens de l'Espagne, par Ibn-Khaldun», en *Recherches sur l'histoire et la littèrature de l'Espagne pendant le Moyen Age*, 1, pp. 89-116, Ámsterdam, 1965.

Fagnan, E. (ed.), *Annales du Maghreb et de l'Espagne*, Argel, 1989.

— (ed.), *Histoire de l'Afrique et de l'Espagne intitulée Al Bayano l-Mogrib*, 2 vols., Argel, 1901-1904.

Fath al-Andalus (La conquista de al-Andalus), ed. de Mayte Penelas, Madrid, 2002.

García Gómez, Manuel, *El libro de las banderas de los campeones de Ibn Said al-Magribi*, Barcelona, 1978.

Gaspar Remiro, M., *Historia de los musulmanes de España y África por en-Nuguair*, 2 vols., Granada, 1917-1919.

Gayangos, P., *The History of the Mohammedan Dynasties in Spain*, 2 vols., Londres, 1840.

Historia de la conquista de España de Abenalcotia el Cordobés, ed. de Julián Ribera, Madrid, 1926.

Ibn Abd al-Hakam, *Conquista del norte de África y de España* (*Futuh Ifriqiya wa-l-Andalus*, ed. De Eliseo Vidal, Valencia, 1963.

—, *Futuh Misr wa-l-Magrib*, ed. de Alí Muhammad Umar, El Cairo, 1995.

Ibn Abi Riqa.

Ibn Abi Zar, *Rawd al-Qirtas*, ed. de Ambrosio Huici Miranda, Valencia, 1964.

Ibn al-Abbar, *Al-Hulla al-siyara*, ed. de Husayn Munis, 2 vols., El Cairo, 1985.

IBN AL-ATIR, *Al-Kamil fi-l-Tarij*, ed. de C. J. Tornberg, 8 vols., 1851-1876.

—, *Annales du Maghreb et de l'Espagne*, ed. de E. Fagnan, Argel, 1898.

—, *Histoire de l'Afrique et de l'Espagne intitulée Al-Bayano 'l-Mogrib*, ed. E. Fagnan, Argel, 1904.

IBN AL-FARADI, *Tarij al-ulama wa-l-ruwa li-l-ilm bi-l-Andalus*, ed. de Izzat al-Attar al-Husayni, 2 vols., El Cairo, 1988.

IBN AL-KARDABUS, *Historia del Andalus*, ed. Margarita de la Chica, Alicante, 1984.

—, *Historia de al-Andalus*, ed. Felipe Maíllo Salgado, Madrid, 1986.

IBN AL-QUTIYYA, *Tarij iftitah al-Andalus (Libro de la conquista de al-Andalus)*, ed. de Julián Ribera, Madrid, 1926.

IBN AL-SABBAT, *Silat al-simt*, ed. de Ahmad Mujtar al-Abbadi, Madrid, 1971.

IBN BASSAM, *Al-dahira fi Mazzini ahl al-Gazira*, 8 vols., Beirut, 1979.

IBN BATTUTA, *A través del Islam*, Madrid, 2005.

IBN HABIB, *Kitab al-tarij*, ed. de J. Aguadé, Madrid, 1991.

—, *Kitab al-Wadiha. Fragmentos extraídos del Muntajab de al-Ahkam de Ibn Abi Zamanin*, ed. de M. Arcas Campoy, Madrid, 2002.

—, *Kitab wasf al-firdaws*, ed. de J. P. Monferrer Sala, Granada, 1997.

IBN HAWKAL, *Configuration de la Terre*, París-Beirut, 1964.

—, *Configuration de la terre (Kitab surat Al-Ard)*, ed. J. H. Kramers y G. Wiet, 2 vols., París, s.a.

IBN HAYYAN, *Al-Muqtabis II*, ed. de Mahmud Alí Makki, 2 vols., Beirut, 1973.

—, *Kitab al-Muqtabis fi tarij riya al-Andalus, II*, ed. de J. Vallvé, Madrid, 1999.

—, *Al-Sifr al-tanimin Kitab al-Muqtabis*, ed. Alí Makki, Riyad, 2003.

—, *Crónica de los emires Alhakam I y Abdarrahman II entre los años 796-847 (Al.Muqtabis II)*, ed. Alí Makki y Federico Corriente, Zaragoza, 2001.

Ibn Hazm, *Rasail*, ed. de Ihsan Abbas, 4 vols., Beirut, 1987.

——, *Naqt al-arus*, Valencia, 1974.

—, *Yamharat ansab al-Arab*, El Cairo, 1962.

Ibn Idari, *Histoire de l'Afrique et de l'Espagne intitulé al-Bayano'l-Mogrib*, ed. E. Fagnan, 2 vols., Argel, 1901-1904.

—, *Al-Bayan al-mugrib fi ajbar al-Andalus wa-l-Magrib*, ed. de G. S. Colin y E. Lévi-Provençal, 4 vols., Beirut, 1998.

Ibn Idari al-Marakusi, *Historia de al-Andalus*, Málaga, 1999.

Ibn Jaldún, *Introducción a la historia universal. Al-Muqqadimah*, Madrid, 1987.

—, «Historia de los árabes de España», *Cuadernos de Historia de España*, IV, pp. 136-146, 1946.

—, *Kitab al-ibar*, ed. de Muhammad Alí Baydun, 8 vols., Beirut, 2003.

Ibn jallikan, *Wafayat al-ayan wa anba abna al-zaman*, ed. de Ihsan Abbas, 2 vols., Beirut.

Ibn Jayyat, *Tarii, ed. de Mustafa Nayib Fawwaz*, Beirut, 1995.

Idrisi, *Geografía de España*, Valencia, 1974.

Iyad, *Madahib al-hukkam*, ed. de Muhammad ibn Sarifa, Beirut, 1990.

Maíllo Salgado, F., *Ibn al-Kardabus. Historia de al-Andalus*, ed. de F. Maíllo Salgado, Barcelona, 1986.

Machado, O. A., «Historia de los árabes de España, por Ibn Jaldún», *Cuadernos de Historia de España*, 4, pp. 136-146, 1946; 6, pp. 146-153, 1946; 7, pp. 138-145, 1947; 8, pp. 148-158, 1947; pp. 33-34 y pp. 345-354, 1961; pp. 45-46 y pp. 374-395, 1967; pp. 47-48 y pp. 353-376, 1968.

MELVILLE, C. y UBAYDLI, A., *Christians and Moors in Spain. Volume III: Arabic sources (711-1501)*, Warminster, 1993.

MOLINA LÓPEZ, E., *La cora de Tudmir según al-Udri, Cuadernos de Historia del Islam*, 4, *serie monográfica*, 3, 1972.

MOLINA, Luis, *Una descripción anónima de al-Andalus*, Madrid, 1983.

RIBERA Y TARRAGÓ, Julián (ed.), «Historia de la conquista de España de Abenalcotía el Cordobés», en *Colección de obras arábigas de Historia y Geografía. Real Academia de la Historia* 2, pp. 1-101, Madrid, 1926.

—, «Unas cuantas noticias acerca de la conquista de España», en *Colección de obras arábigas de Historia y Geografía. Real Academia de la Historia*, 2, pp. 163-184, Madrid, 1926.

TURIENZO, Gustavo, *El Reino de León en las fuentes islámicas medievales (siglos II H./XII d. C.)*, León, 2010.

Una descripción anónima de al-Andalus, 2 vols., ed. Luis Molina, Madrid, 1983.

YAQUT AL-HAMAWI, *Muyam al-Bukdan*, ed. de Farid Abd Al-Aziz al-Yundi, 6 vols., Beirut.

FUENTES CRISTIANAS

ÁLVAREZ ÁLVAREZ, César, y MARTÍN FUERTES, José Antonio, *Archivo Histórico Municipal de León. Catálogo de los documentos*, León, 1982.

ÁLVARO DE CÓRDOBA, *El Indiculus lumiosus*, ed. de F. Delgado León, Córdoba, 1996.

—, *Epistolario*, ed. de G. del Cerro Calderón y P. Palacios Royán, Córdoba, 1997.

Annales Portugalenses Veteres, ed. P. David, Coimbra, 1947.

Anales Toledanos I, en *Las crónicas latinas de la Reconquista*, ed. Ambrosio Huici Miranda, pp. 339-356, Valencia, 1913.

— *II*, en *Las crónicas latinas de la Reconquista*, ed. Ambrosio Huici Miranda, pp. 356-363, Valencia, 1913.

— *I y II*, ed. J. Porres Martín-Cleto, Toledo, 1993.

Ananías de Sirak, *The Geography of Ananias of Sirak: The long and the short recensions*, ed. de R. H. Hewsen, Verlag-Weisbaden, 1992.

Annales Regni Francorum, Darmstadt, 1974.

Blanco Silva, Rafael, «Una crónica mozárabe a la que se ha dado en llamar arábigo-bizantina de 741: un comentario y una traducción», *Revista de Filología*, 17, pp. 153-167, La Laguna, 1999.

Bonnaz, Yves, *Chroniques asturiennes (fin IX siécle)*, París, 1987.

Carolingians Chronicles Royal Frankish Annals and Nithard's Histories, ed. de B. W. Scholz y B. Rogers, Chicago, 2000.

Casariego y Fernández-Noriega, Jesús Evaristo (ed.), *Historias ASTURIANAS de hace más de mil años. Edición bilingüe de las crónicas ovetenses del siglo IX y de otros documentos*, Oviedo, 1983.

—, *Crónicas de los reinos de Asturias y León*, León, 1985.

Cherubini, Paolo, Valdés Gallego, José A. y García Leal, Alfonso (eds. facsímil), *La Biblia de Danila*, 2 vols., Oviedo, 2010.

Chroniques asturiennes (fin IX siècle), ed. Y. Bonnaz, París, 1987.

Chronica gothorum pseudo-isidoriana, ed. de F. González Muñoz, La Coruña, 2000.

Chronicon Mundi de Lucas de Tuy, ed. Emma Falque, Turnhout, 2003.

Concilios visigóticos e hispano-romanos, ed. J. Vives, Barcelona-Madrid, 1963.

Continuatio Isidoriana Hispana. Crónica mozárabe del 754, ed. de J. E. López Pereira, León, 2009.

Corpus Christianorum. Continuatio Mediaevalis, t. 72, ed. de J. Fernández Villaverde, Turnhout, 1968.

Corpus scriptorum muzarabicorum, 2 vols., Madrid, 1973.

Crónica albeldense, ed. Juan Gil Fernández, col. Salazar y Castro, RAH.

—, en *Crónicas asturianas*, pp. 153-188, ed. de Juan Gil Fernández; trad. J. L. Moralejo, pp. 223-236, Oviedo, 1985.

Crónica de Alfonso III, ed. De Zacarías García Villada, Madrid, 1918.

—, ed. de Manuel Gómez Moreno, Madrid, 1918.

—, ed. de Antonio Ubieto, Valencia, 1961.

—, en *Crónicas Asturianas*, pp. 113-149; ed. de J. Gil Fernández, trad. de J. L. Moralejo, pp. 194-221, Oviedo, 1985.

—, ed. de A. Estévez Sola, en *Corpus Christianorum. Continuatio Mediaevalis*, vol. LXXI, s. a.

Crónica de Sampiro, ed. de J. Pérez de Urbel, Madrid, 1952.

Crónica del moro Rasis, ed. de Diego Catalán y M.ª Soledad de Andrés, Madrid, 1975.

Crónica del obispo Pelayo de Oviedo, ed. B. Sánchez Alonso, Madrid, 1924.

Crónica general de España de 1344, ed. D. Catalán y M. S. de Andrés, Madrid, 1971.

Crónica latina de los reyes de Castilla, ed. María de los Desamparados Cabanes, Valencia, 1964.

Crónica mozárabe del 754, ed. de P. J. Flórez, Madrid, 1750.

—, en *Corpus scriptorum arabicorum*, vol. I, ed. de Juan Gil, Madrid, 1973.

—, ed. de José Eduardo López Pereira, Zaragoza, 1980.

Crónica mozárabe, ed. de M. A. Coronel Ramos, Valencia, 2011.

—, ed. M. A. Coronel Ramos, Valencia, 2011.

—, *Chronica minora*, II, ed. Th. Mommsen, Berlín, 1890.

—, prol. S. Fanjul y ed. M. A. Coronel Ramos, Valencia, 2011.

Crónica muzarabica. Corpus Scriptorum muzarabicorum, I, ed. de Juan Gil, Madrid, 1973.

Crónica najerense, ed. Juan A. Estévez Sola, Madrid, 2003.

Crónica profética, en *Crónicas asturianas*, Oviedo, 1985.

Crónica silense, ed. de J. Casariego, en *Crónicas de los Reinos de Asturias y León*, León, 1985.

Crónicas asturianas. Crónica de Alfonso III. Crónica albeldense. Introducción y edición crítica, ed. de J. Gil Fernández, J. Moralejo y J. I. Ruiz de la Peña, Oviedo, 1985.

Concilios visigóticos e hispano-romanos, ed. J. Vives, Barcelona-Madrid, 1963.

Dagron, G. y Deroche, V., «Doctrina Jacobi nuper Baptizati in juifs et chrétiens dans l'Orient du VII siècle», *Travaux et Mémoires*, 11, 1991.

Estoria de España de Alfonso X el Sabio. Primera Crónica General de España, 2 vols., ed. R. Menéndez Pidal, Madrid, 1977.

«El Cronicón Iriense», ed. M. R. García Álvarez, *Colección de documentos, opúsculos y antigüedades. Real Academia de la Historia* 50, pp. 1-121, Madrid, 1963.

Eulogio de Córdoba, *Obras completas*, ed. de P. Herrera Roldán, Madrid, 2005.

Falque, E., *Corpus Christianorum. Continuatio mediaevalis*, vol. 74.

Fernández Valverde, J., *Corpus Christianorum. Continuado Mediaevalis*, t. 72, 117, y la traducción castellana realizada por el mismo, en Alianza Universidad, 162.

Flórez, E., *Iglesias sufragáneas de Toledo (II), España Sagrada*, vol. VIII, Madrid, 1752 (reed. *Revista Agustiniana*, ap. II, Madrid, 2003).

Floriano Cumbreño, A. C., *Diplomática española del periodo astur*, Madrid, 1949.

Gómez Moreno, Manuel, «Las primeras crónicas de la Reconquista: el ciclo de Alfonso III», *Boletín Real Academia de la Historia*, 100, pp. 562-628, Madrid, 1932.

Grosse, R. (ed.), *Las fuentes de la época visigoda y bizantina*, Barcelona, 1947.

Historia Compostelana, ed. Hugo Alfonso y E. Giraldo, Madrid, 1994.

Historia Gothorum, ed. de C. Rodríguez Alonso, en *Corpus Christianorum. Continuatio mediaevalis*, 74, pp. 192-193 y 212-213.

Historia silense, ed. de Justo Pérez de Urbel y A. Ruiz Zorrilla, Madrid, 1959.

Isidoro de Sevilla, *Historia de los reyes de los godos, vándalos y suevos*, Madrid, 2023.

Jiménez de Rada, Rodrigo, *Historia Arabum*, ed. J. Lozano Sánchez, Sevilla, 1974.

—, *Historia de los hechos de España*, ed. de Juan Fernández Valverde, Madrid, 1989.

Lucae Tudensis Chronicon Mundi, ed. de Emma Falque, Turnhout, 2003.

Lucas Álvarez, M., *El Reino de León en la Alta Edad Media, VIII. La documentación real astur-leonesa (718-1072)*, León, 1995.

Martín, J. C. (ed.), «Los *Annales Castellani Antiquiores* y *Annales Castellani Recentiores*: edición y traducción anotada», *Territorio, Sociedad y Poder*, 4, pp. 203-226, 2009.

Martínez Díez, Gonzalo (ed.), «Tres anales burgaleses medievales», *Boletín de la Institución Fernán González*, 83, vol. 2, pp. 227-263, 2004.

Milares Cardo, A., *Contribución al «corpus» de códices visigóticos*, Madrid, 1931.

Pérez de Urbel, Justo, *Sampiro. Su crónica y la monarquía leonesa en el siglo x*, Madrid, 1952.

Prelog, Jan, *Die Chronik Alfons III. Untersuchung und kritische Edition der vier Redaktionen*, Frankfurt, 1980.

Primera crónica general de España, ed. de Ramón Menéndez Pidal, 2 vols., Madrid, 1955.

Procopio de Cesarea, *Historia de las guerras*, 4 vols., Madrid, 2000-2007.

Rollan, Esteban, *Chronica regum Aragonum et comitum Barchinone*, Zaragoza, 1987.

Sáez, Emilio, *Colección documental del archivo de la catedral de León (775-1230). Vol. I (775-952)*, León, 1987.

Velázquez, L., *Las pizarras visigodas: Edición crítica y estudio*, Murcia, 1989.

—, *Documentos de época visigoda escritos en pizarra (siglos vi-viii)*, Turnhout, 2001.

Vives, José, *Inscripciones romanas de la España romana y visigoda*, Madrid, 1961.

ESTUDIOS

Abd al-Wahid Danun, Taha, *The Muslim Conquest and Settlement of North Africa and Spain*, Londres-Nueva York, 1989.

Abad Casal, Lorenzo y Gutiérrez Lloret, Sonia, «Iyih: el Tolmo de Minateda. Una *ciuitas* en el *limes* visigodo-bizantino», *Antigüedad y Cristianismo*, XIV, pp. 591-600, 1997.

—, Gutiérrez Lloret, Sonia y Sanz Gamo, R., «El proyecto de investigación arqueológica "Tolmo de Minateda" (Hellín): Nuevas perspectivas en el panorama arqueológico en el sureste peninsular», en *Arqueología en Albacete*, pp. 147-178, Madrid, 1993.

—, Gutiérrez Lloret, Sonia y Sanz Gamo, R., «El yacimiento urbano tardío del Tolmo de Minateda (Hellín, Albacete, España)», *Bulletin Association pour l'Antiquité Tardive*, 5, París, pp. 33-38, 1996.

—, Gutiérrez Lloret, Sonia y Gamo Parras, Blanca, «La basílica y el baptisterio del Tolmo de Minateda (Hellín, Albacete)», *Archivo Español de Arqueología*, 73, pp. 193-221, 2000.

—, Gutiérrez Lloret, Sonia y Gamo Parras, Blanca, «La ciudad visigoda del Tolmo de Minateda (Hellín, Albacete) y la sede episcopal de Eio», en *Los orígenes del cristianismo en Valencia y su entorno*, pp. 101-112, Valencia, 2000.

—, Gutiérrez Lloret, Sonia y Gamo Parras, Blanca, «La basílica y el baptisterio del Tolmo de Minateda (Hellín, Albacete)», *Archivo Español de Arqueología*, 73, pp. 193-221, 2000.

—, Gutiérrez Lloret, Sonia, Gamo Parras, Blanca y Cánovas, Pablo, «Una ciudad en el camino: pasado y futuro de El Tolmo de Minateda (Hellín, Albacete)», *Zona arqueológica*, 9, pp. 323-336, Alcalá de Henares, 2008.

—, Gutiérrez Lloret, Sonia, Gamo Parras, Blanca y Cánovas, Pablo, «El tolmo de Minateda (Hellín, Albacete, España): un proyecto de investigación y puesta en valor del patrimonio», *Debates de Arqueología Medieval*, 2, pp. 351-381, 2012.

Abadal, Ramón d', «El paso de Septimania del dominio godo al franco a través de la invasión sarracena, 720-768», *Cuadernos de Historia de España*, 19, pp. 5-54, 1953.

—, *Dels visigots als catalans*, vols. I y II, Barcelona, 1969.

—, *Catalunya Carolingia. El domini carolingi a Catalunya*, I, ed. de Jaume Sobrequés, Barcelona, 1986.

Abós, Ángel Luis, *La historia que nos enseñaron (1937-1975)*, Madrid, 2003.

Acién Almansa, Manuel, «Poblamiento y fortificación en el sur de al-Andalus. La formación de un país de *husûn*», *III Congreso de Arqueología Medieval Española*, I, 135-150, Oviedo, 1989.

—, «Arqueología Medieval en Andalucía», *Coloquio Hispano-Italiano de Arqueología Medieval*, pp. 27-33, Granada, 1992a.

—, «Sobre la función de los *husûn* en el sur de al-Andalus. La fortificación en el califato», *Coloquio Hispano-Italiano de Arqueología Medieval*, pp. 263-275, 1992b.

—, «La cultura material de época emiral en el sur de al-Andalus. Nuevas perspectivas», *La cerámica altomedieval en el sur de al-Andalus*, pp. 153-172, Granada, 1993.

Acién Almansa, Manuel, «La fortificación en al-Andalus», *Archeologia Medievale*, XXII, pp. 7-36, 1995a.

—, «La islamización del SE de al-Andalus. Los datos arqueológicos», en *Acculturazione e mutamenti. Prospettive nell'Archeologia Medievale del Mediterraneo. II Congresso di Archeologia Medievale italo-spagnolo*, pp. 13-28, Florencia, 1995b.

—, *Entre el feudalismo y el Islam*, Jaén, 1997.

—, «El final de los elementos feudales en al-Andalus: fracaso del "incastellamento" e imposición de la sociedad islámica», en *L'incastellamento. Actes des rencontres de Gérone et de Rome*, pp. 291-307, Roma, 1998a.

—, «La desarticulación de la sociedad visigoda», en *Hispania, al-Andalus, Castilla*, pp. 45-67, Jaén, 1998b.

—, «Sobre el papel de la ideología en la caracterización de las formaciones sociales. La formación social islámica», *Hispania*, LVIII/3, 200, pp. 915-968, 1998c.

—, «La desarticulación de la sociedad visigoda», en *Hispania, al-Andalus, Castilla. Jornadas Históricas del Alto Guadalquivir*, pp. 45-68, Jaén, 1998.

—, «Poblamiento indígena en al-Andalus e indicios del primer poblamiento andalusí», *Al-Qantara*, 20/1, pp. 48-64, 1999a.

—, «Poblamiento indígena en al-Andalus e inicios del primer poblamiento andalusí», *Al-Qantara*, XX, fasc. 1, pp. 47-63, 1999b.

—, «La herencia del protofeudalismo visigodo frente a la imposición del Estado Islámico», *Visigodos y Omeyas. Un debate entre la Antigüedad tardía y la Alta Edad Media*, *Anejos de Archivo Español de Arqueología*, XXIII, pp. 429-441, 2000.

—, «De nuevo sobre la fortificación en el emirato», en *Mil anos de fortificaçoes na Península Ibérica e no Magreb (500-1500)*, pp. 59-75, Lisboa, 2002.

—, «La formación del tejido urbano en al-Andalus», en *La ciudad medieval: de la casa al tejido urbano*, pp. 11-32, Cuenca, 2008a.

—, «Poblamiento y sociedad en al-Andalus: un mundo de ciudades, alquerías y *husûn*», XVIII *Semana de Estudios Medievales*, pp. 141-167, Nájera, 2008b.

—, «Un posible origen de la torre residencial en al-Andalus», *Fars de l'Islam. Antigues Alimares d'Al-Andalus*, ed. de R. Martí, Barcelona, 2008c.

—, «Consideraciones sobre los mozárabes de al-Andalus», *Studia Historica. Historia Medieval*, 27, pp. 23-36, 2009.

Adams, Susan M. y otros, «The Genetic Legacy of Religious Diversity and Intolerance: Paternal Lineages of Christians, Jews, and Muslims in the Iberian Peninsula», *The American Journal of Human Genetics*, 83, pp. 725-736, 2008.

Aguarod, María del Carmen, Escudero, Francisco, Galvé, María Pilar, Mostalac, Antonio, «Nuevas perspectivas de la arqueología urbana del periodo andalusí: la ciudad de Zaragoza 1984-1991», *Aragón en la Edad Media*, IX, pp. 445-491, 1991.

Aguilar, Victoria, «Onomástica de origen árabe en el reino de León (siglo x)», *Al-Qantara* XV, pp. 351-363, 1994.

— y Rodríguez Mediano, Fernando, «Antroponimia de origen árabe en la documentación leonesa (siglos viii-xiii)», en *El reino de León en la Alta Edad Media*, 6, pp. 497-633, León, 1994.

Aguirre Cano, Víctor Manuel, *La construcción de la realeza astur: poder, territorio y comunicación en la Alta Edad Media*, Santander, 2018.

—, «Un reino nuevo. Formación y consolidación de la monarquía asturiana», *Desperta Ferro*, 69, pp. 44-49, 2022.

Aillet, Cyrille, *Les Mozarabes. Christianisme, islamitation et arabisation en Péninsule Ibérique (IX-XII siècle)*, Madrid, 2010.

—, «La formación del mozarabismo y la remodelación de la península ibérica (ss. viii-ix)», en *De Mahoma a Carlomagno. Los primeros tiempos (siglos vii-ix), XXIX Semana de Estudios Medievales de Estella*, pp. 285-310, Pamplona, 2013.

—, «Entre indigénité et arabité: les groupes de l'entre-deux dans le discours sur l'islamisation d'al-Andalus aux VIII-X siècles», en *Du trasnfert culturel au métissage*, pp. 345-355, Rennes, 2015.

Al-Wasif, M. F., «La inmigración de árabes yemeníes a al-Andalus desde la conquista islámica (92/711) hasta fines del siglo (ii/viii)», *Anaquel de Estudios Árabes*, 1, pp. 203-219, 1990.

Alba Calzado, Miguel Ángel, Feijóo Martínez, Santiago y Franco Moreno, Bruno, «Mérida islámica (ss. viii-ix): el proceso de transformación de la ciudad tardoantigua en una medina», *Xelb*, 9, pp. 191-228, Silves, 2009.

— y Gutiérrez Lloret, S., «Las producciones de transición al mundo islámico: el problema de la cerámica paleoandalusí (siglos viii y ix)», en D. Bernal Casola, y A. Ribera Lacomba (eds.), *Cerámicas hispanorromanas. Un estado de la Cuestión*, pp. 585-613, Cádiz, 2008.

Albarrán Iruela, Javier, «Dos crónicas mozárabes, fuentes para el estudio de la conquista de al-Andalus», *Revista de Historia Autónoma*, 2, pp. 45-58, 2013.

—, «Enfrentamiento y religiosidad en la península ibérica: el recuerdo de las primeras batallas del islam (*magaza* y *futuh* en al-

Andalus)», en *Entre Deus e o Rei. O mundo das Ordens Militares*, vol. I, pp. 405-420, 2018.

ALMAGRO, Manuel, CABALLERO, Luis, ZOZAYA, Juan y ALMAGRO, Antonio, *Qusayr Amra. Residencia y baños omeyas en el desierto de Jordania*, Granada, 2002.

ALONSO ÁVILA, María A., «Navarra y los vascones durante la época visigoda», en *Primer Congreso General de Historia de Navarra,* 2, pp. 277-292, Pamplona, 1987.

ALONSO REVENGA, P. A., «Arqueología visigoda en Guadamur», *I Congreso de Arqueología de la provincia de Toledo*, pp. 553-557, 1990.

ALÒS, C., CAMATS, A., MONJO, M. y SOLANES, E., «Organización territorial y poblamiento rural en torno a Madina Balagí (siglos VIII-XIII)», en *Villes et campagnes de Tarraconaise et d'al-Andalus (VI-XI siècle): la transition*, pp. 157-181, Toulouse, 2007.

ÁLVAREZ ÁLVAREZ, César (ed.), *Reyes de León*, León, 1996.

— (ed.), *La Historia de León. II. La Edad Media*, León, 1999.

ÁLVAREZ REY, L., y otros, *Historia de España*, Madrid, 2013.

AMARDEL, G., «Les derniers chefs des goths de la Septimanie», *Bulletin de la Comission Archéologique de Narbone, VI,* pp. 574-575, 1900-1901.

AMORÓS RUIZ, Victoria, *Contextos cerámicos del siglo VIII en el Tolmo de Minateda*, Alicante, 2017.

— y CAÑAVATE CASTEJÓN, Sonia, «Transformación funcional de espacios representativos en los inicios del emirato. La basílica y el palacio episcopal de El Tolmo de Minateda», en *I Congreso Internacional. Espacios urbanos en el Occidente Mediterráneo (ss. VI-VIII)*, pp. 191-198, Toledo, 2010.

—, CAÑAVATE CASTEJÓN, Víctor, GUTIÉRREZ LLORET, Sonia y SARABIA BAUTISTA, Julia, «Cerámica altomedieval en el Tolmo de

Minateda (Hellín, Albacete, España)», *IX Congresso Internazionale AIECM*, 2, pp. 246-257, Venecia, 2012.

Antuña, M. M., «Notas de Ibn Abi Riqa de las lecciones de Ibn Habib acerca de la conquista de España por los árabes», *Cuadernos de Historia de España*, I-II, pp. 248-268, 1944.

Anzualde, A., Izaguirre, N., y Alonso, S., «Influences of the Europeans Kingdoms of Late Antiquity on Basque Country. An Ancient-DNA Study», *Current Anthropology*, 48, 1, pp. 155-163, 2007.

Aparicio Martínez, Patricia, «Nuevos y viejos métodos para el estudio de los paisajes de la cuenca del Duero. Una aproximación crítica desde los S. I. F. en el Altomedievo del valle del Cea (León)», *Arkeogazte, Anexos*, 1, pp. 261-272, 2015.

Arbesú, David, *Ficciones ideológicas de la nación: la leyenda del rey Pelayo en la Edad Media*, tesis doctoral inédita, Amherts, 2008, 2016.

—, «De Pelayo a Belay: la batalla de Covadonga según los historiadores árabes», *Bulletin of Spanish Studies*, pp. 321-340, 2011.

—, «Usos políticos del Éxodo: del rey Pelayo al siglo xxi», *Miríada Hispánica*, 12, 95-110, 2016.

Arce, Javier, «Escritos árabes en la basílica paleocristiana de Casa Herrera (Mérida)», *Madrider Mitteilungen*, 43, pp. 299-315, 2002.

—, *Esperando a los árabes. Los visigodos en Hispania (507-711)*, Madrid, 2011.

Arce Sáinz, Fernando, «Oposición, sumisión y progreso de los poderes cristianos en el naciente al-Andalus (primera mitad del siglo viii)», en *Congreso 1.300 aniversario del origen del reino de Asturias. Anexo Nailos*, 5, pp. 121-131, 2019.

Arias Páramo, L., *Prerrománico asturiano. El arte de la monarquía asturiana*, Gijón, 1993.

ARIÉ, Rachel, *España musulmana*, Barcelona, 1982.

ARIÑO GIL, Enrique, «La cultura material de los asentamientos rurales en el valle medio del Duero entre los siglos V y VIII: el final del reino visigodo y el origen de al-Andalus», *Zona Arqueológica*, 15, pp. 205-224, 2011.

—, «El hábitat rural en la península ibérica entre finales del siglo IV y principios del VIII: un ensayo interpretativo», *Antiquité Tardive*, 21, pp. 93-123, 2013.

ARJONA CASTRO, A., *Córdoba en la Historia de al-Andalus: desarrollo, apogeo y ruina de la Córdoba omeya. Vol. 1: De la conquista al final del emirato omeya (711-929)*, Córdoba, 2001.

ARUFFO, Alessandro, *El mundo islámico. De Mahoma a hoy*, 2002.

ARRAU-DIHIGO, L., *Historia política del Reino Asturiano (718-910)*, Gijón, 1985.

ASÍN PALACIOS, M., *Contribución a la toponimia árabe de España*, Madrid, 1944.

AVELLO ÁLVAREZ, J. L., «Los suevos y los visigodos en la provincia de León. Análisis e inventario de sus testimonios», *Memorias de Historia Antigua*, XI-XII, pp. 295-315, Oviedo, 1990-1991.

AYALA MARTÍNEZ, Carlos, *Sacerdocio y reino en la España Altomedieval: Iglesia y poder político en el occidente peninsular, siglos VII-XII*, Madrid, 2008.

—, «La memoria del 711 en la historiografía medieval cristiana y actual», en *711-1616: de árabes a moriscos. Un aparte de la historia de España*, pp. 343-378, Córdoba, 2012.

—, «La Reconquista: ¿ficción o realidad historiográfica?», en *La Edad Media: Aproximaciones y problemas*, pp. 127-142, Gijón, 2017.

—, FERREIRA FERNANDES, Isabel Cristina, PALACIOS ONTALVA, J. Santiago (coords.), *La Reconquista: ideología y justificación de la Guerra Santa peninsular*, Madrid, 2019.

Azkárate, Agustín, «El País Vasco en los siglos inmediatos a la desaparición del Imperio Romano», en *Historia del País vasco. Edad Media, siglos v al xv*, pp. 23-50, San Sebastián, 2004.

—, «El espacio circumpirenaico occidental durante los siglos vi al x d. C. según el registro arqueológico: algunos interrogantes», en *Asturias entre visigodos y mozárabes*, pp. 331-350, 2012.

Azuar, Rafael, «Atalayas, almenaras y rábitas», en *Al-Andalus y el Mediterráneo*, pp. 67-76, Barcelona-Madrid, 1995.

Azuar Ruiz, Rafael, *El Ribât califal. Excavaciones e investigaciones (1984-1992). Fouilles de la Rábita de Guardamar I*, Madrid, 2004.

—, «La arqueología de los "años oscuros" del Sharq al-Andalus. De Almanzor a Abd al-Aziz de Valencia», *Boletín de Arqueología Medieval*, 14, pp. 177-196, 2010.

Balbás, Yeyo, *Espada, hambre y cautiverio. La conquista islámica de España*, Madrid, 2022a.

—, «La rebelión de Pelayo y la batalla de Covadonga», *Desperta Ferro*, 69, pp. 18-23, 2022b.

Baliñas Pérez, C., «De Covadonga a Compostela: Galicia en el marco de la construcción del Reino de Asturias», en *La época de la monarquía asturiana*, pp. 367-389, Oviedo, 2002.

Baltá, P., *El Islam*, Barcelona, 1996.

Bango Torviso, Isidro G., «*Hunctus rex*. El imaginario de la unción de los reyes en la España de los siglos vi al xi», *CuPAUAM*, 37-38, pp. 749-766, 2011-2012.

—, «Siglo y medio de cultura material de la España cristiana desde la invasión musulmana. Musulmanes y cristianos determinantes de una mistificación histórico-cultural que no cesa», *Anales de Historia del Arte*, 22, 2, pp. 57-90, 2012.

Baños Serrano, J., «El sector norte del Cerro del Castillo de Alhama de Murcia. Un asentamiento entre la antigüedad tardía y el mundo islámico», *Antigüedad y Cristianismo*, XXIII, pp. 81-100, 2006.

BARBERO, Abilio, «El pensamiento político visigodo y las primeras unciones regias en la Europa medieval», en *La sociedad visigoda y su entorno histórico*, pp. 1-77, Madrid, 1992.

— y VIGIL, Marcelo, «Sobre los orígenes sociales de la reconquista: cántabros y vascones desde fines del Imperio romano hasta la invasión musulmana», *Boletín de la Real Academia de la Historia*, CLVI/2, pp. 217-339, 1965.

— y VIGIL, Marcelo, *Sobre los orígenes sociales de la Reconquista*, Barcelona, 1974.

— y VIGIL, Marcelo, *La formación del feudalismo en la península ibérica*, Barcelona, 1978.

BARCELÓ, Carmen, «¿Galgos o podencos? Sobre la supuesta berberización del país valenciano en los siglos VIII y IX», *Al-Qantara*, 11/2, pp. 429-460, 1990.

BARCELÓ, Miquel, «Some commentaries on "the earliest muslim invasion of Spain"», *Islamic Studies: Journal of the Islamic Research Institute of Pakistan*, 9/2, pp. 183-190, 1970.

—, «El rey Akhila I i els fils de Wititza: encara una altre recerca», *Miscel.lanea Barcinonensia*, XLIX, pp. 59-77, 1978.

—, «La primerenca organització fiscal d'Al-Andalus, segons la Crònica del 754», *Faventia*, 1/2, pp. 231-261, 1979.

—, *El sol que salió por Occidente. Estudios sobre el Estado omeya de al-Andalus*, Jaén, 1997.

—, «Semen regio. Comentarios sobre un texto de la versión "ovetense" de la Crónica de Alfonso III», en *Historia, pensamiento historiográfico y Edad Media*, pp. 27-31, Madrid, 1997.

—, «Assaig d'identificació del rastre dels assentaments de la inmigració berber més primerenca», *Quaderns d'Arqeologia Pitiüsa*, 3, pp. 9-28, 1997.

—, «El rei Akhila i els fills de Wititza: encara una altre recerca», *Miscellanea Barcinonensia*, 49, p. 68, 1998.

—, «De fisco gotico, hispánico sive andalusico», *Faventia*, 21, 1, pp. 103-118, 1999.

—, «Inmigration berbère et établissements paysans à Ibiza (902-1235)», *Castrum*, 7, pp. 291-321, 2001.

—, *El sol que salió por Occidente. Estudios sobre el Estado omeya en al-Andalus*, Valencia, 2010.

Barkai, R., *Cristianos y musulmanes en la España medieval (el enemigo en el espejo)*, Madrid, 1984.

Barral, X., *La circulation des monnaies suèves et visigothiques. Contribution a l'histoire économique du royaume visigot*, Múnich, 1976.

Barrau-Dihigo, Lucien, «Pour l'edition critique du Pseudo-Sébastien», *Revue des Bibliothèques*, 24, pp. 203-222, 1914.

—, «Étude sus les actes des rois asturiens (718-910)», *Revue Hispanique*, 46, pp. 1-191, 1919.

—, «Pour l'edition critique du Pseudo-Sébastien», *Revue des Bibliothèques*, 29, pp. 129-136, 1919.

—, «Remarques sur la chronique dite d'Alphonse III», *Revue Hispanique*, 121, pp. 323-381, 1919.

—, *Historia política del reino de Asturias (718-910)*, Gijón, (1921) 1985.

Barrett, Graham, «Empire and Politics of Faction. Mérida and Toledo Revisited», en *Rome and Byzantium in the Visigothic Kinddom: Beyond Imitatio Imperii*, pp. 278-315, Ámsterdam, 2023.

Barrios, A., «Toponomástica e Historia. Notas sobre la despoblación en la zona meridional del Duero», *En la España medieval II*, pp. 115-134, Madrid, 1982.

Barroso Cabrera, Rafael, *Etnicidad vs. Aculturización. Las ne-*

crópolis castellanas de los siglos v-vi d. C. y el asentamiento visigodo en la península ibérica: una mirada desde la meseta sur, Oxford, 2018.

—, Carrobles Santos, J., Morín De Pablos, Jorge y Sánchez Ramos, Isabel M., *Los Hitos. Arisgotas-Orgaz, Toledo. De palacio a panteón visigodo*, Toledo, 2015.

—, Morín De Pablos, Jorge y Sánchez Ramos, Isabel M., *Thevdemirvs dux. El ducado de Aurariola y el final del reino visigodo de Toledo*, Madrid, 2018a.

—, Morín de Pablos, Jorge y Sánchez Ramos, Isabel M., *Elbora-Vascos: del obispado visigodo al ribat de Talavera*, Madrid, 2018b.

—, Carrobles, J. y Morín De Pablos, J., «¿Vascones o Wascones? Acerca del ducado de Cantabria y la fundación de ciudades en el norte peninsular en la época visigoda», *e-Spania*, 16, 2013.

Bausili, Esteban Aparicio, «Obra, época y vida del rey Pelayo», *Boletín Jovellanista*, 21, pp. 21-69, 2022.

Bautista, Francisco, «Sobre los primeros textos historiográficos en Hispania después de 711. Las *Adnotationes* a los *Chronica Byzantina-Arabica* y su influencia», en *Histoires, femmes, pouvoirs Péninsule Ibérique (IX-XV siècle)*, pp. 55-79, 2018.

Benabé Salgueiro, Alberto, «La batalla del Guadalete. Aproximación a su realidad histórica y arqueológica», *I Congreso Internacional del Estrecho de Gibraltar*, II, pp. 73-99, 1988.

Beneroso Santos, José, «Los primeros tramos de los itinerarios seguidos por Tarik y Musa. Una cuestión sin resolver», *Almoraima*, 38, pp. 45-55, 2000.

—, «Acerca de la entrada de los araboberéberes en la península ibérica en el año 711: hipótesis, ucronía y realidad histórica», *Almoraima*, 36, pp. 129-137, 2006.

Benito Ruano, Eloy y Fernández Conde, F. J., *Historia de Asturias, vol. IV. Alta Edad Media*, Salinas, 1979.

Berenjeno Borrego, A. M., Matoses Rebollo, M., Noya García, A. y Patrón Sandoval, J. A., «La recuperación del fuerte costero de Isla Verde (Algeciras)», *IV Congreso Internacional sobre fortificaciones. Las fortificaciones y el mar*, pp. 131-135, Alcalá de Guadaira, 2008.

—, Matoses Rebollo, M., Noya García, A. y Patrón Sandoval, J. A., «El inicio de la puesta en valor del Fuerte de Isla Verde», *VI Jornadas de Historia del Campo de Gibraltar*, pp. 293-304, 2008.

— y Soto Chica, José, «España 710-711. Un nuevo enfoque: Mito, leyenda y conquista en Algeciras y el estrecho de Gibraltar», *II Jornadas de Roma a Bizancio*, separata, 2014.

Bernabé Pons, L. F., «Tariq ibn Ziyab y el sello indeleble de la conquista», en R. G. Khoury y otros, *Legendaria medievalia*, pp. 111-125, Córdoba, 2011.

Bernabé Salgueiro, Alberto, «La batalla del Guadalete. Aproximación a su realidad histórica y arqueológica», en *Congreso Internacional El Estrecho de Gibraltar*, vol. II, pp. 73-99, Ceuta, 1988.

Bernal Casasola, Darío, «Continuidad y cesura en las ciudades tardorromanas del estrecho de Gibraltar», en *Entre* civitas *y* madina. *El mundo de las ciudades en la península ibérica y en el norte de África (siglos IV-IX)*, pp. 105-117, Madrid, 2018.

— y Lorenzo Martínez, L., «La arqueología de época bizantina e hispano-visigoda en el Campo de Gibraltar. Primeros elementos para una síntesis», *Caetaria*, 3, pp. 97-134, 2000.

Bernal Pascual, F. y Manzano Martínez, J., «El Cabezo del Moro (Murcia): un *hisn* rural de época musulmana», *Verdolay*, 4, pp. 167-173, 1992.

BERTRAND, M. y SÁNCHEZ VICIANA, J., «Jolopos (La Peza, Granada). Un *hisn* de la *fitna*», en I. C. Ferreira Fernández ed., *Mil Anos de Fortificaçoes na Peninsula Ibérica e no Magreb (500-1500). Actas do Simposio Internacional sobre Castelos*, pp. 145-159, 2002.

BESGA MARROQUÍN, Armando, *La situación política de los pueblos del norte de España en la época visigoda*, Deusto, 1983.

—, *Orígenes hispanogodos del reino de Asturias*, Oviedo, 2000.

—, *Domuit Vascones. El País Vasco durante la época de los reinos germánicos. La era de la independencia (siglos v-viii)*, Bilbao, 2001.

—, «Consideraciones sobre el fin del reino visigodo de Toledo», *Letras de Deusto*, 98, pp. 9-33, 2003.

—, «El concepto de España en el Reino de Asturias», *Boletín de Letras del Instituto de Estudios Asturianos*, 170, pp. 1-17, 2007.

—, «La Asturias de los astures durante los siglos v-vii según los textos literarios de la época», en *La Carisa y la Mesa. Causas políticas y militares del origen del reino de Asturias*, pp. 84-103, Oviedo, 2010.

—, «Sobre la lectura crítica de las crónicas asturianas y otras cuestiones de método», *Letras de Deusto*, 41/131, pp. 9-64, 2011.

—, «Asturias en la época de los reinos germánicos», *Desperta Ferro*, 69, pp. 6-10, 2022.

BLANCO GONZÁLEZ, A., LÓPEZ SÁEZ, J. A. y LÓPEZ MERINO, L., «Ocupación y uso del territorio en el sector centro meridional de la cuenca del Duero entre la Antigüedad y la alta Edad Media (siglos i-xi d. C.)», *AEspA*, 82, pp. 275-300, 2009.

BLANKISHIP, K. Y., *The End of the Jihad State. The Reign of Hisham ibn Abd al-Malik and the Collapse of the Umayyads*, Albany, 1994.

BLÁZQUEZ, Antonio, «Las redacciones de la crónica atribuida a Alfonso III», *La ciudad de Dios*, 143, pp. 258-271, 1925.

—, «La crónica de Alfonso III», *La Ciudad de Dios*, 144, pp. 35-52, 1925.

—, *A propósito de la Crónica del Alfonso III*, El Escorial, 1926.

—, «Alfonso III, ¿autor de la Crónica de Roda?», *La ciudad de Dios*, 145, pp. 30-44, 1926.

Bloom, Jonathan M. y Blair, Sheila S., *Islam: mil años de ciencia y poder*, Madrid, 2003.

Bresc, H., Guichard, P. y Mantran, R., *Europa y el Islam en la Edad Media*, Barcelona, 2001.

Boldrini, E. y Francovich, R., «Acculturazione e mutamenti. Prospettive nell'Archeologia Medievale del Mediterraneo», *II Congresso di Archeologia Medievale italo-spagnolo*, Florencia, 1995.

Bonnassie, Pierre, «Les temps des wisigoths», en *Histoire des espagnols, VI-XX siècles*, pp. 12-429, ed. de Bartholome Bennassar, París, 1992.

Bonnaz, Yvez, «Divers aspects de la continuité wisigothique dans la monarchie asturienne», *Mélanges de la Casa de Velázquez*, 12, pp. 81-99, 1976.

—, «*La chronique d'Alphonse III et sa continuatio dans le masnuscrit 9.880 de la Bibliothèque Nationale de Madrid*», Mélanges de la Casa de Velázquez, 13, pp. 85-101, 1977.

—, *Chroniques asturiennes (fin IX siècle)*, París, 1987.

Bonifay, M. y Bernal Casasola, D., «Recópolis, paradigma de las importaciones en el visigothorum regnum. Un primer balance», *Zona Arqueológica*, 9, pp. 98-115, Alcalá de Henares, 2008.

Boone, J. L., *Lost Civilization. The Contested Islamic Past in Spain and Portugal*, Londres, 2009.

Borigué, Laura y otros, «Gene flow from North Africa contributes to differential human genetic diversity in southern Europe»,

Proceedings National Academy of Science, 110, pp. 11791-11796, 2013.

Boyd, Carolyn P., «The Second Battle of Covadonga. The Politics of Commemoration in Modern Spain», *History and Memory*, 14, 1-2, pp. 37-64, 2002.

—, «Covadonga y el regionalismo asturiano», *Ayer*, 64, pp. 149-178, 2006.

Bramon, Dolors, *De quan 'erem o no musulmans; textos del 713 al 1010*, Vic, 2002.

Brogiolo, G. P. y Chavarría, A., «El final de las villas y las transformaciones del territorio rural en Occidente (siglos v-viii)», en *Las* villae *tardorromanas en el occidente del Imperio: arquitectura y función*, vol. IV, pp. 193-213, Gijón, 2008.

Bronisch, Alexander Pierre, «Asturien und das Frankenreich zur Seit Karls des Grossen», *Historischez Jahrbuch*, 119, pp. 1-40, 1999.

—, *Reconquista y guerra santa. La concepción de la guerra en la España cristiana desde los visigodos hasta comienzos del siglo xii*, Granada, 2006.

—, «El concepto de España en la historiografía visigoda y asturiana», *Norba*, 19, pp. 9-42, 2006.

—, «En busca de la guerra santa. Consideraciones acerca de un concepto muy amplio (el caso de la península ibérica, siglos vii-xi)», en *Regards croises sur la guerre sainte. Guerre, religió et idéologie dans l'espace méditerranéen latin (XI-XIII siècles)*, pp. 91-113, Toulouse, 2006.

—, «Ideología y realidad en la fuente principal para la historia del Reino de Asturias: el relato de Covadonga», en *Cristianos y musulmanes en la península ibérica: la guerra, la frontera y la convivencia. XI Congreso de Estudios Medievales*, pp. 69-110, Ávila, 2009.

—, «Cosmovisión e ideología de guerra en época visigoda y asturiana», en *La Carisa y la Mesa. Causas políticas y militares del origen del reino de Asturias*, pp. 212-233, Oviedo, 2010.

—, «Precisiones sobre algunas informaciones históricas en la Crónica de Alfonso III», *Edad Media: revista de historia*, 12, pp. 35-66, 2011.

Bru Castro, Miguel Ángel, «Evidencias materiales y análisis sobre el origen del yacimiento andalusí de Vascos», *Debates de Arqueología Medieval*, 6, pp. 155-181, 2016.

Brunschvig, R., «Ibn Abd al-Hakam et la conquête de l'Afrique du Nord par les árabes», *Al-Andalus*, 40, pp. 129-179, 1975.

Buchberger, Erica, «The Growth of Gothic Identity in Visigothic Spain: The Evidence of Textual Sources», en *Identidad y etnicidad en Hispania. Propuestas teóricas y cultura material en los siglos v-viii*, pp. 87-100, 2015.

Bueno Sánchez, Marisa, «Más allá del territorio, transiciones en el entorno del Jalón», en *Mundos Medievales. Homenaje a José Ángel García de Cortázar*, vol. I, pp. 413-425, Santander, 2012a.

—, «¿Frontera en el Duero oriental? Construcción y mutación de funciones en el *tagr* Banu Salim (siglos viii-xi)», en *Fronteras en discusión. La península ibérica en el siglo xii*, pp. 165-190, Madrid, 2012b.

Bulliet, R., *Conversion to Islam in the Medieval Period: An Essay in Quantitative History*, Harvard University Press, 1979.

Burckhadt, Titus, *La civilización hispano-árabe*, Madrid, 1982.

Burlot, J., *La civilisation Islamique*, París, 1990.

Butler, A. J., *The Arab conquest of Egypt and the last thirty years of the roman dominion*, Nueva York, 1998.

Bycroft, Clare y otros, «Patterns of genetic differentiation and the footprints of historical migrations in the Iberian Peninsula», *Nature Communications*, 10, online, 2019.

Caballero Zoreda, Luis, «*Impacto del islam en la arquitectura cristiana que se conservó o construyó en al-Andalus (o bajo dominio musulmán)*», separata, 43, pp. 15-58, 2009.

—, «Pervivencia de elementos visigodos en la transición del mundo medieval», *III Congreso de Arqueología Medieval Española*, vol. 1, pp. 111-134, Oviedo, 1989.

—, «Zamora en el tránsito de la Edad Antigua a la Edad Media. Siglos v-x», en *Historia de Zamora*, vol. I, pp. 339-430, Zamora, 1995.

—, «La arquitectura denominada de época visigoda ¿es realmente tardorromana o prerrománica?», en *Anejos AEspA*, XXIII, pp. 207-247, 2000.

—, «Acerca del paisaje arquitectónico hispánico inmediato al año 711 (Entre Toledo y el territorio astur y vasco)», *Zona Arqueológica*, 8, pp. 257-271, 2006.

— y Latorre Macarrón, J. I., «Arquitectura visigótica y musulmana. ¿Continuidad, concurrencia o innovación, ruptura o continuidad? Pervivencias preislámicas en al-Andalus», *Cuadernos Emeritenses*, 15, pp. 143-176, 1998.

— y Mateos, Pedro, «Atalayas musulmanas en la provincia de Soria», *Arevacon*, 14, pp. 9-15, 1988.

—, Mateos Soto, Pedro y Cordero Ruiz, Tomás (eds.), *Visigodos y omeyas: el territorio*, Madrid, 2012.

—, Mateos Cruz, Pedro y García De Castro Valdés, César (eds.), *Asturias entre visigodos y mozárabes*, *Archivo Español de Arqueología, Anejos LXIII*, Madrid, 2012.

Caballero, Luis, Mateos, Pedro y Retuerce, M. (eds.), *Cerámicas tardorromanas y altomedievales en la península ibérica. Ruptura y continuidad*, Anejos de AEspA, XXVIII, 2003.

Caballero Zoreda, Luis, Mateos Soto, Pedro y Utrero Agudo, María de los Ángeles (coords.), *El siglo* vii *frente al siglo* vii. *Arquitectura (Visigodos y omeyas)*, Madrid, 2009.

— y Sáez Lara, F., «La arquitectura denominada de época visigoda, ¿es realmente tardorromana o prerrománica?», *Anejos de AEspA*, 23, pp. 207-247, 2000.

— y Utrero Agudo, María de los Ángeles, «El ciclo constructivo de la Alta Edad Media hispánica. Siglos viii-ix», *Archeologia dell'Architectura*, XVIII, pp. 127-146, 2013.

Cabo Pérez, Luis, «Las dataciones raciocarbónicas de El Homón de Faro (La Carisa) y el Muro (La Mesa)», en *La Carisa y la Mesa. Causas políticas y militares del origen del reino de Asturias*, pp. 30-31, Oviedo, 2010.

Cahen, Claude, *El Islam, I. De los orígenes hasta el comienzo del imperio Otomano*, Madrid, 1972.

Calleja Puerta, M. y Beltrán Suárez, S., «El espacio centro-oriental de Asturias en el siglo viii», en *La época de la monarquía asturiana*, pp. 63-109, Oviedo, 2002.

Calvo Capilla, Susana, «Las primeras mezquitas de al-Andalus a través de las fuentes árabes (92/711-170/785)», *Al-Qantara*, 28, pp. 143-179, 2007.

Camino Mayor, Jorge, «La última resistencia. El sistema de clausuras de la cordillera cantábrica», *Desperta Ferro*, 69, pp. 50-56, 2022.

—, Estrada García, R. y Viniegra Pacheco, Y., «Un sistema de fortificaciones lineales astures en la cordillera cantábrica a fines del reino visigodo», *Boletín de Arqueología Medieval*, 13, pp. 229-256, 2007.

—, Estrada García, R. y Viniegra Pacheco, Y., «A propósito de las fortificaciones lineales astures de El Homón de Faro (La Carisa) y El uro (La Mesa)», *Territorio, Sociedad y Poder*, 2, pp. 53-64, 2007.

—, Estrada García, R. y Viniegra Pacheco, Y., «En las postrimeras montañas contra el sol poniente. Las clausuras de la cordillera cantábrica frente a la invasión islámica», en *La Carisa y la Mesa. Causas políticas y militares del origen del reino de Asturias*, pp. 2-29, Oviedo, 2010.

Cano, Pedro Damián, *Al-Andalus: El Islam y los pueblos ibéricos*, Madrid, 2004.

Canto García, A. J., «El pacto de Tudmir: aspectos económicos. El tratado de Orihuela y la formación de Tudmir», en *El Humanista IVITRA*, 5, pp. 370-391, 2014.

Cánovas Ubera, A., Castro Del Río, E. y Moreno Almenara, M., «Análisis de los espacios domésticos en un sector de los arrabales occidentales de Qurtuba», *AnAAC*, 1, pp. 201-209, Córdoba, 2008.

Cañada Juste, Alberto, «Los Banu Qasi (714-924)», *Príncipe de Viana*, 41, pp. 5-95, 1980.

Cañavate, V., Mellado, J. A. y Sarabia, J., «Uso, residualidad y la problemática del siglo viii en el palacio visigodo del Tolmo de Minateda (Hellín, Albacete)», *Arqueología y Territorio Medieval*, 16, pp. 9-32, 2009.

Cañizares Llovera, Antonio, *El esplendor visigótico, momento clave en la edificación de España y para su futuro*, Madrid, 2008.

Cardelle De Hartmann, C., «The Textual Transmision of the Mozarabic Chronicle of 754», *Early Medieval Europe*, 8-1, pp. 13-29, 1999.

Carmona González, Alfonso, «Una cuarta versión de la capitulación de Tudmir», *Sharq al-Andalus*, 9, pp. 11-17, 1992.

— y Franco Sánchez, F. (eds.), *El tratado de Orihuela (94 H./713 e. C.) y la formación de Tudmir*, *El Humanista IVITRA*, 5, 2014.

Caro Baroja, Julio, «Organización social de los pueblos del Norte de la península ibérica en la Antigüedad», en *Legio VII Gemina*, pp. 11-62, León, 1970.

—, *Los pueblos del norte de la península ibérica*, Pamplona, 1973.

Carrasco, Ana, Martos, Juan y Souto, Juan A., *Al-Andalus*, Madrid, 2009.

Carretero Jiménez, Anselmo, *El antiguo Reino de León*, León, 2001.

Carriedo Tejedo, Manuel, «Obispos astures (ss. viii-ix) y obispos de Oviedo (s. ix)», *Studium Ovetense*, 31, pp. 123-156, 2003.

Carvajal Castro, Álvaro, «Los castros de la Meseta del Duero y la construcción de la monarquía asturleonesa: el caso de Melgar en el siglo x», en *Paisagens e poderes no Medievo ibérico*, pp. 11-29, Braga, 2014.

—, *Bajo la máscara del* regnum*. La monarquía asturleonesa en León 854-1037*, Madrid, 2017.

Casal García, María Teresa, «Características generales del urbanismo cordobés de la primera etapa emiral: el arrabal de Saqunda», *AnAAC*, 1, pp. 109-134, Córdoba, 2008.

Caso González, José Miguel, «La fuente del episodio de Covadonga en la *Crónica rotense*», *Studia in Honorem Prof. M. de Riquer*, vol. I, pp. 237-287, 1986-1991.

Castaño Aguilar, José Manuel, «El final de la *villa* y la continuidad del poblamiento: un debate entre *turres* y *husun*. El caso de la serranía de Ronda», *Mainake*, 36, pp. 111-136, 2016.

—, «¿Torres sin alquerías? De nuevo sobre el origen de la torre residencial en Al-Andalus», *Arqueología y Territorio Medieval*, 26, pp. 7-30, 2019.

Castellanos, Santiago y Martín Viso, Iñaki, «The local articulation of central power in the north of the Iberian Peninsula (500-1000)», *Early Medieval Europe*, 13 (I), pp. 1-42, 2005.

Castillo, Alberto del y Montenegro, J., «En torno a la conflictiva fecha de la batalla de Covadonga», *Anales de la Universidad de Alicante*, 8, pp. 7-18, 1990-1991.

— y MONTENEGRO, J., «Don Pelayo y los orígenes de la Reconquista», *Hispania*, 52, pp. 5-32, 1992.

— y MONTENEGRO, J., «Análisis crítico sobre algunos aspectos de la historiografía del reino de Asturias», *Hispania*, pp. 397-420, 1994.

— y MONTENEGRO, J., «Pelayo, Covadonga: una revisión historiográfica», en *La época de la monarquía asturiana*, pp. 111-124, Oviedo, 2002a.

— y MONTENEGRO, J., «The Chronology of the Reign of Witiza in the Sources and Historiographic Problem in the Final Years of the Visigothic Kingdom of Toledo», *Revue Belge de Philologie et d'Histoire*, 80/2, pp. 367-383, 2002b.

— y MONTENEGRO, J., «Theodomir Victory over the Byzantines in the Joint Reign of Egica and Witiza. A Referance by the Chronicle of 754», *Byzantion* 74/2, pp. 403-115, 2004.

CASTILLO ARMENTERO, Juan Carlos, *La campiña de Jaén en época emiral (ss. VIII-X)*, Jaén, 1998.

CASTILLO LOZANO, José Ángel, «La enigmática figura de Suniefredo a la luz de sus emisiones monetales», *Hécate*, 2, pp. 119-124, 2015.

CASTRO, Américo, *La realidad histórica de España*, México, 1954.

CASTRO-PRIEGO, Manuel, «Los hallazgos numismáticos de Recópolis: aspectos singulares de su integración en la secuencia histórica del yacimiento», *Zona Arqueológica*, 9, pp. 131-141, Alcalá de Henares, 2008.

—, «La circulación monetaria de los siglos VII-VIII en la península ibérica: un modelo en crisis», *Zona arqueológica*, 15 (2), pp. 225-244, Alcalá de Henares, 2011.

—, «Recópolis y los contextos numismáticos de época visigoda en el centro de la península ibérica», *Revue Numismatique*, 171, pp. 463-495, 2014.

—, «Absent Coinage: Archaeological Contexts and Tremisses on the Central Iberian Peninsula in the 7th and 8th Centuries AD», *Medieval Archaeology*, 60 (1), pp. 27-56, 2016.

Catalán, Raúl, Fuentes, Patricia y Sastre, Carlos (eds.), *Las fortificaciones en la tardoantigüedad. Elites y articulación del territorio (siglos v-viii)*, Madrid, 2014.

Cebrián, Rosario, «La topografía cristiana de Segóbriga», en *La Meseta Sur entre la Tardía Antigüedad y la Alta Edad Media*, pp. 107-122, Toledo, 2017.

— y Hortelano, I., «La reexcavación de la basílica visigoda de Segóbriga (Cabeza de Griego, Saelices). Análisis arqueológico, fases constructivas y cronología», *Madrider Mitteilüngen*, 56, pp. 402-447, 2016.

Cervera Fras, María José, «Conquista y ocupación musulmana», en *Historia de Aragón*, 1, pp. 117-124, Zaragoza, 1989.

Chalmeta, Pedro, «Concesiones territoriales en al-Andalus», *Cuadernos de Historia. Anexos de la revista Hispania*, 6, pp. 1-90, 1975.

—, *Al-Andalus, Historia de España*, vol. 3, Barcelona, 1989.

—, «El nacimiento del Estado neo-omeya andalusí», en *Homenaje a Manuel Ocaña Jiménez*, pp. 95-106, Córdoba, 1990.

—, *Invasión e islamización. La sumisión de Hispania y la formación de al-Andalus*, Madrid, 2003.

—, «Derecho y práctica fiscal musulmana: el primer siglo y medio», en *Lo que vino de Oriente: Horizonte, praxis y dimensión material de los sistemas de dominación fiscal en al-Andalus (ss. vii-ix)*, pp. 1-16, Oxford, 2013.

—, «Los primeros 46 años de economía andalusí (1)», *Alhadra*, 1, pp. 41-88, 2015.

— e Ibrahim, Tawfiq, *Historia socioeconómica de Alandalús*, Madrid, 2021.

Chao Prieto, Ricardo, *Historia de los Reyes de León. De Pelayo (718) a Juan I (1300)*, León, 2017.

Chavarría Arnau, Alexandra, «Romanos y visigodos en el valle del Duero (siglos v-viii)», *Lancia*, 6, pp. 187-204, 2004-2005.

—, «Dopo la fine de le ville: le campagne ispaniche in época visigota (VI-VIII secolo)», en *Dopo la fine de le ville: le campagne dal VI al IX secolo*, pp. 263-286, 2006.

—, *El final de las* villae *en Hispania (siglos iv-vii)*, Turnhout, 2007.

—, «¿Castillos en el aire? Paradigmas interpretativos de "moda" en la arqueología medieval española», *XXXIX Semana de Estudios Medievales de Estella*, pp. 131-166, 2013.

Chejne, Anwar G., *Historia de España musulmana*, Madrid, 1980.

Clarke, Nicola, *The Muslim Conquest of Iberia. Medieval Arabic Narratives*, Londres, 2012.

Clot, André, *L'Espagne musulmane, VIII-XV siècles*, París, 1999.

Codera, Francisco, «El llamado conde don Julián», *Colección de Estudios Árabes*, VII, pp. 45-93, 1903; y en *Estudios críticos de historia árabe-española*, pp. 45-93, Zaragoza, 1905.

Coll i Alentorn, Miquel, «Els successors de Vititza en la zona nord-est del domini visigòtic», *Boletín de la Real Academia de Buenas Letras de Barcelona*, 34, pp. 281-307, 1971-1972.

Collins, Roger, *España en la Alta Edad Media*, Barcelona, 1986.

—, *La conquista árabe. 710-797*, Barcelona, 1991.

—, *La España visigoda. 409-711*, Barcelona, 2005.

—, *Los visigodos*, Madrid, 2008.

Conde, José Antonio, *Historia de la dominación de los árabes en España*, Madrid, (1874) 2001.

Congreso 1.300 aniversario del origen del reino de Asturias, Anexo a Nailos, Oviedo, 2019.

Coronas González, Santos M., «El orden constitutivo del reino de Asturias (718-910)», *Anuario de Historia del Derecho Español*, 70, pp. 9-35, 2000.

CORNU, Georgette, «Les géographes orientaux des IX et X siècles et al-Andalus», *Sharq al-Andalus*, III, pp. 11-18, 1986.

CORRAL, José Luis, *Una historia de España*, Barcelona, 2008.

—, «La manipulación política de la Historia de España: el caso de al-Andalus», en *La divulgación de la Historia. X Jornadas de Historia*, pp. 25-37, Llerena, 2009.

—, «La manipulación política en la historia de España: el caso de al-Andalus», *X Jornadas de Historia de Llerena*, pp. 25-37, Llerena, 2010a.

—, «Las tres culturas en la España medieval», en *El diálogo de las culturas cristiana y musulmana en el marco de la Alianza de Civilizaciones. Historia y actualidad*, pp. 17-45, Madrid, 2010b.

—, «Roncesvalles: historia y mito», *Historia National Geographic*, 94, pp. 70-79, 2011.

—, «Visigodos en Hispania: el reino mitificado», *Muy Historia*, 39, pp. 7-10, 2011.

—, «711. El año que cambió la historia de España», en *711-2011. 1300 aniversario*, pp. 25-44, Granada, 2012a.

—, «Dos versiones de la conquista de Hispania por los musulmanes: el *Ajbar Majmua* y la *Crónica mozárabe del 754*», en *711-2011. 1.300 aniversario*, pp. 151-166, Granada, 2012b.

—, «Huellas de al-Andalus», *Muy Historia*, 43, pp. 90-95, 2012c.

—, «Los siglos de la Reconquista», en *España Medieval. National Geoprahic*, pp. 11-18, Barcelona, 2012d.

—, «Carlomagno. Héroe perfecto», *La Aventura de la Historia*, 184, pp. 54-61, 2014.

—, «La vida siguió (casi) igual», *Muy Historia*, 56, pp. 4-6, 2014.

—, «Los últimos paganos. El triunfo de la cruz», *La Aventura de la Historia*, 195, pp. 54-59. 2015.

—, «Idealización de la batalla. ¿Cómo y por qué luchaban en la Edad Media?», *Muy Historia*, 86, pp. 4-9, 2017.

—, «La batalla de Roncesvalles», en *Grandes batallas. Edad Media*, pp. 26-35, Barcelona, 2019a.

—, «La construcción de la mezquita de Córdoba y el funcionamiento de sus espacios», en *El templo de Córdoba*, pp. 109-155, Córdoba, 2019b.

—, «Covadonga, la batalla que nunca ocurrió», en *25 batallas en la historia de España*, pp. 30-37, Zaragoza, 2020a.

—, «La imagen del poderoso: emires y califas mecenas constructores de la mezquita de Córdoba», en *El Templo de Córdoba. Los constructores de la mezquita-catedral*, pp. 87-111, Córdoba, 2020b.

—, «La batalla de Guadalete», en *25 batallas en la historia de España*, pp. 38-45, Zaragoza, 2020c.

Cotarelo Valledor, A., *Historia crítica y documentada de la vida y acciones de Alfonso III el Magno, último rey de Asturias*, Madrid, 1933.

Coumert, M., *Origènes des peuples. Les récits du Haut Moyen Âge Occidental (550-850)*, París, 2007.

Covadonga 722-1022. Las huellas y los relatos, Catálogo de la exposición, Oviedo, 2022.

Crespi, Gabriele, *Los árabes en Europa*, Madrid, 1982.

Cressier, Patrice, «Agua, fortificación y poblamiento: el aporte de la arqueología a los estudios sobre el sureste peninsular», *Aragón en la Edad Media*, IX, pp. 403-427, 1991.

—, «Remarques sur la fonction du château islamique dans l'actuelle province d'Almeria, à partir des textes et de l'archéologie», en *L'Incastellamento. Actes des rencontres de Gérone et de Rome*, pp. 233-248, Roma, 1998.

—, «La Almería islámica: un paisaje de castillos», en *La Alcazaba.*

Fragmentos para una historia de Almería, pp. 43-56, Almería, 2005.

— y Gutiérrez Lloret, S., «Archéologie de l'Islam européen. Sept siècles de présence arabo-berbère», en *L'Europe. Un continent redécouvert par l'archéologie*, pp. 148-157, París, 2009.

— Cruz Hernández, Manuel, *El Islam de al-Andalus. Historia y estructura de su realidad social*, Madrid, 1992.

Cuñat, Daniel, *Al-Andalus. Los omeyas*, Madrid, 1991.

Dacosta Martínez, Arsenio, «Notas sobre las crónicas ovetenses del siglo ix. Pelayo y el sistema sucesorio en el caudillaje asturiano», *Studia Historica. Historia Medieval*, 10, pp. 9-46, 1992a.

—, «Relatos legendarios sobre los orígenes políticos de Asturias y Vizcaya en la Edad Media», *Actas del VII Congreso Internacional de la Asociación de Semiótica*, 2, pp. 157-166, 1992b.

—, «¡Pelayo vive! Un arquetipo político en el horizonte ideológico del reino asturleonés», *Espacio. Tiempo. Forma*, 10, pp. 89-135, 1997.

—, «Relato y discurso en los orígenes del reino asturleonés», *Studia Historica. Historia Medieval*, 22, pp. 153-186, 2004.

—, «Los enemigos de Pelayo: alteridad e ideología en las crónicas asturianas del siglo ix», en *Estudios de Latín Medieval Hispánico*, pp. 909-916, Barcelona, 2012.

Daniel, Norman, *The Arabs and Medieval Europe*, Londres-Beirut, 1975.

Dakir, Rajaa, «Tariq entre la realidad y la ficción», *Hesperia, Culturas del Mediterráneo*, 16, pp. 205-215, 2012.

De Miguel Ibáñez, María Pilar, «La maqbara de la plaza del Castillo (Pamplona, Navarra): avance del estudio osteoarqueológico», en *Villa II. Villes et campagnes de Tarraconaise et d'al-Andalus (VIe-XIe siècle): la transitio. Études Médiévales Ibériques*, pp. 183-197, Toulouse, 2007.

—, *La maqbara de Pamplona (s. VIII). Aportes de la osteoarqueología al conocimiento de la islamización de la Marca Superior*, Tesis doctoral, Universidad de Alicante, 2016.

DELAIGUE, María Cristina, «Possible influence berbère dans la céramique médiévale de la región valencienne», *Bulletin d'Archéologie Marocaine*, XV, pp. 493-522, 1983-1984.

DELGADO VALERO, Clara y otros, *Regreso a Tulaytula. Guía del Toledo islámico (siglos VIII-XI)*, Toledo, 1999.

DESWARTE, Thomas, *De la destruction à la restauration. L'idèologie du Royaume d'Oviedo-León (VIII-XI siécles)*, Turnhout, 2003.

—, «La donación de Alfonso II a San Salvador de Oviedo (812); un *Libellus* diplomático fundacional», en *Nuevas Visiones del reino de Asturias. Congreso Internacional*, pp. 389-417, Oviedo, 2020.

DEYERMOND, Alan D., *Historia de la Literatura Española 1. La Edad Media*, Barcelona, 1973.

DIARTE-BLASCO, Pilar, «New thinking in old landscapes: discoveries, research and approaches for Late Antique and Early Medieval Iberia», *Medieval Settlement Research*, 31, pp. 1-14, 2016.

—, *Late Antique and Early Medieval Hispania: Landscapes without Strategy?*, Oxford, 2018.

DÍAZ MARTÍNEZ, Pablo de la Cruz, «Rey y poder en la monarquía visigoda», *Iberia*, 1, pp. 175-195, 1998.

—, «La cristianización de Cantabria antes del beato», en *Apocalipsis. El ciclo histórico del beato de Liébana*, pp. 46-69, Santillana del Mar, 2006.

—, «El mito godo en la construcción de Castilla», en *El historiador y la sociedad. Homenaje a José María Mínguez*, pp. 53-65, Salamanca, 2013.

DÍAZ Y DÍAZ, Manuel Cecilio, «La circulation des manuscrits dans la Péninsule Ibérique du VIII au IX siècle», *Cahiers de Civilisation Médiévale*, 12, 47, pp. 219-241, 1969.

—, «La historiografía hispana desde la invasión árabe hasta el año 1000», en *De Isidoro al siglo XI: ocho estudios sobre la vida literaria peninsular*, pp. 203-234, Barcelona, 1970.

—, *Asturias en el siglo VIII. La cultura literaria*, León, 1983.

—, «Noticias históricas en dos himnos litúrgicos visigodos», en *Los visigodos. Historia y civilización*, III, pp. 443-456, Murcia, 1988.

—, *Códices visigóticos en la monarquía leonesa*, Oviedo, 2001a.

—, «El obispo Ascárico y su herencia literaria», en *Asturias en el siglo VIII. La cultura literaria*, pp. 57-74, Oviedo, 2001.

DÍAZ, Pablo C. y MENÉNDEZ BUEYES, Luis R., «Romanos, visigodos e indígenas: las comunidades del norte de Hispania en los inicios de la Edad Media (cuarenta años después)», *Anejos de Nailos*, 3, pp. 161-189, 2016.

DIEGO SANTOS, Francisco, *Historia de Asturias. Asturias sueva y visigoda*, Vitoria, 1977.

—, *Inscripciones medievales de Asturias*, Oviedo, 1995.

—, «De la Asturias sueva y visigoda», *Asturiensia Medievalia*, 3, pp. 17-59, 1979.

DIEHL, Ch., *L'Afrique Byzantine. Histoire de la domination Byzantine en Afrique (533-709)*, París, 1896.

DOMENÉ SÁNCHEZ, Domingo, *Año 711, la invasión musulmana de Hispania*, Madrid, 2011.

—, «Moneda y espacios de poder en el reino visigodo. Los tremises de El Tolmo de Minateda (Hellín, Albacete)», *Al-Qantara*, XXVII-2, pp. 337-374, 1994.

—, «Circulación monetaria de época emiral en el País Valenciano: el problema de las primeras emisiones en cobre», *Arqueología y Territorio Medieval*, 21, pp. 9-37, 2014.

— y GUTIÉRREZ LLORET, S., «Viejas y nuevas monedas en la ciudad emiral de Madinat Iyyuh (El Tolmo de Minateda, Hellín, Albacete)», *IX Congreso Nacional de Numismática*, pp. 281-302, Elche, 1994.

Domínguez Ortiz, Antonio, *España. Tres milenios de historia*, Madrid, 2001.

Dozy, Reinhart P., *Historia de los musulmanes de España*, 4 vols., Madrid, 1982.

Dubler, César E., «Sobre la crónica arábigo-bizantina de 741 y la influencia bizantina en la península ibérica», *Al-Andalus*, I, pp. 314-331, 1946.

Duggan, Anne J. (ed.), *Kings and Kingship in Medieval Europe*, Londres, 1993.

Dykes Shaw, R., «The Fall of the Visigothic Power in Spain», *The English Historical Review*, 82, pp. 209-228, 1906.

Ehrenbeich, B., *El reino de León en la Alta Edad Media. III. La monarquía astur-leonesa de Pelayo a Alfonso IV (718-1109)*, León, 1995.

El año 711. Dossier, *Debats* 103, Valencia, 2011.

Encinas Moral, Ángel Luis, *Cronología histórica de al-Andalus*, Madrid, 2005.

Escalona Monge, Julio, «Family Memories. Inventing Alfonso I of Asturias», en *Building Legitimacy. Political Discourses and Forms of Legitimation in Medieval Societies*, pp. 223-262, Boston, 2004.

—, «The early Castilian peasantry: an archaeological turn?», *Journal of Medieval Iberian Studies*, 1, 2, pp. 119-145, Boston, 2009.

—, «Aproximación a un análisis comparativo de la territorialidad en los siglos ix-xi: el *Territorium legionensis* y el condado de Castilla», *XX Semana de Estudios Medievales*, pp. 271-291, Nájera, 2009.

Esco, Carlos, Giralt, Josep y Sénac, Philippe, *Arqueología islámica en la marca superior de al-Andalus*, Huesca, 1988.

Escudero Manzano, Gonzalo J., «La "despoblación" y "repoblación" del valle del Duero: la problemática de las fuentes y el debate historiográfico», *Estudios Medievales Hispánicos*, 5, pp. 151-172, 2016.

Espino Nuño, Jesús, *Los orígenes de la Reconquista y del reino Asturiano*, Madrid.

Esteban, Asunción, «El final del Reino Visigodo y el pacto feudal con el Islam», en *711-2011. 1.300 aniversario*, pp. 65-78, Granada, 2012.

Estepa Díez, Carlos, «La vida urbana en el norte de la península ibérica en los siglos viii y ix. El significado de los términos *civitates* y *castra*», *Hispania*, 139, pp. 257-273, 1978.

—, «Configuración y primera expansión del reino astur, siglos viii y ix», en *De Constantino a Carlomagno. Disidentes, heterodoxos y marginados*, pp. 179-195, Cádiz, 1992.

Estévez, Juan, «De nuevo sobre la *Continuatio*, Sampiro y la pseudo Silensis», en *Histoires, femmes, pouvoirs: Péninsule Ibérique (IX-XV siècles)*, pp. 81-86, 2018.

Ezquerra y Nonell, G., *Spania (552-624): límite de la Ecuméne*, Kragujevac, 2012.

Fagnan, E., Ibn El-Athir, *Annales du Magreb et de l'Espagne*, Argel, 1898.

—, *Histoire de l'Afrique et de l'Espagne intitulée Al-Bayano 'l-Mogrib*, Argel, 1904.

Fanjul, Serafín, *Al-Andalus contra España. La forja del mito*, Madrid, 2001.

—, *La quimera de al-Andalus*, Madrid, 2004.

Fanjul Peraza, Alfonso, *Los astures. Un pueblo céltico del noroeste peninsular*, Ponferrada, 2019.

Faro Carballa, J. A., García-Barberena, M., y Unzu Urmeneta, M., «La presencia islámica en Pamplona», *Villa II. Villes et campagnes de Tarraconaise et d'al-Andalus (VIe-XIe siècle): la transition. Études Médiévales Ibériques*, pp. 97-138, 2007.

—, García-Barberena, M., Unzu Urmeneta, M. y De Miguel Ibáñez, M. P., «El cementerio islámico de la Plaza del Castillo (Pamplona)», en *La tierra te sea leve. Arqueología de la muerte en Navarra*, pp. 249-252, Pamplona, 2007.

—, García-Barberena, M., y Unzu Urmeneta, M., «Pamplona y el Islam: nuevos testimonios arqueológicos», *Trabajos de Arqueología Navarra*, 20, pp. 229-284, 2008.

Felipe Rodríguez, Helena de, *Identidad y onomástica de los bereberes de al-Andalus*, Madrid, 1997.

Fernández Carvajal, José Ángel, *Arqueología de la Alta Edad Media en Las Encartaciones. Datos para un análisis del poblamiento altomedieval en el occidente vizcaíno: Siglos VI-XII*, Bilbao, 2010.

Fernández Conde, Francisco Javier, «Las raíces de la Reconquista: Covadonga», en *Historia de Asturias*, II, pp. 273-292, Oviedo, 1990.

—, «Poblaciones foráneas: mozárabe, musulmana y judía en el Reino de León», en *Monarquía y Sociedad en el Reino de León*, pp. 763-891, León, 2007.

—, «Los mozárabes en el Reino de León: siglos VIII-XI», *Studia Historica. Historia Medieval*, 27, pp. 53-69, 2009.

—, «La construcción ideológica de Pelayo de Oviedo», en *À la recherche de légitimités chrétiennes: représentations de l'espace et du temps dans l'Espagne médiévale*, pp. 129-148, Lyon, 2003.

—, «Poblaciones foráneas: mozárabe, musulmana y judía en el Reino de León», en *Monarquía y Sociedad en el Reino de León*, pp. 763-891, León, 2007.

—, «Los mozárabes en el Reino de León: siglos VIII-XI, *Studia Historica. Historia Medieval*, 27, pp. 53-69, León, 2009.

—, *Estudios sobre la monarquía asturiana*, Gijón, 2015.

— y otros, «Poderes sociales y políticos en Asturias. Siglos VIII-X», en *Poder y simbología en Europa. Siglos VIII-X*, pp. 11-30, Gijón, 2009.

—, Mínguez, J. M. y Portela Silva, Ermelindo, *El reino de Hispania (siglos VIII-XII): teoría y prácticas del poder*, Madrid, 2019.

Fernández de Larrea Rojas, J. A. y Díaz de Durana, J. R. (eds.), *Memoria e historia: utilización pública en la Corona de Castilla a fines de la Edad Media*, Madrid, 2010.

Fernández Fernández, Jesús, «Reyes, obispos y campesinos: territorio y poblamiento durante la Alta Edad Media en el valle del Trubia, Asturias (siglos VIII-XII)», *Studia Historica, Historia Medieval*, 35, pp. 13-47, 2017.

Fernández González, Alejandro, «Análisis territorial de la Cantabria meridional en la Antigüedad Tardía: la comarca de Campoo-Los Valles», *Hispania Antiqua*, XLII, pp. 218-250, 2018.

Fernández Mier, M., «La articulación del territorio en la montaña cantábrica en época tardoantigua», en *Comunidades locales y dinámicas de poder en el norte de la península ibérica durante la Antigüedad Tardía*, pp. 265-289, Logroño, 2006.

Fernández Ochoa, Carmen, «La ciudad en la Antigüedad Tardía en la cornisa cantábrica», en *Complutum y las ciudades hispanas en la Antigüedad Tardía*, pp. 73-86, Alcalá de Henares, 1999.

— (ed.), *Gijón, puerto romano. Navegación y comercio en el Cantábrico durante la Antigüedad*, Barcelona, 2003.

—, García-Entero, Virginia y Gil Sendino, Fernando (eds.), *Las* villae *tardorromanas en el occidente del Imperio: arquitectura y función*, Gijón, 2008.

—, Gutiérrez González, Avelino y Orejas Saco del Valle,

Almudena, «Gijón entre la Antigüedad y la Edad Media», en *La fábrica de tabacos de Gijón*, pp. 282-295, Gijón, 2015.

Fernández Ortiz de Guinea, Lina, «Participación episcopal en la articulación de la vida política hispano-visigoda», *Studia Historica. Historia Antigua*, 12, pp. 159-168, 1994.

Fernández y González, Francisco, *Historia de al-Andalus. Ibn Idari al-Marrakusi*, Málaga, (1860) 1999.

Fierro Bello, María Isabel, *La heterodoxia de al-Andalus durante el periodo Omeya*, Madrid, 1987.

—, «La obra histórica de Ibn al-Qutiyya», *Al-Qantara*, X, pp. 485-511, 1989.

—, «Árabes, bereberes, muladíes y mawali. Algunas reflexiones», *Estudios onomástico-biográficos de Al-Andalus*, VII, pp. 41-54, 1995.

—, «El conde Casio. Los Banu Qasi y los linajes godos en al-Andalus», *Studia Historica. Historia Medieval*, 27, pp. 119-124, 2009.

—, «Los que vinieron a Al-Andalus», *Zona Arqueológica*, 15, 1, pp. 165-176, 2011.

Fita, Fidel, «Sebastián, obispo de Arcávica y de Orense. Su crónica y la del rey Alfonso III», *Boletín de la Real Academia de la Historia*, XLI, pp. 324-344, 1902.

Flitter, Derek W., *Spanish Romanticism and the Uses of the History. Ideology and the Historical Imagination*, Londres-Oxford, 2006.

Flori, Jean, *El islam y el fin de los tiempos. La interpretación profética de las invasiones musulmanas en la cristiandad medieval*, Madrid, 2012.

Floriano Cumbreño, Antonio C., *Diplomática española del periodo astur. Estudios de las fuentes documentales del Reino de Asturias, 718-910*, Oviedo, 1949.

Folch, Cristian, «Estratègies de conquesta i ocupació islámica del nord-est de Catalunya», *Quaderns de la Selva*, 15, pp. 139-154, 2003.

Folgueira Lombardero, Pablo, *Poblamiento altomedieval en el concejo de Grandas de Salime (Asturias)*, Saarbrücken, 2012.

Fournel, Henri (ed.), *Études sur la Conquête de l'Afrique par les Arabes d'après les textes árabes imprimés*, 2 vols., París, 1875.

Francisco Fabián, J., Santoja Gómez, M., Fernández Moyano, A. y Benet, A., «Los poblados hispano-visigodos de Cañal, Pelayos (Salamanca). Consideraciones sobre el poblamiento entre los siglos v y viii en el SE de la provincia de Salamanca», *I Congreso de Arqueología Medieval*, vol. II, pp. 187-202, Zaragoza, 1985.

Franco Moreno, Bruno, «Distribución y asentamiento de tribus bereberes (Imazighen) en el territorio emeritense en época emiral (ss. viii-x)», *Arqueología y territorio medieval*, 15, pp. 39-50, 2005.

Franco Sánchez, Francisco, «Consideración jurídica y religiosa de los territorios de la Meseta y el Norte peninsular por el poder musulmán de al-Andalus», *Al-Andalus Magreb*, 7, pp. 101-133, 1999.

—, «Rábitas y Al-Monastir(es) en el norte y levante de la península de al-Andalus», en *La Rábita en el Islam*, pp. 95-110, 2004.

—, «El tratado de Teodomiro en su contexto histórico y paleográfico», *El Humanista/IVITRA*, 5, pp. 312-348, 2014.

—, «Análisis de las dos líneas de transmisión del tratado de Tudmir (94 H./713 e.C.)», *Anaquel de Estudios Árabes*, 27, pp. 63-79, 2016.

Frighetto, Renan, «Aspectos teóricos e prácticos da legitimidades do poder na Hispania visigoda: o ejemplo da adoptio», *Cuadernos de Historia de España*, 79/1, pp. 237-245, 2005.

—, «In eadem infelicem Hispaniam, regnum efferum conlocant: Las motivaciones de la fragmentación política del reino hispanovisigodo de Toledo (siglo VIII)», *Temas Medievales*, 19, pp. 137-164, 2011.

Fuentes, A. y López, J., «El poblamiento en el norte de la península ibérica (siglos V-X): continuidades rupturas y transformaciones», *Historia Agraria*, 17, pp. 221-228, 1991.

Gallego García, María Mar y otros, *La vega baja de Toledo*, Toledo, s. a.

Gamo Parras, Blanca, «Fortificaciones del reino de Toledo en el sureste de la península ibérica. El ejemplo del Tolmo de Minateda», en *Las fortificaciones en la tardoantigüedad*, pp. 79-94, Madrid, 2014.

García, A., Izquierdo, R., Olmo, L. y Peris, D., *Espacios urbanos en el Occidente mediterráneo (ss. VI-VIII)*, Toledo, 2010.

García Álvarez-Busto, Alejandro, «Poder y poblamiento en el territorio Gegione (Asturias) durante el Altomedievo», *Territorio, Sociedad y Poder*, 1, pp. 129-156, 2006.

—, García De Castro Valdés, César y Ríos González, Sergio (eds.), *1.300 aniversario del origen del reino de Asturias. Anexo Nailos*, 5, 2019.

García-Contreras Ruiz, Guillermo, «*Destructa atque desolata*. Acerca del lugar de Sigüenza en época altomedieval (ss. V-XII)», *Debates de Arqueología Medieval*, 4, pp. 67-110, 2014.

García De Castro Valdés, César, *Arqueología cristiana de la Alta Edad Media en Asturias*, Oviedo, 1995.

—, «Visigodos, asturianos y carolingios», en *Asturias entre visigodos y mozárabes*, pp. 229-286, Madrid, 2012.

—, «La batalla de Covadonga. Problema historiográfico, trasfondo histórico y consecuencias sociopolíticas», *Nailos, Anejos*, 5, pp. 685-751, Oviedo, 2019.

García De Cortázar, José Ángel, *La época medieval. Historia de España*, Madrid, 1973.
—, «Del Cantábrico al Duero», en *Organización social del espacio en la España medieval. La Corona de Castilla en los siglos* viii *al* xv, pp. 43-83, Madrid, 1985.
—, «Crecimiento económico y síntomas de transformación en las estructuras de la sociedad y del hábitat en el reino de Alfonso III de Asturias», en *La época de Alfonso III y San Salvador de Valdediós*, pp. 27-53, Oviedo, 1994.
—, «Las formas de organización social del espacio del Valle del Duero en la Alta Edad Media: de la espontaneidad al control feudal», en *Despoblación y colonización del valle del Duero. Siglos* viii-xv, pp. 11-44, Ávila, 1995.
—, «Cantabria en los años 450-1000. De la identificación de un pueblo en el marco del Imperio romano a la individualización de unas comarcas en el Condado de Castilla», en *Cántabros. La génesis de un pueblo*, pp. 219-255, Santander, 1998.
—, «La formación de la sociedad feudal en el cuadrante noroccidental de la península ibérica en los siglos 8 al 12», *Initium. Revista catalana d'Historia del Dret*, 4, pp. 57-121, 1999.
—, «Estructuras de poder y doblamiento en el solar de la monarquía asturiana (711-910)», en *La época de la monarquía asturiana*, pp. 415-450, Oviedo, 2002.
—, *La Iglesia en el reino de Castilla en la Edad Media (711-1471)*, Madrid, 2021.
García Fizt, Francisco, *La Edad Media. Guerra e ideología*, Madrid, 2003.
—, *Edad Media. Guerra e ideología, justificaciones religiosas y jurídicas*, Madrid, 2004.
—, «La Reconquista: un estado de la cuestión», *Clío y Crimen*, 6, pp. 142-215, Madrid, 2009.

—, *La Reconquista*, Granada, 2012.
—, *La guerra contra el Islam peninsular en la Edad Media*, Madrid, 2019.
—, «Crítica e hipercrítica en torno al concepto de reconquista. Una aproximación a la historiografía reciente», en *La Reconquista. Ideología y justificación en la Guerra Santa Peninsular*, pp. 79-98, Madrid, 2019.
García Gandía, J. R., Llorens Campello, S. y Pérez Botí, G., «L'Almisserà: territorio castral y espacio rural en época islámica», en *De la Medina a la Vila*, pp. 83-105, Alicante, 2004.
García Gómez, Emilio, *España musulmana hasta la caída del Califato de Córdoba (711-1031)*, *Historia de España*, 4, Madrid, 1957.
García González, Juan José, «Del castro al castillo. El cerro de Burgos de la Antigüedad a la Edad Media», *Cuadernos Burgaleses de Historia Medieval*, 2, pp. 72-166, 1995.
—, «Valdegovia en épocas antigua y altomedieval. Primera parte 350 a. C. - 711 d. C.», *Estudios Mirandeses*, XXX, pp. 91-178, 2010.
—, «Fruela I y la desestructuración de la cuenca del Duero», en *Mundos Medievales. Homenaje a José Ángel García de Cortázar*, vol. I, pp. 515-528, Santander, 2012.
—, «El avance de la cristiandad del centro-norte peninsular hasta la línea del Duero: aspectos político-militares e institucionales», en *Biblioteca. Estudio e Investigación*, 28, pp. 131-218, 2013.
—, «La despoblación del valle del Duero. Aspectos teórico-metodológicos», en *Biblioteca. Estudio e Investigación*, 34, pp. 9-41, 2019.
—, *Historia general de Castilla y de Vasconia. De la Prehistoria a la plena Edad Media*, Bilbao, 2021.
García Guinea, M. A., González Echegaray, J. J. y Madariaga De La Campa, B., *El Castellar. Villajimena (Palencia)*, Madrid, 1963.

García Leal, Alfonso, *El diploma del rey Silo*, La Coruña, 2007.
García Moreno, Luis Agustín, «Organización militar de Bizancio en la península ibérica (ss.vi-vii)», *Hispania*, 33, pp. 5-22, 1973.
—, *Prosopografía del reino visigodo de Toledo*, Salamanca, 1974.
—, «Estudios sobre la organización administrativa del reino visigodo de Toledo», *Anuario de Historia del Derecho Español*, 44, pp. 5-156, 1974.
—, *El fin del reino visigodo de Toledo*, Madrid, 1975.
—, *Romanismo y germanismo. El despertar de los pueblos hispanos (siglos iv-x)*, ed. Labor, Barcelona, 1982.
—, *Historia de España visigoda*, Barcelona, 1989.
—, «Los últimos tiempos del reino visigodo», *Boletín de la Real Academia de la Historia*, 139, II, pp. 425-459, 1992.
—, «Covadonga, realidad y leyenda», *Boletín de la Real Academia de la Historia*, CXXXIX, II, pp. 353-380, 1997.
—, «Una hipótesis germanista en los orígenes de Aragón», *Anuario de Historia del Derecho Español*, 67, pp. 633-641, 1995.
—, «Literatura antimusulmana de tradición bizantina entre los mozárabes», *Hispania Sacra*, 57, pp. 8-45, 2005.
—, «Fuentes no islámicas de la invasión y conquista de España por el Imperio árabe-islámico», en *Del Nilo al Ebro. Estudios sobre las fuentes de la conquista islámica*, pp. 181-207, Madrid, 2010.
—, «La prehistoria del Reino de Asturias: relaciones entre las elites godas y suevas y las astures y cántabras», en *La Carisa y La Mesa. Causas políticas y militares del origen del reino de Asturias*, pp. 129-163, Oviedo, 2010.
—, «De Witiza a Rodrigo. Las fuentes literarias», *Arqueología entre dos mundos*, I, pp. 15-30, 2011.
—, «Unos años que cambiaron el mundo», en *Arqueología e Historia entre dos mundos*, pp. 21-45, 2011.
—, «Teudemiro de Orihuela y la invasión islámica», en *Mundos*

Medievales. Homenaje a José Ángel García de Cortázar, vol. I, pp. 529-544, Santander, 2012.
—, *España 702-719. La conquista musulmana*, Sevilla, 2013a.
—, «Bizantinos, ceutíes y la conquista islámica del 711», en *Del Nilo al Guadalquivir. II Estudios sobre las fuentes de la conquista islámica*, Madrid, 2013b.
—,«Suniefredo: rey godo sucesor de Witiza en Toledo», en *Creer y entender. Homenaje a Ramón González Ruiz*, vol. I, pp. 159-170, Madrid, 2014.
—, «Guarrazar y la conquista islámica», *VII Jornadas de Cultura Visigoda*, pp. 9-36, Guadamur, 2015.
—, *La monarquía de España. Los orígenes (siglo VIII)*, Madrid, 2022.
— y Sánchez Medina, Esther (eds.), *Del Nilo al Guadalquivir. II. Estudios sobre las fuentes de la conquista islámica*, Madrid, 2013.
—, Viguera Molins, María Jesús y Sánchez Medina, Esther, *Del Nilo al Ebro. I. Estudios sobre las fuentes de la conquista islámica*, Alcalá de Henares, 2009.
García Noriega, José Ignacio, *Don Pelayo, rey de la montaña*, Madrid, 2006.
—, *Historia de Covadonga*, Oviedo, 2008.
García Pérez, G., «Covadonga, un mito nacionalista católico de origen griego», *El Basilisco*, 17, pp. 81-94, 1994.
García Porras, Alberto, «Treinta años de una nueva arqueología de al-Andalus», en *Treinta años de arqueología medieval en España*, pp. 95-132, Oxford, 2018.
García Sanjuán, Alejandro, «El significado geográfico del topónimo al-Andalus», *Anuario de Estudios Medievales*, 33/1, pp. 3-36, 2003.
—, «Las causas de la conquista islámica de la península ibérica según las crónicas medievales», *Miscelánea de Estudios árabes y hebraicos*, 53, pp. 101-127, Madrid, 2004.

—, «Debate en torno a un episodio clave. Interpretaciones encontradas sobre la conquista islámica», *Andalucía en la Historia*, 31, pp. 32-35, 2011.

—, «Al-Andalus durante los primeros emires, 716-756», *Zona Arqueológica 15. Arqueología e Historia entre dos mundos*, I, pp. 176-185, 2012a.

—, «Al-Andalus en la historiografía del nacionalismo españolista (siglos XIX-XXI). Entre la España musulmana y la Reconquista», en *A 1300 años de la conquista de al-Andalus (711-2011)*, pp. 65-104, Coquimbo, 2012b.

—, *La conquista islámica de la península ibérica y la tergiversación del pasado*, Madrid, 2013.

—, «La persistencia del discurso nacional católico sobre el Medievo peninsular en la historiografía española actual», en *Historiografías: revista de historia y teoría*, 12, pp. 132-153, 2016.

—, «Rejecting al-Andalus, exalting the Reconquista: historical memory in contemporary Spain», *Journal of Medieval Iberian Studies*, 10, pp. 127-145, 2018.

—, «Cómo desactivar una bomba historiográfica. La pervivencia actual del paradigma de la Reconquista», en *La Reconquista. Ideología y justificación de la Guerra Santa Peninsular*, pp. 99-119, Madrid, 2019.

—, *Las sociedades islámicas clásicas (siglos VII-XV)*, Madrid, 2022.

GARCÍA VILLADA, Zacarías, *Covadonga en la tradición y en la leyenda*, Madrid, 1922.

GARCÍA-BARBERENA, M., FARO, J. A. y UNZU, M., «Las necrópolis pamplonesas del 700», *Arqueología e Historia entre dos mundos. Zona Arqueológica*, 15, I, pp. 295-312, Alcalá de Henares, 2011.

GARCÍA-CONTRERAS RUIZ, Guillermo, «*Destructa atque dessolata*. Acerca del lugar de Sigüenza en época altomedieval (ss. V-XII)», en *Debates de Arqueología Medieval*, 4, pp. 67-110, 2014.

García Villada, Zacarías, *Covadonga en la tradición y en la leyenda*, León, 2013.

Gaspar Remiro, M., «Historia de España por En-Nuguairi», *Revista del Centro de Estudios Históricos de Granada y su Reino*, 3, VII, pp. 190-198, 1917.

Gaspariño García, Sebastián, *Historia de al-Andalus según las crónicas medievales. La conquista de al-Andalus*, Granada, 2007.

Geary, P. J., *The Myth of Nations. The Medieval Origins of Europe*, Princeton, 2003.

Gibert, J., «La torre sobirana de Castellví de Rosanes, un edifici vinculat a la conquesta islámica», *Materials del Baix Llobregat*, 12, pp. 53-57, 2006.

—, «Els palatia septimans: indicis de l'organització territorial andalusina al nord dels Pirineus», *Anuari d'Estudis Medievals*, 37/1, pp. 1-26, 2007.

— y Llinàs, J. (2008), «La Torre del Far de Santa Coloma de Farners (La Selva)», en *Fars de l'islam. Antigues Alimares d'al-Andalus*, pp. 155-166, Barcelona, 2008.

Gil Fernández, J., *Crónicas asturianas*, ed. Universidad, Oviedo, 1972.

Glick, T. F., *Cristianos y musulmanes en la España medieval (711-1250)*, Madrid, 1991.

—, *From Muslim Fortress to Christian Castle. Social and Cultural Change in Medieval Spain*, Mánchester, 1995.

Gómez Aragonés, D., *La invasión bizantina de Hispania*, 2013.

Gómez de la Torre Vedejo, A., «La muralla de Recópolis», *Zona Arqueológica*, 9, pp. 76-88, Alcalá de Henares, 2008.

Gómez Moreno, Manuel, «Crónica de Alfonso III», *Boletín de la Real Academia de la Historia*, 73, pp. 54-58, 1918.

—, *Introducción a la Historia Silense*, Madrid, 1921.

—, «Las primeras crónicas de la Reconquista: el ciclo de Alfonso III», *Boletín de la Real Academia de la Historia*, 100, pp. 562-628, 1932.

González Álvarez, David, Menéndez Blanco, Andrés, Álvarez Martínez, Valentín y Jiménez Chaparro, Jesús Ignacio, «Los campamentos romanos de El Mouru (Grau-Miranda, Asturias) en la vía de la Mesa», *Boletín del Seminario de Estudios de Arqueología*, LXXVII-LXXVIII, pp. 245-267, Valladolid, 2011-2012.

González Fernández, R. y Fernández Matallana, F., «Mula: el final de una ciudad de la Cora de Tudmir», *Pyrenae*, 41, vol. 2, pp. 81-119, 2010.

González Ferrín, Emilio, *Historia general de al-Andalus*, Córdoba, 2009.

—, «711: historiología de una conquista», en *Al-Andalus y el mundo árabe (711-2011): visiones desde el arabismo*, pp. 67-90, Granada, 2012.

González García, Alberto, «La proyección europea del reino de Asturias: política, cultura y economía», *El Futuro del Pasado*, 5, pp. 225-298, 2014.

González González, Raúl, *Elites urbanas y relaciones de poder en Oviedo, León y Astorga durante la Edad Media (Siglos ix-xiii)*, Tesis doctoral, Oviedo, 2017.

González Jiménez, Manuel, «¿Reconquista? Un estado de la cuestión», en *Tópicos y realidades de la Edad Media, I*, pp. 155-178, Madrid, 2000.

—, «Sobre la ideología de la Reconquista: Realidades y tópicos», en *Memoria, mito y realidad en la Historia Medieval*, pp. 151-170, Nájera, 2003.

Goubert, P., «Byzance et l'Espagne wisigothique (554-711)», *Révue des Études Byzantines*, II, pp. 125-142, 1944.

Gozalbes Cravioto, Enrique, «La primera incursión árabe a España: tarifa año 710», *Aljaranda*, 7, pp. 16-19, 1992.

—, «El problema de la Ceuta bizantina», *Cahiers de la Tunisie*, pp. 115-116, 1981.

—, «Tarif, conquistador de Tarifa», *Aljaranda*, 30, pp. 4-8, 1998.

—, «Una aproximación al estudio de las vías en la Hispania visigótica», *II Congreso Internacional de Caminería Hispánica*, I, pp. 85-94.

—, «El comes Iulianus (Conde Julián de Ceuta), entre la Historia y la Literatura», *Al-Qantir*, 11, pp. 3-35, 2011.

Granja, Fernando de la, «La Marca Superior en la obra de al-Udri», *Estudios de Edad Media de la Corona de Aragón*, VIII, pp. 447-545, 1967.

Grau, M. y otros, *Los árabes invaden España*, Madrid, 1985.

Grego Gómez, María, «Posible encuentro de Tariq y Musa en Talavera de la Reina según las fuentes. Estado de la cuestión», *Cuadrenas*, VI, pp. 31-34, Talavera, 1998.

—, «El encuentro de Tariq y Musa», *Tulaytula*, 9, pp. 83-109, 2002.

Guichard, Pierre, *Al-Andalus. Estructura antropológica de una sociedad islámica en occidente*, Barcelona, 1976 (red. 1995, Granada).

—, «Les zones litorales de la région orientale d'al-Andalus aux VIIIe-XIe siècles», *Castrum*, 7, pp. 273-290, Roma-Madrid, 2001.

—, *De la expansion árabe a la reconquista: esplendor y fragilidad de al-Andalus*, Granada, 2002.

—, «Les arabes ont bien invadu l'Espagne. Les estructures sociales de l'Espagne musulmane», *Annales*, 6, pp. 1483-1513, 1974.

—, *De la expansión árabe a la Reconquista. Esplendor y fragilidad de al-Andalus*, Granada, 2002.

—, «La conquête arabe de l'Espagne au miroir des textes», *Cahiers d'Études Hispaniques Médiévales*, 28, pp. 377-389, 2005.

Guidi, J. J., «*Domus ruralis penetense*. Estrategias y formas de hábitat entre Barcelona y Tarragona en el tránsito de la Antigüedad tardía a la Alta Edad Media», *Revista d'Arqueologia de Ponent*, 20, pp. 93-123, 2010.

Gurt i Esparraguera, Josep Maria y Godoy Fernández, Cristina, «Barcino, de sede imperial a *urbs regia* en época visigoda», en *Sedes regiae (ann. 400-800)*, pp. 425-466, Barcelona, 2000.

— y Sánchez Ramos, I., «Las ciudades hispanas durante la Antigüedad tardía: una lectura arqueológica», *Zona Arqueológica*, 9, pp. 182-202, Alcalá de Henares, 2008.

Gutiérrez González, José Avelino, *Fortificaciones y feudalismo en el origen de la formación del reino leonés (siglos ix-xiii)*, Valladolid, 1995.

—, «El páramo leonés entre la Antigüedad y la Alta Edad Media», *Studia Historica. Historia Medieval*, 14, pp. 47-96, 1996.

—, «Sobre los orígenes de la sociedad asturleonesa: aportaciones desde la Arquelogía del territorio», *Studia Historica. Historia Medieval*, 16, pp. 173-197, 1998.

—, «La fortificación pre-feudal en el norte peninsular: castros y recintos campesinos en la Alta Edad Media», en *Mil anos de fortificações na Península Ibérica e no Magreb (500-1500)*, pp. 19-28, Lisboa, 2001.

—, «Las fuentes arqueológicas informadoras del espacio urbano medieval: la ciudad de León como ejemplo», *El Espacio urbano en la Europa medieval*, pp. 77-145, Logroño, 2006.

—, «La formación del territorio de Asturias en el periodo de la monarquía asturiana», *Enciclopedia del prerrománico en Asturias*, I, pp. 17-56, Aguilar de Campoo, 2007.

—, «Las *villae* y la génesis del poblamiento medieval», en *La villae tardorromanas en el occidente del Imperio: arquitectura y función*, pp. 215-238, Gijón, 2008.

—, «La disgregación del mundo tardoantiguo y los nuevos espacios de ocupación», en *Patrimonio cultural y territorio en el valle del Duero*, pp. 167-179, Valladolid, 2010a.

—, «Poderes locales y cultura material en el área astur-cántabra (ss. VI-VII)», en *Histoire et archéologie des sociéteés dc la vallée de l'Èbre (VII-XI siècles)*, pp. 183-206, Toulouse, 2010b.

—, «Arqueología tardoantigua en Asturias. Una perspectiva de la organización territorial y del poder en los orígenes del reino de Asturias», en *La Carisa y la Mesa. Causas políticas y militares del origen del reino de Asturias*, pp. 52-83, Oviedo, 2010c.

—, «Fortificaciones visigodas y conquista islámica del Norte hispano (c. 711)», *Zona Arqueológica*, 15, I, pp. 335-352, 2011.

—, «Procesos de transformación del poblamiento antiguo al medieval en el norte peninsular astur», en *Mundos Medievales. Homenaje a José Ángel García de Cortázar*, vol. I, pp. 599-615, Santander, 2012a.

—, «Oviedo y el territorio astur entre Mahoma y Carlomagno», *XXXIX Semana de Estudios Medievales de Estella*, pp. 377-433, 2012b.

—, «Poblamiento de los siglos VII-VIII y conquista musulmana del antiguo *Conventus Asturum*», en *Lo que vino de Oriente. Horizontes, praxis y dimensión material de los sistemas de dominación fiscal en Al-Andalus (ss. VII-IX)*, pp. 102-121, Oxford, 2013.

—, «Fortificaciones tardoantiguas y visigodas en el norte peninsular (ss. V-VIII)», en *Las fortificaciones en la Antigüedad*, pp. 191-214, Madrid, 2014a.

—, «Oviedo y el territorio astur entre Mahoma y Carlomagno (siglos VII-IX). El poder del pasado en el origen del reino de Asturias», en *De Mahoma a Carlomagno: los primeros tiempos (siglos VII-IX)*, pp. 377-433, Pamplona, 2014b.

—, «La temprana Edad Media en tierras de León (siglos v-viii)», en *Arqueoleón II. Historia de León a través de su arqueología*, pp. 157-176, León, 2014c.

—, «Arqueología de la temprana Edad Media en Asturias: sobre los orígenes antiguos de Oviedo», en *Arqueología de época histórica en Asturias*, pp. 13-46, Oviedo, 2018.

—, «Sobre la conquista islámica del noroeste peninsular: recientes aportaciones», en *Al-Kitab. Juan Zozaya Sytabel-Hansen*, pp. 261-267, Madrid, 2019.

— y Benéitez González, C., «Los tiempos oscuros: la transición a la Edad Media en tierras leonesas», en *ArqueoLeón. Historia de León a través de la Arqueología*, pp. 107-122, León, 1996.

— y Miguel Hernández, F., «La cerámica altomedieval en León: Producciones locales y andalusíes en la Puerta Obispo», *VIII Congreso Internacional de Cerámica Medieval en el Mediterráneo*, vol. I, pp. 443-462, Ciudad Real, 2009.

— y Muñiz López, I., «Reflexiones sobre los centros de poder en *Asturorum Regnum*. De las crónicas al paisaje», en *Sulcum servit. Estudios en Homenaje a Eloy Benito Ruano*, vol. I, pp. 333-372, Oviedo, 2004.

Gutiérrez Lloret, Sonia, «La cerámica paleoandalusí del sureste peninsular (Tudmir): producción y distribución (siglos vii al x)», en *La cerámica altomedieval en el sur de Al-Andalus*, pp. 37-66, Granada, 1993.

—, «De la *ciuitas* a la madina: destrucción y formación de la ciudad en el sureste de al-Andalus. El debate arqueológico», *IV C.A.M.E*, I, pp. 12-35, Alicante, 1993.

—, «La experiencia arqueológica en el debate sobre las transformaciones del poblamiento altomedieval en el SE. de al-Andalus: el caso de Alicante, Murcia y Albacete», en *Acculturazione e mutamenti. Prospettive nell'Archeologia Medievale del Mediterra-*

neo. II Congresso di Archeologia Medievale italo-spagnolo, pp. 165-189, Florencia, 1995.

—, *La cora de Tudmir de la antigüedad tardía al mundo islámico. Poblamiento y cultura material*, Madrid, 1996.

—, «La città della Spagna tra romanità e islamismo», en *Early Medieval Towns in the Western Mediterranean*, pp. 55-66, Mantua, 1996.

—, «Visigodos, bizantinos y musulmanes», en *Macanaz. Divulgación, Historia de la comarca de Hellín*, 2, pp. 57-74, Hellín, 1997.

—, «Ciudades y conquista: el fin de las *ciuitates* visigodas y la génesis de las *mudun* islámicas en el sureste de al-Andalus», en *Genèse de la ville islamique en al-Andalus et au Maghreb occidental*, pp. 137-157, Granada, 1998.

—, «La ciudad en la Antigüedad tardía en el sureste de *Hispania*: reviviscencia urbana en el marco del conflicto grecogótico», en *Complutum y las ciudades hispanas de la Antigüedad tardía. Acta Antiqua Complutensia*, I, pp. 101-128, Alcalá de Henares, 1999.

—, «La identificación de Madinat Iyih y su relación con la sede episcopal Elotana. Nuevas perspectivas sobre viejos problemas», en *Scripta in honorem E. A. Llobregat*, pp. 481-501, Alicante, 2000a.

—, «¿Arqueología o deconstrucción? A propósito de la formación de al-Andalus desde las afueras de la arqueología», *Arqueología espacial*, 22, pp. 252-254, 2000a.

—, «Algunas consideraciones sobre la cultura material de las épocas visigoda y emiral en el territorio de Tudmir», *Anejos de AEspA*, 23, pp. 95-116, 2000b.

—, «Construcción de iglesias en la Córdoba emiral: testimonios documentales», *III Congreso de Historia de Andalucía*, I, pp. 293-303, Córdoba, 2003.

—, «Illici en la Antigüedad Tardía. La ciudad evanescente», en *Ibe-*

ria, Hispania, Spania. Una mirada desde Ilici, pp. 95-110, Alicante, 2004.

—, «La islamización de Tudmir: balance y perspectivas», en *Villa II. Villes et campagnes de Tarraconaise et d'al-Andalus (VIe-XIe siècle): la transition*, pp. 275-318, Toulouse, 2007.

—, «Madinat Iyyuh y la destrucción del espacio urbano en la Alta Edad Media», *Castrum*, 8, pp. 199-222, Madrid, 2008a.

—, «Los orígenes de Tudmir y el Tolmo de Minateda (siglos VI-X)», en *Regnun Murciae. Génesis y configuración del Reino de Murcia*, pp. 57-72, Murcia, 2008b.

—, «La arqueología en la historia del temprano al-Andalus: espacios sociales, cerámica e islamización», en *Histoire et Archéologie de l'Occident musulman (VII-XV siècle): Al-Andalus, Maghreb*, pp. 33-66, Palermo, 2008c.

—, «La islamización de Tudmir: balance y perspectivas», en *Villa II. Villes et campagnes de Tarraconaise et d'al-Andalus (VIe-XIe siècles): la transition*, pp. 275-318, 2008d.

—, «El Tolmo de Minateda en torno al 711», *Arqueología entre dos mundos*, I, pp. 355-372, 2011a.

—, «El reconocimiento arqueológico de la islamización. Una mirada desde al-Andalus», *Arqueología entre dos mundos*, I, pp. 189-201, 2011b.

—, «La arqueología en la historia del temprano al-Andalus: espacios sociales, cerámica e islamización», en *Histoire et archéologie de l'Occident musulman (VII-XV siècles). Al-Andalus, Maghreb, Sicile. Villa*, 4, pp. 33-66, 2012a.

—, «De Teodomiro a Tudmir. Los primeros tiempos desde la Arqueología (siglos VII-IX)», en *De Mahoma a Carlomagno. Los primeros tiempos (siglos VII-IX)*, pp. 229-283, Estella, 2012b.

—, «La materialidad del pacto de Teodomiro a la luz de la arqueología», *eHumanista/IVITRA*, 5, pp. 262-288, 2014a.

—, «Repensando la ciudad altomedieval desde la arqueología», en *La Ciutat Medieval i Arqueologia*, pp. 17-41, Lérida, 2014b.

—, «Early al-Andalus: an Archaeological Approach to the Process of Islamization in the Iberian Peninsula (7 to 10 centuries)», en *New Directions in Early Medieval European Archaeolo gy: Spain and Italy Compared. Essays for Ricardo Francovich* pp. 43-86, Turnhout, 2015.

—, «El Tolmo de Minateda: De Senable a Teodomiro», en *En tiempo de los visigodos en el territorio de Valencia*, pp. 133-140, Valencia, 2019.

— y Abad Casal, L., «Fortificaciones urbanas altomedievales del Tolmo de Minateda (Hellín, Albacete, España): el baluarte occidental», en *Mil años de Fortificaçoes na Península Ibérica e no Magreb (500-1500)*, pp. 133-143, Lisboa, 2001.

— y Abad Casal, L. y Gamo Parras, B., «*Elio*, *Iyuh* y el Tolmo de Minateda (Hellín, Albacete): de sede episcopal a madina islámica», en *VI Reunión de Arqueología Cristiana Hispánica*, pp. 145-370, 2005.

— y Grau Mira, I. (e. p.), «El territorio tardoantiguo y altomedieval en el sureste de Hispania: Eio-Iyyuh como caso de estudio», en L. Caballero, P. Mateos y T. Cordero Ruiz (eds.), *Visigodos y Omeyas: El territorio, Anejos de AEspA*, LXI, pp. 171-297, 2012.

— y Grau Ignasi (eds.), *De la estructura doméstica al espacio social. Lecturas arqueológicas del uso social del espacio*, Alicante, 2013.

—, Menéndez Fueyo, J. L. y Guichard, Pierre, «El Castellar de la Morera de Elche: *¿madina* o *hisn*?», *Lucentum*, XXVII, pp. 175-190, 2008.

—, Menéndez Fueyo, J. L. y Guichard, Pierre, *El Castellar d'Elx. L'origen de la ciutat medieval*, Elche, 2010.

—, Moret, P., Rouillard, P. y Sillières, P., «Le peuplement du

Bas Segura de la protohistoire au Moyen Âge (prospection 1989-1990)», *Lucentum*, XVII-XVIII/1998-1999, pp. 25-74, 2001.

— y Sarabia Bautista, Julia, «The Episcopal Complex of Eio-El Tolmo de Minateda (Hellín, Albacete, Spain). Architecture and Spatial Organization. 7th to 8th Centuries AD», *Hostius Artium Medievalium*, 19, pp. 267-300, 2013.

— y Sarabia Bautista, Julia, «L'episcopio del Tolmo de Minateda (Hellín, Albacete, Spagna). Architettura e funzione degli ambienti tra la fine del VI e l'inizio dell'VIII secolo», en *La villa restaurata e i nuovi studi sull'edilizia residenziale tradoantica*, pp. 213-225, Bari, 2014.

— y Sarabia Bautista, Julia, «El episcopio del complejo religioso de época visigoda de El Tolmo de Minateda. Últimos datos arqueológicos sobre su arquitectura y función», *I Reunión científica de Arqueología de Albacete*, 19, pp. 51-67, Albacete, 2016.

—, Sarabia Bautista, Julia y Amoros Ruiz, Victoria, «Producción, uso y reuso en la escultura decorativa altomedieval de ambiente litúrgico en el Tolmo de Minateda: criterios para su contextualización cronológica espacial», *Hortus Artium Mediaevalium*, 27, pp. 88-105, 2021.

Halm, Heinz, «Al-Andalus and Ghotica sors», en *The formation of al-Andalus, 1. History and Society*, pp. 39-12, Aldershot, 1998.

Hen, Y. y Innes, M. J. (eds.), *The Uses of the Past in Early Middle Ages*, Cambridge, 2000.

Hernández Juberías, Julia, *La Península imaginaria. Mitos y leyendas sobre al-Andalus*, Madrid, 1996.

Herrero Soto, O., «La arenga de Tariq ibn Ziyab: un ejemplo de creación retórica en la historiografía árabe», *Talia Dixit*, 5, pp. 45-74, 2010.

—, «Recordando el 711: la memoria de la conquista de al-Andalus en el mundo actual. Representaciones y controversias», en *711-1616: de árabes a moriscos. Una parte de la historia de España*, pp. 405-427, Córdoba, 2012a.

—, «Tariq ibn Ziyad, las distintas versiones de un conquistador beréber según las fuentes medievales», en *Biografías magrebíes. Identidades y grupos religiosos, sociales y políticos en el Magreb medieval*, pp. 141-185, Madrid, 2012b.

Hierro Gárate, José Ángel, «Pelayo y las elites astures», *Desperta Ferro*, 69, pp. 13-17, 2022.

—, «La panoplia en época visigoda (siglos vii-viii) en la península ibérica y Septimania», en *Covadonga 722-2022. Las huellas y los relatos*, pp. 87-105, Oviedo, 2023.

Hitti, F. K., *Historia de los árabes*, Madrid, 1950.

Hitti, P., *Origins of the Islam State*, Nueva York, 1915.

Hobsbawm, E. J., y Ranger, T. (eds.), *La invención de la tradición*, Barcelona, 2002.

Hourani, A., 1992, *Historia de los pueblos árabes*, Barcelona.

Huici Miranda, Ambrosio, *Las grandes batallas de la Reconquista*, Granada, (1956) 2000.

Ibrahim, Tawfiq, «Un precinto a nombre de Anbasa ibn Suhaym al-Kalbi, gobernador de al-Andalus, 103-107/721-725», *Al-Qantara*, 20-1, pp. 191-194, 1999.

—, «Nuevos documentos sobre la conquista omeya de Hispania. Los precintos de plomo», *Arqueología entre dos mundos*, I. pp. 147-161, 2011.

—, «Additions to the leads seals of Umayyad conquest of the Iberian Peninsula», en *Monnaies du Moyen Âge. Histoire et Archéologie (Péninsule Ibérique-Maghreb VII-XI siècles)*, pp. 115-132, Toulouse, 2015.

Iglesias García, Luis y Gutiérrez López, José María, «El periodo omeya entre Siduna y Takurunna. Una aproximación arqueológica», *II Congreso Internacional de Historia de la Serranía de Ronda*, pp. 55-129, Ronda, 2019.

Iglesias Gil, J. M. y Muñiz Castro, J. A., *Las comunicaciones en la Cantabria romana*, Santander, 1994.

Inicio de la invasión nave de España. Fuentes documentales, ed. de Wenceslao Segura González, *Al-Qatir*, 10, 2010.

Iogna-Prat, *La Maison Dieu. Une histoire monumentale de l'Église au Moyen Âge (800-1200)*, París, 2006.

Iradiel, Paulio, Moreta, Salustiano y Sarasa, Esteban, *Historia medieval de la España cristiana*, Madrid, 1989.

Isla Frez, Amancio, «Consideraciones sobre la monarquía astur», *Hispania LV*, pp. 151-164, 1995.

—, «La monarquía leonesa según Sampiro», en *Historia social, pensamiento historiográfico y Edad Media*, pp. 33-57, Madrid, 1997.

—, «Los dos Witizas. Pasado y presente en las crónicas asturianas», en *Romanización y Reconquista en la península ibérica: nuevas perspectivas*, pp. 303-316, Salamanca, 1998.

—, «Conflictos internos y externos en el fin del reino visigodo», *Hispania*, LXII/2, pp. 619-636, 2002a.

—, «Los astures: el populus y la populatio», en *La época de la monarquía asturiana*, pp. 17-42, Oviedo, 2002b.

—, *La Alta Edad Media. Siglos VIII-XI*, Madrid, 2002c.

—, *Ejército, sociedad y política en la península ibérica entre los siglos VII y XI*, Madrid, 2010.

—, «Una historia leonesa, su perfil y sus costuras», *Edad Media. Revista de Historia*, 12, pp. 143-157, 2011a.

—, en *Territorio, sociedad y poder. Revista de Estudios Medievales*, 6, pp. 11-21, 2011b.

—, «El rey Favila, la reina Froiliuba y la fundación de la iglesia de Santa Cruz de Cangas (737)», *Studia Historica. Historia Medieval*, 33, pp. 143-157, 2011c.

—, *La crónica de Alfonso III y el reino astur*, Gijón, 2015a.

—, «Identidades y goticismo en época de Alfonso III. Las propuestas de la Albeldense», *Edad Media. Revista de Historia*, 12, pp. 155-171, 2015b.

Izquierdo Benito, Ricardo, «Toledo entre visigodos y omeyas», en *De Mahoma a Carlomagno. Los primeros tiempos (siglos vii-ix). XXIX Semana de Estudios Medievales de Estella*, pp. 99-130, 2013.

Jackson, Gabriel, *Introducción a la España medieval*, Madrid, 1974.

James, D., *Early Islamic Spain. The History of Ibn al-Qutiyya*, Londres-Nueva York, 2009.

Jayyusi, S. K., *The Legacy of Muslim Spain*, Leiden, 1992.

Jiménez-Camino Álvarez, R., Navarro Luengo, I., Suárez Padilla, J. y Tomassetti Guerra, J. M., «De Iulia Traducta a Al-Yazirat Al-Hadra. La Algeciras de los siglos vi al viii a través de la excavación arqueológica de la calle Alexander Henderson, 19-21», en *Espacios urbanos en el Occidente mediterráneo (ss. vi-viii)*, pp. 143-152, 2010.

Jordán Montes, Juan Francisco, Molina Gómez, José Antonio y Zapata Parra, José Antonio, «La frontera entre visigodos y bizantinos en el Parque Regional de El Valle (ciudad de Murcia)», *Verdolay*, 13, pp. 127-142, 2011.

Justo Sánchez, Daniel, «Asentar el dominio y controlar el territorio. Funciones de los castillos en la expansión de la monarquía asturleonesa: el caso de Ardón», en *1.300 aniversario de los orígenes del reino de Asturias, Anejos de Narlos, 5*, pp. 375-387, 2019.

Kaegi, W. E., *Muslim Expansion and Byzantine Collapse in North Africa*, Cambridge, 2010.

Kamen, Henry, *La invasión de España*, Madrid, 2012.

Kennedy, Hugh Nigel, «From Antiquity to Islam in the cities of al-Andalus and al-Mashiq», en *Genèse de la ville islamique en al-Andalus et au Mahgreb occidental*, pp. 53-64, Madrid, 1998.

—, *Las grandes conquistas árabes*, Barcelona, 2007.

—, *La corte de los califas*, Barcelona, 2008.

King, P. D., *Derecho y sociedad*, Madrid, 1981.

Kirchner, H., «Indígenas y extranjeros. Cerámica y etnicidad en la formación de Al-Andalus», *Arqueología Espacial*, 21, pp. 153-207, 1999.

—, «Indígenas y extranjeros, otra vez», *Arqueología Espacial*, 22, pp. 255-284, 2000.

Koch, Manuel, «La imperialización del reino visigodo bajo Leovigildo. ¿Es la *imitatio imperii* de Leovigildo la manifestación de un momento de cambio en la pretensión de poder y la ideología visigodas?», *Pyrenae*, 39, 2, pp. 101-117, 2008.

La aventura de la Historia, 60, Madrid, 2003.

La época de la monarquía asturiana. Simposio de Covadonga, Oviedo, 2002.

Lacarra y De Miguel, José María, «Panorama de la historia urbana en la península ibérica desde el siglo v al x», en *La Città nell'Alto Medioevo. Settimane di Studio,* 6, pp. 319-357, Spoleto, 1959.

Lagardère, V., *Histoire et société en Occident musulman au Moyen Âge, Analyse du Miyar d'Al-Wansarisi*, Madrid, 1995.

Larrea Conde, Juan José y Pozo Flores, Mikel, «Vasconia en la tardoantigüedad: De la Antropología a una historia en pedazos», *Revista de estudios vascos*, 60, pp. 42-77, 2015.

Larrén Izquierdo, Hortensia y Nuño González, Jaime, «Cerámicas pintadas andalusíes en la ciudad de Zamora», en *Al-Andalus, espaço de mudança. Balanço de 25 anos de história e arqueología medievais*, pp. 244-255, Mértola, 2006.

Larruga, José María y otros, «Mitochondrial DNA characterisation of European isolates: The Maragatos from Spain», *European Journal of Human Genetics*, 9, pp. 708-716, 2001.

Lautensach, H., *Maurische Züge im geographischen Bild der Iberischen Halbinsel*, Bonn, 1960.

Lecanda, J. A., «Arquitectura militar tardorromana en el norte de España: la fortaleza de Tedeja (Trespaderne, Burgos), un ejemplo de recinto no urbano y no campamental», en *Arqueología militar romana en Hispania, Glaudius, Anejos*, 5, pp. 683-692, Madrid, 2002.

Le Morvan de Villeneuve, Gaël, «Reinos e imperio: la *Historia legionensis* (llamada *silensis*) y la reivindicación leonesa de la herencia visigoda», en *e-Spania, journals.openedition.org/e-spania/21681*, 2012.

—, *Le mythe néo-wisigothique dans la culture historique de l'Espagne médiévale (XII-XIII siècles)*, Tesis doctoral, París, 2013.

Leblic García, V., «Guarrazar: algunas certezas e incógnitas sobre el lugar del hallazgo», *IV Jornadas Visigodas*, pp. 37-56, Guadamur, 2012.

Lecanda, A., Lorenzo, J. y Pastor, E., «Faros y torres circulares: propuestas para el conocimiento de la efectividad del dominio islámico inicial en los territorios del alto Ebro», en *Fars de l'islam. Antigues Alimares d'al-Andalus*, pp. 239-285, Barcelona, 2008.

Lévi-Provençal, Emmanuel, *España musulmana. Hasta la caída del califato de Córdoba*, en *Historia de España*, t. IV, Madrid, 1950.

—, «Un nouveau récit de la conquête de l'Afrique du nord par les árabes», *Arabica Occidentalia*, 1, pp. 17-43, 1954.

—, *La civilización árabe en España*, Madrid, 1969.

— y Torres Balbás, Leopoldo, *España musulmana. Hasta la caí-*

da del califato de Córdoba. Instituciones y vida social e intelectual. Arte califal, en *Historia de España*, t. V, Madrid, 1957.

LEWIS, Bernard, *Los árabes en la historia*, Madrid, 1956.

LEWIS, David Levering, *El crisol de Dios. El Islam y el nacimiento de Europa (570-1215)*, Barcelona, 2009.

LIROLA DELGADO, J., *El nacimiento del poder naval musulmán en el Mediterráneo (28-60 H/649-680 C.)*, Granada, 1990.

LIVERMORE, H., «La isla de los vándalos», *II Congreso de la Asociación Internacional de Hispanistas*, pp. 387-393, 1965.

LLOBREGAT CONESA, Enrique A., *Teodomiro de Oriola, su vida y su obra*, Alicante, 1973.

LOMAX, D., *La Reconquista*, Barcelona, 1984.

LÓPEZ FERNÁNDEZ, E., «El Santo Sudario de Oviedo, exiliado ilustre de Toledo a Asturias en la invasión árabe de 711», en *Arabes in patria asturiensium*, pp. 53-74, Oviedo, 2011.

LÓPEZ PADILLA, J. A. y XIMÉNEZ DE EMBÚN SÁNCHEZ, T., «Excavaciones arqueológicas en el yacimiento emiral de Cabezo Pardo (San Isidro-Granja de Rocamora, Alicante). Primeros resultados», *Lucentum*, XXVII, pp. 165-174, 2008.

LÓPEZ PEREIRA, José Eduardo, *Estudio crítico sobre la Crónica mozárabe del 754*, Zaragoza, 1980.

LÓPEZ QUIROGA, Jorge, *El final de la Antigüedad en la Gallaecia: la transformación de las estructuras de poblamiento entre Miño y Duero (siglos V al X)*, La Coruña, 2004.

—, *Arqueología del hábitat rural en la península ibérica (siglos V-X)*, Madrid, 2009.

—, *Monasterios altomedievales hispanos. Lugares de emplazamiento y ordenación de sus espacios*, Aguilar de Campoo, 2016.

—, «Los suevos y el reino suevo. Un viaje historiográfico y un preámbulo para una historia sin principio», *In tempore suevorum*, pp. 119-128, 2018a.

—, «El I y II Concilios de Braga y el "parroquial suevo"», en *In tempore suevorum*, pp. 139-142, 2018b.

— y Martínez Tejera, Artemio, M., «La edilicia rupestre en la península ibérica (siglos vi-xi)», en *In concavis petrarum habitaverunt*, pp. 6-17, Oxford, 2014.

Lorenzo de San Román, Roberto, *L'Alcudia d'Elx a l'Antiquitat tardana. Anàlisi historiográfica i arqueològica de l'Illici dels segles V-VIII*, Alicante, 2016.

—, *Ilici en la Antigüedad tardía. Ciudad y territorio del ocaso imperial al pacto de Tudmir*, Tesis doctoral, Universidad de Alicante, 2016.

Loring, María Isabel y otros, *La Hispania tardorromana y visigoda, siglos v-viii*, Madrid, 2007.

Lomax, Derek, *La Reconquista*, Madrid, 1984.

López Pereira, J. E., *Estudio crítico sobre la Crónica mozárabe del 754*, Zaragoza, 1980.

Lorenzo, J., *La* dawla *de los Banu Qasi. Origen, auge y caída de una dinastía muladí en la Frontera superior de al-Andalus*, Madrid, 2010.

Lorrio Alvarado, A. y Sánchez De Prado, M. D., «El Molón (Camporrobles, Valencia). Un poblado de primera época islámica», *Lucentum*, XXVII, pp. 141-164, 2008.

—, Almagro-Gorbea, M., Sánchez De Prado, M.ª D., *El Molón (Camporrobles, Valencia). Oppidum prerromano y* hisn *islámico*, Valencia, 2009.

Machado, Osvaldo A., «La historia de los godos según Ibn Jaldún», *Cuadernos de Historia de España*, I-II, pp. 139-155, 1944.

—, «Los nombres del llamado conde don Julián», *Cuadernos de Historia de España*, 3, pp. 106-116, 1945.

—, «Historia de los árabes de España, por Ibn Jaldún», *Cuadernos de Historia de España*, IV, pp. 136-153, 1946.

Macnab, A., *España bajo la Media Luna*, Barcelona, 1988.

Mahmud Alí Makki, «Al-Asatir wa-l-hikayat al-sac biyya al-mutac alliqa bi-fath al-Andalus (Las leyendas y relatos populares relativas a la conquista de al-Andalus)», *Revista del Instituto Egipcio de Estudios Islámicos*, XXIII, pp. 27-50, Madrid, 1985.

Maíllo Salgado, Felipe, «Los árabes en la Meseta norte en el periodo emiral y califal», en *Las tres culturas en la Corona de Castilla y los sefardíes*, pp. 243-253, León, 1990.

—, «El reino de Asturias desde la perspectiva de las fuentes árabes», en *La época de la monarquía asturiana*, pp. 229-249, Oviedo, 2002.

—, *De historiografía árabe*, Madrid, 2008.

—, «De los musulmanes en Asturias en el alto medievo: inciertos pactos, efímera presencia», en *La Carisa y La Mesa. Causas políticas y militares del origen del reino de Asturias*, pp. 165-211, Oviedo, 2010.

—, *Acerca de la conquista árabe de Hispania. Imprecisiones, equívocos y patrañas*, Gijón, 2011a.

—, *De la desaparición de al-Andalus*, Madrid, 2011b.

Makki, M. A., «Egipto y los orígenes de la historiografía árabe-española. Contribución al estudio de las primeras fuentes de historia hispano-musulmana», *Revista del Instituto Egipcio de Estudios Islámicos de Madrid*, V, pp. 157-248, 1957.

Malalana Ureña, Antonio, Barroso Cabrera, Rafael y Morín De Pablos, Jorge, *La Quebrada II. Un hábitat de la tardoantigüedad al siglo xi. La problemática de los silos en la Alta Edad Media hispana*, Madrid, 2012.

Mantran, R., *La expansión musulmana (Siglos vii-xi)*, ed. Labor, Barcelona, 1982.

Manzano Moreno, Eduardo, «La rebelión del año 754 en la Marca Superior y su tratamiento en las crónicas árabes», *Studia Historica*, IV, 2, pp. 185-203, 1986.

—, «Árabes y beréberes e indígenas: al-Andalus en su primer periodo de formación», en *L'incastellamento, Actes des rencontres de Gérone (26-27 novembre 1992) et de Rome (5-7 mai 1994)*, CEFR-241, pp. 157-177, Roma, 1998. *La frontera de al-Andalus en la época de los omeyas*, Madrid, 1991.

—, *Historia de las sociedades musulmanas en la Edad Media*, Madrid, 1992, «El asentamiento y la organización de los *yunds* sirios en al-Andaslus», *Al-Qantara*, 14/2, pp. 327-359, 1993.

—, «El problema de la invasión musulmana y la formación del feudalismo: un debate distorsionado», en *Romanización y Reconquista en la península ibérica: nuevas perspectivas*, pp. 339-354, 1998.

—, «Las fuentes árabes sobre la conquista de al-Andalus; una nueva interpretación», *Hispania*, LIX/2, pp. 389-432, 1999.

—, «La conquista del 711: transformaciones y pervivencias», en *Visigodos y Omeyas. Un debate entre la Antigüedad y la Alta Edad Media. Anejos AESpA*, 23, pp. 401-414, Madrid 2000.

—, *Conquistadores, emires y califas. Los omeyas y la formación de al-Andalus*, Barcelona, 2006.

—, «Convertirse en un árabe. La etnicidad como discurso político en al-Andalus durante la época de los Omeyas», en *Grenzräume und Grenzüberscheitungen im Vergleich*, pp. 219-238, Berlín, 2007.

—, «La memoria, el olvido y la historia», en *Memoria histórica*, pp. 71-95, Madrid, 2010.

—, «Algunas reflexiones sobre el 711», *Awraq*, 3, pp. 3-22, 2011.

—, *Los relatos de la conquista de al-Andalus en las fuentes árabes, un estudio sobre su procedencia*, publicación electrónica, Madrid, 2012.

—, *Historia de España. Épocas medievales*, Barcelona, 2015.

MAR, R. y GUIDI-SÁNCHEZ, J. J., «Formación y usos del espacio urbano tardoantiguo en Tarraco», *Espacios urbanos en el occidente mediterráneo (s. VI-VIII)*, pp. 173-182, Toledo, 2010.

MARCOS MARTÍNEZ, Javier y MANTECÓN CALLEJO, Lino, «Aproximación a las fortificaciones de cronología altomedieval en Cantabria», en *Los castillos altomedievales en el noroeste de la península ibérica*, pp. 99-122, Bilbao, 2012.

MARFIL RUIZ, Pedro, «La sede episcopal cordobesa en época bizantina: evidencia arqueológica», *V Reunió d'arqueologia cristiana hispánica*, pp. 157-175, Barcelona, 2000.

MARICHAL, Rémi y SÉNAC, Philippe, «Ruscino: un établissement musulman du VIII siècle», en *Villes et champagnes de Tarraconaise et d'Al-Andalus (VI-IX siècles): la transition*, pp. 67-94, Toulouse, 2007.

MARÍN, Manuela, *Al-Andalus y los andalusíes*, Madrid, 2000.

MARIÑO VEIRAS, Dolores, «Poder y pueblo en la génesis de la monarquía feudal: El reino-imperio leonés entre mediados del siglo IX y mediados del siglo XI», en *Mundos Medievales. Homenaje a José Ángel García de Cortázar*, vol. I, pp. 693-704, Santander, 2012.

MARTÍ CASTELLÓ, Ramón, «Palaus o almúnies fiscals a Catalunya i al-Andalus», en *Les sociétés méridionales à l'âge féodal. Hommage à Pierre Bonnassie*, pp. 63-70, Toulouse, 1999.

—, «Estrategias de conquista y ocupación islámica del noreste peninsular. Dimensión arqueológica de la toponimia significativa», *V Congreso de Arqueología Medieval Española*, 2, pp. 727-731, Valladolid, 2001.

—, «Los faros en al-Andalus: un sistema original de transmisión de señales», en *Fars de l'Islam. Antiques Alimares d'al-Andalus*, pp. 119-217, Barcelona, 2008.

—, «Ciudad y territorio en Cataluña durante el siglo VIII», en *Espacios urbanos en el occidente mediterráneo (s. VI-VIII)*, pp. 239-245, Toledo, 2010.

—, «Los territorios catalanes en la encrucijada del 711», *Zona Arqueológica*, 15, 2, pp. 11-23, 2011.

—, Folch, C. y Gibert, J., «Fars i torres de guaita a Catalunya: sobre la problemàtica dels orígens», *Arqueologia Medieval. Revista catalana d'arqueologia medieval*, 3, pp. 30-43, 2008.

— y Selma S., «Fortificaciones y toponimia omeya en el Este de al-Andalus», en *Mil Anos de Fortificações na Península Ibérica e no Magreb (500-1500)*, pp. 93-104, Palmela, 2002.

Martin, Georges, «La chute du Royaume visigothique d'Espagne dans l'historiographie chrétienne des VIII et IX siècles», *Cahiers de Lingüistique Hispanique Médiévale*, 9, pp. 201-233, 1984.

—, «Un récit (la chute du royaume visigothique d'Espagne dans l'historiographie chrétienne des VIII et IX siecles)», en *Histoires de l'Espagne médiévale. Historiographie, geste, romancero*, pp. 17-23, París, 1997.

—, *La géographie du pouvoir dans l'Espagne visigothique*, Lille, 2003.

—, «Ordoño Sisnández, autor de la *Historia legionensis* (llamada *silensis*). Notas histórico-filológicas sobre un ego fundador», *e-Spania*, 2012.

—, «La *Historia legionensis* (llamada *silensis*) como memoria identitaria de un reino y como autobiografía», en *Cartografies de l'ànima. Identitat, memòria i escriptura*, pp. 153-171, Lérida, 2014.

Martín, J. C., «*Chronica Muzarabica anni 754*», en *La Hispania visigótica y mozárabe. Dos épocas en su literatura*, pp. 244-251, Salamanca, 2010.

Martín, José Luis, *La Península en la Edad Media*, Barcelona, 1976.

Martín, F., Mínguez, J. y Canto, A. J., «La circulación monetaria en el reinado de Alfonso III a través de las fuentes documentales», en *MC aniversario de la muerte de Alfonso III y de la tripartición del territorio del reino de Asturias*, vol. II, pp. 157-205, Oviedo, 2011.

Martín de la Hoz, José Carlos, *El Islam y España*, Madrid, 2010.

Martín Viso, Iñaki, *Poblamiento y estructuras sociales en el norte de la península ibérica (siglos vi-xiii)*, Salamanca, 2000.

—, «Una frontera casi invisible: los territorios al norte del sistema central en la Alta Edad Media (siglos viii al xii)», *Studia Historica. Historia Medieval*, 23, pp. 89-114, 2005.

—, «Central places and the territorial organization of communities: the occupation of hilltop sities in early medieval Northern Castile», en *People and Space in the Middle Ages, 300-1300*, pp. 166-185, Turnhout, 2006a.

—, «Tributación y escenarios locales en el centro de la península ibérica: algunas hipótesis a partir del análisis de las pizarras visigodas», *Antiquité Tardive*, 14, pp. 263-290, 2006b.

—, «La sociedad rural en el suroeste de la Meseta del Duero (siglos vi-vii)», en *Espacios de poder y formas sociales en la Edad Media. Estudios dedicados a Ángel Barrios*, pp. 171-188, Salamanca, 2007.

—, «La ordenación del territorio rural y la tributación en el suroeste de la meseta del Duero», en *De Roma a los bárbaros. Poder central y horizontes locales en la cuenca del Duero*, pp. 227-261, León, 2008.

—, «Espacios sin estado: los territorios occidentales entre el Duero y el sistema central (siglos viii-ix)», en *¿Tiempos oscuros? Terri-*

torio y sociedad en el centro de la península ibérica (siglos VII-X), pp. 107-135, Madrid, 2009.

—, «Circuits of power in a fragmented space: gold coinage in the Meseta del Duero (sixth-seventh centuries)», en *Scale and scale change in the Early Middle Ages. Exploring landscape, local society and the world beyond*, pp. 215-252, Turnhout, 2011.

—, «The «Visigothic» slates and their archaeological contexts», *Journal of Medieval Iberian Studies*, 5 (2), pp. 145-168, 2013a.

—, «Prácticas locales de la fiscalidad en el reino visigodo de Toledo», en *Lo que vino de Oriente. Horizontes, praxis y dimensión material de los sistemas de dominación fiscal en Al-Andalus (ss. VII-IX)*, pp. 72-85, Oxford, 2013b.

—, «Castella y elites en el suroeste de la meseta del Duero postromana», en *Las fortificaciones en la tardoantigüedad: Elite y articulación del territorio (siglos V-VIII d. C.)*, pp. 247-274, Madrid, 2014.

—, «Huellas del poder: pizarras y poblados campesinos en el centro de la península ibérica (siglos V-VII)», *Medievalismo*, 25, pp. 285-314, 2015.

—, «Comunidades locales, lugares centrales y espacios funerarios en la Extremadura del Duero altomedieval: las necrópolis de tumbas excavadas en la roca alineadas», *Anuario de Estudios Medievales*, 46/2, pp. 859-898, 2016a.

—, «Colapso político y sociedades locales: el Noroeste de la península ibérica (siglos VIII-IX)», *Reti Medievali Rivista*, 17, 2, pp. 2-35, 2016b.

—, «Integración política y regeneración: el sur del Duero en el Reino Asturleonés», *Edad Media. Revista de Historia*, 18, pp. 207-239, 2017.

—, «Organización campesina y dominios políticos en la cuenca del valle del Duero altomedieval», *Sociedades Precapitalistas*, 7/2, 2018a.

—, «Paisajes, comunidades y poderes centrales: el centro-oeste de la península ibérica durante la Alta Edad Media (siglos VI-XI)», *Arqueología y Territorio Medieval* 25, pp. 195-226, 2018b.

—, «Asentamientos y jerarquías territoriales en la Meseta del Duero (siglos VII-IX)», en *Nailos. Anejo 5*, pp. 27-59, 2019.

—, «Entre el fin del dominio romano y la "repoblación" (siglos VI-XI)», en *Historia de Ciudad Rodrigo y su tierra*, I, pp. 267-316, Ciudad Rodrigo, 2022.

Martínez Carrasco, C., «El último patricio romano de *Spania*. Una relectura de la figura del conde don Julián», en *II Jornadas Interdisciplinares de Derecho, Historia y Arqueología. De Roma a Bizancio. El territorio en el Sureste Hispano*, Almería, 2014.

Martínez de Velasco, E., *Guadalete y Covadonga. Del año 600 al 900*, Madrid, 1879.

Martínez Díez, Gonzalo, «Las instituciones del Reino Astur a través de los diplomas (718-910)», *Anuario de Historia del Derecho Español*, XXXV, pp. 80-97, 1965.

—, *El condado de Castilla, 711-1038: la historia frente a la leyenda*, 2 vols., Madrid, 2005.

—, «La emigración mozárabe al reino de León, siglos IX y X», *Antigüedad y Cristianismo*, XXVIII, pp. 99-117, Murcia, 2011.

Martínez Montávez, Pedro, *Significado y símbolo de al-Andalus*, Cantabria, 2001.

—, «Significado de al-Andalus en la historia de España», en *711-2011. 1.300 aniversario*, pp. 45-63, Granada, 2012.

Martínez Núñez, M.ª A., «¿Por qué llegaron los árabes a la península ibérica? Las causas de la conquista musulmana del 711», *Awraq*, 3, pp. 21-36, 2011.

Martínez Sopena, R. y Rodríguez López, A. (eds.), *La construcción medieval de la memoria regia*, Valencia, 2011.

Martino, Eutimio, *La rebelión de Pelayo*, León, 2007.

Martos Quesada, Juan, «Las fuerzas militares musulmanas que entraron en la Península en 711», en *Al-Andalus y el mundo árabe (711-2011): visiones desde el arabismo*, pp. 245-258, Granada, 2012.

—, *Historiografía andalusí. Manual de fuentes árabes para la historia de al-Andalus*, 2 vols., Madrid, 2022.

Mateos, Pedro y Alba, Miguel Ángel, «De Emérita Augusta a Marida», en *Visigodos y Omeyas. Un debate en la Antigüedad tardía y la Alta Edad Media, Anejos de AEspA*, XXIII, pp. 143-168, Madrid, 2000.

Mateu y Llopis, Felipe, *Los atributos de la realeza en los tremises godos y las categorías diplomáticas contemporáneas*, separata, Barcelona, 1969.

Mazzoli Guintard, Christine, *Villes d'al-Andalus. L'Espagne et le Portugal a l'époque musulmane (VIII-XV siècles)*, Rennes, 1998.

Menéndez Bueyes, Luis R., «Algunas notas sobre el posible origen astur-romano de la nobleza en el *Asturorum Regnum*», *Studia Storica. Historia Antigua*, 13-14, pp. 437-456, 1995-1996.

—, *Reflexiones críticas sobre el origen del reino de Asturias*, Salamanca, 2001.

—, «*Civitas christiana versus* núcleos de poder: La ciudad postromana en el reino de Asturias», *Studia Storica. Historia Antigua*, 20, pp. 265-299, 2002.

—, «La geografía del poder en la Cantabria tardoantigua: Desde el final del Imperio Romano a la conquista visigoda (siglos v-viii)», en *Apocalipsis. El ciclo histórico de Beato de Liébana*, pp. 23-43, 2006.

—, «Una sociedad entre el mundo antiguo y el medieval. El caso del reino de Asturias», *Nuevas visiones sobre el reino de Asturias*, pp. 191-239, 2022.

— y Carriles García, Adriana, «Fiscalidad y poder entre la Tardoantigüedad y la Alta Edad Media en un reino postgermánico: el reino de Asturias (periodo formativo, siglos v-viii)», en *Between Taxation and Rent. Fiscal Problems from late Antiquity to Early Middle Ages*, pp. 271-394, 2011.

Menéndez Pidal, Ramón, *El imperio hispánico y los cinco reinos*, Madrid, 1950.

Miles, George, *The Coinage od the Visigoths of Spain, Leovigild to Achila II*, Nueva York, 1952.

Millares Carló, A., *Corpus de Códices Visigóticos*, Madrid, 1999.

Mínguez, José María, *La Reconquista*, Madrid, 1989.

—, «Innovación y pervivencia en la colonización del valle del Duero», en *Despoblación y colonización del valle del Duero. Siglos viii-xx*, pp. 45-79, Ávila, 1995.

—, «Poderes locales en el espacio central leonés durante el periodo astur», en *Poder y simbología en Europa, siglos viii-x*, pp. 199-214, Gijón, 1995.

Molina, Luis, «Un relato de la conquista de al-Andalus», *Al-Qantara*, 19, pp. 39-65, 1998.

—, «Los itinerarios de la conquista: el relato de Arib», *Al-Qantara*, XX, pp. 27-45, 1999.

Molina López, E., «La cora de Tudmir según al-Udri (s. xi). Aportaciones al estudio geográfico-descriptivo del SE peninsular», *Cuadernos de Historia del Islam*, 4, pp. 13-97, 1972.

Monclús, Antonio (ed.), *El diálogo de las culturas mediterráneas judía-cristiana-islámica en el marco de la Alianza de civilizaciones desde la biblioteca de Alejandría a la actualidad*, La Línea, 2009.

—, «711, una fecha simbólica compleja», en *711-2011. 1.300 aniversario*, pp. 17-26, Granada, 2012.

Monsalvo Antón, José María, «Espacios y fronteras en el discurso del reino de Asturias (del Cantábrico al Duero en las crónicas asturianas)», *Studia Historica. Historia Medieval*, 23, pp. 43-67, 2005.

—, *«En tiempo de los reyes donde yo vengo». Usos del pasado y legitimación monárquica (del reino de Asturias a los Trastámara)*, Madrid, 2021.

Montenegro, Julia y Del Castillo, Arcadio, «En torno a la conflictiva fecha de la batalla de Covadonga», *Anales de la Universidad de Alicante. Historia Medieval*, pp. 8-18, 1990-1991.

— y Del Castillo, Arcadio, «Don Pelayo y los orígenes de la reconquista: un nuevo punto de vista», *Hispania*, 180, pp. 5-32, 1992.

— y Del Castillo, Arcadio, «Análisis crítico sobre algunos aspectos de la historiografía del reino de Asturias», *Hispania*, 54, pp. 397-420, 1994.

— y Del Castillo, Arcadio, «Pelayo y Covadonga: una revisión historiográfica», en *La época de la monarquía asturiana*, pp. 111-124, 2002.

— y Del Castillo, Arcadio, «La campaña de Muza en el noroeste en el año 713 y la capitulación de Astorga», *Estudios de Historia de España*, 9, pp. 11-27, 2007.

— y Del Castillo, Arcadio, «The Alfonso II Document of 812, the *Annales Portugalenses Veteres* and the Continuity of the Visigothic Kingdom of Toledo as the Kingdom of Asturias», *Revue belge de philology et d'histoire*, 87, 2, pp. 197-214, 2009.

— y Del Castillo, Arcadio, «Don Pelayo y la rebelión de los astures: pervivencia y continuidad del Reino visigodo de Toledo», en *La Carisa y la Mesa. Causas políticas y militares del origen del Reino de Asturias*, pp. 199-211, 2010.

— y Del Castillo, Arcadio, «Los títulos de los documentos de León en los documentos medievales como reflejo de la continuidad del reino visigodo de Toledo», *Estudios de Historia de España*, 13, pp. 13-36, 2011.

— y Del Castillo, Arcadio, «La invasión musulmana de la península ibérica en el año 711 y la flota de Ifriqiya», *Anuario de Estudios Medievales*, 42-2, pp. 755-769, 2012.

Morales Muñiz, A. y otros, «711 AD ¿El origen de una disyunción alimentaria?», *Zona Arqueológica*, 15, pp. 302-319, Alcalá de Henares, 2011.

Moreno Martín, F. J., «El yacimiento de Los Hitos en Arisgotas (Orgaz-Toledo). Reflexiones en torno a cómo se construye un monasterio visigodo», *Anales de Historia del Arte*, 18, pp. 13-44, 2008.

Morín De Pablos, J., «Arqueología del poblamiento visigodo en el occidente de la Meseta norte (ss. v-viii)», *Zona Arqueológica*, 8, pp. 175-216, 2006.

Muñiz López, Iván, «La formación de los territorios medievales en el oriente de Asturias (siglos viii al x)», *Territorio, Sociedad y Poder*, 1, pp. 79-128, 2006.

— y García Álvarez-Busto, A., «El castillo de Gauzón en la Antigüedad tardía. Una fortificación de la Asturias transmontana en época del reino visigodo», en *Las fortificaciones en la Tardoantigüedad. Elites y articulación del territorio (siglos v-viii d. C.)*, pp. 215-228, Madrid, 2014.

Murgotten, F. C., *The Origins of the Islamic State, Al-Baladhuri (Kitab Futuh Al-Buldan). I*, Nueva York, 1969.

Mussot-Goulard, R., *Les gascons, VI-VII-VIII siècles: À la recherche d'un prince*, Anglet, 2001.

Navarro, C., «Fortificaciones y asentamientos andalusíes en la actual provincia de Albacete: un al-Andalus textualmente casi invisible», en *L'insatellamento. Collection de l'École Française de Rome*, 241, pp. 205-231, Roma, 1998.

Nevo, Yehuda D., *Cross-roads to Islam: The Origins of the Arab Religion and the Arab State*, 2003.

Novo Güisán, J. M., *Los pueblos Vasco-Cantábricos y Galaicos en la Antigüedad tardía. Siglos III-IX*, Alcalá de Henares, 1992.

—, «¿Castros tardíos en el noroeste? Algunas menciones literarias visigodas y de la primera Reconquista», *Croa*, 4, pp. 16-17, 1994.

—, *De Hidacio a Sampiro. Los castros durante la época visigoda y la primera Reconquista*, Lugo, 2000.

Nuño González, J., «La Huesa, Cañizal (Zamora): ¿un asentamiento altomedieval en el «desierto» del Duero?», *Numantia. Arqueología en Castilla y León 1997-1998*, 8, pp. 137-194, 2003.

—, «Poblamientos de encrucijada: las tierras zamoranas entre el mundo visigodo y la Edad Media», *Segundo Congreso de Historia de Zamora*, vol. I, pp. 169-198, Zamora, 2006.

Olagüe, Ignacio, *Les Arabes n'ont jamais envahi l'Espagne*, París, 1969 (1974).

Olalde, Iñigo y otros, «The genomic history of the Iberian Peninsula over the past 8000 years», *Science*, 363, pp. 1230-1234, 2019.

Oliver Asín, Jaime, *En torno a los orígenes de Castilla. Su toponimia en relación con los árabes y los beréberes*, Madrid, 1974.

Oliver Pérez, D., «De vuelta sobre el *Ajbar Maymu'a*: la historia de la invasión y de los valíes», *Anaquel de Estudios árabes*, 13, pp. 11-150, 2002.

Olmo Enciso, Lauro, «Problemática de las fortificaciones altomedievales (siglos VI-VIII) a raíz de los últimos hallazgos arqueológicos», *I Congreso de Arqueología Medieval*, II, pp. 13-23, 1986.

—, «Ideología y arqueología: los estudios sobre el periodo visigodo en la primera mitad del siglo XX», *Historiografía de la Arqueología y de la Historia Antigua de España (siglos XVIII-XX)*, pp. 157-160, Madrid, 1991.

—, «El reino visigodo de Toledo y los territorios bizantinos. Datos

sobre la heterogeneidad de la península ibérica», en *Coloquio Hispano-Italiano de Arqueología Medieval*, pp. 185-198, Granada, 1992.
—, «Proyecto Recópolis: ciudad y territorio en época visigoda», en *Arqueología en Guadalajara*, 12, pp. 213-215, Toledo, 1995.
—, «Consideraciones sobre la ciudad en época visigoda», *Arqueología y Territorio Medieval*, 5, pp. 109-118, 1998.
—, «Ciudad y procesos de transformación social entre los siglos VI y IX: de Recópolis a Racupel», en *Visigodos y Omeyas. Un debate entre la Antigüedad tardía y la Alta Edad Media, AespA*, 23, pp. 385-399, Madrid 2001.
—, «La ciudad en el centro peninsular durante el proceso de consolidación del estado visigodo de Toledo», en *La investigación arqueológica de la época visigoda en la Comunidad de Madrid*, pp. 253-264, 2006.
—, «The Royal Foundation of Recópolis and the Urban Renewal in Iberia during the Second Half of the Sixth Century», en *Roman Towns, Trade and Settlement in Europe and Byzantium*, vol. 1, pp. 181-196, Berlín-Nueva York, 2007.
—, «Recópolis: una ciudad en una época de transformaciones», en *Recópolis y la Ciudad en la Época visigoda. Zona arqueológica*, 9, pp. 40-63, 2008.
—, «Ciudad y Estado en época visigoda: Toledo, la construcción de un nuevo paisaje urbano», en *Espacios urbanos en el Occidente Mediterráneo (ss. VI-VIII)*, pp. 87-111, Toledo, 2010.
— (ed.), *Recópolis y la ciudad en época visigoda. Zona Arqueológica*, 9, Alcalá de Henares, 2010.
—, «De Celtiberia a *Santabariyya*: la gestación del espacio y el proceso de formación de la sociedad andalusí (ss. VIII-IX)», *711. Arqueología entre dos mundos, II. Zona Arqueológica* 15, pp. 39-62, Alcalá de Henares, 2011.

—, «The Materiality of Complex Landscapes: central Iberia during 6th-8th centuries A.D.», en *New Directions in Early Medieval European Archaeology: Spain and Italy Compared. Essays For Riccardo Francovich*, pp. 15-42, Turnhout, 2015.

— y Castro Priego, Manuel, «La época visigoda a través de la arqueología», *711. Arqueología entre dos mundos, II. Zona arqueológica* 15, pp. 49-77, Madrid, 2011.

—, Castro Priego, M. y Diarte Blasco, M., «Transformación social y agrosistema en el interior peninsular durante la Alta Edad Media (s. vi-viii d. C.): Nuevas evidencias desde Recópolis (Zorita de los Canes, Guadalajara)», *Lucentum*, XXXVIII, pp. 355-377, 2019.

Onega López, J. R., *Odoario el Africano. La colonización de Galicia en el siglo viii*, La Coruña, 1986.

Ordóñez Cuevas, Andrea María, «La legitimidad de los reyes asturianos en las crónicas de Alfonso III», *Estudios Medievales Hispánicos*, 5, pp. 7-43, 2016.

Palol, Pedro de, «Las excavaciones del conjunto de El Bovalar, Serós (Segrià, Lérida) y el reino de Akhila», en *Los visigodos. Historia y Civilización. Antigüedad y Cristianismo*, 3, pp. 513-525, Murcia, 1986.

Panzram, Sabine, «El mundo de las ciudades en la península ibérica y el norte de África», en *Entre* civitas *y* madina*. El mundo de las ciudades en la península ibérica y en el norte de África (siglos iv-ix)*, pp. 1-12, Madrid, 2018.

Pastor, Ernesto (ed.), «Lo que vino de Oriente. Horizontes, praxis y dimensión material de los sistemas de dominación fiscal en al-Andalus (ss. vii-ix)», *BAR*, pp. 182-204, Oxford, 2013.

Pastor Díaz de Garayo, Ernesto, *Castilla en el tránsito de la Antigüedad al feudalismo. Poblamiento, poder político y estructura social del Arlanza al Duero (siglos vii-xi)*, Valladolid, 1996.

Pavón Maldonado, Basilio, *Ciudades hispano-musulmanas*, Madrid, 1992.

Payne, Stanley, *La España medieval*, Madrid, 1985.

Peidro Blanes, Jesús, «La región de la Orospeda tras Leovigildo. Organización y administración del territorio», *Verdolay*, 11, pp. 263-276, 2008.

Pemán, José María, *La historia de España contada con sencillez*, vol. I, Cádiz, 1938.

Penelas, Mayte, *La conquista de al-Andalus*, Madrid, 2002.

Peña Pérez, F. J., *El surgimiento de una nación. Castilla en su historia y en sus mitos*, Barcelona, 2005.

Peñarroja Torrejón, L., *Cristianos bajo el Islam. Los mozárabes hasta la reconquista de Valencia*, Madrid, 1993.

Perea, Alicia (ed.), *El tesoro visigodo de Guarrazar*, Madrid, 2001.

— (ed.), *El tesoro visigodo de Torredonjimeno*, Madrid, 2009.

Pereira, Luisa y otros, «African female heritage in Iberia: a reassessment of mtDNA lineage distribution in present times», *Human Biology*, 77, pp. 213- 229, 2005.

Pérez De Urbel, Justo, «Reconquista y repoblación de Castilla y León durante los siglos ix y x», en *La Reconquista Española y la repoblación del país*, pp. 117-162, Zaragoza, 1951.

Pérez González, Mauricio, «La escritura y los escritos durante el siglo x», en *In principio erat verbum. El reino de León y sus beatos*, pp. 43-53, León, 2010.

Pérez Marinas, Iván, «*Regnum gothorum* y *regnun Hispaniae* en las crónicas hispano-cristianas de los siglos viii y ix: continuación, fin o traslado en el relato de la conquista árabe», *Estudios Medievales Hispánicos*, 2, pp. 175-200, 2013.

—, «Las obras de las crónicas de Alfonso III. Crónica de Alfonso II sobre el final de los reyes godos, Leyenda de Covadonga, Crónica de Sebastián de Salamanca y Crónica de Ordoño I», *Studium. Revista de Humanidades*, 20, pp. 29-54, 2014.

—, «Aceifas andalusíes y cristianas a través de la mitad sur del valle del Duero. Un estudio cuantitativo», *Estudios Medievales Hispánicos*, 3, pp. 71-128, 2014.

PÉREZ MARTÍN, Inmaculada y BÁDENAS DE LA PEÑA, Pedro, *Bizancio en la península ibérica. De la Antigüedad tardía a la Edad Moderna*, Madrid, 2004.

PETERSON, David, *Frontera y lengua en el alto Ebro: siglos VIII-XI*, Logroño, 2009.

—, «The men of wavering faith: on the origins of Arabic personal and place names in the Duero basin», *Journal of Medieval Iberian Studies*, 3, pp. 219-246, 2011.

—, «Historical Explanatios of North African Genetic Traces in North-Western Iberia», *Al-Qantara*, XLI, 2, pp. 409-434, 2020.

PLAZA, Stephanie y otros, «Joining the Pillars of Hercules: mtDNA Sequences Show Multidirectional Gene Flow in the Western Mediterranean», *Annals of Human Genetics*, 67, pp. 312-328, 2003.

PLIEGO VÁZQUEZ, Ruth, «El dinar epigráfico latino acuñado en al-Andalus: una reinterpretación a la luz de nuevos hallazgos», *Numisma*, 245, pp. 139-154, 2001.

—, *La moneda visigoda. Historia monetaria del reino visigodo de Toledo (c. 569-711)*, 2 vols., Sevilla, 2009.

—, «El *tremis* de los últimos años del reino visigodo (702-714)», en *Monnaies du Moyen Age. Histoire et Archéologie. Péninsule Ibérique et Maghreb (VII-IX siècles)*, pp. 17-58, Toulouse, 2015.

— e IBRAHIM, Tawfiq, «La ciudad a través de las emisiones monetarias y sigilográficas de la península ibérica. De la Antigüedad tardía a la conquista omeya», en *Entre* civitas *y* madina. *El mundo de las ciudades en la península ibérica y en el norte de África (siglos IV-IX)*, pp. 136-151, Madrid, 2018.

Pocklington, Robert, «El pacto de Teodomiro: nuevas líneas interpretativas. Conclusiones del análisis textual comparado de las diferentes versiones», *Alhadra*, 1, pp. 5-40, 2015.

Porres Martín-Cleto, Julio, *Historia de Tulaytula (711-1085)*, Toledo, 1985.

Portass, R., «All quiet on the western front? Royal politics in Galicia from c. 800 to c. 950», *Early Medieval Europe*, 21, 2, pp. 283-306, 2013.

Pozo Flores, Mikel, «Vascones y wascones. Las relaciones entre las dos vertientes de los Pirineos occidentales según las fuentes escritas y los testimonios arqueológicos (siglos vi-viii)», en *Las fronteras pirenaicas en la Edad Media (siglos vi-xv)*, pp. 25-65, 2018.

Preselo Velo, Francisco J., *La España bizantina*, Sevilla, 2003.

Pretel Martín, Aurelio, *Conquista y primeros intentos del territorio albacetense (Del periodo islámico a la crisis del siglo xiii)*, Albacete, 1986.

—, «¿Pervivencias cristianas bajo dominio islámico en las sierras de Alcaraz y Segura?», *Antig. Crist. (Murcia)*, XXVIII, pp. 357-389, 2011.

Prevedorou, E. y otros, «Residential Mobility and Dental Decoration in Early Medieval Spain: Results from the Eighth Century Site of Plaza del Castillo, Pamplona», *Dental Anthropology*, vol. 23, núm. 2, pp. 42-51, 2010.

Prieto Entrialgo, Clara Elena (ed.), *Arabes in patria Asturiensium*, Oviedo, 2011.

Quintana López, J., «Amaya, ¿capital de Cantabria?», en *Los cántabros en la Antigüedad. La Historia frente al Mito*, pp. 229-264, 2008.

Quirós Castillo, Juan Antonio, «Las aldeas de los historiadores y de los arqueólogos en la Alta Edad Media del norte peninsular», *Territorio, Sociedad y Poder*, 2, pp. 63-85, 2007.

—, «Arqueología del campesinado altomedieval: las aldeas y las granjas del País Vasco», en *The Archaeology of Early Medieval Villages in Europe*, pp. 385-404, Bilbao, 2009a.

—, «Arqueología de la Alta Edad Media en el Cantábrico oriental», en *Medio siglo de Arqueología en el Cantábrico oriental y su entorno*, pp. 449-500, Vitoria, 2009b.

—, «La arqueología de las aldeas en el noroeste peninsular. Comunidades campesinas y poderes territoriales en los siglos v-x», en *XX Semana de Estudios Medievales*, pp. 225-256, Nájera, 2010.

—, «La arquitectura doméstica de los yacimientos rurales en torno al año 711», *Zona Arqueológica*, 15, 2, pp. 65-82, 2011a.

—, «Los paisajes altomedievales en el País Vasco, 500-900. De la desarticulación territorial a la emergencia de los condados», en *Vasconia en la Edad Media. 450-1000*, pp. 29-54, Bilbao, 2011b.

— y otros, «Arqueología de la Alta Edad Media en el Cantábrico oriental», en *Medio siglo de Arqueología en el Cantábrico oriental y su entorno*, pp. 499-500, Vitoria, 2009.

— y Santos Salazar, Igor, «Territorios sin ciudades y complejidad social en el Cantábrico oriental en la Alta Edad Media», en *Arqueologia medieval: la ciutat*, pp. 139-164, 2014.

— y Tejado Sebastián, J. M. (eds.), *Los castillos altomedievales en el noroeste de la península ibérica*, 2012.

Ramos Oliver, Francisco y Jiménez Moyano, Francisco, «Análisis militar de las fortificaciones de El Homón de Faro (La Carisa) y El Muro (La Mesa)», en *La Carisa y la Mesa. Causas políticas y militares del origen del reino de Asturias*, pp. 32-51, Oviedo, 2010.

Reche, Alberto, «La batalla de Poitiers», *Historia National Geographic*, 153, pp. 76-87, 2016.

Reglero de la Fuente, C. M., «La ocupación de la cuenca del

Duero leonesa por el reino astur», en *La época de Alfonso III y San Salvador de Valdediós*, pp. 127-150, Oviedo, 1994.

Regueiro, María y otros, «From Arabia to Iberia: AY chromosome prospective», *Gene*, 564, 2, pp. 141-152, 2015.

Retamero, F., *La continua il·lusió del moviment perpetu. La moneda dels reges, dels mulūk i dels seniores (segles VI-XI)*, Barcelona, 2000.

—, «La moneda del *regnum gothorum* (ca. 575-714). Una revisión del registro numismático», en *Between taxation and rent. Fiscal problems from Late Antiquity to Early Middle Ages*, pp. 189-220, Bari, 2011.

Retuerce Velasco, Manuel, «La arqueología andalusí en la Comunidad de Madrid», *X Jornadas de Patrimonio Arqueológico en la Comunidad de Madrid*, pp. 21-46, Madrid, 2014.

Reyes Rubio, Julio, *Al-Andalus: En busca de la identidad dormida*, 2006.

Reyes Téllez, F., «Aspectos ideológicos en el problema de la despoblación del valle del Duero», en *Historiografía de la arqueología y de la Historia Antigua en España (siglos XVIII-XX)*, pp. 199-207, Madrid, 1991.

Reynolds, P., *Trade in the western Mediterranean AD 400-700: the ceramic evidence*, BAR International Series, 604, Oxford, 1995.

Riesco Chueca, Pascual, «De nuevo sobre el nombre de los maragatos: Una revisión», *Argutorio*, 33, pp. 59-67, 2015.

Ríos Saloma, Martín F., *La Reconquista. Una construcción historiográfica (siglos XVI-XIX)*, Madrid, 2011a.

—, *De la Restauración a la Reconquista: la construcción de un mito nacional (una revisión historiográfica. Siglos XVI-XIX)*, Madrid, 2011b.

—, «Usos políticos e historiográficos del concepto de Reconquista», *Anales de la Universidad de Alicante*, 17, pp. 41-65, 2011c.

—, «El 711 en la historiografía moderna y contemporánea (siglos XVI-XIX)», *Anales de Historia del Arte. Extra*, 2, pp. 219-264, 2012.

Ripoll, Gisela y Arce, Javier, «Transformación y final de las *villae* en occidente (siglos IV-VIII): problemas y perspectivas», *Arqueología y Territorio Medieval*, 8, pp. 21-54, Jaén, 2001.

Rodrígues da Silva, Leila, «Monarquia e Igreja na *Gallaecia* na segunda metade do século VI», *In tempore suevorum*, pp. 135-137, 2018.

Rodríguez Díaz, Elena E., «Notas codicológicas sobre el llamado *Testamento del rey Casto*», *Asturiensia medievalia*, 8, pp. 71-78, 1985.

Rodríguez González, M. C. y Durany Castrillo, M., «Ocupación y organización del espacio en el Bierzo Bajo entre los siglos V al X», *Studia Historica. Historia Medieval*, 16, pp. 45-87, 1998.

Rodríguez Llopis, Miguel, *Historia del Islam medieval*, ed. Diego Martín, 1996.

Rodríguez Neila, Juan Francisco, «Paganos y cristianos en la Córdoba romana», en *El templo de Córdoba*, pp. 29-88, Córdoba, 2019.

Rodríguez Resino, A., *Del Imperio romano a la Alta Edad Media: Arqueología de la tardoantigüedad en Galicia (siglos V-VII)*, Noia, 2006.

Roig Buxó, J., «Asentamientos rurales y poblados tardoantiguos y altomedievales en Cataluña (siglos VI al X)», en *The Archaeology of Early Medieval Villages in Europe*, pp. 207-252, Bilbao, 2009.

Rojas Rodríguez-Malo, Juan Manuel, «Guarrazar: Arqueología y nuevos recursos. Un proyecto con un siglo y medio de retraso», *VI Jornadas de Cultura Visigoda*, pp. 31-51, Guadamur, 2014.

—, «El primer año de trabajos en Guarrazar. La confirmación de un importante yacimiento arqueológico», *VII Jornadas de Cultura Visigoda*, pp. 37-66, Guadamur, 2015.
—, «Guarrazar en el contexto de un importante territorio de la tardoantigüedad», *Revista de Estudios Monteños*, 150, pp. 60-65, 2015.
ROMERO, A. y otros, «Mutilación dentaria en la necrópolis islámica de Plaza del Castillo (siglo VIII d. C.) de Pamplona (Navarra)», *Rev. Esp. Antrop. Fís.*, 29, pp. 1-14, 2009.
ROUCHÉ, M., «Les relations transpyrénéennes du V au VIII siècle», en *Les comunications dans la Peninsule Ibérique au Moyen-Âge*, pp. 13-20, Pau, 1981.
ROUSSEAU, A., «Voyage du Scheikh et-Tidjani dans la Régence de Tunis, pendant les années 706, 707 et 708 de l'Hégire», *Journal Asiatique*, 20, serie 4 (agosto-septiembre 1852), pp. 57-208, y serie 5 (febrero-marzo 1853), pp. 101-168 y 354-425, 1852-1853.
RUBIERA MATA, María Jesús, «La Mesa de Salomón», *Awraq*, 3, pp. 26-31, 1980.
—, «Estructura de cantar de gesta en uno de los relatos de la conquista de al-Andalus», *Revista del Instituto Egipcio de Estudios Islámicos*, 23, pp. 63-73, 1985-1986.
RUCQUOI, Adeleine, «El fin del milenarismo en la España de los siglos X y XI», en *Milenarismo y milenaristas en la España Medieval*, pp. 281-304, Nájera, 1999.
RUIZ ASENCIO, José Manuel, «La procedencia de los documentos y la escritura», en *Documentos de la monarquía leonesa II. De Urraca a Alfonso IX*, pp. 67-80, León, 2011.
RUIZ DE LA PEÑA, Juan Ignacio, «Batalla de Covadonga», *Gran Enciclopedia Asturiana*, 5, pp. 167-172, Gijón, 1981.
—, *El espacio oriental de Asturias en la Edad Media*, Llanes, 1989.
—, *El reino de León en la Alta Edad Media. Vol. 3. La monarquía astur-leonesa de Pelayo a Alfonso VI (718-1109)*, León, 1995.

—, *La monarquía asturiana*, Oviedo, 2001.
— y Camino Mayor, Jorge (coords.), *La Carisa y la Mesa. Causas políticas y militares del origen del reino de Asturias*, Oviedo, 2010.
— y Sanz Fuentes, María J., *Testamento de Alfonso II el Casto y contexto histórico*, Madú, 2005.
Ruiz Trapero, María, «En torno a la moneda visigoda», *Documenta & Instrumenta*, 1, pp. 179-201, 2004.
Ruiz-Domènec, José Enrique, *España, una nueva historia*, Madrid, 2009.
Saavedra y Moragas, Eduardo, *Estudio sobre la invasión de los árabes en España*, Madrid, 1892.
Sabaté, F., «Occuper la frontière du nordest péninsulaire», en *Entre Islam et Chrétienté. La territorialisation des frontières, XI-XVI siècles*, pp. 81-113, Rennes, 2015.
Sáenz-Badillos, A. (ed.), *Judíos entre árabes y cristianos. Luces y sombras de una convivencia*, Córdoba, 2000.
Salvatierra Cuenca, Vicente y Canto, A., *Al-Andalus: de la invasión al califato de Córdoba*, Madrid, 2008.
— y Castillo Armenteros, J. C., *Los asentamientos emirales de Peñaflor y Miguelico. El poblamiento hispano-musulmán de Andalucía oriental. La Campiña de Jaén (1987-1992)*, Jaén, 2000.
Sánchez-Albornoz, Claudio, «Otra vez Guadalete y Covadonga», *Cuadernos de Historia de España*, I-II, pp. 11-114, 1944a.
—, *¿Musa en Asturias?*, Buenos aires, 1944b.
—, «¿Una crónica asturiana perdida?, *Revista de Filología Hispánica*, 7 pp. 105-146, 1945a.
—, «¿Dónde y cuándo murió don Rodrigo, último rey de los godos?», *Cuadernos de Historia de España*, 3, pp. 5-105, 1945b.
—, *La España musulmana*, 2 vols., Buenos Aires, 1956.

—, *España, un enigma histórico*, Buenos Aires, 1957.
—, *Despoblación y repoblación del valle del Duero*, Buenos Aires, 1966.
—, *Investigaciones sobre historiografía cristiana medieval (siglos VIII-XII)*, Buenos Aires, 1967.
—, «El ejército y la guerra en el reino asturleonés (718-1037)», *Settimane di Studio del Centro Italiano di Studi sull'alto medioevo*, I, pp. 293-428, Spoletto, 1968.
—, «Frente a unas páginas erróneas sobre la conquista de España por los musulmanes», *Cuadernos de Historia de España*, 49-50, pp. 249-309, 1969.
—, *De la invasión islámica al Estado continental*, Sevilla, 1974.
—, *En torno a los orígenes del feudalismo*, 2 vols., Buenos Aires, 1977.
—, *Orígenes de la nación española. Estudios críticos sobre la historia del reino de Asturias*, 3 vols., Oviedo, 1993a.
—, *En torno a los orígenes del feudalismo*, Madrid, 1993b.
SÁNCHEZ BADIOLA, Juan José, *El territorio de León en la Edad Media: poblamiento, organización del espacio y estructura social (siglos IX-XIII)*, León, 2004.
SÁNCHEZ PARDO, José Carlos, «Poblamiento rural tardorromano y altomedieval en Galicia (ss. V-X). Una revisión arqueológica», *Archeologia Medievale*, XXXVII, pp. 285-306, 2010.
—, «Castros, castillos y otras fortificaciones en el paisaje sociopolítico de Galicia (siglos IV-XI)», en *Los castillos altomedievales en el norte peninsular desde la Arqueología*, pp. 29-56, Bilbao, 2012.
—, «Power and rural landscapes in early medieval Galicia (400-900 AD): towards a re-incorporation of the archaeology into the historical narrative», *Early Medieval Europe*, 21, 2, pp. 140-168, 2013.
SÁNCHEZ SAUS, Rafael, *Al-Andalus y la cruz*, Barcelona, 2016.

—, «De San Vicente a mezquita aljama: espacios sagrados y cristianismo en Córdoba bajo el dominio islámico», en *El templo de Córdoba*, pp. 91-105, Córdoba, 2019.

Sanz Fuentes, M. J. y Hevia Ballina, *Testamento de Alfonso II el Casto. Estudio y contexto histórico*, Siero, 2005.

Sanz Serrano, Rosa, *Historia de los godos. Una epopeya histórica de Escandinavia a Toledo*, Madrid, 2009.

—, Ruiz Vélez, Ignacio y Parzinger, Hermann, «Fortificaciones y periferia en Hispania. El entorno de Soto de Bureba durante la tardoantigüedad», en *Las fortificaciones en la tardoantigüedad*, pp. 121-142, Madrid, 2014.

Santiago, E. de, «Un fragmento de la obra de Ibn al-Sabbat sobre al-Andalus», *Cuadernos de Historia del Islam*, 4, pp. 7-90, 1973.

—, *Las claves del mundo islámico (622-1453)*, Barcelona, 1991.

Sarabia Bautista, Julia, «La transformación del paisaje rural tras la fundación del obispado de Elio-El Tolmo de Minateda (Hellín, Albacete, España): siglos v al ix d. C.», en *Hortus Artium Medievalium*, 20, pp. 216-231, 2014.

—, «Apuntes sobre el paisaje funerario en el territorio de El Tolmo de Minateda entre la Antigüedad Tardía y la Alta Edad Media», *Arqueologia Medieval*, VII, pp. 55-80, 2015.

—, «El paisaje rural y suburbano de El Tolmo de Minateda (Hellín) durante la Antigüedad tardía y la Alta Edad Media», en *I Reunión Científica de Arquelogía de Albacete*, pp. 51-71, 2016.

—, «Exploring the Dynamics of Occupation between Resilience and Abandonment in Two Post-Clasic Rural Landscapes on the Iberian Peninsula», *Land*, 12, pp. 2-22, 2023.

Sarabia Rogina, P. M., «Algunos aspectos de la formación del paisaje marítimo de Cantabria: de la Antigüedad a la afirmación de las villas costeras medievales», *II Encuentro de Historia de Cantabria*, pp. 163-208, Santander, 2005.

Sarr, Pierre, *Et cependant les Berbères existent. El poblamiento beréber en la frontera superior andalusí (ss. VIII-XII)*, Granada, 2014.

Sayas Abengoechea, Juan José y García Moreno, Luis A., *Romanismo y germanismo. El despertar de los pueblos hispánicos (siglos IV-X)*, Barcelona, 1982.

Schlunk, Helmunt, «Relaciones entre la península ibérica y Bizancio durante la época visigoda», *Archivo Español de Arqueología*, 18, pp. 177-204, 1945.

Schulze, Reinhard, *A modern history of the Islamic world*, Londres, 2002.

Schulze Roberg, Michael, «La mitificación bíblica de la historia: los árabes y la batalla de Covadonga en la Crónica de Alfonso III», en *Arabes in patria Asturiensium*, pp. 39-45, Oviedo, 2011.

Segura González, Wenceslao, «Inicio de la invasión árabe de España. Fuentes documentales», *Al Qantir*, 10, pp. 1-134, Tarifa, 2010.

—, «Nueva visión del inicio de la conquista musulmana de España», *Almoraina*, 41, pp. 59-74, 2014.

Sénac, Philippe, «Les incursions musulmanes més enllà dels Pirineus (segles VIII-XI)», en *L'Islam i Catalunya*, pp. 51-55, Barcelona, 1998a.

—, «Châteaux et peuplement en Aragon du VIIIe au Xie siècle», en *L'Incastellamento*, pp. 123-141, Roma, 1998b.

—, *La Frontière et les hommes (VIIIe-XIIe siècle). Le peuplement au nord de l'Ebre et les débuts de la reconquête aragonaise*, París, 2000.

—, «Stratigraphie du peuplement resenci au nord de l'Ebre (VIIIe-XIe siècles)», en *Villa I. De la Tarraconaise à la Marche Supérieure d'al-Andalus (VIIIe-XIIe siècle): les resenci ruraux*, pp. 61-73, Toulouse, 2006.

—, «Nota sobre la conquista musulmana de la Narbonense (siglo VIII)», *XI Congreso de Estudios Medievales*, pp. 165-176, 2009.

—, *Los soberanos carolingios y al-Andalus (siglos VIII-IX)*, Granada, 2010.

—, *Al-Andalus (siglos VIII-IX)*, Granada, 2021.

— y Tawfiq, Ibrahim, *Los precintos de la conquista omeya y la formación de al-Andalus (711-756)*, Granada, 2017.

Shaban, M. A., *Historia del Islam*, 2 vols., Madrid, 1976 y 1978.

Silva, Soledad de, «La más antigua iconografía medieval de los reyes visigodos», en *Los visigodos. Historia y civilización III*, pp. 537-558, Murcia, 1986.

Simón García, José Luis, «El poblamiento islámico en el corredor de Almansa y las tierras de Montearagón. Los andalusíes olvidados», en *Las raíces de Almansa*, 9, pp. 169-266, 2011.

Simonet y Baca, Francisco Javier, *Historia de los mozárabes de España*, Madrid, 1897.

Solano Fernández-Sordo, Álvaro, «Nueve reyes en ocho décadas. El *Asturorum Regnum* entre Pelayo y Alfonso el Casto», *Desperta Ferro*, 69, pp. 30-35, 2022.

Soler, J. y Ruiz, V., «Els palaus de Terrassa. Estudi de la presencia musulmana al terme de Terrassa a través de la toponímia», *Terme*, 14, pp. 38-51, 1999.

Soto Chica, José, «Egipto, los árabes y la conquista de la Libia Marmárica, Pentápolis y Tripolitania. 642-698», en *El 711 y otras conquistas: Historiografía y Representaciones*, Madrid, 2014.

—, *Los Visigodos. Hijos de un dios furioso*, Madrid, 2020.

— y Berenjeno Borrego, Ana María, *Mesopotaminoi, el Thema septensiano, los puertos trinacrios y la bizantinización del Estrecho de Gibraltar*, ed. digital, 2014.

— y Berenjeno Borrego, Ana María, «La última posesión bizantina en la península ibérica: Mesopotamenoi-Mesopotaminoi. Nuevas aportaciones para su identificación», en *II Jornadas de Estudios Bizantinos*, Almería, 2014.

Sourdel, Dominique, *Historia de los árabes*, México, 1989.

—, *L'État impérial des califes abbasides*, París, 1999.

— y Janine, 1981, *La civilización del Islam Clásico*, Barcelona, 1981.

Strato, «La Mata del Palomar», en *El poblamiento rural de época visigoda en Hispania. Arqueología del campesinado en el interior peninsular*, pp. 134-155, Bilbao, 2013a.

—, «La Cárcava de la Peladera», en *El poblamiento rural de época visigoda en Hispania. Arqueología del campesinado en el interior peninsular*, pp. 101-116, Bilbao, 2013b.

—, «Canto Blanco», en *El poblamiento rural de época visigoda en Hispania. Arqueología del campesinado en el interior peninsular*, pp. 67-85, Bilbao, 2013c.

Suñé Arce, Josep, *Guerra, ejército y fiscalidad en al-Andalus (ss. viii-xii)*, Madrid, 2020.

—, «David contra Goliat. El reino de Asturias frente a los musulmanes», *Desperta Ferro*, 69, pp. 38-43, 2022.

Taha, Abdulwahid D., *The Muslim Conquest and Settlement of North Africa and Spain*, Londres, 1989.

Tahiri, Ahmed, *Fath al-Andalus y la incorporación de Occidente a la Dar al-Islam*, Sevilla, 2001.

Teichner, Félix, «De lo romano a lo árabe. La transición del sur de la provincia de Lusitania a al-Gharb al-Andalus. Nuevas investigaciones en los yacimientos de Milreu y Cerro da Vila, en Chavarría», *Anejos de AespA*, 39, pp. 206-220, 2006.

Tejado Sebastián, José María, *Arqueología y gestión del territorio en el Alto Valle del Iregua. El castro de «El castillo de los Monjes» (Lumbreras, La Rioja)*, Tesis doctoral, Universidad de La Rioja, 2011.

Tejerizo García, Carlos, «Early medieval household archaeology in Northwest Iberia (6-11 centuries)», en *Arqueología de la Arquitectura*, 9, pp. 181-194, 2012.

—, «La arqueología de las aldeas altomedievales en la cuenca del Duero (ss. v-viii): problemas y perspectivas», en *Debates de Arqueología Medieval*, 3, pp. 289-315, 2013a.

—, «La arqueología doméstica en ámbitos rurales en la cuenca del Duero (ss. v-ix)», en *Arqueología del valle del Duero*, pp. 259-268, 2013b.

— y otros, «La construcción histórica de los paisajes en el sector central de la cuenca del Duero», *Territorio, Sociedad y Poder*, 10, pp. 39-62, 2015.

—, *Arqueología de las sociedades campesinas en la cuenca del Duero durante la Primera Edad Media*, Bilbao, 2017.

Tente, Catarina y Martín Viso, Iñaki, «O Castro do Tintinolho (Guarda, Portugal). Interpretação dos dados arqueológicos como fortificação do periodo visigodo», en *Los castillos altomedievales en el Noroeste de la península ibérica*, pp. 57-75, Bilbao, 2012.

Thomson, Edward A., *Los godos en España*, Madrid, 1979.

Tobalina Pulido, Leticia, «Arqueología del cristianismo en la Antigüedad tardía en Cantabria: hacia un estado de la cuestión», *Sautuola*, XVI-XVII pp. 241-262, 2010-2012.

Tolan, John V., «Réactions chrétiennes aux conquêtes musulmanes. Étude comparée des auteurs chrétiens de Syrie et d'Espagne», *Cahiers de Civilisation Médiévale*, 44, pp. 349-367, 2001.

—, *Sarracenos. El Islam en la imaginación medieval europea*, Valencia, 2007.

Torre, A. de la, «La Reconquista en el Pirineo», en *La Reconquista Española y la repoblación del país*, pp. 11-32, Zaragoza, 1951.

Torremocha, Antonio, «Circunstancias espacio-temporales de la llegada de los árabes-bereberes a la península ibérica», en *711-2011. 1.300 aniversario*, pp. 79-91, Granada, 2012.

Torrente Fernández, Isabel, «Goticismo astur e ideología política», en *La época de la monarquía asturiana*, pp. 295-315, Oviedo, 2002.

Torres, Margarita, *Las batallas legendarias y el oficio de la guerra*, Barcelona, 2002.

—, «La propaganda del poder y sus técnicas en las crónicas leonesas y castellanas (siglos ix-xiii)», *Aragón en la Edad Media*, XVIII, pp. 57-82, 2004.

—, «El reino de León en el siglo x», en *In principio erat verbum. El reino de León y sus beatos*, pp. 21-29, 2010.

Torres Martínez, Jesús Francisco, «Arqueología de la religión protohistórica en los pueblos del norte. El caso cántabro», en *Castros y castra en Cantabria*, pp. 695-748, 2010.

Tovar, Antonio, «Cuestión bizantina ante nuestros investigadores en historia eclesiástica», *Correo erudito*, pp. 33-35, 1940.

Townson, Duncan, *La España musulmana*, Madrid.

Turienzo, Gustavo, *El reino de León en las fuentes islámicas medievales (Siglos ii H./viii d.C.-vi H./xii d.C.)*, León, 2010.

Ubieto Arteta, Antonio, *Ciclos económicos en la Historia de España*, ed. Anubar, Valencia, 1969.

—, Reglá, Juan, Jover, José María y Seco, Carlos, *Historia de España*, Barcelona, 1963.

Uría Riu, J., «Las campañas enviadas por Hixem I contra Asturias (794-795) y su probable geografía», en *Estudios sobre la monarquía asturiana*, pp. 499-545, Oviedo, 1949.

Valdeón, Julio, «El reino astur-leonés», en *Historia de las Españas medievales*, Barcelona, 2002.

Vallejo Girvés, Margarita, *Bizancio y la España tardoantigua (si-*

glos V-VIII*): Un capítulo de historia mediterránea*, Alcalá de Henares, 1993.
—, *Hispania, Bizancio. Una relación desconocida*, Madrid, 2012.
VALLVÉ BERMEJO, Joaquín, «Sobre algunos problemas de la invasión musulmana», *Anuario de Estudios Medievales*, 4, pp. 316-367, 1967.
—, «Nuevas ideas sobre la conquista árabe de España. Toponimia y onomástica», *Al-Qantara*, X-1, pp. 51-150, 1985.
—, *Al-Andalus: sociedad e instituciones*, Madrid 1999.
VALVERDE, Rosario, «El reino de Toledo y la supuesta "identidad goda"», en *Identidad y etnicidad en Hispania*, pp. 67-85, Bilbao, 2015.
VALVERDE Y ÁLVAREZ, Emilio, *Guía del antiguo reino de León*, Madrid, 1886.
VAQUERIZO, D. y MURILLO, J. F. (eds.), *El anfiteatro romano de Córdoba y su entorno urbano. Análisis arqueológico (ss.* I-XIII *d. C.)*, Monografías de Arqueología Cordobesa, 19, 2 vols., Córdoba, 2010.
VARELA, María Isabel, *La expansión del Islam*, Madrid, 2012.
VELÁZQUEZ SORIANO, Isabel, «Recopolis: Vrbs Relicta? An Historio-Archeological Debate», en *Vrbes Extinctae: Archaeologies of Abandoned Classical Towns*, pp. 145-176, Farnham-Burlington, 2012a.
—, «La escritura visigótica en la península ibérica: nuevas aportaciones, en *Jornadas Internacionales. Seminari de Paleografia, Codicologia i Diplomàtica*, pp. 15-54, 2012b.
VERNET, Juan, *El Islam en España*, Madrid, 1993.
VICENTE, Ángeles, *El proceso de arabización de Alandalús*, Zaragoza, 2007.
—, *La arabización de Alandalús*, Zaragoza, 2022.
VICO, J., CORES, M. C. y CORES, G., *Corpus Nummorum Visigothorum. ca. 575-714. Leovigildus-Achila*, Madrid, 2006.

Vidal, César y Jiménez Losantos, Federico, *Historia de España*, Madrid, 2008.

Vigil-Escalera Guirado, Alfonso «El modelo de poblamiento rural en la Meseta y algunas cuestiones de visibilidad arqueológica», en *Galia e Hispania en el contexto de la presencia germánica (ss. v-vii)*, pp. 89-108, 2006.

—, «Granjas y aldeas altomedievales al norte de Toledo (450-800 d. C.)», *Archivo Español de Arqueología*, 80, pp. 239-284, 2007.

—, «Sepulturas, huertos y radiocarbono (siglos viii-xiii d. C.). El proceso de islamización en el medio rural del centro peninsular y otras cuestiones», *Studia historica. Historia medieval*, 27, pp. 97-118, 2009a.

—, «Las aldeas altomedievales madrileñas y su proceso formativo», en *The Archaeology of Early Medieval Villages in Europe*, pp. 315-39, Bilbao, 2009a.

—, «El poblamiento rural del sur de Madrid y las arquitecturas del siglo vii», *Anejos de AEspA*, LI, pp. 205-229.

—, «Espacio social y espacio doméstico en los asentamientos campesinos del centro y norte peninsular (siglos v-ix d. C.)», en *De la estructura doméstica al espacio social*, pp. 207-222, Alicante, 2013.

—, «La identidad de la comunidad local y las afiliaciones individuales en necrópolis de la Alta Edad Media (400-90 a. C.)», en *Identidad y etnicidad en Hispania. Propuestas teóricas y cultura material en los siglos v-viii*, pp. 249-274, Bilbao, 2015.

—, «Campesinos del entorno de Toledo en época emiral temprana (inicios s. viii a mediados s. ix d. C.)», *Arqueologia e Història*, 73, pp. 177-186, Lisboa, 2022.

— y Quirós Castillo, Juan Antonio, «Arqueología de los paisajes rurales altomedievales en el noroeste peninsular», *Anejos de AEspA*, LVI, pp. 79-95, 2012.

Viguera Molins, María Jesús, «El establecimiento de los musulmanes en Spania-al-Andalus», *V Semana de Estudios Medievales*, pp. 35-50, 1995.

—, «22 crónicas árabes sobre la expansión por al-Andalus», en *Del Nilo al Ebro. I. Estudio sobre las fuentes de la conquista islámica*, pp. 209-218, Alcalá de Henares, 2009.

—, «Fuentes árabes para el estudio de al-Andalus», *Xelb* 9, pp. 29-37, 2010.

—, «La conquista de al-Andalus según Ibn al-Qutiyya (siglo x)», *Ajaranda*, 81, pp. 8-13, 2011.

— y Castillo, C., *La civilización musulmana de Europa occidental*, Granada, 2001.

Vigueras Roldán, F., «Al-Andalus: el mito de la invasión árabe», *X Congreso sobre el Andalucismo Histórico*, pp. 369-378, Sevilla, 2003.

Viladrich, M., *Història de l'Islam I: Història política de les societats islàmiques des de la fundació del califat fins a la caiguda dels abàssides*, Barcelona, 1996.

Vilar, Pierre, *Historia de España*, París, 1975.

Villaverde Vega, N., *Tingitana en la Antigüedad tardía (siglos iii-vii). Autoctonía y romanidad en el extremo occidente mediterráneo*, Madrid, 2001.

Virgili, A., «La qüestió de Tarraquna abans de la conquesta catalana», *Quaderns d'Història Tarraconense*, 4, pp. 7-36, 1984.

Vives, José, «Nuevas diócesis visigodas ante la invasión bizantina», *Spaniche Forschungen*, 17, pp. 1-9, 1961.

—, *Concilios visigóticos e hispanorromanos*, Madrid, 1963.

Vizcaíno Sánchez, J., *La presencia bizantina en Hispania (siglos vi-vii). La documentación arqueológica*, Murcia, 2009.

VV. AA., *La España musulmana y los inicios de los reinos cristianos (711-1157)*, Madrid, 1991.

—, *La Tolérance, 4ème centenaire de l'édit de Nantes*, Rennes, 1999.
—, *Crónicas de los reinos de Asturias y León*, León, 1985.
—, *La Alta Edad Media y el Islam*, Madrid, 2003.
—, *El reino de Hispania (siglos VIII-XII)*, Madrid, 2019.
—, *La Islamización de al-Andalus (s. XI)*, Dossier Historia 16, n.º 177, Madrid, s. a.
—, *In tempore suevorum*, Orense, 2018.
WATT, Montgomery, *Historia de la España musulmana*, Madrid, 1974.
WICKHAM, C., *Una historia nueva de la Alta Edad Media: Europa y el mundo mediterráneo, 400-800*, Barcelona, 2009.
WOLF, Kenneth B., «The Earliest Spanish Christian Views of Islam», en *Church History*, 55, pp. 281-293, 1986.
—, «Christian Views of Islam in Early Medieval Spain», en *Medieval Christians Perceptions of Islam. A Collection of Essays*, pp. 85-108, Nueva York, 1996.
—, *Conquerors and Chroniclers of Early Medieval Spain*, Liverpool, 1999.
WREGLESWORTH, John, *The Chronicle of Alfonso III and its Significance for the Historiography of the Asturian Kingdom, 718-912 AD. A Critical Study ot the Content Purpose and Themes of a Late 9th Century Historical Text*, Leeds, 1995.
YASSINE BENDRISS, Ernest, *Breve historia del Islam*, Madrid, 2013.
ZABALO ZABALEGUI, Javier, «El número de musulmanes que atacaron Covadonga. Los precedentes bíblicos de unas cifras simbólicas», *Historia. Instituciones. Documentos*, 31, pp. 715-728, 2004.
ZAPTCIOGLU, Dilek, *Historia del Islam*, Madrid, 2008.
ZOZAYA, Juan, «The Islamic Consolidation in Al-Andalus (8th-10th centuries): an Archaeological Perspective», en *Colloque International d'Archéologie Islamique*, pp. 245-258, El Cairo, 1998.

—, «Los primeros años del Islam andalusí o una hipótesis de trabajo», en *Ruptura o continuidad: pervivencias preislámicas en al-Andalus. Cuadernos Emeritenses*, 15, pp. 83-142, El Cairo, 1999.

—, «Fortificaciones tempranas en al-Andalus ss. VIII-X», en *Mil Anos de Fortificaçoes na Península Ibérica en no Magreb (500-1500)*, pp. 45-58, Palmela, 2002.

— y otros, «Primeros asentamientos andalusíes en el «yermo» del valle del Duero: el registro cerámico», *IX Congreso Internazionale sulla Ceramica Medievale nel Mediterraneo*, pp. 217-229, Venecia, 2012.

ZUCKERMAN, Constantin, «La haute hiérarchie militaire en Afrique byzantine», *Antiquité tardive*, 10, pp. 170-175, 2002.

REYES VISIGODOS

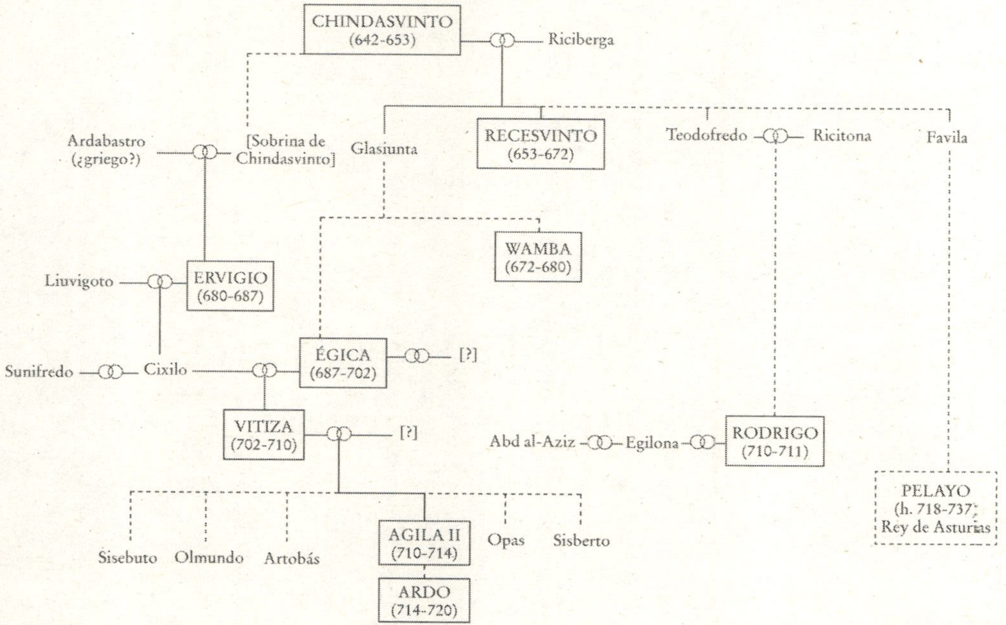

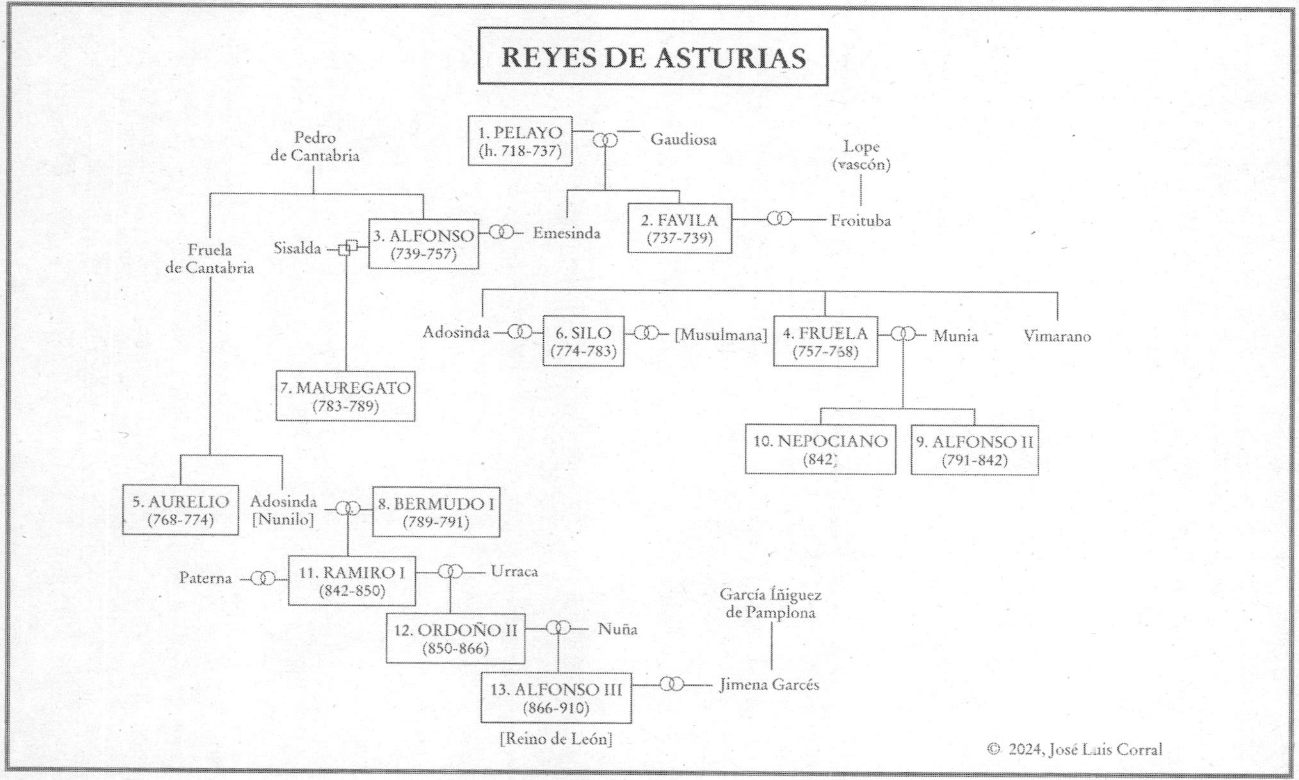
REYES DE ASTURIAS
1. PELAYO
(h. 718-737)
Gaudiosa
Pedro
de Cantabria
Lope
(vascón)
2. FAVILA
(737-739)
Froituba
3. ALFONSO
(739-757)
Emesinda
Sisalda
Fruela
de Cantabria
Adosinda
6. SILO
(774-783)
[Musulmana]
4. FRUELA
(757-768)
Munia
Vimarano
7. MAUREGATO
(783-789)
10. NEPOCIANO
(842)
9. ALFONSO II
(791-842)
5. AURELIO
(768-774)
Adosinda
[Nunilo]
8. BERMUDO I
(789-791)
Paterna
11. RAMIRO I
(842-850)
Urraca
García Íñiguez
de Pamplona
12. ORDOÑO II
(850-866)
Nuña
13. ALFONSO III
(866-910)
Jimena Garcés
[Reino de León]
© 2024, José Luis Corral

Mapa 1: El reino visigodo y la frontera con Bizancio

Mapa 2: Las rutas de la conquista islámica, 711-719 y 720-732

Mapa 3: La península ibérica en el 756

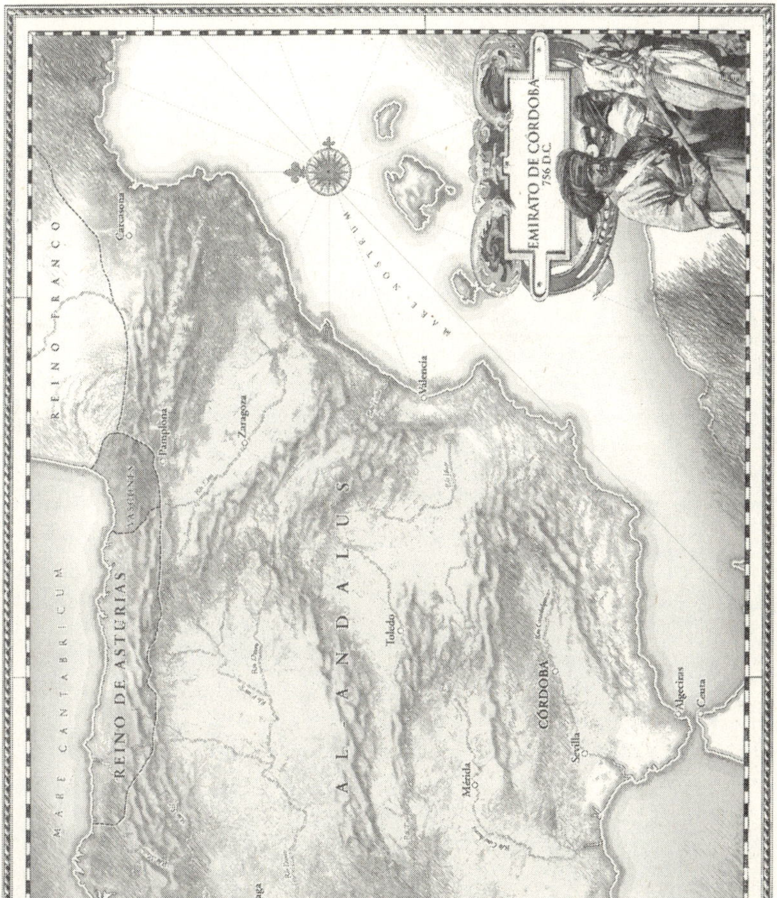